马克思列宁主义哲学文献丛书

②

主　编　胡孝红

副主编　范　畅　郑来春　周德清　王　燕

人民日報出版社

北京

图书在版编目（CIP）数据

马克思列宁主义哲学文献丛书. 2 / 胡孝红编. –北京：人民日报出版社，2020.12
ISBN 978-7-5115-6804-5

Ⅰ. ①马… Ⅱ. ①胡… Ⅲ. ①马列著作–哲学–汇编
Ⅳ. ① A563

中国版本图书馆 CIP 数据核字 (2020) 第 244468 号

书　　名：马克思列宁主义哲学文献丛书. 2
MAKESI LIENING ZHUYI ZHEXUE WENXIAN CONGSHU.2
主　　编：胡孝红

出 版 人：刘华新
责任编辑：刘　悦
封面设计：人文在线

出版发行：人民日报出版社
社　　址：北京金台西路 2 号
邮政编码：100733
发行热线：（010）65369527　65369512　65369509　65369510
邮购热线：（010）65369530
编辑热线：（010）65363105
网　　址：www.peopledailypress.com
经　　销：新华书店
印　　刷：天津雅泽印刷有限公司

开　　本：787mm × 1092mm　1/16
字　　数：310 千字
印　　张：39
版次印次：2020 年 12 月第 1 版　2020 年 12 月第 1 次印刷

书　　号：ISBN 978-7-5115-6804-5
定　　价：2980（全 5 册）

第 二 册

目 录

新社會之哲學的基礎

德國 Karl Korsch 著

彭嘉生譯

上海

南強書局版

1929

内容目次

1. 哲學史上的馬克思主義

馬克思主義者對於哲學的見解及資產階級哲學家底見解——馬克思主義之哲學的補充者——資產階級哲學史家之狹量——"哲學在思惟中把握時代"。

2. 馬克思主義理論之進化階段

馬克思昂格斯想將哲學一般與伏赫變——哲學與國家論的併行關係——馬克思主義理論之三

大進化期——第一期——第二期——俗惡的馬克思主義——第三期——哲學問題的復活。

3. 科學的社會主義與哲學

俗惡的馬克思主義者底態度——馬克思昂格斯底態度——辯證法的唯物論——經濟主義的錯誤——意識形態的實在性。

4. 理論鬬爭底意義

社會的意識形態與觀念形態——在全資產階級社會的批判中的經濟學批判之地位——黑格爾的辯證法與馬克思的辯證法——結論。

新社會之哲學的基礎

（註 一）

“我們非組織從黑格爾辯證法之系統的且唯物論的見地所引導的研究不可”

伊里幾（一九二二）

（註一）這篇論文是大著“關於唯物的辯證法之問題的歷史的論理的研究”的最初的一節。

馬克思主義與哲學的關係怎樣這個問題，理論地同樣實際地，是不是包含重要的意義?這樣的主張，在資產階級學者間固然沒有看到，就是在馬克思主義者間也差不多一直到最近還找不着。哲學的教授們不過將馬克思主義看做在十九世紀哲學史全體中的極粗略的“黑格爾學派的分裂”這一章的附帶的一節。雖然動機完全不一樣，馬克思主義者也一般地不以他們理論底“哲學的方面”爲重要。可是，馬克思昂格斯自身已經不只一次用非常誇耀的口吻指出了德意志的勞動者運動在科學的社會主義中承繼了德意志的古典哲學這個歷史的事實。(註二)但是雖然是這樣，他們這句話的意思並不是說科學的社會主義或共產主義本來就形成一種"哲學"。不，他們以爲科學的社會主義底任務是在在形式上同樣在內容上，終極地把一切的哲學一般克服及"奧伏赫變"，不只是從來的一切資產階級的唯心哲學。這樣的克服和奧伏赫變，照馬克思昂格斯的本來的見解，成立在那點？是否是應該成立？這樣的問題雖然有詳細說明的必要，暫把牠留在後面。現在我們只須指出後世大多數的馬克思主義者以爲在這些問題中可以成爲問題的都沒有存在這個歷史的事實。最能表示他們處理哲學問題的方法之特質的是昂格斯關於費爾巴哈對於黑格爾哲學的態度所說的話。他說費爾巴哈將黑格爾哲學"隨便地對付了"。後世大多數的馬克思主義者表面上裝做很能遵從馬克思昂格斯所指示的道路，實際上也同費爾巴哈一樣，不但是黑格爾的哲學，將一切的哲學都隨便地處理着。

譬如梅林（Frauz Mehing）說："始祖（馬克思昂格斯）的不滅的業績底前提是對於一切哲學這個頭腦的織物的訣別"，我自己也承認這個訣別。可以說是比誰都更深邃地研究了馬克思昂格斯底哲學的發端這個人底這句話是肯切地表現了普及於第二國際（一八八九——一九一四）的馬克思主義理論家間的對於"哲學"問題的同盟罷工。本來不是狹義的哲學，而只不過是馬克思主義理論底認識批判的或方法論的一般基礎的這樣的問題之研究，在當時的典型的馬克思主義理論家們看來，至多不過是時間與勞力的浪費。

（註二）這是昂格斯著的"費爾巴哈與德意志古典哲學的終結"一書中的有名的結句。又馬克思昂格斯的生涯中一切時期的著作差不多全部都說着同樣意思的話。

所以在當時 資產階級的科學與馬克思主義科學間的差異在一切的方面都非常顯著 可是在一點上，這兩極端的科學間成立了表面上的一致。卽資產階級的哲學教授們以爲馬克思主義並沒有獨自的哲學的內容，於是各自辯護其立場，且妄自以爲這樣就攻擊了馬克思主義。反之，正統的馬克思主義者們也同樣地以爲他們的馬克思主義在本質上是與哲學沒有任何關係，於是也各自辯護其立場，且妄信以爲這樣就擁護了馬克思主義。而最後又從同一的理論的根本見地發生了第三種的傾向。這是從那個全時代看來都是唯一的比較深入地研究了社會主義之哲學的方面的一派。卽是"哲學化了的"社會主義者底種種的亞流。他們以貫明普遍的文化哲學觀，或康德，狄慈根（Dietzgen），馬哈（Mach）及其他的哲學來"完成"馬克思主義的體系是他們的任務。他們以爲馬克思主義的體系，若從哲學的方面看來，當非補充不可。所以他們大言着映到他們眼裏的馬克思主義獨自地看來尙缺少哲學的內容。（註三）

（註三）他們以爲這點是馬克思主義理論的缺陷，而不認爲是從哲學進化到科學的社會主義底特徵。這樣，在資產階級的科學與無產階級的科學間的論爭上，根本地還是站在資產階級的見地，而且只是從這個立場所導來的必然的結論却又極力地想逃避。但是一九一四年以來的戰爭及危機的結果，對於無產階級革命問題的以上的逃避已經成爲不可能，於是在這裏：這個哲學化了的社會主義底遊戲的一切便明白地曝露了牠現實的本性。

這樣，同柏恩斯坦及柯以根這樣的反馬克思主義者及非馬克思主義者一樣，多數哲學的馬克思主義者(康德式的，狄慈根式的及馬哈式的) 也在言論及行動上證明了他們不但是關於哲學，就在政治的理論及實踐底必然關係上都還現實地完全沒有脫離資產階級的立場。—— 康德式的馬克思主義無疑地是資產階級的改良的性質，所以也沒有舉例來說明的必要。馬哈式的馬克思主義使牠的尊奉者必然地進行的路程（他們中的大部分已經在進行着)，關於這點，一九〇八年伊里幾在他的經驗批判論的論戰中已經明白地說明了。狄慈根式的馬克思主義也經歷前者一樣的路程而且多少已接近了這個目標，這事在他的兒子狄慈根的小册子（一九二三年）中明白地證明了。

關於馬克思主義與哲學的關係的這樣純然否定的見解——我們已經敍述了資產階級學者與正統馬克思主義者間的表面上的一致——是起因於他們兩方面都沒有深刻地完全地把握了歷史的和論理的事實。這事在現在是很容易指摘出來。但是使他們到達這樣的結論的條件，兩方面都各自非常不同，所以我們想把牠個別地來研究。因這樣，我們可以知道雖然兩者的動機是非常不同，而支配他們的一聯的原因在一個重要的地方是一致。即在十九世紀後半期資產階級學者們的中間，黑格爾完全被忘却了，同時，在黑格爾時代爲哲學與科學全體底活生生的原理的那個哲學與實在性，理論與實踐的關係之"辯證法的"考察也全然消形滅跡了。完全與這個一樣，他方面，同時代的馬克思主義者們也完全忘却了辯證法的原理之本來的意義。——使四十年代的兩個青年黑格爾派程，而且為馬克思和昂格斯充分意識地背叛黑格爾而從"德意志唯心哲學"轉變到歷史的社會的進化之"唯物的"解釋的那個辯證法的原理。

我們先來簡單地說明十九世紀中葉以來資產階級的哲學家及歷史家漸次與哲學思想史之辯證法的解釋離開，而結果不能適切地把握和究明十九世紀哲學思想底全發展中的馬克思主義哲學之獨自的本質及其意義的理由。

人們或者會說，他們之所以輕視和曲解馬克思主義哲學是有許多明白的原因，因而我們沒有從辯證法的忘却來說明(對於馬克思主義哲學的)他們的態度。而實際上，關於馬克思主義受了繼母的虐待這事—因而同樣地，像施特勞斯 (Strauss)，包埃爾 (Bruno Bauer) 及費爾巴哈這樣的資產階級的"無神論者"或"唯物論者"所早嘗過的虐待——我們便不可看過在十九世紀資產階級的哲學史的敍述中，一個意識的階級本能演了一定的脚色這個明顯的事實。但是，通常一個階級底哲學的代表與他所代表的階級間的關係是非常複雜。

馬克思在他比較詳細地將這關係敍述了的'布魯墨爾十八日”中所說的一樣，整個的階級從牠“物質的基礎”創造及構成“獨特的諸種感情，想像，思惟方法及人生觀等底全“上部構造”。而該階級的哲學這個東西，為與“物質的經濟的基礎”特別地遠離的部分，在內容的要素上，結局又在形式的要素上，是屬於所謂“為階級所規定的”上部構造。所以資產階級哲學史家對於馬克思主義之哲學的形態完全無理解這事，如果眞實地想馬克思的所謂“唯物論地，因而科學地”來理解，則只是直接地，從牠的“現世的核心”（階級意識，終局地”橫亙其背後的經濟關係）來說明是不能滿足的。不，這種完全沒前提地，主觀地想究明“純粹”眞理的資產階級的哲學家或歷史家為什麼必然地不得不將馬克思主義所包藏的哲學之本質看過？又為什麼不得不將牠來曲解？我們有使得我們理會這些理由的媒介一個一個詳細地指摘的必要。而這些媒介中最重要的是下列的事實。即，十九世紀中葉以來，資產階級的哲學總體，尤其是哲學史為歷史的社會的情狀所逼促而放棄了黑格爾哲學及辯證法的方法，回到了完全不能將馬克思的科學的社會主義這樣的事象"哲學地"處理這樣的哲學的及哲學史的研究方法。

資產階級的著述家間通常盛行的關於十九世紀哲學史的解釋是發生了一個鴻溝，這個鴻溝不是完全沒有渡過的方法，便是人工地技巧地硬架上一重橋。這些歷史家們將哲學思想的發展完全觀念論地而且是用完全靠不住的非辯證法的方法看做純粹"理念史的道程"，可是我們完全不懂他們如何找出下列事實的合理的說明。這個事實是：黑格爾哲學在三十年代是非常旺盛，以致縱使是最激烈的反對論者（如叔本華，黑爾巴爾特）也不能脫出其強大的思想的影響，可是一到了五十年代，已經在德國找不出一個牠的遵奉者，後來不久便一般地不能理解了。實際上大多數的人並不想將這事實來解釋，而只是滿足於下列的馬馬虎虎的見解，即：即在內容上非常有意義，在形式上也對於今日的概念過於太高的水平線上的一切論爭——黑格爾死後，他的學派的種種傾向間（右派，中間派的傾向，尤其是施特勞斯，包威爾，費爾巴哈，馬克思及昂格斯等的左派傾向）的長期的論爭——這樣的論爭，他們把牠放在“黑格爾學派的分裂”這個乾燥無味純然否定的概念下而記入於年代史中，且哲學運動的一個新時期——與任何既存的傾向似乎都沒有直接的關係——因爲要從七十年代的“復歸到康德”(Helmholtz, Zeller, Liefmaun, Lange) 開始，便將這個新時期視爲這個時期的終結而記載。

惱着這種哲學史的三大狹量中，已經有兩個爲現在還多少立脚於純粹“理念史的立場”的批判的修正所解放。卽現代兩三個比較更深刻的哲學史家，特別是狄爾泰 (Dilthey) 及其學徒，的確是顯著地擴大了通俗的哲學史敍述之偏狹的眼界。但是第三個狹量已經不是從純粹理念史的立場所能克服的性質。因而在資產階級的哲學史上原則上還沒有克服。

十九世紀後半期資產階級哲學史底這樣三個

狹量中，第一個可以叫做“高蹈哲學的”狹量。卽哲學的觀念論者們完全看過了一個哲學的理念的內容不僅在種種哲學裏，同樣地在實證科學及社會的實踐中也能存續這個事實。第二個狹量特別對於前世紀後半期的德意志哲學教授們是典型的，而這是一種“地方的”狹量。卽善良的德意志人沒視了在德意志國境外也有“哲學家”存在，因而在德意志數十年前已經就說是死滅了的黑格爾的體系，這時候在其餘的幾個國裏，不只是唯物的內容，就是體系和方法也不絕地在起作用，善良的德意志人完全看過了這個事實。妨害了哲學的眼界的這兩個狹量在哲學的發展之最近數十年間原則地已經克服了。反之，哲學的認識底第三個狹量因資產階級的哲學家及哲學史家一般地是不能克服的。因爲要這樣，“資產階級的”哲學家及哲學史家們就有放棄形成他們哲學的科學總體之最本質的Apriori的那個資產階級的立場的必要。十九世紀的哲學發展底外觀上好像是純粹“觀念史的”過程，可是在其本質的內容上，這個過程一定要與資產階級社會底現實的歷史的總發展相聯結才能眞實地理解。—— 而在像今日這樣階段的資產階級哲學史，沒有現實的前提且以無意味的論究來把握這樣的聯結，已經是不可能。

這樣，與黑格爾以後的哲學思想之發展一樣，在他以前的哲學思想之發達階段，即從康德到黑格爾的哲學的發展，若當作純"理念史的"道程來看，也已決不能理解。想在本質的及完全的意義上來理解通常史書中所謂"德意志觀念論"的時代這個重大時期中的哲學思想底發展，如果把對於哲學發展的全內容及總過程是最本質的那個重要的聯結，即這個時期的"思惟運動"與同時代的"革命運動"相聯繫的聯結完全看過了，或者只是在皮面的追憶來觀看這個聯結，則這些一切的企圖都會挫折。德意志觀念論所完成的"歸結"，即包括黑格爾體系及其後的十九世紀四十年代的黑格爾諸派間的論爭的所謂"德意志觀念論"的全時期，對於這個，黑格爾在他的"哲學史"及其他的著書中論究彼直接的先驅者(康德，費希特，薛林)的哲學之本質的文句是最適合妥當的。即，在這個全時期即他們哲學底現實的歷史的運動中極革命的這個時期的哲學之體系中，"與在思惟的形式中一樣，原則地包藏着且表現着革命"。黑格爾的這句話底意思並不是現代資產階級哲學史家所好稱爲思想革命這回事，即不是與現實的鬬爭這個粗暴的世界離開而在書齋這個純眞的世界裏清靜地所演的事件。不，資產階級社會在其革命期所產生的這個偉大的思想家是以"思惟形式的革命"視爲現實界裏革命底社會的總行程之現實的構成部分來觀察了的。

這是他的詳盡的論述所明白地告訴我們的。他說："參加了世界史中的這樣的偉大的時期的——把握這個內的本質的是歷史哲學——只有兩個民族，即德意志人與法蘭西人。他們雖然是極端的相反，或者正因爲他們是這樣的相反，他們才能夠這樣做了。其他的國民內部地决沒有參加，自然，政治地，政府和民族都包蔽過了。這個理論在德意志爆發爲思惟，精神，概念，在法蘭西爆發於實在性中。反之，在德意志，從實在性中所發生的東西倒似乎是一個外的情勢底暴力性及反動"。(註四)後來他論及康德哲學時囘到與這個同樣的思想。"盧梭早就以自由爲絕對的，康德將同一的原理更多從理論的方面絕對化。法蘭西人從意志方面把握這個原理，爲什麼？因爲像俗語所說'法蘭西人將頭接近帽子'。法蘭西這個字有實在性及成就這樣的意思。因而人這個字實踐地變爲實在性了。但是自由自身無論如何是具體的，在這裏還依然是抽象體而變爲實在性，而使抽象體妥適於實在性是等於抽象體來破壞實在性。自由的狂信到了國民的手中而變爲可害怕的東西了。在德意志，同樣的原理喚起了自己意識的興味，但這只是在理論上的事。我們的騷亂常在頭腦之中及頭腦之上，而這時候德意志的頭腦常極靜地戴着寢帽，只不過在其中使頭腦活動着罷了。——康德在一七二四年生於在 Königberg"。在黑格爾的這些話中，的確是表現着現在才能理解世界歷史中這個重大時期的內的本質的那個原理，即哲學與實在性的辯證法的關係。正因爲有這個關係，像黑格爾在別的地方一般地所表現的一樣，種種的哲學才不能是"在思惟中把握時代"以外的任何東西。而且，如果這個關係在理解社會生活發展的一個革命時期中的思惟的發展上是適當的，那這個在理解哲學的思惟之發展上也完全是不可缺的罷。這樣，因必然的偉力所賦與十九世紀資產階級的哲學及哲學史的研究之進展上的運命正存於此點。因爲這個運命，這個階級在十九世紀中葉在社會的實踐上不復爲革命的階級，從這瞬間起，便因內部的必然性就是在思惟上也失去了在現實的意義上把握理念之歷史的發達與現實之歷史的發達間的辯證法的聯結，尤其是哲學與革命間的辯證法的聯結的能力。因而在十九世紀中葉，資產階級的革命運動在社會的實踐上事實上所表示的現實的凋落與終止不得不在哲學的運動之外觀上的凋落與終止表示其觀念的表現。關於這個，資產階級的哲學史家們到現在還在向我們說明。Überweg-Heinze 在其著述中關於十九世紀中葉哲學一般的論述是證明這事的典型。即當時的哲學在"一般的倦怠之狀態",而"對於文化生活更失去了牠的影響"照。Überweg講,這個可憐的現象結局是基於"心理上之根本的急變傾向","一切外的要素"只不過有"副次的"作用。著明的資產階級哲學史家將這個"心理上的急變傾向"的本質這樣地說明着:

"人們對於形而上的思辨及人生觀之高蹈的唯心論已感到了倦怠,而要求更實體的精神上的營養。"反之,從另一個立場看來,上述的全發展呈現着完全不同的,且視爲理念史是更完全的姿態。這另一個立場即是從來資產階級哲學完全忘記了的辯證法的把握只在未發展的還不是完全意識的形態中——在這個形態上黑格爾應用了辯證法的把握(因而黑格爾底唯心的辯證法是馬克思底唯物的辯證法是對立的)——再來採用,而在觀察十九世紀哲學史的發展上合理地應用了立場。從這樣的立場看來,四十年代所生起的不是思想界的革命運動底掃蕩及終局的停止,而是這樣革命運動底深刻的更重要的變化。德意志古典哲學並不是告了終止，資產階級革命運動之觀念的表現這個古典哲學推移而變爲新的科學，即現在是無產階級革命運動之一般的表現而踏進理念史的進化之舞台的科學。即推移到了四十年代才爲馬克思昂格斯所定式化基礎化了的"科學的社會主義"的理論。資產階級哲學史家一直到最近都看過了德意志觀念論與馬克思主義間的這個必然的及本質的聯結，或者是不完全地且歪曲地把握着及說明着。我們如要正當地且完全地理解這個聯結，則我們須放棄今日資產階級哲學史家的凡俗的抽象的觀念的思惟方法，而移到單純的（黑格爾的及馬克思的）辯證法的見地就够了。這樣，我們不但一舉而可以理會德意志的觀念哲學與馬克思主義間的聯結之事實，更可以理會其內的必然性。即我們理解了爲無產階級革命運動的理論的表現之馬克思主義對於爲資產階級革命運動的理論的表現之德意志觀念哲學體系的理念史的（觀念的）關係不得不與無產階級底革命的階級運動對資產階級底革命運動——在社會的及政治的實踐之領域上——

的關係完全同一的這個事實。在一個同一的歷史的發展過程中，一方面，從第三階級底革命的運動勃興了"獨自的"無產階級運動，他方面，馬克思主義之新的唯物的理論與資產階級的觀念哲學"獨自地"對立着。這些一切的道程都相互地作用着。馬克思主義的發生，黑格爾·馬克思式地說來，不過是現實中的無產階級運動發生的"另一面"。兩者合致起來才構成了歷史的過程之具體的總體。

資產階級的革命運動，從康德到黑格爾的觀念哲學，無產階級的革命運動，馬克思主義的唯物哲學——能將這四種不同的運動視爲歷史上的單一進化程底四要素去把握的是只有辯證法的考察方法。我們因這個考察方法就可以理解那個新的科學——馬克思與昂格斯理論地定式化了的無產階級獨自的革命運動底一般的表現的那個科學之現實的本質。同時我們又知道資產階級哲學史爲什麼全然漠視了無產階級底這個唯物哲學——從資產階級底革命的觀念哲學之最高的發展體系發生了的——又爲什麽不得不只是否定地或歪曲地把握了牠的本質的理由。（註五）無產階級運動底實踐上之本質的目標在資產階級社會及國家的內部是不能實現的。同樣地，這樣資產階級社會的哲學也不能理解爲無產階級革命運動底獨自的意識的表現的那個一般的原理之本質。所以資產階級的見地，如牠不願放棄其"資產階級"的見地，即不願與伏赫變自己，則牠在社會的實踐上不得不停在的地方，理論地也不得不停在那裏。哲學史突破了這個限界的時候，科學的社會主義才能脫去其先驗的對象這個外殼，才能成爲認識可能的對象。雖然要使馬克思主義哲學之本質的新內容根本地成爲可理解的對象，自然就不得不突破資產階級的見地這個界限，但因這個突破，這個（成了可理解的）對象常易被以爲是同時被揚棄及否定爲哲學的對象。在這點存着使馬克思主義與哲學的問題難於理解的固有的事情。

（註四）　黑格爾關於在資產階級革命的全道程中德意志人與法蘭西人所演的任務的見

解，馬克思完全弄爲自己的且意識地擴大了。這是人人都知道的事。在他的第一期論文裏有這樣的見解，"德意志人只是思索了別個國民在政治上所成就了的事。""德意志只是以思惟底抽象的活動隨伴了近世的國民的發展。"因而德意志人在現實社會中的運命結局是在"不參加近世的國民的革命，而參加了其後輿"這一點。

(註五) "黑格爾哲學分裂的所產"（一般的見解），"德意志觀念論中的神的沒落"（Prenge）"根基於價值否定的世界觀"（Schuze-Gewörnitz），對於馬克思主義的這些見解的根本的錯誤明白地是在下列的一點，即他們以爲馬克思主義體系的要素——上述的見解以爲從德意志唯心論的天國墮落到了唯物論的地獄的馬克思主義之邪惡精神是溢出於這些要素之中——的確是包含於資產階級的觀念哲學底體系中，且馬克思完全從這些承繼了的這一點。譬如，邪惡隨伴着人類的進化是必然的這個見解(康德,黑格爾),資產階級社會裏的富者的發生與貧者的發生是必然的相伴關係這個見解(黑格爾的法律哲學),因而這些見解是進化到了最高度的資產階級明確地意識了階級對立的發生這個事實的形態。反之,因資產階級意識而絕對化了的,又理論地實踐地都弄到不能解决的這個階級對立,馬克思不以爲是自然的及絕對的,而是歷史的及相對的,且理論地及實踐地都可以奧伏赫變爲更高度的社會組織。因此,他們資產階級哲學家將馬克思主義自身在資產階級地抑制了的,因而又是否定的顛倒了的形態上把握着。

二

在這個論究的端初我們就已經指出了，科學的社會主義的創始者馬克思昂格斯決不是想樹立一種新哲學。不，他們與資產階級徒輩不同，他們充分地意識了他們唯物的理論與資產階級的觀念哲學間的密切的歷史的關係。科學的社會主義，(照昂格斯講)從牠的內容看來，是當社會進化的某階段因無產階級的物質的情勢的進展在該階級中必然地發生了的新的觀念底成果。——但是牠的特殊的科學的形式（因這個與空想的社會主義區別）是與德意志觀念哲學尤其是與黑格爾體系相結合才形成。所以從空想進化到科學的社會主義形式地是從德意志觀念哲學發生了的。

但是社會主義（形式地）雖然是從哲學發生了的，可是不能因此說在牠的獨自的形態及發展中也非存留哲學不可。至遲不過一八四五年以後，馬克思昂格斯說新的唯物科學的立場已經是非哲學的立場。（註六）

（註六） 在這年，馬克思的費爾巴哈論綱（Thesen über Fenerbach）已經萌芽。同時他方面，馬克思昂格斯在這年因批判後期黑格爾派的哲學總體（德意志觀念論，Die Deutsche Ideologie）清算了他們自身"從來的"哲學的知識（參照一八五九年經濟學批判序文中的馬克思的敍述）。從這時候以來，馬克思昂格斯的哲學上的反駁文只是以啓發或非難他們的敵手（普魯東，拉薩耳，丟林）爲目的，已經不是"自己淸算"了。

而在這個時候，雖然考慮着哲學對於馬克思昂格斯是與資產階級的觀念論者的哲學同意義，但還不可將一切的哲學與資產階級哲學同一視了的意義。因爲和"馬克思主義與國家的關係怎樣"這個問題完全同樣的關係這個時候也存在。馬克思昂格斯不但與特定的歷史的國家形態抗爭了，且歷史的唯物地，唯物史觀地，將國家一般也與資產階級的國家視爲同一，而立在這個基礎上闡明了對於共產主義底政治的終局目的的各國家的奥伏赫變。完全與這個同樣，他們不但與一個特定的哲學體系抗爭了，且欲因其科學的社會主義而克服及奥伏赫變哲學一般。

正是在這點，馬克思主義底現實的(卽唯物辯證法的)把握與拉薩爾主義及其他各種新舊的"俗惡社會主義"的——還沒有根本地脫離"資產階級的水準"卽"資產階級社會"的立場的——觀念的正義及其他欺騙物根本地對立着。所以如要根本地闡明"馬克思與哲學"的關係怎樣這個問題，一定非從如次的事實出發不可。卽照馬克思昂格斯

自身的話來講，不但是資產階級的觀念哲學，同時哲學一切也要與伏赫變，這事是新的唯物辯證法的立場底結果。(註七)

(註七) 參照昂格斯著的費爾巴哈論。"哲學一般以黑格爾而完結。因爲他一方面在他的體系中大規模地總括哲學的全發展，他方面，雖然是無意識地，指示了我們以從這個體系的迷宮進到世界底現實的實證的認識之道路。"

馬克思昂格斯沒有將其特定的，又因黑格爾的辯證法之唯物論的變形而正當化了的理論的認識之原理——照黑格爾的唯心論講，這是形成了"科學中的哲學的東西"——附以這樣的名稱，但只因爲這個，有些人們便以爲這個全論爭是簡單的言語的爭鬭，而想抹殺馬克思主義與伏赫變哲學的重要的意義。可是我們斷不能有這樣的見解。固然，在馬克思，尤其是昂格斯的前期的著作中，有與上述的見解相近的論文。(註八)但是，雖然單純地揚棄了哲學這個名稱，而哲學自身還沒有被揚棄，這是很容易知道的。

（註八） 特別參照昂格斯的反丟林論及費爾巴哈論。反丟林論中這樣說着：“在兩者的場合（關於歷史是這樣，關於自然也是這樣）這（近代唯物論）本質地是辯證法的，再沒有立別的科學上的哲學之必要。各個的個別科學如果想弄明白自己在事物與事物的認識間的相互關係中的地位，則研究總體關係的特殊科學成爲無用的東西。這樣，還獨立地殘存着在從來的哲學全體中的是思惟及其法則的理論——即形式論理與辯證法。其他的一切都消失在自然和歷史底實證科學中。”

所以根本地論究馬克思主義與哲學的關係的時候，我們非排除這種純然唯名論的問題不可。如次的問題對於我們是重要的多。馬克思昂格斯屢次所敍述的哲學的揚棄到底有什麽意義？這個過程是應該怎樣地遂行？經過什麽行動？在什麽速度？對於誰？這個所謂連續的哲學的揚棄是不是因馬克思昂格斯一個的頭腦作用對於馬克思主義者或全無產階級或人類而一舉便遂行了？或者是（同國家的揚棄一樣）經過種種的階段的非常長而且遲的革命的歷史的過程？又在後者的場合，這個遲遲的歷史的過程還沒有達到哲學的揚棄這個終局目的的時候，馬克思主義與哲學是有什麼關係？

馬克思主義與哲學的關係怎樣這個問題既然是上述的一樣，那我們就要停止那關於已經經過了的事件的無意義且無目的的頭腦底織機作用，而應該考察在現在還有，在無產階級鬬爭的現在的階段更是理論地及實踐地都有重要意義的問題。因而，在一般地沒有提出什麼問題，就是提出了，而問題的闡明對於階級鬬爭的實踐沒有關係的那個數十年間，正統馬克思主義者所取的態度在這個時候似乎是最高的問題。而若熟慮在馬克思主義與哲學，馬克思主義與國家這兩個問題間似乎也存在着的那個獨特的併行關係，更覺得有這樣的感銘。但伊里幾在"國家與革命"中說過，"第二國際（一八八九——一九一四）底最著名的理論家及記者們，像人們都知道的一樣，也很少考慮到第二個問題。”因而，和在國家的揚棄這個實際與哲學的揚棄間一樣，國家的輕視與哲學的輕視（都是第二個國際的馬克思主義者所做的事）的中間是否也有一定的關聯存在便成爲問題。詳細地說，銳敏的批判家看出了第二國際的馬克思主義者輕視了國家問題是因爲機會主義者俗化了馬克思主義，但是否這樣共通的關聯在我們的問題中也存在，即第二國際的馬克思主義者輕視了哲學是否與他們對於革命問題一般地不太熱心有關聯，我們應把這些當爲問題。要明瞭這點，還要詳細地解剖在從來馬克思主義理論的歷史中所生起的一切危機中的最大危機底本質及其原因——最近十年間，馬克思主義者分裂爲三個對抗的陣營。

二十世紀一開始，只是漸進的進化繼續着的長期間達到了的終結，而革命鬪爭開始了新時期的時候，因階級鬪爭底實踐的條件變化，馬克思主義的理論也顯著地呈現了一種傾陷於一個批判立錫的徵候。亞流們使馬克思學說墮落了的那個非常淺薄單純且對於本來的問題全體只不完全地意識了的俗惡的馬克思主義對於上述的一系列的問題已經不能有一定的觀念是很明白的了。這個馬克思主義的危機在社會革命對於國家的關係怎樣這個問題中是最明確地表現着。這個重要的問題在十九世紀中葉最初的無產階級革命運動的失敗及一八七一年倒壞於流血中的巴黎公盟暴動以後是沒有顯著地提過。但現在因世界大戰，一九一七年的第一和第二次的俄羅斯革命，一九一八年中歐列強國的崩壞，又具體地列上了議事日程。可是在這裏完全暴露了關於"因無產階級的國家權力的獲得"，"無產階級的獨裁"，在共產社會中的"國家的終局的死滅"等的重要過渡的及終局的問題一切的見解在馬克思陣營內完全沒有過一致。否，具體地且不可避地一遇着這些問題，便至少有三個是不同的理論對立着。這些理論都主張是馬克思主義的'而其代表者們(練勒爾，考茨基，伊里幾)在戰前都是被視爲馬克思主義者，不，正統的馬克思主義者。

因對於這個問題的諸社會主義分派的態度，現在曝露了如次的事實——卽二三十年來在社會民主黨及第二國際的勞動組合的陣營內出現爲正統馬克思主義與修正主義的論爭的那個表面上的危機只不過是直貫着正統馬克思主義自身戰線的當中的那個更深刻的裂痕底先驅的顯現形態這個事實。

在這個裂痕的一方形成了馬克思主義的新修正主義，而與以前的修正派有某程度的緊密的結合。他方面，在純正的或革命的馬克思主義的再興這個宣戰下，新的革命的無產階級黨派之理論的代表同時對於修正派的舊式改良主義開始了鬥爭。

如果因這個最初的審判而將在馬克思主義陣營內破裂了的危機底原因專歸之於理論家或記者——他們將馬克思理論總體俗惡化，貧弱化，而形成了第二國際的正統的俗惡馬克主義——底卑怯或革命的熱情之缺乏，如果是這樣，則這是歷史過程底非常淺薄的完全非辯證法的把握，决不是馬克思唯物的把握，不，就是黑格爾·唯心的把握也不是的。他方面，又在伊里幾對考茨基及其他馬克思主義者間的大論爭中，如果有人眞實地以爲確有馬克思主義底某種的變形或純粹馬克思學說自身的忠實的再興，則這也同樣地是淺薄的且非辯證法的考察。（註九）

（註九） 讀伊里幾的論文時，如果不理論地，實踐地及深到認識其總體的關係，則容易誤解伊里幾自身也還有資產階級的道德的心理的及唯心的觀念。爲什麽？因爲一方面，列寧對於“俗惡的馬克思主義”的駁擊是非常峻嚴的，個人的，而他方面他又很精密地細微地處理了馬克思昂格斯的文獻。但他决沒有以個人的要素來說明國際地發生了的十年間的總發展的原因。這事是許多的例證。而只對於在已經預知了政治的社會的危機的那個世界大戰前夜中的個個歷史的現象，只對於這個常以個人的要素來做說明的理由。照伊里幾的意見，如果主張偶然事及個人的特性一般地對於世界史——縱使不是對於個個歷史現象的說明——完全是無意義，那他確是對於馬克思主義的重大的誤解著。反之，照馬克思主義學說講，應說明的歷史的現象時間地及空間地越擴大，則做說明理由的個人要素自然越減退。

這樣的考察之唯一的眞的"唯物論的又科學的方法"（馬克思）是將因黑格爾及馬克思導入到歷史觀察的辯證法的見地適用到馬克思主義理論底到現在的發展，雖然從前只對於德意志觀念哲學及從這個所生起了的馬克思主義理論適用了。即，應努力將馬克思主義理論最初從德意志觀念哲學發生以來所做成的形式的及內容的變態，擴張，復歸的總體當做那個時代的必然的產物去把握（黑格爾）。更詳細地說，應將馬克思主義理論在其歷史的社會的過程——這個的一般的表現是馬克思主義理論——底總體的條件性下去把握（馬克思）。要這樣才能明白馬克思主義理論墮落到俗惡馬克思主義的現實的原因及想觀念地着色的改良的努力之現實的意義——因爲有這個改良的努力，現在第三國際的理論家非常熱心地努力於復興眞正的"馬克思學說。"

這樣，如將馬克思的唯物辯證法適用於馬克思主義底全歷史，則我們可以區別馬克思主義在其始源的發生以後經過，且伴着那個期間的全社會的進化必然地要經過的三大進化期。第一期是以一八四三年——思想史地黑格爾法律哲學判爲始，以一四八年的革命——思想史地共產黨宣言爲終。第二期是以在一八四八年六月叛亂中的巴黎的無產階級虐殺及繼續於此的對於勞動階級的組織和解放的憧憬之壓迫——在狂熱了的工業，倫理心的頹廢，政治的反動等的時代的——爲始，以到現世紀的初頭爲終。從這裏到現在及不定的將來是我們所說的進化期的第三期。這樣的一區分，則馬克思主義理論的進化史呈現着如次的姿態。第一的顯現形態中的馬克思主義理論，雖然排除了一切的哲學，還是徹底地充滿了哲學的思惟的躍動的總體的社會進化之理論，詳細地說，被把握實證為躍動的總體的社會革命之理論。在這個階段上，將這個躍動的總體中之經濟的，政治的及精神的諸要素分割為個別科學——縱使諸要素之具體的特徵一切是怎樣歷史地忠實地被把握，分析，批判了——是完全不能成為問題。自然，不只是經濟，政治及觀念體，同樣地歷史的變動及意識的社會的行為也都結集於"被變革了的實踐"這個躍動的統一。最能表現社會革命理論這個馬克斯主義之第一的顯現形態是共產黨宣言，(註十)

(註十) 年代雖要後一點，"法蘭西的階級鬪爭"，"Der Achtzehnte Brumaire des Louis Bonapate"等著作歷史地也是屬於這個進化階段。

如立在唯物的辯證法底見地，則本質地占據了十九世紀後半的歐洲，而實踐地又完全非革命的那個馬克斯主義底第一顯現形態經過長期間不能沒有變化地前進的理由，是很能明白地理解。馬克斯在經濟學的序論中關於人類全體所說的話，對於徐緩地成熟於自己解放的勞動階級自然也是妥當的。他說："人類常只是以自己所能解決的問題爲問題。因爲，如更正確地觀察，問題自身只是在對於牠的解決所必要的物質條件已經存在，或者是至少也要在其生成的過程的時候才會發生"。而超絕於眼前的狀態的問題，在事前雖定立了理論，但在這時候是沒有推動任何東西的力量。想附與理論以現實的變動以外之獨立的存在這樣的觀念自然不是唯物辯證法的，就黑格爾——辯證法的也不是，而只是單純的觀念的形而上學罷。但是，從沒有例外地在變動之流中去理解一切的形態這樣的辯證法的把握的立場看來，馬克斯昂格斯的社會革命理論也必然地在其發展過程中非經過很大的變化不可。一八六四年馬克斯起草第一國際的創立宣言及規約的時候，他明知着"復活了的運動再給言語以元來的生氣是很需要時日的"。(註十一)自然，不只是言語，對於運動理論的其他部分這也是妥當的。

(註十一)　書簡集第三卷第一九一頁。——考茨基在他出版的一九二三年版的序文中，將這書簡的大部分依照其字句引用了（四——五頁），但他特別看過了對於理解這創立宣言最重要的一點。因而（十一頁以下），作成了這個用冷靜的調子敍述了的創立宣言（一八六四年）與一八四七——八年的共產黨宣言底熱情的態度及"第三國際底非法的行動"對立的可能性。

這樣，在一八六七——九四年的資本論及其他馬克斯昂格斯的後期著作中的科學的社會主義，因爲這個馬克斯主義理論全體的顯現形態在一切的點上都變化且發展了的原故，這個科學的社會主義竟變成與一八四七——八年的宣言，特別是"哲學的貧困"，"法蘭西的階級鬬爭"及"布魯墨爾十八日"等的直接的革命的共產主義相對立了。但是，在這些馬克斯昂格斯的後期著作中，馬克斯主義底最重的原則也本質上沒有變化地存續着。在馬克斯主義之發展了的顯現形態這個科學的社會主義中，馬克斯昂格斯底馬克思主義也存續着社會革命理論底總括的全體。發生變化只是在後段這個全體底各部分卽經濟，政治及意識形態——科學的理論與社會的實踐更要進展其相互作用的時候。借馬克思的話來說，可以說是自然發生的結合臍帶切斷了。但是在馬克思及昂格斯，决不爲這個切斷而以多數獨立的要素來代替全體，只是體系底各個要素合體於科學地更精確的，又常立脚於下部構造的經濟學的批判上的別個的結合。所以在馬克昂格斯，就是分析馬克思主義，這也决不能是個別的科學——又包含了附隨於此的結論之實踐的應用——之總計。譬如，如果多數資產階級的馬克思批評家及後世的馬克思主義者們相信在馬克思的主著"資本論"中歷史的素材與理論的經濟的素材可以區別，則只因這一事他們就已自己證明了對於馬克思的經濟學批判之現實的方法是完全沒有理解。爲什麽？因爲唯物的辯證法之本質的特徵是在如次的一點，卽這個方法裏沒有上述的素材的區別之存在，倒是這個方法更本質地成立於歷史的現象之論理的把握中這一點。又對於馬克思主義的唯物論之第一的(共產主義的)顯現形態，爲其顯著的特徵的那個理論與實踐之不可分離的關係，在出現於後世的體系形態中也決沒有揚棄。思惟的純粹理論之所以初看去似乎是抑壓了革命意志的實踐是只在淺薄地觀察時才是這樣。但潛存於資本論底諸文句的底下的革命意志在這著作的一切決定的地方尤其是第一卷中又復溢現於表面。只要讀了關於資本家的積集之史的傾向的第二十四章的有名的第七節就可知道。(註十二)

(註十二) 其他好的例是關於勞動日的第八章的結語,即"勞動者要防禦苦惱的鞭笞,他們就非得團結且成爲階級來強壓國家法律不可。"還有是馬克思再述這個理論的那個有名的地方(第三卷第二章三五五頁)。此外,因爲在資本論中這樣的地方是無數，所以可說像在大會中關於巴黎公盟暴動（法蘭西的內亂——一八七一）的演說這樣的馬克思之後期直接革命的著作是沒有再舉的必要。

反之,關於馬克思學徒及其追隨者,現在無論如何非得這樣判決不可。卽，他們雖然理論的方法論地充分承認了唯物史觀，而理論的方法論地解釋社會革命之統一理論的時候，的確把這個弄成支離滅裂了。依照眞正地，卽理論上辯證法地，實踐上革命地理解了的唯物史觀，則孤立的獨立併存的個別科學完全不能存在。恰與科學地無前提的，又與革命的實踐游離了的純粹理論的考察不能存在一樣。然而後世的馬克思主義者的確以爲科學的社會主義似乎是漸次地與政治的實踐及其他階級鬬爭的實踐沒有直接關係的純粹科學的認識之總計。這個的創證，只要舉出第二國際的唯一的而又是最上的代表的馬克思主義理論家關於馬克思主義的科學與政治的關係所述的說明就夠了。希爾華定(Rudolf Hilferdiug)於一九〇九年的聖誕節在他的金融資本論——這是想將最近的資本主義發展之經濟的現象"科學地理解，卽將這個現象加入於古典的國民經濟學之理論體系的列中"——的序文裏，關於這個問題這樣的說着："在這裏，應該說對於馬克思主義所謂政治的考察也只是因果關係的發見才能爲目的。認識了商品生產社會的法則，則同時規定這個社會底階級意志的决定的契機也會明白。闡明這個階級意志的决定，依照馬克思的觀念，是科學的，即記述因果關係的政治問題。這個馬克思主義的政治也與其理論一樣，和價值批判沒有關係。所以，將馬克思主義與社會主義單純地視爲同一的東西，縱使是擴大到了內外，也是錯誤了的觀念。爲什麼？因爲如果將馬克思主義論理地，即只當做科學的體系看來，因而忽視了牠的歷史的作用，則這只不過是社會變動法則底一個理論——這個理論將馬克思主義經濟學適用於商品生產時代而形成了馬克思主義歷史觀一般。社會主義的結論是通貫着商品生產社會的傾向之成果。而馬克思主義是正當的這個判斷——社會主義是必然的這個判斷也包含着——和决不是價值批判的無視一樣，也不是實踐的態度之表示。因爲承認必然性的是別個的東西，而服事這個必然性的也是別個的東西。確信社會主義之最後的勝利的人更以自己服務於這個鬭爭是充分地可能的。然而，馬克思主義所給與的關於社會變動法則的判斷對於採用這個法則的人，雖常給與卓越性，可是對於社會主義反對者確成爲最危險的東西——大抵關於社會主義認識的結果是這樣想。”人們常以馬克思主義——因而是一個理論，論理地“科學的客觀的與價値批判沒關係的”科學——與社會主義的努力視爲同一的東西這個重要的事實，希爾華定在這裏只“簡單地”以拒絕承認馬克思主義的結論及爲這個目的而“努力”於研究“非常錯綜了的組織”的支配階級之不可抗的嫌惡心這樣地說明着。“只在這個意義，馬克思主義是無產階級的科學，與資產階級經濟學對立着。自然，馬克思主義爲科學的根據雖然是在牠的結論有客觀的普遍妥當性這一點。”（註十三）

（註十三） 普羅列搭列亞的讀者直到一九一四或一九一八年相信着這個文句是這樣的意義，即，希爾華定及與他說着相類似的話的馬克思主義者只在對於無產階級是否有效這個實踐的戰術的商量中求他們理論底客觀的

(這裏是超階級的)普遍妥當性之要求。但是後來他們也遇到了機會使他們實踐地不得不相信這個見解是錯誤。這種"科學的科學"(!)"巧妙地"也適用到了社會主義的事在列恩施(Paul Lensch)這樣的馬克思主義者這裏可以看到實例。——又，希爾華定所分的這個馬克思主義與社會主義的批判的區分，資產階級的馬克思批評家辛克賀維支(Sinkowitsch)後來在他的著書"社會主義對馬克思主義"——這書只在這個意義上是獨自的而有興味——中引導到了一個不合理的結論。

這樣，在馬克思和昂格斯，唯物史觀雖然本質地是唯物辯證法的，但在其亞流，終於竟本質地變成了非辯證法的東西了。即一方面變形，爲對於現在科學的個別研究的一種一時的原理，他方面，馬克思的唯物的辯證法之流動的方法凝結成爲關於在社會生活的諸領域中的歷史的現象底因果關係的理論的原則之一組，因而如稱爲一般社會學體系是最妥當的東西了。所以在一方面，以馬克思的唯物的理論爲康德的所謂“對於反省的判斷力的主觀的根本原則”，(註十四)在他方面，獨斷地以爲馬克思主義的“社會學”之理論有時似乎更多是經濟的體系，或有時似乎又更多是地理的生物的體系。(註十五)

(註十四) 參看“判斷力批判”(Kritik der Urteilskraft) Reclam 版二八三頁。康德在同一的地方稱這種格律爲“考察自然的指針”。這恰與馬克思在經濟學批判的序文中說他寫唯物史觀時所用的原則雖是從哲學的及科學的研究演導出來的，但後來成了他的研究的指針的事完全相類似。所以，在康德批判哲學的意義上，可以說是馬克思以他的唯物的原理自體當作單是社會研究的指針說明了。對於這個更有力的證據可以舉出許多的論文。在這些論文裏頭，馬克思對於他的批評家們的主張，即他在經濟學批判中樹立了某種先天的構成，或普遍的所謂超歷史地妥當的歷史哲學理論這個主張抗爭了。但縱以馬克思所主張的唯物的原理爲單是一時的理論，也決不因此而會消滅這個原理的意義。

（註十五） 在近世馬克思主義的理論家中，有將唯物史觀與"一般社會學"差不多完全視爲同一物的人。參看布哈林的"史的唯物論"第七——八頁，及威特和格爾（Wittfogel）的"資產階級社會的科學"第十五頁。

馬克思主義在其進化的第二期爲亞流們所做的這些一切的變形及其他一系列的更未成熟的變形之特質可以用總括的一句話來表現。卽社會革命底統一的總體理論變成爲對於資產階級的經濟組織，資產階級的國家，資產階級的教育制度，資產階級的宗教，藝術，科學及其他的文化等等的科學的批判了。這些科學的批判已必然地決不能再本質地進入革命的實踐中，（註十六）至多不過是進入於種種的改良運動中——原則地不是顚覆資產階級社會和資產階級國家的基礎。而在現實的實踐上大部分實際是這樣的。

（註十六） 參看馬克思的"黑格爾法律哲學的

批判"(遺稿第一卷第三九一——二頁,第三九三——四頁及三九七——八頁)。這裏他說明着:"如果想批判近代國家及與這個相關聯的現實體和從來德意志的全政治的法律的意識狀態,則這個批判應該突入於實踐,而且是'最高原理的實踐'即革命中。而這個革命不是'一時的只政治的革命',非得是不僅政治的人間就是全社會的人類也都要解放的無產者革命不可。"

這樣,這個本質地是革命的馬克思主義理論變形了,而發生完全不提及,或者只是偶然地提及革命底實踐的問題的一種科學的批判。若將共產黨宣言或一八六四年的第一國際宣言與十九世紀後半中歐西歐的社會主義團體特別是德國社會民主黨的宣言相比較,則這事是最易明瞭。在歐洲爲指導的馬克思主義政黨的德國社會民主黨所揭櫫於哥達綱領(Gotha Programm,一八七五)及埃福爾特綱領(Erfurt Programm 一八九一)中的政治的文化的及觀念的要求差不多只是改良主義的要求——這裏頭就連眞正馬克思主義底現實的唯物的革命的理論之渣滓都沒殘留着。(註十七)馬克思昂格斯對於這個是怎樣峻烈地攻擊了是大家都知道的事。

(註十七) 參看關於哥達綱領草案的馬克思昂格斯的論文及昂格斯的埃爾福特綱領草案的批評。

從這個情勢，在十九世紀的末期因修正主義的勃興正統馬克思主義生了動搖，又最後在二十世紀的初頭——(暴風的)前兆預告了激烈的鬥爭及革命的衝突之續發期——發生了我們所當面的馬克思主義之决定的危機。

本來的馬克思主義的社會革命理論變化到了本質地已經不提及革命的科學的社會批判這事唯物辯證法地解釋爲在無產階級鬥爭之社會的實踐上同時所生起的變化必然地表現了是將上述的二段過程只看做觀念的物質的總進化之必然的二個發展階段。隨着歷史條件的變化，勞動組合之經濟的階級鬥爭及無產階級政黨之政治的階級鬥爭實踐上都帶了改良主義的性質。想將這個改良主義的性質在改良社會主義化了的總體理論中表現的企圖是修正主義罷。反之，將馬克思主義之第一的歷史的顯現形態這個社會革命理論，想在完全抽象的且在現實上沒有擔負任何義務的純粹理論的形式來固持的，而又以表現了上述的變動之現實的特質的新改良主義的理論為非馬克思的而否定的這些傳統的理論家之企圖大體上卽是這個時期的墮落到了俗惡馬克思主義的正統馬克思主義罷。因此，在再發了的革命期中，第二國際的正統馬克思主義者對於國家與無產階級革命的關係這樣的問題為什麼完全是無力，這個理由也很可明白地理解。然而修正派——縱使不是上述的馬克思主義的理論——對於"勞動大衆"與國家的關係至少是有一個理論。他們理論地和實踐地都早已放棄了奪取消滅資產階級國家而以無產階級獨裁來代替的社會革命了，而將這個變為在資產階級國家內的政治的社會的及文化的改良了。然而正統派只是以對於過渡期的問題的這個修正派的解釋爲對於馬克思主義原則的侮辱而拒否了。而他們雖然很正統地固執了馬克思主義之抽象的文句，却不能現實地獲得這個理論之本來的革命的特質。因而他們的科學的社會主義也必然地變成了與社會革命理論相違背的某種東西了。在那個長期間漸次擴大了的馬克思主義因爲實踐上沒有解決一個革命的問題，革命問題也理論地對於一切的正統派和修正派的馬克思主義者的大多數不能存在爲現實的地上的東西了。卽對於改良派革命的問題是完全消滅了，而對於正統派也漸漸與共產黨宣言的著者所看到的切迫遠隔，終於消入於遙在彼方的超絕的未來了。(註十八)

(註十八) 這裏應該參照的是"我們可以完全不提及無產階級獨裁的問題，而以其決定委之於將來"這句話。這是考茨基反駁柏恩斯泰因(Berstein)"柏恩斯泰因與社會民主黨綱領"中的話，一九一七年伊里幾在"國家與革命"中批評了。

而現存的世界上實際慣於實行了的政治是看

做爲理論地表現了這個政治的是所謂修正主義的學說——這個在政黨大會雖然公式地被拒絕了，但在勞動組合中終於又公式地被採用了——的這樣的政治。因此，在現世紀初頭新的進化期中，無產階級社會革命的問題成爲現實的地上的問題而議論了的時候，這個正統馬克思主義——到戰爭勃發前止，在第二國際成了馬克思主義學之公式的確定形態——完全排除其純粹理論而自己崩壞了，如果是這樣，則這不過是好久以前就成就了的馬克思主義底內部的裂痕所生的必然的結果。（註十九）

（註十九） 參看考茨基的最後的著作"無產階級革命與其綱領"一九六頁中的"馬克思主義的獨裁論之變更"。

"馬克思在批評社會民主黨宣言的有名的論文中說，'在資本主義社會與共產主義社會間有一個從這一個轉移到那一個的革命的變革的時期。與這個相對應又有一個政治的過渡期，這個過渡期不能是無產階級底革命的獨裁以外的東西。'我們基於過去數年關於支配的問題的經驗，現在可以把這句話照下列的樣子變更，即在純粹資產階級支配底民主的國家的時期和純粹無產階級支配的時期間有一個從這一個到那一個的變革的時期。與這個相對應又有一個政治的過渡期，而這個時期的支配通常會是協動支配罷。"

這樣，正在這個時機，那個第三的進化期——通常爲其有名的代表者們稱爲馬克思主義的復活——在各地，尤其是在俄羅斯的馬克思主義者間特別顯著地勃興了。

在復歸到本來的或眞正的馬克思主義之純粹學說這個獨自的意識形態之下，馬克思主義理論之所以更逐行了一回的變形及展開，而且尙在逐行的原因，和隱蔽於這個觀念的假裝下的全過程之現實的性質同樣，是應很容易理解的。第二進化期中的社會民主的馬克思主義之去勢了的傳統現在還"像夢魔一樣"隱蓋着勞動者大衆的頭上，而勞動者大衆之客觀的經濟的及社會的地位却早已與以上的進化學說不一致了。這樣，從那個去勢了的傳統解放出來，在這個無產階級鬥爭的新的革命期實踐地成爲必要了。只這個解放，是像德國的盧森堡和俄國的伊里幾這樣的理論家在馬克思主義理論的領域內所成就了的，而現在還在成就的東西。

因此，共產主義的第三國際復活了馬克思主義理論之本來的形態可以用如次的事實說明，卽在新的革命的歷史期，無產階級運動自身固不必說，就爲這個運動的表現的共產主義者之原則也不得不再取決定的革命理論之形態。又在十九世紀最後的十年間差不多像是忘棄了的馬克思主義體系之大部分能再以新的勢力復活也是這個理由。更，俄羅斯無產階級革命的指導者在十月革命兩三個月前著了一本書，并且說明這書的使命是在"第一要再建馬克思的眞正的國家說"，其理由也可從這點明白。無產階級獨裁的問題因現實事件自身的進展成了實踐問題而'列入議事日程了"。所以，如伊里幾將這問題在決定的時期理論

地也"列入議事日程"了，則這已是對於革命的馬克思主義中的理論與實踐之意識地再興了的內部的聯結的第一個證據。(註二十)

(註二十) 理論家的伊里幾與實際家的伊里幾間的這個辯證法的關係最明白表現了的是他一九一七年十一月三十日在被得堡所寫的"國家與革命"的跋文中的二三文句。即"這個册子的第二部（敍述從一九〇五年到一九一七年的俄羅斯革命的經驗）恐怕要費很長的時間罷。參加革命的經驗比敍述革命是更要愉快，更要有益的"。

可是，從新來解釋馬克思主義與哲學這個問題也是這些重大的復活問題中的重要部分。第二國際的許多馬克思主義理論家之所以如上述的那樣輕視了一切的哲學問題也是馬克思主義運動中的實踐的革命的性質之忘却只部分地表現了的原故。後者之理論的總體的表現是躍動的唯物的辯證法在亞流們的俗惡馬克思主義中的消滅。而像上述的一樣，馬克思昂格斯也對於他們的科學的社會主義是一種哲學這個見解常反對了。但是在革命的辯證法論者馬克思昂格斯相當於哲學的東西是與在後世的俗惡馬克思主義中相當的哲學完全是別個東西。要指摘這事是很容易的，而我們會以確實的證據來詳細地說明罷。希爾華定及第二國際的多數馬克思主義者雖終於是承認了那個無前提的超階級的純粹科學的研究，可是沒有像這個承認這樣違背了馬克思昂格斯的東西。(註二十一)

(註二十一) 在這裏且參看"哲學之貧困"(第一〇七頁——一〇九頁)中的馬克思的說明。在那裏他敍述了無產階級的理論家，社會主義者及共產主義者與諸經濟學派及資產階級的科學的代表者間的關係。——同樣地又敍述了與獨斷的空想的社會主義及共產主義對立的唯物科學的社會主義及共產主義之特徵。即"從這瞬間起，科學成為歷史的變動之意識的所產。而這已不是獨斷的而成為革命的了。"

馬克思昂格斯之眞正的科學的社會主義與資產階級底這個無前提的純粹的科學（經濟學，歷史學及社會學等）對立的程度是比與曾經爲第三階級革命運動之理論的最高表現的哲學對立的程度要更峻嚴的多。

最新的馬克思主義者爲馬克思的，尤其是後世昂格斯的二三的有名的文句所誘惑，以爲只有用抽象的非辯證法的實證科學之體系來代替上述的哲學才是馬克思昂格斯的哲學之揚棄，但我們從上述的情形看來要驚嘆他們感覺的銳敏。與這個資產階級的哲學及科學之完全的揚棄同時也要成就這兩者底物質的關係——這些的觀念的表現是上述的哲學及科學——之揚棄，理論地表現了成就這個揚棄之革命的過程的卽是科學的社會主義。只是在這一點才存着馬克思的科學的社會主義與一切的資產階級哲學及科學之現實的對立。（註二十二）

（註二十二） 在馬克思昂格斯，"實證科學"這個字現實地只有這個意義，牠的證據到後來再舉罷。相信着本文裏所敍述的見解的馬克思主義者們曾經爲某個資產階級的馬克思研究家教示了他們的致命的錯誤。瑞典人黑蘭達的著書"馬克思與黑格爾"雖然是有無數的非常幼稚的淺薄的錯誤，但其中關於馬克思主義底哲學的方面（他稱爲社會民主主義的世界觀）之考察大體上要比其他的資產階級的馬克思批評及普通的俗惡馬克思主義還更深刻。在這書中有關於上述問題的優秀的教示。即"黑格爾'批評社會批評家，且給了一個使他們學習科學，看取國家的必然性與正當性這樣的可以援助他們批評的穿鑿的忠告'，可是要只在和黑格爾所使用的同樣的意義才能使用'科學的'社會主義這句話。"（第二五頁以下）這個部分，不管牠是好是壞，總之是黑蘭達著書的特徵。黑格爾這句話黑蘭達雖沒有指示其出所，確是在法律哲學的序文中。但黑格爾在那裏所述的不是關於科學而是關於哲學的。又馬克思的科學底意義和黑

格爾的哲學底意義一樣，不是與實在性的調和，而是實在性的變革。(參看註二十一所引的'哲學之貧困'中的話)

因此，如想復活爲亞流們所歪曲，俗化了的馬克思學說之眞正的且完全的意義，在純理論上已經必然地非再來解明馬克思主義與哲學這個問題不可。自然，這個場合也和馬克思主義與國家這個問題一樣，理論的問題現實地是要從革命的實踐之欲求和其必然性發生的。在那個革命的過渡期中——獲得了權力後的無產階級，和在政治的及經濟的領域中一樣，在觀念的領域內也非遂行一定的革命的問題不可。而這些一切的問題又互相不絕地交錯影響着。——馬克思主義之科學的理論也不能再經歷單純的復歸的道程，應該要辯證法地展開而成爲共產黨宣言的著者所說的"把社會生活的領域一切當作總體而把握了的社會革命理論"。而且不只限於"國家對於社會革命的任務，社會革命對於國家的任務"(伊里幾)的問題，"意識形態對於社會革命的任務"也非唯物辯證法地解決不可。第二國際的馬克思主義者廻避了革命的國家問題，因而使機會主義發生而勃發了馬克思主義之內部的危機。與這個一樣，在無產級階革命前的時期，廻避了意識形態的問題也一定會發生機會主義而釀成馬克思主義之內部的危機。又如逃避了對於這個觀念的過渡的問題之具體的態度決定，則就在無產階級得獲了國家權力以後的時期實踐地也會發生壞的結果。爲什麼？爲的是因爲理論的不明瞭及不一致，有效地把握屬於觀念的領域之問題是非常被妨礙而且很困難。因爲這個，在我們所當面的級階鬥爭之新革命期中，我們已非得將無產階級革命與意識形態的關係這個大問題——這個問題和無產階級獨裁這個政治革命的問題一樣，也爲社會民主主義派的理論家所輕視了——根本地重新建立不可，又與這個問題相關聯，本來的馬克思主義之眞實的辯證法的革命的觀念也非得再建不可。然要根本地解決這個問題，又非得將馬克思昂格斯考察意識形態一般時所當做出發點的問題，即哲學對於無產階級的社會革命，又無產階級的社會革命對於哲學，有什麼關係這個問題詳細地考察不可。立在馬克思昂格斯自身所指示的基礎上，對於這個問題想給與一個從馬克思之唯物的辯證法理論所必然地演生的解答，則我們會逢着如次的更重大的問題罷。即馬克思昂格斯的唯物論對於意識形態一般有什麼關係這個問題。

三

馬克思昂格斯的科學的社會主義對於哲學有什麼關係？——俗惡的馬克思主義回答說，"完全沒有關係"，且附帶地說"舊的觀念哲學的立場爲馬克思主義之新的唯物科學的立場所完全顚覆且克服了。"因而一切哲學的理念及思索只看做一種迷信而浮幻於人們頭腦中的無對象的非現實的頭腦之織物。因爲支配階級對於這個織物的持續有一種非常現實且現世的利害關係。如果一度資本主義的階級支配顚覆了，則同時這些迷信的殘渣也自然會消滅。

將哲學問題像上述的一樣地解釋是與馬克思的近代的唯物辯證法之精神絲毫沒有關係。要使理解這個，只要指示出完全科學地來否定哲學是非常淺薄的事就夠了。這個解釋完全是"那個資產階級之癡愚的天才"邊沁在百科辭典裏說明"宗教"這個字是"迷信的觀念"的時代的事。（註二十三）這又是那個現在雖然還在蔓延而精神地的確是倒退到十七八世紀的那個雰圍氣，卽是關於丟林（Eugen Dühring）在他的哲學書中說"在因他的藥方而創造了的未來社會中，一切的宗教迷信已經沒有存在，否，正當地解明了的社會性之體系應該廢絕一切心靈的妖怪之粉飾及一切的信仰之本質的部分"這樣的話的時代。（註二十四）

（註二十三） 參看馬克思在資本論第一卷尤其是五七三——四頁關於邊沁所說的話。

（註二十四） 參看昂格斯的"反丟林論"中的痛烈的罵倒（第三四二頁）。

這樣，與將宗教，哲學等之觀念的現象淺薄地解釋且純粹地消極地否定的方法確然地對立，發生了別個的把握方法。近代的或辯證法的唯物論之新的唯一科學的世界觀是以這個方法來把握宗教，哲學等之意識形態的。如想將這兩個把握方法底差異儘可能的明白地表示出來，則可以這樣的說："近代辯證法的唯物論之本質是在於把像哲學及其他意識形態這樣的精神形態先當作實在性來理論地把握，然後實踐地處理這一點"。馬克思昂格斯以關於哲學的實在性之鬥爭開始了全革命運動的第一期。而到後來，他們關於在觀念的總實在性中之哲學的意識形態與其他的意識形態的關係之見解根本地變更了。然就在這個時候，也祝一切的意識形態又哲學為眞實的實在性，决沒有把牠當做空虛的頭腦之織物。這些事到後來敍述罷。

在十九世紀的四十年代，馬克思昂格斯將階級解放——這不僅與既成的成果一面地對立，且與現存的總共同體之前提全面地對立（註二十五）——的革命鬥爭先理論地且哲學地考察了的時候，他們信以為這樣可以把握現存社會構成中之最重要的部分。在一八四二年的開爾（Kölu）新聞七九號的卷頭論文中，馬克思已經說過：“頭腦雖然不在胃中，但也不在人以外。同樣地，哲學也不在世界以外。”（註二十六）後來又在黑格爾法律哲學批判的序文中說與這個同樣意思的話，即“從來的哲學自體是屬於這個世界，雖然是理念地，然而將這個世界完成”。（註二十七）——因而十五年後，在經濟學批判序文中又說“我在這個法律哲學批判中完全推移到了後世的唯物論的立場”。而這個正當地從唯心的把握推移到唯物的把握的辯證法論者馬克思在這裏明瞭地說明着：“在德意志，排除了一切哲學的實踐的政黨那時所犯的錯誤是與沒有將當做哲學的哲學否定了的理論的黨派所犯的錯誤完全同量的”。後者相信用從哲學的立場因而從哲學現實地或欺騙地所演導出來的要求（如像後來的與費希特Fichte結合了的拉薩爾）可以與從來的德意志社會之實在性抗爭，可是在這個時候，却忘却了這個哲學的立場自身也是屬於這個從來的德意志社會。可是，“將背向着哲學，頭向外，對於哲學加上了兩三句討厭的無聊的駡言”，便妄信以爲完全地否定了哲學的實踐的政黨也根本地囿於同樣的偏狹，即“常沒有把哲學算在德意志的實在性之範圍內”。因此，如果理論的黨派相信“不把哲學（理論地）奧伏赫變，而可以（實踐地）將哲學現實化”，則實踐的政黨不把哲學（理論地）現實化（即當作實在性去把握），而想（實踐地）將哲學奧伏赫變——這與前者同樣地是完全的錯誤。（註二十八）

（註二十五） 遺稿集第一卷三九七頁。

（註二十六） 遺稿集第一卷二五九頁。

（註二十七） 同 上三九〇頁。

（註二十八） 同 上三九〇——一頁。

馬克思——昂格斯也和馬克思一樣，同時經過了同一的進化（像昂格斯自身及馬克思後來常常所說的一樣（註二十九）在這個階段確已超越了他學生時代的哲學的立場，可是這是什麼意義的立場？然同時這個超越就在這個時候也把持了某種哲學的性質，這又是什麼意義？我們把這些問題弄明白罷。

（註二十九） 參看經濟學批判序文（一八五九年）中的馬克思的敍述。

我們能說超越了哲學的立場這話的理由是如次的三個。即(一)馬克思這次所取的理論的立場不僅對於結果一面地對立着，對於從來的德意志哲學一切——馬克思昂格斯在這時候及以後都以爲黑格爾哲學代表了這時的哲學的一切——底前提也全面地對立着。(二)上述的立場在這些對立中不只是與哲學——這哲學只不過是頭腦或現存世界之理念的完成——對抗，也對抗於這世界的總體。(三)特別是這個對立不只是理論的，同時也是實踐的行動的。完全地表現了這點的是關於費爾巴哈(Feuerbach)的最後的論綱，卽"哲學家不過把世界種種地解釋了，但緊要的是把這個世界變更"。這樣，雖然完全地超越了純粹哲學的立場，而尙固持着某種哲學的性質，要明瞭這哲學的性質，只要一想到這個無產階級科學與從來的哲學在其理論的本質上差不多是沒有差異就夠了。——自然，這個新的科學是馬克思用來代替從來的資產階級觀念哲學的，牠的方向及牠的目的確與從來的哲學根本地不同。德意志觀念哲學總體，要與牠同時代的資產階級之實踐的革命運動辯證法地相關聯才能把握一樣，理論地也常有像理論以上哲學以上這樣的傾向。——這到後章再來詳述。就是在黑格爾，他的先驅者——康德，薛林，特別是費希特——所有的這個特徵的傾向，雖然一見像是倒逆的，而却超越了本來的理論的範圍，且在某種意義上常以實踐的問題現露於哲學的眞理中。自然，這個實踐的問題决不是像在馬克思一樣，是在變更世界，反之，是在以概念及判斷來融合當做自意識的精神的理性與當做現存的實在性的理性。

這樣，從康德到黑格爾的唯心論的德意志觀念哲學，不能因爲這逸出了世界觀的問題——照承認了的一般解釋，哲學固有的本質是在這問題之中——以外，而說這不得爲哲學。同樣地，只因馬克思的唯物的理論不妥適於純粹理論的問題，却妥適于實踐的革命問題這個理由，便說這已是非哲學的理論也不是正當罷。倒是在費爾巴哈論綱及同時代的論文——有已出版的，也有沒有出版的(註三十)——中表現了的馬克思昂格斯底辯證法的唯物論，在其理論的本質上，應該說是一種哲學即革命的哲學罷。這個革命的哲學在如次的一點承認其哲學的使命。即將涉及社會的實在性之全領域的。同時又對於社會狀態之總體的鬥爭先現實地導入於實在性之一定領域即哲學中，最後將從來的社會的實在性總體與伏赫變，同時又將哲學也現實地與伏赫變這一點。馬克思的話，"不把哲學現實化，也不把牠與伏赫變。"

(註三十) 屬於這些的是屢次提及了的黑格爾法律哲學批判，包威爾猶太人論批判(一八四三——四)及神聖家族(一八四四)的以外特別是那個後期黑格爾哲學的大清算——這個馬克思昂格斯在一八四五年的德意志的意識形態(Deutsche Ideologie)的草稿中平易地的解說了。這書對於我們的問題是非常重要，因神聖家族的序文中的註就已明白。在那裏，著者說他的獨自的實證的見解及他們對於"哲學及社會學之新學說"的實證的關係會在第二部著作裏說明。這個著作對於徹底地探究馬克思主義與哲學這個問題是最重要的，但不幸，從來沒有完全發表過。但從已公表過的部分特別是 Saint Max（社會主義文獻第三卷一七頁以下）Leipzig 的宗教會議（社會科學文庫第四七卷七七三頁以下）及提及了未公表的草稿的 Gustav Mayer 的有益的論文（他的昂格斯傳第一章二三九——二六〇頁）看來，馬克思昂格斯底唯物辯證法的原理可以知道是這樣地構成着，這個唯物辯證法的原理是在全體性上表現了，而不是像一方面在共產黨宣言，他方面在經濟學批判的序文裏一樣，只專從一方面，卽專在實踐革命的意義上，或專在理論的經濟的及歷史的意義上論述了的。經濟學批判序文中的關於唯物史觀的有名的言句只不過間接地以給與讀者一個"社會研究的指針"——馬克思也用這個研究經濟學——爲目的，因而馬克思决不是在那裏想敘述新的唯物的辯證法之全體，這兩個事實，雖然從敍述的內容及文體看來是很明暸，但常被看過。例如說，“人類在社會革命期意識其深刻的鬪爭且會遂行這鬪爭罷。即人類只在一定的條件下方以某問題爲問題。而變革期自身也有某一定的意識。”所以在這裏完全沒有提及歷史的主觀的問題——這個歷史的主觀是以一個意識（不管牠是正當的或錯誤的）現實地遂行社會進化。因此，如欲在其全體性上把握唯物辯證法的理論，則馬克思這裏的新歷史觀的敘述非用馬克思昂格斯的其他著作，特別是上述的第一期著作（資本論及後期的歷史的小論文）來補充不可。

因而，在這個時期，對於從黑格爾的辯證法的唯心論進到辯證法的唯物論的革命家馬克思昂格斯，哲學的奥伏赫變决不是哲學的單純的排棄的意義是很確實的。而我們考察這兩個人對於哲學的後世的態度時，也非得以如次的事實做出發點而常留意於此不可。卽馬克思昂格斯在成爲唯物論者以前已經就是辯證法論者這事實。馬克思昂格斯的唯物論從開初就是辯證法的唯物論，就是在後來也與費爾巴哈之抽象的自然科學的唯物論及新舊一切的資產階級的，俗惡馬克思的抽象唯物相對立而常是歷史的辯證法的唯物論，卽理論地把握且實踐地變革歷史的社會的生活之總體的唯物論。如果看過了這事實，則開始就是不運地不可救藥地誤解了他們唯物論的意義。因此，哲學在歷史的社會的總進化中，能成爲沒有最初這樣的重要是可以有，而實際上唯物論的發展中在馬克思昂格斯的場合也有過。然決不因爲這個，對於歷史的總過程之現實的唯物辯證法的把握，哲學的意識形態或竟連意識形態一般都不得爲歷史的社會的總實在性之物質的（理論地可以把握實在性，實踐地可以唯物地變更實在性的）部分，決不是這樣。而實際上在馬克思昂格斯的場合也決不是這樣。

在費爾巴哈論綱中，青年時代的馬克思不只

限於哲學的唯心論。同樣地與從來一切的唯物論也峻烈地對抗着而確立了他的新的唯物論，完全與這個同樣，馬克思昂格斯在後來的一切著作中也強調了凡俗的抽象的且非辯證法的唯物論與他的辯證法的唯物論的對立。更弄明白了這個對立對於理論地把握及實踐地處置所謂精神的（觀念的）實在性是有特別重大的意義。馬克思關於精神表象一般特別是關於現實批判的宗教史之方法這樣說明着："因分析來發現宗教的迷信之現實的基礎比從各個現實的生活之關係而展開其神秘化了的諸形態實際上是更容易的多。後者是唯一的唯物論的科學的方法"。(註三十一)

(註三十一) 參看資本論第一卷三三六頁註八九及與這個完全一致的費爾巴哈論綱第四。——馬克思這裏所謂的唯物的科學的方法明白地是唯物辯證法的方法，決不是不完全的抽象的唯物的方法是很容易知道的。又參看昂格斯一八九三年七月十四日給墨林（Mehring）的信裏關於這點的注意。這點是墨林著列華（Lessing）傳時所應用的唯物的方法裏缺乏着的。說：“然在馬克思及自己（昂格斯），通常表現得很不充分”。“同樣地，我們的一切是不得不重視從經濟的基礎事實演導政治的，法律的，其他唯心的表象及爲這表象所媒介的行動。但這時候我們却漠視了其內容之形式的方面，卽這些表象怎樣地發展了的方法及手段。”因這個我們可以知道如次的事實，卽昂格斯這裏對於他自身及馬克思的論著的自己批判實際上很少提及馬克思昂格斯現實地所應用了的方法。馬克思應用了那個應非難的一面的方法是比昂格斯還要稀少。而昂格斯也不像人們因爲他自己批評的峻烈而想像的這樣的多。

將一切的觀念的表象歸之於牠的物質的現世的基礎中而便滿足（完全費爾巴哈式的）的理論的思惟方法是抽象的且非辯證法的。同樣地，將自己只制限於對於觀念的幻影之現實的基礎的直接行動而不變革揚棄觀念體自身的革命的實踐也自然是抽象的且非辯證法的。

因爲對於意識形態之實在性取了上述的抽象的否定的態度，俗惡馬克思主義犯了與無產階級的理論家同樣的錯誤。即無產階級的理論家們，在從前是一樣，在現在也是一樣，從關於法律關係的，國家形態的及各種政治行動的經濟的條件性之馬克思主義的見解想演導出無產階級可以且應該將自己的行動制限於直接行動及經濟行動的理論。(註三十二)

(註三十二) 在從前可視爲這個見解之典型的表現的是蒲魯東給馬克思的有名的信（一八四六年三月——遺稿第二卷三三六頁）中的答辯。他以爲這個問題是這樣的："因一個經濟的結合而從社會取去了的財富又因別個經濟的結合而歸還於這個社會，換言之，反對私有財產而變更經濟學中的私有財產理論，且形成那德意志社會主義者們所謂的共有財產。"反之，馬克思在還沒有達到他後世的唯物辯證法的立場的時候就已經很明白地認識了那個辯證法的相互關係——這是使經濟問題也一定政治地又(理論地及實踐地)表現及理解。關於這點，參看一八四三年九月給魯格(Ruge)的信。在這裏馬克思以辯證法的方法答復了"那些粗雜的社會主義者"，即"這個問題政治地只表現着人的支配與私有財產的支配的差異"。—— 依他的見解，像州縣會制度與代表制度的區別這樣的政治問題是"很有價值的"。

特別與蒲魯東的論爭中，又對於其他各種的傾向一切馬克思是怎樣峻烈地抗爭了，這是很顯著的事實。他在一生的一切時期中，只要遇到了這種見解(這個現在還存續於工團主義中)，便以全力這樣地高調了，即這樣"先驗地蔑視"國家及政治行動完全是非辯證法的。因而理論地是不充分，又實踐地是無能力。(註三十三)

(註三十三) 參看"哲學的貧困"的最後的一頁。

這樣，這個經濟與政治的關係之辯證法的把

握成了馬克思主義理論底很堅固的確說了。結果，第二國際的俗惡馬克思主義雖然可以忽略革命的過渡的政治問題之具體的解釋，却不能否定這個問題之抽象的存在。在正統馬克思主義者中原則地主張"對於政治問題理論地及實踐地努力對於馬克思主義是一個克服了的立場"的一個都沒有了。而這個問題盡委之於工團主義者了。反之，關於觀念的實在性，許多優良的馬克思主義者們確是理論地及實踐地有過而現在也有一個立場。然這個立場確與工團主義者對於政治的實在性的立場是立在同列的。有些唯物論者們——他們和馬克思一樣，反對工團主義者的否定政治行動而大叫"社會運動不要除開政治運動"，又反對無政府主義者而常高調着"就是在無產階級革命的勝利後，資產階級國家或許會變更其一切的形態，可是政治的現實會永遠存續罷"。——這些唯物論者，如果告訴他們"在觀念的領域中應遂行的精神的運動，因無產者階級鬬爭的社會運動，或因合一了的社會的及政治的運動，也决不會被代替或成爲無用",則他們完全又陷於工團主義的無政府主義的超越的蔑視。而在現在,多數的馬克思主義理論家對於通常一切所謂精神的事實之實在性——社會的總實在性中的——還是不正當地適用爲馬克思昂格斯所確立了的唯一之唯物的且科學的方法,却只純粹否定地,徹底抽象地且非辯證法地把握着,即社會的政治的生活過程,同時還有精神的過程,換言之,與最廣義的社會的存在及生成(如經濟,政治及法律等)相并行還有種種顯現形態的社會的意識,這些社會的意識不把牠當做社會的總實在性中之現實的(縱使是理念的或觀念的)部分去把握,却以完全抽象的,根本地正是形而上的二元的方法來解釋一切的意識爲本來純粹現實的物質的進化過程所反映了的東西——這是完全非獨立的,抑或只相對地是獨立的,然結果還是非獨立的。(註三十三)

(註三十三) 昂格斯在初期肯定這個見解到了什麽程度,關於這個問題參看上述的註三十一。

站在上述的立場，將唯一的科學的唯物辯證法的方法在觀念的實在性之把握及其處理的範圍內也想復活的理論的企圖還非得克服一個很大的理論的障礙不可。這個障礙是比那個妨害了馬克思主義的眞實的唯物辯證法的國家理論之復活還要大的。因爲亞流們關於國家及政治問題俗化了馬克思主義是第二國際的有數的理論家及記者們沒有充分具體地論究重要革命的過渡的政治問題的原故。但是，他們也至少抽象地肯定了"依唯物史觀，不只是歷史的社會的現象一切之眞實的終局基礎即社會之經濟的構造，就是法律及國家即法制的及政治的上部構造也是一個實在性，因而不能將這個工團主義地或無政府主義地漠視或拋棄，不，非因政治革命來現實地變革不可"，而又在其獨特的長期的鬭爭中，最初對於無政府主義者，後來又對於工團主義者強調了上述的主張。反之，社會的意識形態底即精神的生活過程底實在性，在大多數的俗惡馬克思主義者們就是一次都沒有抽象地考慮過。否，以馬克思尤其是昂格斯的兩三句話爲憑據，(註三十四)社會之總精神的（觀念的）構造很單純地被解釋爲映像的實在，即這只當做迷妄，想像及幻影才寄於觀念論者底頭腦中，而在現實性中是決沒有一個眞實的對象。

（註三十四） 人人都知道，昂格斯在後世(一八九〇年十二月二十七日給施密德的信）有一次關於宗教及哲學等這樣的高浮於空中的觀念體說明爲這些是包含着萌芽狀態的邪惡之前歷史的發生。而馬克思也在剩餘價值論(第一卷四四頁）中同樣地是以一見完全是否定的態度敍述哲學。

這個解釋對於一切的所謂"高遠的"觀念論者常是妥適罷。就是政治的及法律的表現形態也常有觀念的非現實的性質。然而這些也還至少要與某現實的東西卽形成當該社會之上部構造的國家制度相關聯。反之，對於"更高級的"觀念的表象態一般(人類底宗教的藝術的哲學的表象)現實的對象已經會不適應了罷。如更明瞭地描出這個思惟態，則可以說與這個對應着有實在性之三階段存

在，卽

第一，現實的而結局是唯一的眞實的，决不是觀念的實在性——經濟，

第二，已不是完全現實的，到某種程度觀念地粉飾了的實在性——法律及國家，

第三，完全無對象的且非現實的純粹觀念（純粹思惟）。

四

要想理論地復活適用於精神的實在性之把握了的唯物辯證法原理之現實的成果，先幾個唯名論的決定是必要的。次之應闡明的主要點是從唯物辯證法的立場應如何考慮意識與其對象的關係這個問題。

特別非唯名論地確定不可的一點是馬克思昂格斯決沒有將社會的意識，精神的生活過程卽稱爲意識形態（Ideologie）這一點。意識形態只是指那倒逆了的意識，特別是將社會生活的部分現象誤認爲一個獨立的本質的那些東西，嘗如將法律及國家看做超社會的獨立力的那些法律的政治的觀念。(註三十五)

(註三十五) 特別參照昂格斯關於國家的註釋(費爾巴哈論第五一頁)。

反之，馬克思在他詳細說明唯名論的地方(註三十六) 明白地有這樣的文句，“在總物質的生活關係——黑格爾稱爲市民社會——之內部，社會的生產關係(社會之經濟的構造)一方面是法律的及政治的上部構造所據以立足的，他方面是一定的社會的意識形態所適應的，眞實的基礎。”

(註三十六) 經濟學批判五四頁以下——資產階級的馬克思研究家漢謨馬赫爾在他的著作“馬克思主義之哲學的經濟的體系”(一九〇九年)特別是一九〇頁二〇六頁中，很細密地集輯了關於這個問題的文獻的唯名論的資料之全部。彼在企圖解決這個問題的時候，至少引用了資料的全部，而特尼斯及巴爾特等則只不過引用了馬克思底個個的言辭及章句。

這點是他與別的資產階級的馬克思批評家不同的地方。

特別是馬克思昂格斯在經濟學批判中所批評的商品之偶像崇拜或價値及從這個演導出來的其他的經濟的表象,和法律及國家一樣,也都是屬於現實地存在着的社會的意識形態。就是這個資產階級社會之經濟的根本觀念馬克思昂格斯也決沒有稱爲意識形態這事是他們的把握之顯著的特徵。所以依馬克思昂格斯的見解,通常只法律的政治的宗教的藝術的或哲學的意識形態是能爲觀念的,而這些又像後述的一樣,不是無條件地所能觀察,非只在上述的特定的前提下來觀察不可。這樣,將經濟的意識形態當成特殊的東西的所在是非常明確地表現着一種別個哲學的把握方法——這是區別後世的充分成熟了的辯證法的唯物論與初期的還未成熟的辯證法的唯物論的。哲學底理論的及實踐的批判在馬克思昂格斯的理論的及實踐的批判中可以說是只佔着第二位,不,第三位第四位甚至最終位的。德法年誌時代的馬克思站在其中尙能發現他本質的問題的批判哲學發生了更徹底的(Radical)卽更在更深的根柢上把握事實的（註三十七）且以經濟學批判爲基礎的社會批判。

（註三十七） 馬克思在黑格爾法律哲學批判中(遺稿第一卷三九二頁)將 Radical 這個字這樣地定義着。

批判論者“可以結合於各種理論的及實踐的意識，而從現存的實在性之固有形態可以展開爲其當然 (Sollen) 及終局目的的眞實的實在性”，這些批判論者現在已認識到了一切的意識形態也和一切的法律關係及國家形態一樣，不能從其自體也不能從人類精神之一般的發達（卽黑格爾及後期黑格爾哲學）來解釋，倒應在構成全社會的有機體之物質的基礎的物質的生活關係中求一切意識形態之根據。

因而資產階級社會之徹底的批判，像馬克思在一八四三年所說的一樣（註三十八）已經不能與各種任意的理論的及實踐的意識形態相結合，這非與那個一定的意識形態——這個底科學的表現是資產階級社會之經濟學——結合不可。因此經濟學的批判——理論地及實踐地——是位於第一位的。

（註三十八） 一八四三年的這句話也不是充分正確地表現了眞實的馬克思的觀念。同年九月馬克思在給魯格 （Ruge） 的信中有兩三行是說明這事的。"社會主義理論底代表者所處理的問題是眞的人類的本質之實在性。與這個相併行，批判人類的本質之他的側面——人類底理論的所產卽宗教科學等也是一樣"。從這個見地可以總括馬克思的進化過程爲簡單的形式。卽他第一哲學地批判了宗教，第二是政治地批判了宗教及哲學，最後是經濟地批判了宗教，哲學，政治及其他一切的意識形態。下列的是這個過程的標幟，

一，馬克思的哲學的論文之序言中的註（宗教之哲學的批判）。

二，一八四三年三月十三日給魯格的信中關

於費爾巴哈的說明，"費爾巴哈對於自然雖是太固執地論及了，而對於政治是太冷淡了。只在這一點我不能肯定費爾巴哈的議論。但是，政治是現在的哲學能成爲眞理的唯一的紐帶。"——屢次所引用的九月的信中對於魯格的有名的注意也屬於這個　。哲學"世界化了"，而因爲這個，"哲學的意識自體不只是內部地卽外部地也被牽引於鬥爭的苦鬥中了"。

三，依黑格爾法律哲學批判中的說明，"產業，一般地說，財富的世界對於政治的世界的關係"是"近代的主要問題"。然因這個"近世之政治的社會的實在性自體"所引起的問題必然地發生於德意志式的國家哲學及法律哲學——在"最決定的，最豐富的且終局的"黑格爾的意義上定的——所存在的國家之外部。

但雖然是這樣，這個馬克思的革命的（理論的及實踐的）社會批判之更深刻的且更根本的顯現形態仍不失爲全資產階級社會的批判，因而不失爲其意識形態一切的批判。所以馬克思昂格斯在後世像是很稀少地且只傍系地成就了的哲學批判實際上也決沒有爲他們所排除，只不過以更深刻的更根本的方法遂行了罷了。爲要明瞭這個，對於現在廣播的關於馬克思的經濟學批判之某種錯誤了的觀念，只要復活馬克思經濟學批判之完全的革命的意義就够了。這樣做了，則經濟學批判在馬克思的社會批判之總體系中所佔的地位，又像哲學這樣的意識形態之批判與經濟學批判的關係，同時又會明白罷。

經濟學的批判，換言之，在馬克思主義之唯物辯證法的社會批判中理論地及實踐地最重要的部分是資本主義時代底物質的生產關係之批判，同時又是這個時代底一定的社會的意識形態之批判。這是一般地承認了的事實。正統的俗惡馬克思主義之純粹的無前提的"科學的科學"也確承認這事實。依希爾華定的見解，如科學地認識了一個社會之經濟的法則，則"同時規定這個社會底階級意識的決定的要素"也會明白，而在這點，經濟的法則之科學的認識同時是"科學的政治"。雖然有這樣的關係存于經濟與政治的中間，而依俗惡馬克思主義者底完全抽象的徹底地非辯證法的觀念，馬克思主義的"經濟學批判"，作爲科學只不過有一個純粹理論的任務，換言之，批判資產階級的國民經濟學卽古典的素朴的經濟學之科學的誤謬這個任務。反之，政治的勞動黨利用這個批判科學的考究之結果於其實踐的目的——這結局是企圖變革資本主義社會之現實的經濟構造卽物質的生產關係。

這個俗惡社會主義之重大的根本的缺陷是牠與那個素朴的實在論完全"非科學地"結着了的這一點。爲要採取這個立場，那個所謂常識，"焦燥的形而上學者"及資產階級社會之常識的實證科學在意識與其對象間劃了一個明確的境界線。他們完全沒有想到這個意識與其對象的對立在批判哲學之先驗的考察的場合雖已完全不殘存，(註三十九) 而在辯證法的把握的場合却完全被與伏赫變

了。(註四十)

(註三十九) Kuno Fischer 紀念論文集(第二卷二十八頁以下)中的 Lask 底法律哲學第二節的說明是關於這點最富有教訓的。

(註四十) 給予這點以頗適切的說明的是 Karl von Krausewitz 將軍著"關於戰爭"的第二卷第三章。他是很爲德意志觀念哲學的精神及其方法所影響了的戰爭哲學者。他在這裏研究戰爭技術與戰爭科學那個是正當的名稱，而達到了"前者比後者是更適當"這個結論。然他不滿足於這個結論，更附加地說："更詳細地考察，戰爭'不是本來的意義的技術，也不是科學'，而在戰爭之最近的顯現形態，也不是'手工業'(像在過去中世紀一樣)。寧說戰爭是'人類交易的一個行爲'，倒是眞實的表象。所以戰爭可以說是不屬於技術及科學的範圍，而是屬於社會生活的範圍。這是重大的因流血而解決的利害的鬥爭，是在這點與別的東西不同。這與其說是類似於技術，不如說是類似於交易——人類的利害及行動之鬥爭。又從這點看來，視爲大規模的交易之一種的政治也頗與戰爭類似。而且政治是發展戰爭的萌芽。其中已隱蔽着戰爭的芽苞是恰和在生物的胎芽中隱蔽着生物的特性一樣。"(一八三二年初版第一卷一四三頁)。囿於固陋的形而上學的範疇的近代實證科學的思索家們對於這個學說也會加以批評的註釋而這樣說罷，"這個有名的著者在這裏將戰爭科學的對象與這個科學自體混同了。"然實際上 Krausewitz 是很知道通常的在非辯證法的意義上的科學是什麼東西的。他明白地說："關於有時稱爲戰爭技術，有時又稱爲戰爭科學的這樣的對象，'在本來的意義上的'科學這樣的東西是决不能存立。因爲，吾們在這裏所不得不處理的是'活生生地反應的'對象，而不是像在機械的技術(及科學)裏一樣，'死了的素材'，或像在理念的藝術(及科學)裏一樣，'雖然是活着然而病了的對象'。然這種對象和那個非先驗的對象一樣，'可以用研究的精神來解明，而在對象之內部的聯絡上來闡明'。只這樣，才能把理論的概念現實化。"（前書一四一頁——一四四頁。特別是九二頁九五頁）。因爲這個 Krausewitz 的理論——概念與馬克思昂格斯的科學的社會主義之科學——概念是非常類似，所以關於這個沒有再詳細說明的必要。因爲兩者都是從同一的源泉，卽黑格爾底辯證法的哲學及科學概念發生起來的，所以這個類似也決不是不可思議。

更，Krausewitz 的亞流們對於其師底這些理論所加的註釋，在情調上或在內容上都使我們卽刻想到與這個相類似的註釋，卽近代多數科學的馬克思主義者們對於馬克思的理論所加的註釋。在這裏我們引用一段有名的序文：" Krausewitz 并不是否定了精確的理論自身的價值，他的著書"關於戰爭"只不過爲想調和理論與現實生活的努力所貫徹着。因這個，哲學化了的考察方法——現在的讀者雖然不一定會喜歡這個——底重要已多少說明了"。——在十九世紀的後半俗化了的是不只馬克思主義啊!

至多是他們以爲這樣的對立在黑格爾的唯心的辯證法會存在,而正在這個場合,辯證法發生了"爲黑格爾所隱蔽了的""神秘化",然這個神秘化明白地在這個辯證法之合理的形態卽馬克思的唯物辯證法根本地絕滅了。但實際上像就要說明的一樣。馬克思昂格斯不只是在第一的哲學的時期,就在第二的實證科學的時期也連在夢裏都沒有想把意識與實在性的關係(二元地)形而上學地去把握。但縱使就算漠視了一切的哲學,然這還是明白的事實,即沒有爲一切的辯證法因而馬克思主義的唯物辯證法之特徵的這個意識與實在性的合致,則經濟學批判斷不能爲社會革命理論中的最重要的部分罷。——因爲有這個意識與實在性的合致,資本主義時代底物質的生產關係,只與其意識形態〔在這個形態上,那個生產關係反映於那時代底前科學的 (Vorwissenschaftlich) 及(資產階級)科學的意識中〕合致了的時候，才能成爲現在這樣的東西，而若沒有這個意識形態，則物質的生產關係不能存立于實在性中。反之，對於馬克思主義本質地已經不是社會革命理論的那些馬克思主義的理論家們，關於這個意識與實在性的合致的辯證法的把握完全成了無用的贅物，因而結果這不得不理論地也好像是誤謬(非科學的)了。(註四十一)

(註四十一) 在非革命的精神與對於馬克思主義的經濟學批判之辯證法的誤解間的這個關係，在柏恩施泰因是最明白地表現了。他以違反馬克思價值學說底眞的意義的言句結論其所編的價值學說集(社會主義文獻第五册五五九頁，一九〇五年)說，"現在我們以關於形而上物，所謂'價值'的錯綜的直接的方法及間接的方法來考究價格成立的法則"。

完全與這個同樣，社會主義復歸到了康德及其他唯心論者的場合，存在(Sein)與當然(Sollen)又復相離背了。關於這點，參看黑蘭達的素朴的批評"馬克思與黑格爾"(二六頁)。他說"人們已習慣於康德式地考究自然(!),即習慣於承認存在與當然的區別"。又在這裏再參看馬克思在經濟學批判裏(六二頁)敍述洛克(Locke)的註。"這個資產階級的哲學家在自己的著作中以資產階級的知識爲人類的正常知識"。馬克思昂格斯在其理論的及實踐的革命運動底一切時期中,在經濟學的領域及在政治法律這樣的更高度的領域,更在藝術宗教及哲學這樣的最高度的領域中,向來是論述了意識與實在性的關係。在這些一切的論文中,須得考察關於上述的關係的註釋是向着那裏。即這是向着黑格爾及其學徒之觀念的思辨的方法呢?還是向着"正常的,現在再在流行的,而本質地又是Wolff的形而上學的方法"呢?因其對象不同,這些註釋自然也會根本地不同。——這個Wolff的形而上學的方法在費爾巴哈拋棄了思辨的概念後,又復成爲Büchner, Vogt, Moleschott等的新的自然科學的唯物而流行着,而"資產階級的經濟學者也以這個方法寫了支離滅裂的龐大的著作"。(註

四十二)

(註四十二) 將這個純粹方法論的行程說明得最好的是昂格斯在一八五九年八月六日與二十日記載於倫敦德意志週報"國民"的兩個論說的第二篇。這是論評當時已出版的馬克思的經濟學批判的。在現在最明瞭地表現了的是德蘭的昂格斯論(一一三頁,一九二〇年)。又在這書的一一八——九頁,有本文所引用了的註及其他與這個同一意義--系列的註。即"與固陋的範疇同時,舊形而上學的王國好像是重新代科學而生了"。"在科學的實證的內容再壓倒了形式的方面的時代——隨着自然科學的"流行","Wolff式的最淺薄的舊形而上學的思惟方法又流行了"——"前康德時代底凡庸的俗人的思惟方法再生產爲最淺薄的愚論了"。"資產階級的常識之硬化了的駑馬"等等。

馬克思昂格斯第一是以對於前者即黑格爾之辯證法的方法的自己清算爲必要。他們決沒有懷疑過非與這個方法結合不可這事。在黑格爾，他的辯證法構成着內容上雖是唯物論的，而外表上是唯心論的世界觀底方法，但現在已經不是這樣，牠已經明白地變成了唯物論的歷史觀及社會觀底工具。這時候，牠不得不經過了怎樣的變化？只是這個才是馬克思昂格斯的問題。（註四十三）

（註四十三） 一方面黑格爾的歷史觀與馬克思的歷史觀的關係，他方面黑格爾的論理的方法與馬克思的論理的方法的關係，關於這兩個關係的分離參看昂格斯的前書一二〇頁。

黑格爾已經告訴了我們："哲學，科學的方法決不是像無論適用於怎樣的內容都妥當的這樣的思惟之純粹形式，而是在其純粹的本質性上構成了的全體底構造"。馬克思自身也已在其早年的著作中有同樣的說明："如果形式不是內容的形式，則這個形式是無價值"。（註四十四）這樣，從論理的方法論的見地看來，正像馬克思昂格斯所說的一樣，辯證法的方法已經"剝去了牠的唯心的假面具，而樹立於純粹的形態中了。只是在這個形態

上，辯證法才成爲思惟發展之唯一正當的形式"。（註四十五）

（註四十四） 參看遺稿集第一卷三一九頁。內容雖是經驗的及歷史的，而形式則是普遍妥當的及必然的——這樣地解釋的是先驗的立場。當做形式的形式也使之交流於經驗的及歷史的事實之過程中，同時又使之交流於"鬥爭的苦惱"中，——這樣的立場是辯證法的（唯心的或唯物的）立場。因爲不能理解上面所述的形式與內容的合致關係才將這兩者區別。純粹的德謨克拉西與純粹的先驗的哲學是怎樣地關聯着，在這一點是很明白的。

（註四十五） 參看昂格斯的叢書，在這裏附加的說："他以爲馬克思的經濟學批判中的這個方法的完成差不多是一個與唯物論的根本觀念同樣重要的成果"。又參看資本論第二版（一八七二年）跋文中的馬克思自身底有名的敍述。

這樣，對於黑格爾把辯證法封閉於其中的，又黑格爾諸學派使辯證法更抽象地且形式地發展了的，那個抽象的思辨的形態，馬克思昂格斯峻嚴地對立着而樹立了如次的原則。卽，“凡是思惟總不外是把直覺與表象成爲槪念”。因而又一切的思惟範疇，就是最普遍的思惟範疇也“不外是所與底運動的且具體的全體之抽象的一面的抽出”。又當做與實的對象而爲思惟所把握了的對象“常獨立地存立於頭腦的外面”。(註四十六)

(註四十六) 這些話都是從“經濟學批判”的序文引用的，要知道馬克思及昂格斯底眞的方法論的立場，這些是最有力的材料。

然在一切的時代，這個原則與各種非辯證法的思惟方法是怎樣地不同，昂格斯底“反丟林論”(Auti-Dühring) 中的一句是最能明白表示出來的。——這些非辯證法的思惟方法視所與底實在性之思惟，牠的想像，牠的認識及牠的解釋爲直接所與底獨立的本質體，而使之與直接所與底實在性對立着。人人都知道，就是後期的昂格斯也與其哲學上的友人相反，爲當時流行的讀法所禍，幾乎要陷於純然自然主義的唯物論的世界觀了。因爲這個，這些原則來做證據是有兩倍的力量。然就是後期的昂格斯，他也以稱意識及思惟爲人類頭腦的所產，而人類自身爲自然底產物這樣同樣的氣概對於那個完全"自然主義的"觀念正當的抗議了。——這個自然主義的觀念以爲意識及思惟是"某種所與物，即先天地與存在及自然對立的某種東西"。(註四十七)

(註四十七) 參看"反丟林論"二十二頁。——詳細地分析這書與昂格斯的後期的論文，我們可知道昂格斯只不過是把在馬克思的立場裏已經存在了的傾向更力言着。而對於一切歷史的社會的現象(包含歷史的社會的意識形態)之因經濟的"終極的"條件性更在最終的審判加上了一個"終極的""自然條件性"的基礎。然昂格斯底這句完成唯物史觀的話決沒有給意識與實在性的關係之辯證法的把握以些微的變更。

反之，對於不是抽象的自然主義的，而是辯證法的唯一科學的馬克思昂格斯的唯物論之方法，自然世界及眞正的歷史的社會的世界之前科學的，（註四十八） 非科學的及科學的意識已經不是獨立地對立着的東西，倒是這些意識當做自然世界及歷史的社會的世界之眞實的現實的——縱使是精神的理念的——部分而包含於這些世界中的。這一點是馬克思昂格斯的唯物的辯證法與黑格爾的唯心的辯證法之第一個特殊的差異。黑格爾雖然已經在一方面說明了個人之理論的意識是不能超越其時間及現前的世界，然在他方面，與其說是把哲學移入於世界中，不如說是更多地把世界移入於哲學中了。——與這個第一的差異密切地關聯着，又發生了第二個差異。一八四四年馬克思已經在"神聖家族"（遺稿第二卷一五一頁）中說："共產主義勞動者是很知道這個事實的，卽私有財產，資本，貨幣，工資及與這些類似的東西決不是理念的頭腦之織物，而是他們自己疏遠（Selbstentfremdung）之很實踐的有對象性的成果。因此，這些須得在實踐的有對象性的方法，卽不只在思惟及意識，且須在(量的)存在及人類對人類的生活上來奥伏赫變"。因爲資產階級社會底一切的現象是一個全體而不可分離地關聯着，所以牠的意識形態也不能只因意識及思惟而奥伏赫變這個見解，在這句語中是很明白地唯物論地敍述着。這個社會的意識形態在思惟上或在意識上也能奥伏赫變是只在從來在這個形態上把握了的物質的生產關係自身也同時實踐地對象地被變革的時候。與這個同樣的事也適用於像宗教這樣的最高的社會的意識，又適用於像家族這樣的社會的存在及社的意識之間接的東西。(註四十九)

(註四十八)　人人都知道，"前科學的概念構成"(Vorwissenschaftliche Begriffsbildung)是新康德派的 Rickert 所提示了的名稱。對於社會科學的先驗的立場也好，或取辯證法的立場也好(譬如Dilthey)，概念總常非實際地明確地不可，這是當然的事。馬克思很峻嚴地且精細地將經過思惟的頭腦而成就了的"精神的肯定"(世界的)與(世界的)藝術的宗教的實踐的精神的肯定區別了。

（註四十九） 這裏應參照的是馬克思先在費爾巴哈論綱，後來在資本論的各處，從新將唯物論的立場適用到宗教及家族的成果之展開。

新的唯物論底這些結論雖已在黑格爾法律哲學批判中明白地表現了，現在又在費爾巴哈綱中看到牠的最明確的表現及涉及一切方面的展開。即"有對象性的眞理是否到達於人類的思惟這個問題不是理論底問題，而是實踐的問題。人們應在實踐中證明眞理，卽他的思惟底實在性，力量及此岸性(現世性)。關於與實踐遊離了的思惟之實在性或非實在性的爭論是一個純粹經院學派的(Scholasetische)問題"。但是假如有人將上述的意義解釋爲實踐的批判只是簡單地代替理論的批判，則這個人是非常誤解了上述的話，而只不過從粹純理論之哲學的抽象顚倒入於純粹實踐之對立的非哲學的抽象罷。對於辯證法的唯物論者馬克思，合理地闡明"歪曲理論而引導到神祕主義的"一切的神祕的不只是"人類的實踐"，而是"人類的實踐與這個實踐的把握”。因而，辯證法從爲黑格爾所隱蔽的神秘化推移到了馬克思底唯物的辯證法這個“合理的形態”的本質的第二點是在辯證法正成了這個統一的，理論地及實踐地批判了的變革的行動底工具，換言之，本質上成了批判的及革命的方法這一點。

在黑格爾已經“理論的東西本質地是包含於實踐的東西之中”。“人類一方面思惟，他方面又意欲，或者是人類對於某一個事實思惟，而對於別一個事實又意欲，——我們决不可這樣想法。因爲這不過是一個空虛的觀念”。然在黑格爾，“運用思惟的活動的”概念（即哲學）所應遂行的實踐的任務不是存於通常的“實踐的感性的人類的活動”（馬克思）之中，而是“存於現存的東西之理解中，因爲現存的東西就是理性”。反之，馬克思在費爾巴哈論綱第十一節中用如次的文句結論他的辯證法，即“哲學家不過把世界種種地解釋了，但緊要的是把這個世界變更”。但不像亞流們所想像的一樣，不是以這句話來說明一切的哲學是簡單的頭腦之織物。倒不過於是理論而不能同時是實踐（現實的，地上現世的，人類的感性的實踐）的那些一切哲學的及科學的理論——不是與根本地除自己以外不能把握任何東西的哲學的理念之思辨的活動——峻嚴地訣別了罷了。"理論的批判與實踐的變革，以這兩者爲不可分的聯結行爲去把握，且不是在抽象的意義上，而是以這當做行爲的兩者視爲資產階級社會底具體的現實的世界之具體的現實的變動去把握"。——只在這句話中，馬克思昂格斯的科學的社會主義底新的唯物的辯證法之原理才在精細的形態上表現了。

在上面，我們一方面提示了適用馬克思主義的唯物辯證法的原理於意識與實在性的關係之把握所得的現實的結論，同時那個一切非辯證法的及抽象的把握也已指摘過來了。——這個非辯證法的及抽象的把握，與所謂精神的實在性之理論的及實踐的否定相關聯，盛傳播於俗惡馬克思主義者各派的中間。社會的意識形態斷不是頭腦底織物，而是"很實踐的很有對象性的"社會的實在性，因而這"非得用實踐的對象的方法來與伏赫變不可"。馬克思底這句話，不只是對於狹義的經濟的意識形態，就是對於一切的社會的意識形態一般也是妥當的。反之，那些資產階級常識家之素朴形而上學的立場以思惟爲獨立的某種東西而使之與存在對抗，且將眞理定義爲表象和存在於表象外而爲表象"所構成的"對象之一致。只從這個立場才能肯定下事，卽"經濟的意識形態〔前科學的及外科學的（Ausserwissenschaftlich）意識之經濟概念和科學的經濟學之經濟概念〕因爲實在性與這個適應所以有一個對象的性質——這個實在性是爲經濟的意識形態所把握了的物質的生產關係之實在性。然一切的更高度的表象形態不過是單純的無對象的頭腦之織物，而在社會底經濟的構造被變革，法律的及政治的上部構造被揚棄了以後，這些自然地會歸之於零的"。又經濟的表象對於資產階級社會底物質的生產關係之實在性的關係表面上也似乎不過是映像對於所映寫了的對象的關係。然實際上這是全體中之特殊的固有的一定部分對於全體中的別的部分的關係。資產階級的經濟學與其物質的生產關係同是屬於資產階級社會的全體的。同樣地，政治的及法律的表象及一見好像是這些的對象一類的東西也都是屬於上所說的全體。——這些東西資產階級的政治家及法律家和"私有財產觀念論者"把牠觀念地顛到而看做獨立的本質體。最後，就是更高度的意識形態，即資產階級社會的宗教藝術哲學也都完全與這個同樣。縱使我們在這些表象中再也不能遇見這些表象所能構成了的一見好像這些的對象一類的東西，但在他方面已可以明瞭如次的事實。即那個經濟的政治的法律的表象也決沒有一個自身獨立地存在的，又從其他一切的資產階級社會的現象孤立了的對象，又如使上述的這樣的對象與這些表象對立，則這是抽象的觀念的資產階級的表象形態。這些表象不過是以其獨特的方法表現了資產階級社會的全體而已。而宗教藝術哲學也完全與這個同樣。這些一切都混成一體而構成資產階級社會的那個精神的構造——社會底法律的政治的上部構造立於其經濟的構造之上，在同樣的意義，這個精神的構造也適應於這個社會之經濟的構造。而這些一切又非得因包含了唯物辯證法的社會主義底社會的實在性之全體的革命的社會批判來理論地批判，實踐地變革不可。恰與社會底經濟的法律的及政治的構造和這個社會都是這樣一樣。

和革命的階級之經濟的行動决不能替換爲政治的行動一樣，縱使就將政治的行動與經濟的行動合體了，精神的行動也不會變爲無用。否，這個精神的行動在無產階級獲得政治權力前，當做革命的科學的批判及鼓動的行動，在獲得權力後，當做組織的科學的研究及觀念的獨裁，都非得理論地及實踐地遂行到終局不可。而對於反抗從來資產階級社會底意識形態的精神的行動是普遍地妥當的，則對於特殊的哲學的行動也是妥當的。資產階級意識以爲資產階級國家及法律是獨立於社會之上，同樣地也以爲純粹的批判哲學及無前提的科學是獨立地與世界對立。對抗這個資產階級的意識，我們以無產階級的哲學卽革命的唯物辯證法哲學地也非得鬥爭到最後不可，卽一直到這個鬥爭的最後，到從來的社會總體隨着其經濟的基礎實踐地被變革，同時理論地也完全被克服爲止。

"哲學沒有現實化，則也不能與伏赫變"。

(完)

M. Mitin著
沈志遠譯

中山文庫

辯證唯物論與歷史唯物論

上册

中山文化教育館編輯
商務印書館發行

序言

這部書是一九三一年蘇聯哲學園地內實行總清除以後第一部最完備的新哲學和新社會學底教科書。它是蘇聯哲學界一大羣新起的青年幹部底集體作品，而這個集體作品底指揮人和校訂人，便是一位實行那次總清除運動的健將，也卽是那次總清除運動底主要領導者之一，米汀（M. Mitin）和另一位辯證唯物論底老專家拉佐摩夫斯基（J. Razumovsky）。這部著作在目前蘇聯是一部流行最廣的大學校的哲學課本，它底普遍性，正可與經濟學課本中的拉比杜斯和奧斯特洛維將諾夫合著的政治經濟學教程並駕齊驅。它底第一版一銷就銷了二十萬部，這便是這部書受蘇聯（以至於世界）廣大讀者羣擁護的鐵證。

這部書共分爲兩大部分：前一部分（卽上册）專門討論哲學問題，凡是關於馬克思主義哲學之史的形成，它底本體論，它底認識論，唯物辯證法底法則和範疇，及辯證法唯物論發展中的新階段等問題，都在研討之列；後一部分（卽下册）則專論唯物史觀底社會學諸問題，如社會經濟形態論，生產力和生產關係論，社會羣及其爭鬬，國家與過渡時期之政權，意識形態論，社會變革論等理論，都包括在內。我國有一大部分人，對於「辯證法唯物論」（或「唯物辯證法」）和「歷史唯物論」（或「唯物史觀」）這兩個名詞，往往沒有充分明確的觀念，實在這兩個概念是極容易分別的，它們是整個馬克思主義學說底兩個組成部分：前者是它底哲學學說，後者是它底歷史學說或社會學說——以社會鬬爭論爲核心的社會歷史學說。這部書底內容，就根據這樣的劃分來編著的。自然，它們並非自顧自獨立的兩種學說，而是同一馬克思學說底兩方面。也可以說，歷史唯物論或唯物史觀，是辯證法唯物論之應用於社會歷史之解釋者；它就是科學社會主義底學說。這本書底頭一章頭一節就已明白地指出了馬克思主義底三個組成部分：辯證法唯物論底哲學，以剩餘價值論爲核心的經濟學說，和以社會鬭爭論爲核心的科學社會主義學說。這樣看來，馬克思主義底三大組成部分這部分，已經包括其二了。

應當認清，馬克思主義底學說跟一切布爾喬亞學說根本不同；布爾喬亞學者總把自己的學說看成永遠如此、一成不變的絕對的知識體系，而馬克思主義底創導者則認定宇宙間一切都是變的發展的，它本身也不是例外。而且，馬克思主義底學說，正像一切意識形態一樣，是隨着歷史時代條件之變化而發展的。歷史從自由競爭的工業資本時代、資本主義底興旺時代，發展到獨佔資本的帝國主義時代、資本主義底衰落時代，馬克思主義底學說也就適應着歷史底要求而發展到新階段。這就是鄔梁諾夫階段（亦稱伊利契階段。）爲馬克思主義之重要組成部分的辯證法唯物論和唯物史觀，當然也有它發展底新階段、鄔梁諾夫階段。這是馬克思主義哲學發展中的更高階段。這是一階段底辯證唯物論哲學底內容因被帝國主義和社會大變革時代底鬭爭經驗所充實而日益豐富。因此，研究新唯物哲學，必須把它底新階段底研究也包括在內。而且，不研究或輕視這一新階段，簡直就不能算是眞正的辯證唯物論者、眞正的馬克思主義者。這部書從頭到尾充分貫徹着哲學和社會理論中的鄔梁諾夫階段，這便是它底重要特點之一。

其次，馬克思主義底學說不是經院主義式的死的教條，而是活的實踐（社會的和政治的實踐）底指針。馬克思鄔梁諸夫底學說不是脫離實踐而懸在天空或鎖在鐵堡內的死教義，它不但是實踐底指針，而且本身就是實踐底產物。所以在馬、鄔主義底學說中，理論和實踐是打成一片的。辯證法唯物論和歷史唯物論底學說便是理論和實踐一致底標本，這種新哲學，只有當它成爲勞工集團和一切被壓迫大衆之鬭爭武器和社會主義社會之建設工具時，只有當它在替勞動大衆底解放鬭爭和無階級的社會主義社會之建設服務時，它纔能算爲眞正徹底唯物的、唯一進步的哲學。這部書底每一章、每一節甚至每一段，都充分地表現着理論和實踐底一致，它把辯證法唯物論底每一個問題底解說，都從實踐中去求得，把哲學跟革命和建設底實踐打成一片了。這是這部書底第二個基本的特點。

再則辯證法唯物論，既是與實踐打成一片的理論，那末它必須是戰鬭的、批判的。辯證唯物論亦稱爲戰鬭的唯物論，就因爲它是在跟形形色色各種非馬克思主義、反馬克思主義和仇視馬克思主義的理論之長期戰鬭中生長、發展和強固起來的。它不但跟公開敵對的布爾喬亞學說作戰鬭，跟所謂黃色的機會主義哲學作戰鬭，而且還跟馬克思主義陣營內部（嚴格地講已經在它以外了）的機械論和孟塞維化的唯心論兩大思派作戰鬭。跟機械論和跟唯心論的戰鬭，跟「左」右翼機會主義底哲學基礎的戰鬭，即所謂兩條陣線上的戰鬭，是辯證法唯物論（也是馬克思主義全部理論）發展之內部的主要彈機，也是它底唯一首要的中心任務。這一任務被這部書充分地實現出來了。這便是它底第三個有決定意義的特點。

但是我卻同時也不得不指出，我們——中國的讀者——讀這本書時應該注意的一點。這就是：因爲這部書是爲蘇聯的大學生和研究者而寫的教科書，所以講到理論與實踐打成一片的話，書裏未免有些偏重於俄國和蘇聯底實踐；對於我們中國讀者比較更有興趣的殖民地、半殖民地的民族解放底實踐，反對帝國主義和反半封建關係的民衆戰鬬底實踐，卻比較上講得很少，這是我們所當留心的一點。

其次，因爲理論實踐化的緣故，書裏面難免有些涉及一黨內部鬬爭的段節或文句，也難免有許多有宣傳作用的段節或文句，譯者爲適應環境計，曾徵得文化教育館編譯部負責者底同意而把它們删除了一些。不過所删去的也不多，大概至多不過佔原書百分之五吧。

最後，關於譯底技術方面也有幾句話要告訴讀者的。本來，要把外國文在不失原意的前提之下譯得像中文原文一樣，是一件不容易的事；尤其是哲學的外國文，可是爲使這本書成爲盡可能廣大的讀者羣所能了解的讀物計，譯者就抱定主旨，要使譯文文字盡可能地中文化。爲要實現這一宗旨，我就主張有條件地意譯。所謂有條件地意譯，是說意思須完全遵照原文，而文字卻不必受過分嚴格的拘束。因爲西文和中文底文法和修辭底結構本來是不同的，那末我們又何必勉強拘泥於文字呢？這是一點。其次，原文底文句往往都是結構複雜的長句子，爲易解計，譯者盡量地把它們改譯成簡單的句子，不過當然也以不歪曲原意爲先提的。

沈志遠，一九三六年七月，於上海。

目錄

上册　辯證唯物論

第六章　辯證法唯物論發展中的新階段

辯證唯物論與歷史唯物論

上册　辯證唯物論

第一章　當作宇宙觀看的馬克思主義

第一節　馬克思主義底三個來源和三個組成部分

馬克思主義是一種有組織，有系統的觀念體系，是勞工集團底意識形態；它會被馬克思（K. Marx）和恩格斯（F. Engels）所創建，後來又被鄔梁諾夫（V. I. Uliyanov-Lenin）等所發展，使它適應於新的歷史時代——帝國主義和勞工革命底時代。這種學說底特異點，就在於它底獨特的深刻性和完整性；它是各方面都講到的：它包括着全部的知識總匯，從哲學的宇宙觀問題起到革命鬬爭底戰術和策略問題爲止。馬克思主義指示勞工集團一條從資本主義奴役制底鐐銬中解放自己的道路，革命地毀滅資本制度的道路和建設無階級的社會主義社會的道路。

馬克思主義是十九世紀初三個重大的思潮底繼續和完成，這三大思潮是在歐洲三個大國中發展起來的。

對於過去先進的人類思想界已經提了出來的一切問題，馬克思主義都一一給予十分科學的，革命的解答。馬克思主義底學說是『十九世紀人類所創造的較優良的學說——德國的哲學，英國的政治經濟學和法國的社會主義——之合理的繼承者。』

當作社會政治思潮看的馬克思主義，是在勞工集團業已充分成熟，能夠十分激烈地提出自己解放任務來的那個時期產生和形成起來的。馬克思主義是在這樣一個時期產生的：那時勞工集團已經開始出現於全世界歷史的戰場；那時生產底社會性和佔取底私有性之間的矛盾，已經暴露得很明顯，這種矛盾是資本主義生產方式（capitalist mode of production）所特有的，而且是資產集團或布爾喬亞（bourgeois）社會一切矛盾底淵源。

在當時歐洲三大國家中，英國、法國和德國，它們底資本主義發展底水平是各不相同的，因此那些資本主義底互相衝突的矛盾，在這三個國家中也以不同的力量和從不同的方面表露出來了。前進的人類思想底三大主流——德國的古典派哲學（classic phylosophy），英國的古典派政治經濟學（classic school of political economy）和法國的社會主義及一般的革命學說——都反映着那些矛盾底變動。馬克思主義底歷史的根源，正應當從這些資產集團社會或布爾喬亞社會底矛盾和反映這些矛盾的社會學說中去尋找的。

馬克思和恩格斯底世界觀，首先有系統地闡明於德國的意識形態（"German Ideology"），哲學底貧困（"Poverty of Phylosophy"）和共產主義宣言（"Communist Manifest"）三部著作中；這種世界觀，曾被一八四八年的革命實踐和一八七一年巴黎公社(Paris Commune)底革命底測驗所證實了的。到後來，它以日益增長的速度在一切國家中吸收着愈來愈廣大的信徒羣衆，結果他們就形成了一個共產主義者底國際政黨。正當七十年代的時候，馬克思主義在工人運動中戰勝了一切其他的意識形態，但以後這些意識形態所表現的傾向，就開始找尋它們底新的道路而以修正主義(revisionism)底形態「復活」起來了。

馬克思主義對一切舊的理論原則作無情的批判。在馬克思主義開始發展時，這種批判多半集中於馬克思主義底三個來源：德國的古典派哲學，英國的古典派政治經濟學和法國的空想社會主義及一般的革命學說。同時，馬克思主義又把它底理論批判向着資本主義世界底一切基本矛盾開火，並且動員了革命的工人運動去改變這個世界。這一個兩方面的過程，把究研和批判底工作不可分離地結合起來，就成爲馬克思主義三個主要組成部分底內容底特點。馬克思主義之發生，是十九世紀三大主要的理論思潮底繼續和發展，但是它同時是這些理論思潮底批判的改造。那末馬克思主義底組成部分是那些呢？

第一是哲學的學說——最新最徹底的唯物論。這個唯物論並不停留在十八世紀底水平線上，也不停留在費爾巴赫(Ludwig Feuerbach)底直覺的唯物論上；它是解脫了唯心論的神祕性和批判地改造了黑格爾底辯證法(dialectic of Hegel)而後充實起來並應用於對人類社會之認識的一種唯物論。這種徹底的唯物論，是認識和改變自然與社會的科學方法；它就是辯證法的唯物論(dialectic materialism)。

第二是經濟的學說——揭露資本主義社會形態之產生，發展和崩潰諸法則的學說，馬克思主義發見了勞動底兩重性，揭露了商品拜物主義（commodity fetishism）是存在於商品中的社會關係底事物化，給了一個眞確理解資本主義生產底社會關係的鎖匙。馬克思底經濟學說，揭露了建築在布爾喬亞階級對普洛列塔利亞階級（Proletariat 即勞工集團——沈）之剝削上的資本主義生存底祕密；這種布爾喬亞階級以剩餘價値（Surplus value）、底形態將工人底未償勞動估爲己有。歷史的唯物論（historical materialism）——馬克思底天才的創見——克服了古典派經濟學者底反歷史觀的和唯心論的理論，它使政治經濟學改變成爲純科學的學說了。剩餘價値論就是馬克思經濟學說底基石。

第三是科學的社會主義——社會鬭爭底學說，關於這種鬭爭底戰術和策略的學說。祇有辯證的和歷史的唯物論能夠給現社會（即資本主義社會——沈）底一切階級底相互關係之總體作一個客觀的估量，因此亦就能給這社會底客觀發展階段和這社會與其他社會之間的相互關係作一個精確的估量，祇有說明階級剝削，特別是資本主義剝削底本質的經濟學說，才創立了科學社會主義。

這三大馬克思主義世界觀底組成部分，融合成爲一個有機的一致體。把唯物辯證法應用於全部政治經濟學底改造，並以後者爲基礎，又把唯物辯證法應用於歷史，自然科學，哲學，政治和勞工集團底策略——這些就是馬克思和恩格斯所最注意的事情，他們所創造的最重要而最新穎的學說是這些，他們在革命思潮史中所造成的最偉大的進步也是這些。

這種統一的，有系統的馬克思主義底觀念體系，它底眞理性已早被歷史的實踐所證明；在這一觀念體系中，沒有一個部分是可以撇開或忽視的。

這樣看來，馬克思主義這一種社會政治的思潮，是在勞工集團鬪爭底基礎上，在全世界革命經驗和革命思潮之精確的估量上以及在工業資本主義發展底條件之下發生和形成起來的。歷史本身對舊世界提出審判，而這一審判案底原告和判決書底執行者——舊世界底掘墳墓者——就是勞工集團。在經濟的，政治的和理論的領域內的死刑判決書，也正是馬克思主義——將革命理論和革命實踐溶合爲辯證的一致體的馬克思主義。

祇有辯證法唯物論給與人類以偉大的認識和行動底工具，並且指出了自古迄今一切被壓迫者羣衆所遭遇的精神奴役中的出路。祇有馬克思主義底經濟學說，闡明了一般的資本主義體制中勞工集團底眞實地位。祇有科學社會主義指示給勞工集團一條到新社會之路，在這個新社會裏，『每一個人底自由發展，將成爲一切人底自由發展條件』（見鄔梁諾夫著唯物論與經驗批判論。）歷史從十九世紀後半起，當它還在資本主義社會母胎裏的時候，以馬克思和恩格斯爲代表，給新的理論思潮，馬克思主義，奠定了基礎。而且只有循着馬克思學說底道路進行，我們才能愈趨愈接近於客觀的眞理（但是永遠不會把這客觀的眞理開拓完盡；）馬克思主義之天才的學生和繼承者鄔梁諾夫說得好，『如若我們在別的任何的道路上去走，那末除了昏惑與詐僞外，是不會得到任何結果的』（見鄔著唯物論與經驗批判論，或鄔氏全集卷十三，一一七頁。）

第二節　馬克思主義底歷史根源

馬克思主義是在勞工集團已經出現於全世界歷史的戰場，資本主義生產方式諸矛盾已經劇烈暴露出來的時候產出和形成起來的。那末這些矛盾究竟是什麼呢？

第一個矛盾是先進的資本主義諸國所共有的矛盾，不過當時它在英國——這是最發展的一個資本主義國家——表現得特別強有力，這就是雇用勞動和資本底矛盾，勞工集團和資產集團底矛盾。

勞工集團底未償勞動底被佔有（意卽被資本集團所佔有——沈）——這就是資本主義生產方式底基礎。競爭底自由愈趨愈明顯地暴露成為剝削雇用勞動底自由了。這就引起了，而且現在還在引起資產集團和勞工集團之間的矛盾（或敵對）在這個敵對範圍以內，資產集團是站在保守的一方面，勞工集團則站在破壞和革命的一方面，前者底行動是要保持矛盾，後者底行動則在消滅矛盾，消滅產生這種矛盾的社會。

由蒸汽機底發展所促成的工業革命，把舊式的工場轉變成為現代式大工業的企業。這樣，工業革命就給了資本底發展以廣大的範圍，增加了資本主義的剝削，但它同時又造成了能夠反抗這種剝削的力量——工廠的產業勞動者羣。

在馬克思和恩格斯一部早期的著作中寫道：『因為勞工集團底生活條件，在現代社會底一切生活條件中達到了非人生活底最高度；因為勞工集團完全喪失了人底地位，但同時人類不僅有對於這種喪失底理論認識，而且還直接地受着毫無修飾的，堅強不屈的，絕對有威權的貧乏底督促，受着必然性之實際的表現底督促而不得不對這種非人地位表示反抗——因此，勞工集團就能夠而且應該自己起來解放自己；但是它如果不消除自己的生活條件，它就不能解放自己。它如果不消除現代社會一切的非人的生活條件，集中地表現在它自己境遇上的非人的生活條件，它就不能消除自己的生活條件。問題不在個別的勞工或甚至整個勞工集團在這個時候所見到的目的是什麼。問題是在勞工集團究竟是什麼，它依據着自己的生活，歷史地將不得不做些什麼。它底目的和它底歷史的行動，已經極明顯而無可爭辯地被它自己的生活地位同樣地也被現代資產社會底全部組織所預先指示出來了。我們無需過事宣揚，說英國和法國勞工集團底大部分現在就已覺悟到自己的歷史任務，並且經常地在為着自己的自我意識底繼續發展和徹底明瞭而努力着。」（見馬、恩合著的神聖之家族，或馬恩全集俄文版卷三頁五六，）

漸漸地在工人集團中發展着一種覺悟：他們覺悟到不但必須限制工人中間的競爭或是部分地消滅這種競爭，而且必須消滅產生競爭的整個制度。一八三一年和一八三四年發生了法國工人底里昂暴動，來答復剝削底加重和資產階級在一八三〇年革命中所表現的叛變行為。在一八三一年暴動期間，工人佔據城市（指里昂——沈）達數天之久。他們提出了赫赫有名的口號：「為勞動而生或為戰鬥而死。」一八三四年的二次暴動，意義更偉大了。那年的暴動把工人問題提到了頂點。工人們底要求雖然還沒有打擊着資本主義底基礎本身，可是關於剝削的問題和跟資本主義鬬爭的問題，卻已經鬧得很緊張了。從一八三七到一八四〇年，英國憲章派（Ch-artists）底第一次民族工人運動，第一次羣衆的工人革命運動，達到了它底頂點。一八四四年，普魯士底西里西亞織工暴動又起來了。最後，就是一八四八年的革命事變；那年的革命事變，照馬克思底說法，是「高聲地和荒唐地宣佈了勞工集團底解放，宣佈了十九世紀及其革命底這一秘密。』這樣，隨着大工業底發達，隨着包圍勞工集團的小資產環境影響底消除，勞工集團就不斷地發展起來它開始以獨立的力量來反抗資產集團了。它『銳利地明白地、無情地和有威權地向全世界宣佈它自己對於私有財產社會的反對態度。』

資產社會所特具的，從十九世紀三十年代起暴露得特別明白的第二個矛盾——這就是個別的企業中生產底有組織性和整個布爾喬亞社會中生產底無政府狀態之間的矛盾。

布爾喬亞社會以商品生產做它底基礎。但是每一個建立在商品生產之上的社會底特點，是『在這種社會中生產者失去了他們駕馭自己的社會關係的權力』（見恩格斯著反杜林。）無計劃的生產，爲着市場的生產，不估計到實際需要的生產，促成了社會生產底無政府狀態。商品生產底諸法則，表現於交換時商品生產者之間的外表的社會關係；它們是以支配着資本家的「自由競爭」底強迫法則表露出來的。在自由競爭驅策之下，資本主義被迫採用新式機器並擴大生產，這樣它就促成了生產力之空前未聞的發展，社會財富之空前大量的增長。同時，城市手工業和農民底破產和新式機器底排擠工人，促成了勞動力底過剩，致使大批人羣既無職業亦無生計。『資產社會底無政府性，是現代社會制度底基礎，同樣，這種社會制度自身又是這種無政府性底保障。它們互相矛盾着，但它們又以同樣的程度互相依賴着』（見馬恩合著的神聖之家族，或俄文版馬恩全集卷三頁一四五。）

整個的布爾喬亞產生底無組織性，破壞了各個工業部門間的比率性（proportionality），促成了商品底供給超過需求的局面。於是在一方面堆積着很多很多的生產手段和一般的財產，在另一方面卻是貧乏、窮困、一無所有。這一切底極度的表現就是經濟危機（crisis）。在危機中，特別顯著地表現着生產物對生產者的統治權；物質的力量似乎具有精神的生命，而創造這些物質力量的人們卻降爲毫無生氣，呆若木雞的事物了。危機是布爾喬亞社會制度矛盾尖銳化底標徵。

危機是生產力對於布爾喬亞財產關係之物質的反抗，它使工人們底地位陷於極度的惡化，並使它達到最高度的不堅實和不穩固。但是這一來，危機卻促使勞工集團底意識大大地革命化起來了，並且使它必然地要不僅爲在資本主義範圍內一時的和局部的改善而鬭爭，而且還要爲消除這種危機底根基消除資本主義生產方式本身而鬭爭。

這樣看來，私有財產制在它自身內部矛盾底運動和發展過程中，自己把自己推向滅亡底道路上走着。它因勞工集團底生長而走向自己否定自己的道路；這種勞工集團『覺悟到自己貧乏底精神的和肉體的苦楚；它覺悟到自己被擯棄的地位，因而又自己起來消除這種被擯棄的地位。勞工集團是私產制自己對自己提出的判決書底執行者；同樣的，雇用勞動因爲替別人生產財富替自己創造貧困而對自己也提出了判決書，這個判決書也是由勞工集團來執行的。勞工集團獲得了勝利，它絕對不會站在社會底絕端方面的，因爲它底取得勝利，祇是消除了自身和自己的對立方面，勞工集團一經勝利，勞工集團自身卽將消滅，同時與它相依的對立方——私產制，亦將隨之而消滅』（見神聖之家族或全集卷三頁五五。）

這些就是資本主義社會底基本矛盾——生產底社會性和私產的佔有方式之間的矛盾——之最重要的表現形式。但是從這一基本矛盾又產生出別種次等的矛盾來；這些次等的矛盾，對於估計十九世紀前半期資本主義的現實狀況和了解馬克思主義底歷史根源及其發生原因，亦有不小的意義。

有一個這樣的矛盾，在資本主義各國，特別是在政治事變最多的法國，在社會爭鬪底開展過程中，愈益明白地暴露出來；這個矛盾就是資產社會底經濟的本質和它在政治的上層建築上的外部表現之間的矛盾——亦即『公民社會』和民主國家之間的矛盾。

資產集團愈是拿政治的上層建築去適應自己的經濟要求，並用布爾喬亞的法權去代替舊的封建特權，那末形式上的平等（即民主主義形式的平等）和經濟中所存在的事實上的不平等之間的矛盾，就暴露得愈厲害了。恩格斯說過，政治的制度，是十八世紀哲學家底漂亮的允諾之最惡劣，最醜陋的諷刺畫。『永久的公正，以布爾喬亞公正底形式實現出來了……自然的平等，被法律上的公民平等所限制了，而布爾喬亞的私有財產權，卻被宣布為人權中最主要的一種了。盧騷（Rous-eau）底理性國家和「民約論」成為並且只能成為資產集團的民主共和國』（見恩格斯著，反杜林論，）

『民主主義的代議制國家和資產集團社會底矛盾，是公共的社會生活和奴隸制中間的標本式矛盾之完整的形式。在現代世界中，每一個人都同時是奴隸制度底成員，又是人類共同生活底成員。正是這資產社會底奴隸制，從它底外表上看來，是最大的自由，因為它看起來似乎是個人獨立底完成形式；個人不受任何公共鍊條和任何他人之拘束與牽制，他有任意處置他自己身外的生活原素，如財產，事業，宗教及其他等等的自由權。然而這種自由權，反過來卻正是這種社會底完成的奴隸制和人類的卑污點。過去的特權 (privilege) 這時被法權 (right) 所代替了。』（見神聖之家族。）

十九世紀四十年代政治鬪爭底發展日益顯明地表現着資產階級德謨克拉西之階級的本質。大家已明白：從政治觀點上講國家和社會的制度並不是兩件不同的事物。國家的政權自己顯示其爲社會集團對抗之正式的體現，顯示其爲剝削者集團維護『一般的生產條件和強力壓制被剝削集團到現存的生產方式所要求的那種屈服程度爲止』的一種組織（恩著反杜林論。）這就證明，罪惡不僅存在於此種或彼種的國家形式，而是存在於它底本質，即在私產制社會底組織中。

可是當勞工集團出現於歷史的戰場，當它跟資產集團的鬪爭被提到第一位上來的時候，資產集團就徹底陷入反動底圈子中去，而勞工集團卻將成爲眞正民主之眞實的代表了。它根據自己的鬪爭經驗愈益堅定地相信，眞實的平等首先就是消滅社會羣（階級）本身，但是不用革命的手段推翻現存政權，破壞資產階級的國家，這樣的平等是不會達到的。因此在勞工集團底旗幟上日益普遍地寫着這樣的口號：『給茅屋以和平，給宮殿以戰爭，』『政權是我們底手段，社會幸福是我們底目的。』

另一個比較局部性的矛盾，是從資本主義諸國經濟發展狀況底水平底差異上發生出來的。這種矛盾也具有重大的意義，因爲整個布爾喬亞機體中的某些個別部分底爆裂革命之可能性，就以這種矛盾爲前提的。在十九世紀之初，這一矛盾表現於英、俄之統治歐洲和德國之存在革命的形勢這類事實。

在當時形勢底特異處就在在當時德意志這樣一個堪稱爲「布爾喬亞機體之某種邊端」的資本主義國家，進攻專制主義(absolutism)和封建殘餘的任務還纔提出來，而在英國特別是在法國這一進攻戰卻已開始結束，而革命的勞工集團並且已經開始它反抗資本主義的有系統的鬪爭了。

一方面沙皇的農奴制的俄國這一反動和專制底鐵堡極端地仇視着革命的歐洲；另一方面，英國當時世界市場底霸主，把好些民族整個兒地轉變成爲自己的雇用工人，它已經很穩固地站立着，把歐洲大陸的革命浪潮擊得粉碎。但同時由於資本主義諸國經濟發展水平底差異，英國開展着自己的經濟關係並予其他大陸國家以經濟的壓迫；因此，英國就成爲歐洲大陸國家中產生經濟危機和革命浪潮的原因之一了。馬克思寫道：『大陸對英的輸出要比對其他任何國家的輸出多得不可比較。但是對英的輸出本身又須靠英國底景況，特別是要靠海外的市場來決定的。其次，英國對海外各國的輸出要比整個大陸底輸出也多得不可比較，因此，大陸對那些國家的輸出量常常要靠英國底海外輸出量來決定的。所以，若是危機首先在大陸上促成革命的話，那末它底原因卻還是存在於英國。英國在布爾喬亞機體底邊端上，發生暴烈的風潮，自然總比在它底中心處所發生得快些，因爲在中心處所阻撓風潮爆發的力量往往比較大些。』（見馬恩全集卷八，頁二三八——二三九。）十九世紀四十年代的德國，便是這樣的「邊端」之一。

這樣看來，假使說整個歐洲感覺着英、俄統治的話，那末對於德國，這種雙重的壓迫，卻來得特別有力，因爲當時東歐和西歐之經濟的和政治的分界線，恰正是通過德國的。正因爲它是處於布爾喬亞機體邊端底地位，所以在它那裏凝結起了革命的空氣，並且造成了布爾喬亞革命發展成爲勞工階級革命底直接序幕之可能性。

此外，還要指出一種理論觀念中的矛盾，這種矛盾是從上述幾種矛盾中產生出來的。這個矛盾，當馬克思主義正在發生之時，暴露得特別有力的，也就在德國。這是布爾喬亞意識形態之最特色的地方，這種特點底基礎，就是階級的矛盾和勞心與勞力底矛盾——理論與實踐底分裂。

資產社會由於它自己發展之內部的需要，當它正在從封建體系底鐐銬中解放出來的時候，也曾受着必然性底支配而推動了自己的代表們走上發展理論認識的道路。當時資產集團曾藉科學知識之助，力圖破壞那支持整個封建體系的國際中心——羅馬天主教會——底統治。在另一方面，靠着對物體本質和對自然界力底表現形式的認識，資產集團也曾提出了發展生產力底任務來。資產集團把自然科學跟唯物哲學聯合起來，去對抗封建社會和它底宗教神學和形而上學。十八世紀，法蘭西大革命和英國工業革命底世紀，是這一種理論（按係指自然科學與唯物哲學之結合——沈）獲得實踐上的勝利的時期。

在新世紀開端底當兒，布爾喬亞意識形態中就開始暴露了理論與實踐底衝突。有產階級日益脫離物質生產底直接過程和他們底包辦理論工作，更助長了這種衝突。大工業生產逼迫工人們與科學隔絕而專門去替資本服務。知識就成爲與勞動隔絕和敵對的工具了。布爾喬亞事業跟布爾喬亞理論底衝突，這是一方面；另一方面布爾喬亞事業跟資本所造成的貧困和破產底衝突——這種衝突，愈趨愈厲害地表現出來了。

生資產集團開始發展的時候，它曾經表現着客觀上促進社會發展的進步傾向，那時它還能給予自己的科學以超階級性底外表，一般性底形式，並且使它底科學表現爲唯一理知的和適應於一般的知識體系。但是隨着布爾喬亞社會矛盾底暴露，布爾喬亞科學底兩重性也同時表現出來了。一方面這種科學底目的在操縱自然而使自然受人類社會底支配，另一方面它又要使全社會受統治階級底支配以便達到剝削被壓迫階級的目的。布爾喬亞科學底全部剝削性和它所造成的理論和實踐底分裂，勞心和勞力底分裂，這裏都完全顯露出來了。

爲要使工人集團羈縛於經濟的收役地位，資產集團就開始視唯物論爲「可咒詛的」東西了。他們爲要抑制反對資本主義財產權的被剝削者底無神論傾向，就不惜訴諸宗教。資產集團的哲學轉變爲神學（theology）底支撐物，於是唯心論（亦譯觀念論——沈）底勢力就強大起來了。同時，哲學的唯物論，在它底發展過程中，也表現出各種不同的階級傾向。它以自然科學化的庸俗唯物論底形式，溶化在自然科學中。這樣，它就爲資產集團所歡迎；資產集團把由徹底的唯物論所產生的革命理論之結論和前途，都溶化到卑污的經驗論（empirism）中去了。在另一方面，唯物論則採取社會主義和共產主義理論底形式，來開始揭露布爾喬亞社會底黑幕和它底內在矛盾了。

資產集團底科學代表，古典派經濟學者，跟勞動大衆底理論家、共產主義者之間的理論鬬爭，也開始展開起來了。

同時古典派政治經濟學還在跟封建制度底殘餘鬬爭着。古典派政治經濟學認爲它自己的任務是在說明在布爾喬亞生產關係之下如何獲得財富和它如何超過封建制度下的財富底生產。這就推動着它去研究布爾喬亞生產關係；它在這裏做出了一些偉大的發見，就是作爲以後馬克思底勞動價值論之基礎的那些發見，

但是後來愈弄愈明白了，特別是因爲研究了工業革命，大家都知道『在同一種生產關係之下，不祇是生產財富一種，而且也生產着貧困；在促進生產力向前發展的那種社會關係之內，同時也發展着某種對抗的力量；而且這些社會關係造成公民底財富（實卽資產集團底財富），祇是在不斷地消滅本階級中個別分子底財富和不斷地創造日益擴大的勞工集團的條件之下進行着的。』因此資產集團的經濟學者把自己的理論跟極革命的結論嚴格地隔絕起來，並且漸漸兒地站到公開擁護布爾喬亞社會和神祕化布爾喬亞社會的立場上去了。

法國的革命學說，特別是社會主義和共產主義的學說，由於法國大革命底結果而陷於喪氣的狀況；這些學說曾經批判地揭露了布爾喬亞社會底各種矛盾，但是它們不能理解這些矛盾底性質，也不能找到一種能實踐地解決這些矛盾的力量來。倡導這些學說的革命家，很知道有各種階級對立存在着，也知道現代社會內部有分解此社會的原素存在着，但是他們沒有看出勞工集團之歷史的自動作用，他們沒有去領導勞工集團所幹的政治運動。在鬬爭底進程中，他們開創了一種關於組織未來社會的烏托邦理論。其結果他們就脫離現實，脫離社會鬬爭。

空想的（卽烏托邦的——沈）社會主義者，揭露了現社會底矛盾之後，卻在幻想着矛盾底調和，發揮着社會主義組織底計劃，他們希望避免鬬爭而實現未來社會；他們認爲只有良善的意志和人類優美的意識，是改造

現社會的工具，此外他們就看不見別的工具。他們不會把自己的理論，跟社會的現實，跟自發地開展着的工人運動底實踐去聯合起來。

布爾喬亞的經濟學者放棄了理論和實踐底一致，他們把理論跟革命的實踐對立起來。空想的社會主義者則尙未達到理論和實踐一致的地步。

前者（卽布爾喬亞的經濟學者）是肯定現存的布爾喬亞世界的；他們認爲這是一切世界中最優美的一個；後者（卽空想社會主義者）對現狀卻採取否定的態度，他們認爲布爾喬亞世界底存在，是理知底錯誤。前者對於資本主義採取辯護的態度；後者則取批判的態度。但是他們兩者都站在反歷史的觀點上，兩者對於社會發展史的觀點都是形而上的和唯心的。

德國的古典派哲學，在法國大革命影響之下，打破了布爾喬亞理論底形而上的絕路。但是它底打破形而上學，是在唯心論底基礎上進行的，它把存在。(being) 底發展跟思惟 (thinking) 底發展，視爲同一了。

這種現象，大半是由於半封建的德意志之社會的現實所促成的；在當時的德意志，布爾喬亞革命還剛纔成熟起來呢。

康德 (Kant, Immanuel) 是開始古典派唯心論底哲學革命的第一人，黑格爾 (Hegel, Georg Wilhelm Friedrich) 在他自己的哲學體系中完成了這一革命。恩格斯寫道：『從人類有思想以來，從來不曾有過像黑格爾底體系那樣包羅萬象的哲學體系。邏輯、形而上、自然哲學、精神哲學、法律哲學、宗教、歷史等等一切，都統統匯集起來而成爲一個體系」一切都歸結到一個基本的原則上去』（見「New Moral World」中的論文之一，或俄文版馬恩全集卷二頁四〇五——六。）

這個基本原則就是發展當作對立體底鬪爭來了解的發展唯心論者黑格爾，把這個發展了解成爲世界意識底發展理性底發展絕對精神（der absolut Geist）底發展了。

德國半封建的現實愈現得荒涼悽楚，哲學思想企圖駕馭它的力量就愈大。但是因爲哲學思想找不到一個布爾喬亞理想家所需要的一種歷史地眞實的支柱，它祇是拿自己的獨立行動和「創造能力」來享樂，於是這種哲學思想就失去了堅固的，眞實的實踐基礎而落到死的抽象主義底懷抱中去了。

德國的哲學的唯心論，驚人地把理論和實踐脫離開來，它又表現自己沒有能力去說明和改變實際；這種唯心論底哲學，是在不斷地逃避現實的實踐，逃避現實世界。用一句德國古典派唯心論底集大成者黑格爾底話，來說明這派唯心論底結論吧：不是『你能夠，因爲你應當』而是『你不能，因爲你應當。』然而黑格爾本人，根據他自己的辯證法指示了跳出這一絕境底出路。

『實際上，理性的事物和法則，決不是處於那樣可憐的地位，說它們祇是應當存在的——黑格爾在他底邏輯學（Wissenschaft der Logik）中說過一切理性的，同時都是必然的；而一切必然的都是應當存在的，或者至少是應當變成的——這就是他的唯心辯證法底結論。

黑格爾底辯證法，似乎是回轉到現實的。可是它所看到的，不是自然和社會之客觀的實在性，而祇是空洞的思惟之外表——現實之論理的表皮。黑格爾既將存在與思惟視爲同一，他就不可避免地要達到實踐與理論同一底結論。唯心的辯證法表露着德國資產集團之實踐的無能，它把人類一切實踐的活動都溶化在思惟的範疇中了；結果它就變成保守的哲學。

一八三〇年七月革命底霹靂，是對德國古典派唯心論所發的送葬炮；那時古典派唯心論已經接近於了解實踐活動底意義，可是它卻還不能抓住現實的物質的實踐，而使之改變。

費爾巴赫（Feuerbach, Ludwig）底哲學，表現着布爾喬亞革命底行近，它堅決地跟黑格爾底唯心論分手而宣佈他自己的唯物論：認識底起點，不是思惟，而是自然和人類底存在。但是人和自然，在費爾巴赫看來『祇是客體底形式或直覺底形式，而不是人類感官的活動，不是實踐。』（見恩格斯著費爾巴赫論一書中的論費爾巴赫的提綱。）

費爾巴黑提出了哲學與自然科學聯合和自然科學與哲學聯合底必要性，但是他不了解發展理論的問題，不僅有賴於克服宗教、神學和一般的形而上學的必要，而且還當對布爾喬亞政治作無情的批判。

在十九世紀四十年代之初發生了一個研究和總結自然史（自然科學）和社會史（人類底歷史）領域內積纍着的大批材料的任務。革命的布爾喬亞理論，一經變成了保守的理論，它就不能執行這一任務，因爲它把布爾喬亞社會保守起來，把它當作永久的「自然的」東西看，並且用同一的保守主義去培育那自發地發展着的自然科學；這樣一來，它就走到形而上的絕路了。

在那個時候，德國的資產集團還沒有取得政權，因為資本主義的生產方式，只是當它底矛盾性已經在歷史的爭鬬之尖銳的衝突上暴露出來的時候，才算是成熟；當時這種歷史的爭鬬正在沸騰着的那些國家，就是英國和法國。然而德國歷史發展中的這一特點，不但沒有排除批判布爾喬亞理論的可能，而且還要求另一社會羣來實行這種批判，這個社會羣底歷史任務，是在拿一種新的生產方式來代替本主義及徹底地消滅一切社會羣——這個社會羣就是勞工集團。這種批判必須與政治聯繫起來。政治鬬爭好比是一個重要的環子，抓住了這個環子，就可以把理論從封建和布爾喬亞狹窄的泥坑中拉出來而送到客觀的和革命的認識底平坦大道上去，同時就可以消除理論和實踐之分裂與對抗。

在馬克思主義發生之初，這個問題是這樣呈現着的。以上所述，就是促成馬克思主義誕生的諸種歷史矛盾之最概略的說明。

馬克思主義這一種社會政治的思潮，無論從它產生底物質根源上講，或是從它底理論根源上講，它總是整個國際環境發展底產物。它底產生於德國，我們前面已經說過，也是要用國際環境來解釋的。

當時的德國，是上述諸種矛盾滙集交織的所生。新起的布爾喬亞經濟與封建制度之不可調解的矛盾，加上了布爾喬亞社會底內部的衝突。正好像在羅馬的萬神廟（Pantheon）裏，你可以瞧見世界一切民族所信奉的菩薩，而在當時的德意志，你也可以看到各種各樣的經濟制度和國家制度底形式。

我們在前面已經指出，德國底資本主義生產方式，是在英、法兩國已經暴露了這種生產方式底矛盾性之後才成熟起來的。這一種情形，促成了德國資產集團之政治上和理論上的軟弱無能，同時也促成了德國勞工集團之很高的政治和理論的自覺性；他們這時已經有了英、法兩國工人運動底經驗做他們活動底根據了。馬克思曾經拿所謂「勞工集團之巨大的童鞋」去跟「德國資產集團之狹窄的，穿破了的政治靴子」作過一度比較；還早在一八四四年的時候，他就已看出德意志的勞工集團是一位「運動健將。」西里西亞暴動底開始，正是英國和法國暴動結束的時候。德國在布爾喬亞革命前夜的時候，是處於歐洲一般文明很進步的條件之下；它那裏的勞工集團，要比十七世紀的英國和十八世紀的法國強大得多，所以它有可能使布爾喬亞革命成爲勞工集團革命之直接的序幕。革命運動底中心，從西方移到東方來了，而德國便是這種革命運動底前鋒。

最後祇有德意志底自覺性的辯證法，古典派唯心論之最偉大的發見，被偉大的勞工集團底思想家清除去它底神祕的外形，並且把它倒置過來——祇有這種的辯證法，才能將理論從封建制和布爾喬亞形而上的絕境中拯救出來。

把所有這一切情形綜合起來，就在向我們說明爲什麼在十九世紀後半，德國會變成馬克思主義底產生地；又爲什麼用批判的和革命的唯物辯證法，武裝着的德國勞工集團底領袖，馬克思和恩格斯，會成爲這種學說底首創人。

馬克思和恩格斯經過了費爾巴赫底唯物論底「火流，」經過了這一塊當時的「淨土，」肅清了一切唯心哲學之偏見和觀念的「淨土，」然後他們就把被人遺忘了的辯證法，重新提出來了。他們指出了他們底方法跟黑格爾底辯證法中間的聯繫，但同時也指出了兩者間的直接的對立性；此外，又指示出這種方法對於解釋經驗科學底事實和革命鬬爭底條件上的應用。

前面已經講過，當資產集團還具有革命性的時候，它底比較優秀的代表們，曾主張自然科學跟哲學聯合，他們曾經站在唯物論和無神論（atheism）底立場上。過代表勞工集團利益的馬克思和恩格斯，認清勞工集團不僅意圖改變自然，而且也願意徹底地改變社會，所以他們主張，哲學不僅須與自然科學聯合，而且還應當跟人類歷史聯繫起來。『我們所知道的，祇有一種獨一無二的科學——歷史底科學。我們可以從兩方面去觀察歷史，而把歷史劃分爲二——自然史和人類史（指社會史——沈）但是我們卻也不能把這兩方面互相分隔開來，自然史和人類史兩者是相依爲命的』（見馬、恩文存 "Archives of Marx and Engels" 俄文版卷一，頁二一四。）人類對於自然之自覺的關係，是以人類自身相互間的自覺關係做前提的；反之亦然：他們相互間的自覺關係，是以他們對於自然的自覺關係做前提的。

在階級社會內，人類自身的相互關係，他們底社會關係，是離開自覺性遠得很的。在布爾喬亞社會內，這些社會關係便是『完成的奴隸制』和人壓迫人的關係。因此，馬克思和恩格斯底批判，主要地是對着資本主義底社會關係開火的。

從馬克思對黑格爾哲學的批判，對跟他同時代的各種社會經濟學說的批判所產生的結論是：『對於法權關係和國家形式，我們不能從它們自身中去了解，也不能從所謂人類精神之一般的發展中去了解；相反的，它們底根源是存在於物質的生活條件中這些條件底總和黑格爾效法於十八世紀的法國人和英國人把它們聯合起來總稱之爲「公民社會」而這種公民社會底解剖學便是政治經濟學」（見馬克思著政治經濟學批判"Zur Kritik der Politischen Ökonomie"）馬氏又說「物質生活底生產方式，是以社會的政治的和精神的一般生活過程做前提的」（同前。）

從馬克思底這一個總結論就引出一些極革命的結論來。在馬氏所著政治經濟學批判底序言中指出，在布爾喬亞社會發展到某種程度時，資本主義的生產關係就由「生產力發展底形式，轉變成爲束縛生產力的鐐銬了。那時就開始了社會革命底時期，經濟基礎一經改變，全部巨大的上層建築就遲早也要發生轉變。布爾喬亞的生產關係，是社會生產過程之最後的矛盾的形式。這裏所謂矛盾，不是個人的矛盾，而是指從許許多多個人底社會生活條件中生長出來的矛盾。在布爾喬亞社會腹胎中發展着的生產力，卻同時造成了解決這種矛盾的物質條件。

所以，人類社會底前期史，是由這一社會形態來結束的」（以上均見政治經濟學批判俄文版頁四二——四三。）

第三節　當作理論與實踐之一致體看的馬克思主義

「不是人類底意識決定他們底存在，而是相反，他們底社會的存在決定他們底意識」（見馬氏著政治經濟學批判）這一條涵義深刻表顯天才眼光的基本原則讀起來又是這樣地簡潔而響亮這是馬克思和恩格斯所首創而以後爲鄔梁諾夫所發展用以與唯心論及形而上的機械唯物論作無情的鬭爭的。

唯心論拋棄了實體的存在，而把它跟意識同一起來（意即把存在當作意識看——沈。）照馬克思底說法，唯心論把『實體的客觀的事物，看成純觀念的、純主觀的純粹存在於我的事物因此一切外界的感覺機官的各種活動也都被它看成純觀念的活動了。』

費爾巴赫式的形而上的唯物論，並不會跳越出那單純化了的「自然科學的唯物論」底框子以外。他把被現代資本主義關係底鎖鏈緊緊羈縛着的人們底生活，看作「一般的人」底生活了。因此他在人底生活自身中就找不着能夠被毀這種鎖鏈的力量，這樣他反而把人們底命運更進一步地斷送到這種嚴酷的，令人失望的鎖鏈中去。

照唯心論底觀點看來，存在底發展是決定於意識底發展。因此唯心論認爲對於人底意識的影響，對於觀念底宣傳的影響是改造生活之必需的和儘夠的條件。可是照形而上的唯物論底觀點，意識是由存在底發展來決定的，然而它底理解存在本身，是完全抽象的；費爾巴赫認爲自然和人類底存在，『祇是客體底形式或直覺底形式，而不是人類感官的活動，不是實踐，不是主觀的』（見馬克思著論費爾巴赫的提綱。）這樣形而上的唯物論者，在實踐上是個唯心論者；正是科學社會主義的唯物論者、馬克思主義者所視爲必然的和同時視爲改造世界之必要條件的一點，形而上的唯物論者卻把它否定了。

意識是由社會的存在所決定的，但它自身反過來又去促進存在底向前發展。然而人底意識所以起這樣的作用，只有依靠人類底實踐才有可能。『觀念從來不會突破舊制度底界限的；它往往只能突破舊制度底觀念底界限。觀念是一般地不能實現什麼的。根據馬克思主義底見地，要實現觀念（即理想）就需要人，只有人能夠運用實踐的力量去實現觀念。』（見神聖之家族，或全集卷三頁一四七）馬克思和恩格斯是始終反對唯心論的忽視人底實踐的活動，同時也反對形而上的對立存在和意識，因為忽視實踐和對立存在與意識這兩種立場，都一樣地是忽視了人類本身改變自然與社會之意義。

馬、恩二氏斷送了費爾巴赫式的、形而上的、抽象的自然論，但是同時他們也憑藉着自然科學及其各種新的發見：關於力底轉變的發見告訴我們，自然界中一切運動形式底一致，現在已經不是單純的哲學上的定理，而是自然科學的事實了；其次是細胞底發見，把過去罩蓋着有機體底發生和發展過程及其結構的神祕之膜，一下子揭開了；此外還有達爾文（Darwin, Charles R.）關於有機體世界底進化律底發見。在另一方面，馬、恩二氏藉政治底批判，把自己的哲學思想施之於對人類社會史底研究。他二人揭露了政治理想之物質的內容，開創了歷史唯物論（historical materialism）來替自己的政治思想奠定科學的基礎；這樣一來，馬克思和恩格斯就造成了一種徹頭徹尾的包羅萬象的、完整的、科學的、唯物主義的宇宙觀。這種宇宙觀憑藉着鐵一般的事實，同時又揭示着它們間的辯證唯物的聯系，把向來被人視為超於別種科學以上的哲學、與具體知識相隔離的哲學和被人當作「科學之科學」看的哲學，變成為多餘的東西了。

這樣看來，馬克思、恩格斯和繼續他們工作的鄔梁諾夫之最偉大的功績，就在於創導和繼續發展辯證法唯物論——這是一種完整的、徹底革命的、包括自然界、有機體、思惟和人類社會的宇宙觀。馬克思主義在它自身的發展過程中，造成了這樣一種完整的宇宙觀，它裏面包容着：『徹底的唯物論，把社會生活底領域也包括在內的唯物論；最周密、最深刻的發展學說、辯證法；社會鬬爭底學說和新的科學社會主義社會底創造者，勞工集團之世界的，歷史的革命作用』（見鄔梁諾夫著卡爾．馬克思論一文）馬克思和恩格斯集中注意於政治，所以他們有可能克服以前的唯物論底純直覺性，並將哲學的唯物主義跟科學的社會主義聯合成爲整個的統一的宇宙觀。馬克思主義把唯心論從它最後的一個躲避所中、即從人類社會底認識領域中驅除出去了；同時它用辯證法唯物論去對抗過去偏面的、不徹底的、呆板的唯物論。馬克思主義認定自己的任務是在破壞人類底鎖鏈，其目的不在使被階級收役制所壓迫的人類帶上一副「嚴酷的、令人失望的鎖鏈，」而在指示人類在革命的鬬爭中丟棄這種鎖鏈。

但是物質的鎖鏈，只有靠物質的力量才能完全毀除。馬克思主義揭露了人類社會底發展法則和它底階級結構，發見了資本主義生產方法底特殊法則，剩餘價值（surplus value）底生產法則——它同時發見了這樣的力量（即毀除鎖鏈的力量——沈）就是勞工集團。這個力量，跟一切歷史上在它以前的社會集團完全不同；它在『毫無修飾的堅強不屈的、絕對有威權的貧乏』底影響之下，在『這一必然性之實際表現』底影響之下，力圖從自己的非人的生活條件中解放出來；但是『它如果不除去那集中地表現在它自己境遇上的一切現代社會底非人生活條件，而要單靠消除自己的生活條件來達到解放自己，那是不可能的。』（見神聖之家族。）馬克思主義揭露了現代社會底一切矛盾，研究了這些矛盾底進展，同時又證實了它們底暫時性。空想社會主義者，祇把勞工集團看成痛苦最甚的社會羣，馬克思主義則提出實現勞工集團底集團目的和領導勞工集團底鬬爭，作爲它自己的任務，因爲在它看來，祇有勞工集團是現代社會中唯一的徹底革命的社會羣。馬克思主義是研究全部人類歷史，特別是研究勞工集團本身鬬爭之歷史的實踐之辯證法唯物論的總結。

馬克思主義這種理論，就其本身的實質來講，是批判的和革命的，它在自身內部結合着最嚴密、最高度的科學性和革命性。這是因爲它首先是勞工集團之統一的和唯一的宇宙觀：只有它，能夠在革命的改變世界底過程中，消除理論脫離實踐和實踐脫離理論的現象。馬克思主義從最初的時候起，就不僅是對現實世界的批判和說明，而是改變這一世界的。理論和實踐，批判和說明，祇是包含在它裏面的次要原素而已。

「歷史底動力，和宗教哲學及其他一切理論底動力，不是批判而是革命」（見馬、恩合著，德國的意識形態"Die Deutsche Ideologie"）

馬克思在一八四五年時就寫道：「向來哲學家祇是用各種不同的方式去說明世界，但是事情卻是在改變世界」（見論費爾巴赫的提綱。）這句話底意思，絕對不是說沒有理論的批判和說明，革命的改變是可能的。它底意思只是說應當從理論上除去神祕迷網，一方面要使它避免主觀幻想，以爲它是萬能的，一切與它不相干的；另一方面，要使它避免庸俗的經驗論，避免「客觀主義，」因爲這種經驗論式的「客觀主義」是要使理論變成拖在客觀事件尾巴後面的東西並且使它變成擁護現存的舊世界的工具。

馬克思主義在其發展之初就已主張辯證法之理解理論和實踐底一致，它跟這一見解之主觀主義的和「客觀主義」的曲解，都作了無情的鬭爭。它曾跟青年黑格爾派唯心論者底主觀主義的「批判的批判」作了鬭爭；這些青年黑格爾派，如鮑威爾（Bauer）弟兄之流，他們把歷史看作想像的主體之想像的活動，並把個人底活動置諸超於大衆利益和大衆運動之上的地位。馬克思主義又跟所謂「眞正的社會主義者」和歷史學家底經驗主義和「客觀主義」等等作了劇烈的鬭爭，因爲這些「社會主義者」和歷史學家離開了行動去單獨地觀察歷史的關係；他們把歷史看成許多死的事實底集合，他們又根本忽視政治的行動。

馬克思主義和鄔梁諾夫主義爲反抗這一切與勞工集團不相容的學說起見，提出了自己的理論——以「革命的、實踐的、批判的行動。」爲依據的理論。馬克思曾寫道：「我們知道，解決理論上的對立，只有靠實踐底方法，靠人底實踐能力纔有可能；因此，解決理論上的對立，並非祇是認識底任務，而且也是眞正生活上的任務：向來哲學家所以不能解決這一任務，正是因爲他們認定哲學祇有一種理論任務的緣故」（馬恩全集卷三頁六二八）。

眞正的實踐，——它首先就是感官之實際的活動，——就是眞實的理論之基礎，它是眞實理論底推動力，是眞實性底標準。馬克思主義是在它跟一切「朋友們」和公開的敵人們作長期的思想鬭爭，跟一切「社會主義化」的小資產階級理論作劇烈的鬭爭底過程中發展起來的；它在理論上主張，在實踐上實行理論與實踐之辯證的一致，它是以實際行動做基礎來實現這個一致的。馬克思主義發見了現時代的現實底根源，就是階級社會底經濟條件，所以它匯集了眞實的理論和眞實的革命實踐去作推翻資產集團的實踐的鬪爭。它在大衆中，在大衆底實踐中找尋消滅這一分裂（指理論與實踐底分裂——沈）的道路。

爲要使理論成爲一種力量，它必須抓住大衆。反過來說，羣衆爲要能夠正確地實行革命的行動他們就應該把握眞實的理論。

然而並不是一切理論都能夠抓住大衆的。理論祇有在這樣的時候纔能抓住大衆，就是當「它在現實之肯定的了解中同時包含着它底否定的了解，卽它底必然死滅底了解；把每一種現實的形態（卽現象或事物——沈）從運動中去觀察它，因而也就是從它底過程中去觀察它……」的時候（見馬著資本論卷一；）換句話說，就是當理論把客觀的認識引達到辯證法唯物論底地步客觀地去認識事物，而且實質上又從事物之革命的改變和發展中去認識事物的時候，它纔能抓住大衆。

從這一種理論與實踐底相互關係中所得出來的結論是：壓迫者羣底理論，特別是布爾喬亞理論，實質上是不能夠跟被壓迫大衆底實踐相一致的。其所以不能的原因，是在資產集團底生活條件和它底剝削的本質中。剝削者羣加深着理論和實踐底矛盾，他們同時企圖把本階級底理論灌輸到被壓迫大衆底意識中去。資產階級用來麻醉被壓迫大衆的理論之一，就是它底超階級性和超黨派性的理論。然而馬克思主義和郞梁諾夫主義指出，在一切社會的體系中，在經濟中，政治中和理論中，都滲透着社會羣的鬪爭；它們揭破了布爾喬亞理論底虛僞性；它們公開而直爽地宣佈自己爲統一的和唯一的勞工集團的黨派性的理論。

鄔梁諾夫寫道『馬克思主義跟其他一切社會主義理論的區別，就在於它把客觀的事物現狀和客觀的進化過程底分析中之完滿的科學的嚴格性，跟堅決地肯定大衆底革命能力革命的創造性和革命自動性底意義，十分適當地聯結了起來……』（見鄔氏全集卷十二頁三二）

馬克思、恩格斯和鄔梁諾夫把他們底全部希望都寄託於勞工集團，因爲他們認爲『勞工集團這一現社會底最低階層，如若不把構成正式社會的那些階層底全部上層建築爆炸到空中去的話，它要擡頭要直立起來是不可能的』（見馬、恩合著之共產主義宣言。）勞工集團如不同時去實行解放全體人類，它自身的解放是不可能的。當全體人類達到解放的時候，有階級和階級對抗的舊世界，就被一種社團（association）所代替了：在這種社團內，『每一個人底自由發展就是一切人底自由發展底條件』，（同書。）爲要達到這個目的，馬克思主義就用一種完整的宇宙觀和改變世界底方法來武裝勞工集團。靠着眞正的勞工政黨底力量，勞工集團把自己組織成爲一個獨立的力量，它不但能夠解除鎖鏈而且還能夠改變世界。

第四節　鄔梁諾夫主義——馬克思主義發展中的更高的新階段

馬克思和恩格斯底活動，是跟勞工集團準備革命底時期相符合的，當時勞工集團的革命還沒有成爲直接的實踐任務。他們底活動，符合於工業資本主義底發展時期，當時工業資本主義正在向許多落後國家擴張着它不斷地在奪取殖民地底落後的農業區域。在一八四八年那個時期，世界革命運動底中心轉移到了德國；在這個國家內，當時馬克思和恩格斯認爲布爾喬亞革命最容易變成勞工革命之序幕。這一時代，造就了天才的理論家和國際勞工階級底領袖——馬克思和恩格斯。在這個時代，馬克思主義就發展成爲勞工集團底社會鬪爭底革命理論了。這種理論指明了勞工底社會爭鬪底途徑和方法；它十分顯明地提出了勞工集團專政這個馬克思學說底主要內容底問題來。

在馬、恩二氏臨終前的那個時期，世界資本主義底經濟和政治中已經表露出新的現象來了，對於這些新現象，他們不能不加以注意。例如，恩格斯在他底反杜林論（Anti-Dühring）中，說到了股份公司日益發達底意義，並且指出了它們在資本主義壟斷事業形成過程中的未來的作用。革命運動底中心在向着東方轉移過去，於是馬克思和恩格斯底注意力就愈多地向着俄國、向着東方的殖民地國家在那些地方，世界資本主義底鎖鏈斷裂底可能性，日益增大起來了。

馬克思和恩格斯之天才的預言，以及他們底學說底各方面，到了鄔梁諾夫底新時代，進一步地發展起來了。這時工業資本主義底時代已被帝國主義時代所接替了。

爲要完整地了解鄔梁諾夫主義之社會經濟的根源及其國際的意義，我們必須預先說明它跟第二國際機會主義（opportunism）爭鬪底歷史意義和第二國際整個的單獨統治時期底意義。

馬克思和恩格斯底學說，是在跟一切資產階級和小資產階級的理論和見解作無情的鬪爭中發展起來的；這些理論和見解實際上根本與馬克思主義相敵對的，可是它們卻想把自己的影響傳達到工人運動中去。這些理論，主要的有如拉薩爾學說、普魯東主義、巴枯寧主義、杜林學說等等。

拉薩爾、普魯東及其他諸家學說之主要的特點，是在企圖跟布爾喬亞社會和國家調和，企圖不靠社會鬭爭，不靠革命的改變現社會底經濟基礎以達到現存社會關係底改良。在這幾派學說中，同時也存在着這樣一種理論：它是抽象的、小資產階級的、「左傾的」、無政府主義的否定現社會制度和國家而不了解如何用別種社會制度去代替現制度的實際的途徑和手段；巴枯寧就是這種思想底代表。

這些跟馬克思主義相敵對的理論，都漸漸地被馬克思主義所擊敗了，被它排擠出工人運動底意識圈以外去了。但是正當馬克思主義達到理論的勝利的時候，又發現了上述各種學說企圖尋求新道路的傾向。小資產階級的宇宙觀這時開始披起「馬克思主義」的外套，在馬克思主義陣營內部表現出『社會主義』的機會主義來了。

在恩格斯臨終以前，在社會民主主義運動和第二國際中已開始發展着機會主義底思潮了。當時恩格斯就得跟德國社會民主派底機會主義的領導作公開的鬭爭；這種機會主義的領導，口頭上高唱着馬克思主義的辭令，實際上卻完全違背了馬克思和恩格斯底學說底眞精神；因此當時恩格斯就採取了跟機會主義分裂的路線。

從馬克思和恩格斯到佛拉基米爾，鄔梁諾夫，在這中間，隔着一個第二國際機會主義事實上單獨統治底整個時期，雖然形式上在第二國際底領導中還有像考茨基（Kautsky, Karl）這一類的「正統派」。在機會主義者想把馬克思和恩格斯變成無罪過的偶像。他們曲解馬、恩學說之革命的本質，用「公民和平」底理論和靠布爾喬亞民主制來達到社會改良的見解，去代替馬、恩底學說。柏恩舒坦（Bernstein）和考茨基縮短和歪曲了馬、恩底著作而將它們出版出來或竟完全藏匿了他們底有異常重大意義的著作和信札。機會主義者曲解了關於勞工專政、國家論、鬭爭底戰術和策略等等馬克思主義底革命學說底一切基本見解。機會主義之基本的理論路線就是修正主義（revisionism）；這種主義底企圖是在修正馬恩學說底一切重要原理。機會主義者宣佈了的革命的理論基礎，向馬克思主義底哲學基礎、向唯物論和辯證法進攻的修正主義的征討戰；他們企圖重新回復到哲學的唯心論、回復到平穩與和緩的社會進化底學說上去。

帝國主義時期使機會主義更進一步地發展起來，因爲它底社會基礎，跟着一部分勞工底布爾喬亞化而擴大起來了。

利用着從殖名地國家掠奪來的帝國主義的額外利潤，資本主義就有可能收買那報酬優厚的工人階層，這樣就形成了所謂工人貴族。資本主義靠收買工會官僚底方法，使工人運動底上層領導分子完全聽命於自己。這樣，結果就促進了機會主義和修正主義底向前發展。

從前小資產集團的幻想，認爲用改良主義的「修補」資本主義底矛盾的方法，可以「矯正」資本主義；這種幻想現在愈益明顯地被社會民主派內部公開的布爾喬亞思潮所代替了；這派思潮是企圖拿工人運動去適應資本家底利益，他們肯定資本主義的生產關係是永古不朽的。在英國，這派思潮表現於英國的工聯主義（trade-unionism）；這派底立場是主張把工人階級底經濟鬭爭跟政治鬭爭分開來；英國「工」黨底政策也是這派思潮底具體表現在德國，這派思潮底代表是改良主義的工會領袖，社會民主黨底國會和市議會的活動家；理論上的代表有柏恩舒坦、福爾瑪（Volmar）、達徵德（David）、叔德昆（Südekum）等人。

在俄國，這一思潮底代表就是所謂「合法的馬克思主義者，」過去社會民主黨隊伍中最顯著的資本主義底辯護士（如斯特魯威之流）、孟塞維克（Mensheviks）以及像「經濟主義者、」「工人事務派」（"rabochedelts"）和「取消主義者」（"likvidator"）等類的代表們；這些派別會在俄國工人運動中公開地傳佈自由資產者的傾向，企圖拿工人運動去迎合資產者羣底利益。

在另一方面，國際社會民主派裏面形成了一個「中央派，」它站着革命的馬克思主義和機會主義之間的動搖立場。「中央派」底社會根源應當從機會主義者行伍中的特種的分工上去尋求。一部分機會主義者，繼續地在勞工集團隊伍中散佈小資產階級的幻想；他們用「馬克思主義」的、有時用「左」的和「革命」的辭令，去掩飾那些小資產階級的幻想。這樣，除公開的機會主義之外，又發現了所謂「中央主義」（centralism）；它在德國的代表是考茨基，在俄國的是托洛茨基（Trotsky）。這派底危險性和危害性是特別地厲害，因為它遮蓋着公開的機會主義，可是在它以後的發展過程中卻完全表現出它底反革命的、孟塞維克的本質來了。最後還有一派所謂社會民主黨「左」派（以盧森堡（Rosa Luxemberg）等為代表）；這派對革命前途的理解雖比較是正確的，可是他們還是很拙劣地、機會主義地曲解了馬克思主義之理論與實踐。「左」的和「革命」的辭令，內容是小資產階級性的——這樣的理論，結果往往成為更惡劣的修正主義。

在一切理論和實踐底問題上，馬克思主義底見解都跟機會主義極端衝突的。考茨基和希弗亭（Hilferding）底「馬克思主義」，俄國孟塞維克底「馬克思主義」，托洛茨基底「馬克思主義」——這些「馬克思主義」跟眞正革命的馬克思主義毫無相同之點，雖然它們跟柏恩舒坦底理論是有區別的，因爲它們常常用「左」的、「馬克思主義」的辭令來掩飾它們自己。此外，我們以後還要講到，孟塞維克底理論家如普列漢諾夫，也犯了修正馬克思主義的錯誤。

因此，馬克思主義底繼續發展，首先就需要恢復眞正的馬克思和恩格斯底學說，並且爲着擁護馬克思主義之眞實的理論基礎而跟一切機會主義的曲解作堅決的鬪爭。

執行這一任務的，正是郞梁諾夫主義，它不僅恢復了馬、恩二氏底革命學說，而且還把它向前推進了。郞梁諾夫在一個新的歷史時代中，繼承了馬克思和恩格斯底事業；他跟一切形形色色的機會主義作了無情的鬪爭，並跟公開的機會主義，用「左」的辭令掩飾着的機會主義以及所謂「中央主義」等等，都採取分裂的路線。

然而郞梁諾夫主義不祗是馬恩學說底恢復，而且還是這一學說適應於新的歷史條件，適應於帝國主義時代底諸特點之具體化和繼續發展。爲資本主義之最後和最高階段的帝國主義，保持着發達的資本主義之一切基本矛盾，並使它們更加尖銳化起來，以至於達到最高度的界限。同時，帝國主義時代在資本主義經濟中暴露出了許多新的矛盾和特具的特徵，帝國主義是以資本主義的壟斷時期代替了過去的自由競爭時期；它加強了財政資本（financial capital）底作用；促進了資本主義托拉斯和新迪卡底產生和發展；促成了資本底輸出於落後國家引起了帝國主義諸國間爲着原料產地、商品市場、殖民地和重分業已被資本分割完竟的世界而互相鬪爭；造成了帝國主義戰爭之不可避免的趨勢。資本主義壟斷變成了阻止社會生產力繼續向前發展的鐐銬；它引起了生產力停滯底傾向，促成了資本主義經濟底腐潰性。帝國主義時代，是垂死的、腐集的資本主義時代。

約塞夫（Joseph Vessalionovich）說得對，帝國主義把資本主義底三大基本矛盾發展到極端的程度了。

第一個矛盾，資本主義之最基本的矛盾，就是勞動和資本底矛盾，勞工集團和資產集團底矛盾。在工業資本主義之下，比較「和平」發展底長時期是可能的；那時工人集團對於剝削的資產集團之反抗，主要地是採取經濟鬪爭底形式，它只限於利用議會講臺和議會爭鬪去準備革命底力量。那時工人們有時從個別的資本家方面取得縮短工作時間或增加工資之類的經濟的讓步；這些讓步是用改良立法、工會爭鬪、組織勞動儲金和工人合作社會等等方法來達到的。這種情形，在某些勞動報酬優厚或思想比較落後的工人階層中，造成了政治的惰性；因之在他們中間就產生了機會主義的情緒，企圖跟資本階級調和的意向，而散漫的工業資本家，自身經濟上也不是常常充分有力，所以他們有時就不得不表面上作經濟上和政治上的種種讓步。

在帝國主義時代，情形就完全不同了。這時個別的資本家已經聯合成爲強大的托拉斯和新迪卡之類的壟斷資本集團；這時強有力的銀行資本已經把他們置於自己的支配關係之下了。資產集團對於工人集團之經濟和政治的搾取，這時就變成漫無限制了。同時，生產機器化底發展和資本主義合理化方法底普遍實施，結果是增加了大批不熟練的（卽身無一技之長的）勞動者，增加了大隊的失業軍，使工人底技術職能簡單化的，將工人們徹底地變成生產過程之馴服的奴隸僕了。工人階級就在這種條件之下開始執行其推翻資本主義底歷史任務。

帝國主義底第二個基本的矛盾，是淵源於各個資本家集團間的利益底衝突，代表和維護這些利益的各個資本主義國家間的衝突。帝國主義以資本主義的壟斷（或譯獨佔——沈）代替了自由競爭，然而它並沒有消滅資本主義的競爭。郞梁諾夫曾經指示出來說，競爭是跟壟斷同時存在着的；競爭和壟斷這樣的結合，結果是促成了矛盾和衝突底更加劇烈。各個世界托拉斯、新迪卡之間的鬪爭，各個財政資本集團間的競爭，是表現於爭奪市場、爭奪資本輸出區域和原料產地以及爲重分業已被世界資本分割完竟的產業落後區域而進行的殘酷的鬪爭。奪取殖民地的鬪爭，還由於資本主義發展不平衡底法則（這種不平衡性在帝國主義時期更加強烈了，）而更形劇烈。由於資本主義發展底不平衡性和突躍性，所以往往會有一些新的強國，或列強底集團和財政資本底集團，出現於世界的戰鬪場，來跟原有的壟斷資本家集團相競爭。奪取別國領土的不可避免的傾向，促成了帝國主義的戰爭。

帝國主義戰爭削弱了帝國主義者底經濟力量。爲了戰爭資本家就不得不武裝千百萬勞動大衆，同時由於軍費底重荷，就必然加強對他們的剝削。這一情勢本身就造成了由帝國主義戰爭變爲國內戰爭的條件和可能性。這樣看來資本主義集團間的競爭，結果是諸帝國主義者互相自行削弱資本主義底地位一般地虛弱下去並促使社會革命必然地接近起來。

最後，帝國主義底第三個基本的矛盾，是極少數的幾個統治的帝國主義者和殖民地民族大衆之矛盾。這個矛盾底產生，是由於帝國主義加於殖民地附屬國勞動大衆之無情的殘酷的剝削和極不人道的壓迫。外國帝國主義把殖民地當作原料底策源地來開拓，它對殖民地廣大的農民羣衆實施殘暴的壓迫，而這種農民大衆除此種壓迫以外，同時還得遭受本國地主和封建主底剝削。帝國主義把本地的封主轉變成爲自己的經紀人；這樣，外國帝國主義跟本地封建關係底交編和聯合，結果是阻止了殖民地底經濟和政治的發展，引起了像農民暴動一類的反抗運動。

同時，帝國主義把殖民地當作它底投資對象；它在殖民地國家領土內建設鐵道公路，開辦工廠企業；這樣就促成了殖民地工商業底發展，造成了民族的勞工集團底隊伍，形成了本地的工商業資產集團和本地的知識階層，同時也促進民族解放運動底高漲。民族運動在最初的時期是由土著資產階級和小資產階級的知識集團來領導的；但是在這種運動中，擔負戰鬬任務的，卻是勞工集團和它所領導的農民大衆，等到民族資產集團變節之後，它就來領導這一全民革命。這就是殖民地和附屬國底廣大的革命運動底基礎。

這樣看來，帝國主義從殖民地工農大衆身上搾取了超額利潤，它同時卻在那裏造成了工農革命運動底一切條件，這一情形，從根本上損傷着資本主義底地位，它把殖民地和附屬國由帝國主義底後備隊轉變爲社會革命底後備隊了。

以上所述，就是帝國主義底一些基本矛盾；這些矛盾使世界勞工革命成爲必然的事實。在這些與工業資本主義時代不同的新條件之下，即在腐潰的、垂死的資本主義條件之下，革命的學說——馬克思主義——必然要進一步地發展和充實起來。鄔梁諾夫主義正是在這些新條件之下產生出來，它正是馬克思和恩格斯學說之繼續的發展，是帝國主義和勞工革命時代底馬克思主義。

然而這裏發生這樣一個問題：爲什麽只有俄國的革命能夠產生鄔梁諾夫主義呢？爲什麽俄國會成爲這種主義底出產地呢？

因爲俄國是上述一切帝國主義基本矛盾底集中點；因爲俄國底孕育革命比其他任何國家都成熟些；所以只有它能夠用革命的方法來解決這些矛盾。

在十九世紀末二十世紀初的時代，俄國已經是一個資本主義發達的國家，它已經過度到帝國主義底階段。但是在沙皇專制制度下的俄國，帝國主義跟封建關係、跟君主專制的警察組織是密切地結合着；這樣的一種政治社會制度，決定了工農大衆特別悲慘的境地，決定了他們底貧乏非人的剝削以及文化的落後等等底命運。俄國的帝國主義，照鄔梁諾夫底說法，是「軍事封建的帝國主義」，它是帝國主義一切缺點底集中處。

同時，沙皇制度和俄國資本主義底利益是極密切地跟西歐帝國主義底利益編織着的。沙皇的俄國是西歐帝國主義之最巨大的後備隊和最重要的同盟軍。西歐的資本主義跟俄國資本主義交編着，實行對俄國勞工集團的經濟的奴役，而且掌握了俄國國民經濟底一切重要部門。

同時沙俄自身也進行着帝國主義的殖民地政策，一方面是用以對付本國境內的小民族的邊區另一方面是對付東方鄰邦（波斯、中國等）的，因此沙俄是帝國主義鎖鏈中之十分必需的一環，它是帝國主義矛盾和帝國主義戰爭之必需的組成元素。

最後一點要指出的，就是由於同樣的原因，在俄國境內統治的民族和被奴役的民族（如烏克蘭、高加索、波蘭、中亞細亞等）之間的矛盾，是特別地厲害；被收奴的民族連一切最起碼的權利都被剝奪了；所以它們就成爲俄國革命運動之無盡藏的後備隊。俄國底民族革命運動同時也就跟勞工和農民底革命運動合爲一體了。

在這種形勢之下產生出來的鄔梁諾夫主義，本身不祇是一種實踐，同時也是一種理論。有人把它看成祇是實踐而把馬克思主義看成祇是理論，那是完全錯誤的（李亞沙諾夫就犯了這個錯誤。）同樣的，若是把鄔梁諾夫主義看作一種狹窄的民族性的主義，把它看成祇是俄國的現象（社會民主派就是這樣設想的，）認爲它祇是適應於俄國環境的馬克思主義——那也是絕對錯誤的。

鄔梁諾夫主義是一種充分國際性的現象；在這一現象中，表現着馬克思主義理論之更高的發展跟社會革命底實踐密切地交編成爲一體。除了鄔梁諾夫主義之外，在帝國主義和社會革命時代，沒有而且也不會有別種馬克思主義底理論。

第二章　唯物論和唯心論

第一節　哲學中的兩條路線

在數量繁複的哲學體系底文字點綴之下，在五光十色的各種哲學學說底雜色商標底掩蓋之下，隱藏着哲學中兩條基本路線之長期的、酷烈的爭鬭：這兩條路線，就是唯物論和唯心論。全部哲學史，就是這兩個互相對抗的哲學派別底爭鬭和發展底歷史。一切的哲學思潮和派別，都是這兩個基本派別底變相（或化身。）每一種哲學的學說，不論它是公然表白的也好，或是竭力設法掩飾其眞相的也好，它總必然要歸屬於二者之一：不屬於唯心論底營壘，就得屬於唯物論底營壘。一切想處於兩派「以外」或站在兩派「以上」和「超越」兩派的企圖，創立某種既非唯心又非唯物的新哲學的企圖——這些企圖只是現代一部分布爾喬亞哲學家用來掩飾他們隸屬於唯心論的一種手段而已。同時，實行這種企圖的人，或者是因爲懦怯地深怕別人公開宣佈他底唯物論，或者是因爲本人手足無措地在兩派中間徘徊不定、無所適從，於是就變成了哲學中的迷路者，變成庸俗的折衷主義者了。

哲學底歷史，不是在一個閉關世界中流過去的：它不是歷史的社會爭鬭過程以外的東西。各種哲學的學說，都是在具體的人類社會中產生和發展起來的；它們是隸屬於一定的社會集團的人們所創造的，而這些人們底意識又是歷史地被一定的社會生活所決定。所有的哲學學說都生長於具體的社會環境而爲此種環境所決定；它們表現着一定的諸社會集團底需要和願望，反映着社會生產力發展底水平和人類認識自然底歷史階段。它們底命運，是要看它們滿足社會集團底要求的程度如何爲斷的。

在全部歷史過程中，這兩條不可調和的哲學路線底生存底社會根源，是應當從階級的、矛盾的社會結構中去找出來的。最初唯心論之發生，是原始野蠻人類迷盲無知底產物。此後，由於生產力繼續不斷的發展，促使科學知識也隨之而發展；科學既日趨昌明，則唯物論應該是可以達到完滿的勝利而把一切唯心思想都消除下去的。然而從原始社會迄今，唯心論不但不曾消滅，而且還在繼續地發展起來。這是什麼緣故呢？它底基本原因是在社會有階級底劃分；資本主義社會爲資產階級所統治，它爲着自己的利益而竭力鞏固其唯心的理論和學說。

唯心論在其歷史的發展過程中，代表着剝削者羣底意識形態而往往起着反動的作用。唯物論底發展，是革命階級底宇宙觀擡頭底表現。它在階級社會內，要從對反動哲學——唯心論——的不斷鬬爭中開拓出自己的道路來。自然這裏我們不能規定出呆板的歷史圖表來，以爲革命者一定都相信唯物論，保守者一定都站在唯心論方面。我們知道常有這樣的場合，即未成熟的社會集團往往用唯心論底口吻（例如十九世紀初德國的唯心論，天賦人權論，以及一部分的空想社會主義，即其實例，）來表達他們新的革命的要求。在另一方面我們看到，十八世紀法蘭西的戰鬬唯物論固爲革命的法國資產集團底意識形態；可是十七世紀的唯物論，照恩格斯底指示，卻是貴族「出身」的（意卽貴族所提倡的——沈。）同樣的在歷史發展現階段上的唯物論，假使它是庸俗唯物論或機械唯物論的話，那末在現今的條件之下，它也可以發生反動的作用。然而一般地講，唯心論總是爲保守的社會集團所利用的最方便的武器。

在階級社會內祇有階級的科學。它總是適應着一定的階級任務和階級利益以盡其職能。當統治階級底意識及其利益要求眞實地認識現實以達到發展生產力底目的時，科學中就包含着唯物論的原素；反之，當他們爲着保持和鞏固自己的統治而要求掩蓋眞理的時候，科學領域就被唯心論所統治了。要是科學是吾人所研究的生活領域在吾人認識領域內的反映，要是科學底任務是在藉自然和社會發展底客觀規律性底闡明以達到改造現實和克服自然之目的的，那末這種科學就不能不是唯物的。可是當剝削者羣底社會生活條件不讓它們忠實地去認識現實時，當它們底生活條件歪曲和限制着它們底見解，當眞理底認識足以危害它們底階級利益的時候，它們底科學就變成唯心的了。誰不了解這一點，誰就不會了解哲學爭鬬中的一切。誰不同意科學和哲學底階級性，就證明他是企圖掩蓋自己哲學底階級性。

哲學中兩大基本派別底根本區別在哪裏呢？哪些學說歸屬於唯物論，又有哪些應當歸屬於唯心論呢？

唯物論和唯心論底根本區別，是發生於它們對哲學底基本問題之相反的解答；這個基本問題就是思惟對存在的關係問題。『是否把自然、物質、實體的外界看作根本原素，而認定意識、精神、知覺、心理等等爲附屬原素——這就是實際上將哲學劃分爲二大營壘的一個根本問題』（見鄔梁諾夫著唯物論和經驗批判論。）凡認定存在、客觀世界、自然界、物質等爲根本原素，爲離開我們底意識而獨立的原素，而認思惟、主體認識、精神等爲附屬的、被產生的原素的各種哲學學說，都隸屬於唯物論底營壘。反之，唯心論者則認精神、觀念、主體、人底意識爲根本的基源的原素而認客觀的外界物質的現實爲決定於意識的附屬的原素。從這一基本問題底解答出發就產生出一切問題上的分歧見解來。一切哲學思想底分歧它底核心就都在這個問題上。各種個別的學說在哲學思想底爭鬪中所佔的地位，主要地是決定於它們在物質和意識底問題上所採取的立場：看它們認何者爲基源的、何者爲附屬的；它們所認定的理解存在和意識底關係問題的要訣何在。

在唯心論者看來，世界或者是我們各種知覺底綜合，或者是我們的或世界的理性、意識、意志等所創造的精神過程；對於外面的物質世界，或者完全把它看成虛構的幻像，或者把它了解爲精神原素之物質的外殼。人類的認識，在唯心論者看來，是主體底自動，是思惟、知覺、意志底自身產物。

唯物論者恰恰相反，他們認定宇宙底一致就在於它底物質性。意識，思惟，是物質底本性之一；這種本性只是當物質發展到一定高度的階段時才發生的。自然、物質、客觀世界，是存在於意識以外，離意識而獨立的。認識祇是思想的主體（即人）所得的在它以外和離它而獨立存在的客觀實體底反映。

關於思惟和存在底關係問題底解答，是判斷某種哲學學說之本質的唯一可靠的標度（criterion）。唯其如此，所以那些企圖隱藏自己觀點根源之痕跡，企圖在唯物論招牌之下販賣唯心論的哲學家，竭力想轉移人們對這個基本問題的注意，而代之以另一個不適當的、不完美的標度，舉例來說，像亞克雪洛德（L. Axelrod）、瓦爾耶塞（I. Varyash）等現代機械論者底見解就表現着這種企圖。他們肯定說，唯物論和唯心論底根本區別是在兩派對於因果性問題底理解上。這班現代機械論者，用「哲學家是否用因果觀點去解釋現象」的問題，來代替「物質與精神何者爲基源」的問題；而且他們把原因都歸結爲機械的原因一種。凡是用發生現象的原因去說明一切現象的人（而且所謂原因是當作機械的運動來了解的，）照機械論者底意見都是屬於唯物論底陣營的。反之，凡是否認從原因上去解釋現象之可能的，就都是唯心論者。原因性（卽因果性〔causality〕）之唯物的了解，跟它底唯心的了解或跟唯心論者底完全否認因果性底觀念，有着根本的區別——這是無可爭論的。但爲說明這一區別底本質，爲了解關於因果性問題的見解分歧底基因起見，我們首先必須來研究哲學底主要問題：什麽在先——存在呢還是思惟？因果性問題之唯物的或唯心的解答，也正決定於此。

祇有把因果性了解爲事物與事物間的客觀的物質聯系之形式時，這才是唯物的因果觀。唯心論者卻不然，他們根據物質爲精神所產生這一觀點，不把因果關係看作事物之客觀的聯系，而把它看作思惟底形態，或是看作邏輯的聯系，或是把它了解爲主體（指人底意識——沈）用以聯繫它自己各種感覺的特殊方法。還有一些唯心論底學派，則竟完全否認因果觀的解釋，它們用意志、或用別種精神力量、或用什麽推動宇宙的目的來代替因果性。辯證法唯物論底反對者，把機械的或非機械的因果性問題放在哲學底中心地位，他們想藉此以逃避因果觀中唯心或唯物的出發點問題。機械論者對於問題的提法，是一種想抹煞唯心論和唯物論底實際界限的企圖，可惜他們實行這種企圖的手段太不中用了。

唯心論的哲學跟宗教有着直接的「血統」關係。正像宗教一樣，唯心論的哲學也是靈魂主義的（snimistic）世界觀底產物；就是說，它把事物精靈化，仿模人底形相和樣子而予事物以精靈和意志。唯心論和宗教不但有共同的淵源，而且還有同樣的社會任務和目的。唯心論哲學所盡的思想上的職能，也是跟宗教一樣的，不過唯心哲學做得比較精巧些，它取科學底形式來執行這種職能；而宗教則做得簡單而粗笨些。一切唯心哲學底形式，毫無例外的，不論它們自己掩飾得如何巧妙，它們總是替宗教辯護的；因爲當我們去仔細考察的時候，就知道唯心論底基本原則正是跟宗教思想底基礎相同的。各種不同的唯心論學說底區別，祇是它們替宗教辯護的方式上的區別而已。我們可以遇到各種各樣的唯心論者底說法：有些是直截了當地從「邏輯」上證明宗教教義底正確性；有些主張降低理性而擡高信仰、感覺、本能等底地位；也有些唯心論者則嚴格地劃分科學和宗教底勢力範圍，爲的是要讓它們「和平共居。」

這樣看來，反宗教的鬬爭，必須與揭破唯心論的工作同時並進；而克服唯心論的鬬爭，也就是消除科學底宗教色彩的鬬爭。

唯心論肯定地說，在認識中我們以精神領域爲限；這裏唯心論所認定的是眞理底僞標度，是科學研究之不正確的路徑和方法。這樣，譬如唯心的數學，從與客觀現實似乎無關的所謂純理性中抽出它底原則來；它所研究的又是數學概念底理想領域。再如唯心的物理學把全部自然都溶解到主觀的感覺領域中去了。又如唯心的生物學，是在研究那非物質的、有目的的什麼「活力」；唯心的心理學所討論的是什麼「精靈」、「自由意志」和獨立的內心生活底世界等等。這樣看來，唯心論簡直是無孔不入地存在着的；在現有的知識水平上所存在的一切孔隙，無不爲唯心論所利用，唯心論寄生在科學身上，是因爲科學本身尚有弱點，因爲它還發展得不充分的緣故。唯心論正利用着科學發展底困難而投起機來。

唯心論放出它底「哲學的迷霧」來遮掩事情底眞相——判定保守階級之必歸死滅的眞實趨勢。它教訓被壓迫者羣，教他們爲着有「更高」價值的理想世界而忍受現實物質世界底苦痛和厄運；他灌輸勞工集團以肉體勞動者必須受「精神」、「理性」和「高等的」、「開明的」社會羣底領導之意識；它又以必須鞏固現存統治的思想，來教育統治階級本身。

唯心論並不是什麼處於布爾喬亞科學以外的東西。情形不是這樣說：唯心哲學強迫純潔的、無階級性的科學去替統治階級服役；決不是的。因爲如果眞是那樣的話，那末無異於說只有哲學是階級性的科學，而其他的實證科學本身似乎都是無階級性或超階級的科學了，它祇是可以被利用去適應某一階級底利益罷了。現代的機械論者，正是這樣理解科學的；他們對於科學既具這樣的理解，所以他們就無批判地拜倒在科學之前，把實證科學看作「一視同仁」的（意即不分階級的）知識領域，同時他們還主張竭力避免科學走入脫離辯證唯物論哲學底眞理的歧路。在階級社會裏，一切科學本質上都是階級性的；盲目地、無批評地研究「一般的科學」，這便是站在布爾喬亞的科學立場底表現。

對唯心論作激烈的、不妥協的爭鬭，是必要的。在這一爭鬭中，首先必須揭破一切唯心論底階級性，揭破它底剝削性的本質；必須暴露它底宗教性，指出它底袒護宗教觀念。同時也必須說明，在人底認識本身底特質中存在着何種原因，促成這種唯心論的思想的，卽必須說明唯心論之認識論的根源何在。

人類的認識，是客觀世界諸規律之反映過程。但是這種反映不是停滯的、死的。不是的，認識過程是一種運動，是一致體底分裂過程。在認識過程本身中，就存在着認識脫離客觀眞理的可能。

人在思考的時候，使用着一般的概念。例如人、階級、社會、形態等等，都是人們思考時所使用的概念。不運用這些概念，思考是不可能的。但是從另一方面講，這裏卻也存在着溜到唯心論方面去的可能和危險。當我們說『張三是人』這句斷語時，這裏就已經有可能個別地和單獨地去思考一切人所有的共同點——不論是張三也好、李四、王五也好，他們都一樣地是人。這裏我們不採用『人』這個概念便不能過去，因爲在這樣的場合（卽假使不採用『人』這個一般的概念的話，）我們底思考就祇限於『張三』一個概念，而不能再行前進；所以我們同時必須表示出一切人所共同的一般性，就是說，在認識中必須從張三而達於李四、王五、趙六等等。這樣，我們底認識就分裂爲二方面了：一面是個別的、特殊的——張三；另一方面是一般的——人。特殊和一般是不可分裂地互相聯繫着的。分裂它們，就無異脫離客觀的眞理；客觀眞理是表現於一般與特殊之一致的：沒有特殊，一般就不能存在，沒有一般，也就不會有特殊。張三底存在，祇是表現爲一個人底存在，而人底存在，祇是表現爲張三、李四、王五、趙六等等底存在。把一般跟特殊脫離開來，而把它當作客觀的實體看，這就是認識走入了歧途。假如把『一般的人』（"Man in general"）或『人之爲人』（"man as such"）去跟實際生存着的活的人——張三、李四等等——並置起來，而把張三、李四等等看成祇是這個『一般的人』底存在底形式，那末這也是唯心論底觀點，因為這裏的出發點是人底思想（即『一般的人』底抽象觀念）而不是實在生存着的人。這是一切唯心論者所採用的方法。一切唯心論者，都拿意識（即思想或感覺、）精神或觀念來代替物質——離開人底意識而獨立存在的客觀的實體。

這種曲解實情的方法，對於剝削者分子是有利的。他們靠着唯心論底幫助來頌揚剝削（即把剝削看成神聖的行為，）他們企圖證實現制度底永久性和健全性。這樣，階級的利益促成和鞏固了錯誤的認識，它力圖使這種認識永久化，而把唯心論確定成為一般的宇宙觀。

『人類底認識，不是直線式而是曲線式的，這一曲線，是無窮盡地繞着圈子，形成螺旋底樣子。這一曲線底任何一段，都可以變為（單方面地變為）一段單獨的、完整的直線，這段直線（如果你只見樹不見林的話）就有引你落入泥坑、落入迷陣中去的可能。直線性和偏面性，見樹不見林和呆板固執性，主觀主義和主觀的盲目性——這些就是唯心論底認識論根源。』『哲學的唯心論是將認識底一個片段或一方面偏面地誇張成為一種脫離物質、脫離自然的、神化的絕對體了。唯心論就是宗教的教義這是很對的。』（見鄔梁諾夫文選集，卷十二，頁三二六。）

所以我們反對唯心論的爭鬭，反對在歷史上統治得很久的那種神秘理論的爭鬭，不僅是要我們自己拋棄舊的唯心哲學底全部理論內容，而且還得把唯心論用批判的手段征服下去。我們必須把唯心論底階級根源揭露出來；同時我們不能撇去唯心哲學所提出來的各種問題而不加以思索。我們揭露了這種或那種唯心論體系底內部的邏輯並予以馬克思主義的批判同時闡明了唯心論解答問題底偏面性，它底主觀的盲目性以及它對於現象底一片段和一方面之唯心的誇張。

唯心論是虛偽的，但是唯心論卻不是簡單的胡說或妄誕，它在我們底認識過程底特性中不是毫無根據的。假如唯心論是絕對沒有根據、絕對地荒誕無稽而在客觀的認識過程中完全沒有支撐點的話，那末它就不能實現它底階級任務了。『哲學的唯心論當然也有認識論的根源，它不是毫無根據的。它固然是不結實的花，可是這朵不結實的花卻生長在一棵活的樹上——活的、結實的、眞實的、強有力的、客觀的、絕對的、人類認識底樹幹上』（見鄔梁諾夫文選集，卷十二頁三二六）因此我們不能簡單地抹去一切過去的哲學底發展，以爲這種發展都是無意義的；須知道一切過去哲學底發展過程，都是在跟唯心論爭鬭的標號之下進行的。剝削者羣在它自己的興盛時期曾促進了人類認識底發展，但是它們所促成的發展，是取歪曲的、神祕的和唯心的形式表現出來的。現代的唯物論在破壞唯心論哲學的時候，不是把認識底活樹連根掘毀，而是要從活的樹幹上砍下那不結實的花、剷去那寄生在活樹上的死的贅瘤。所以，現代的唯物論才是以前全部科學思想發展中所獲得的眞實的、寶貴的產業底繼承者。

辯證法唯物論，是唯物哲學底最高形態，辯證法唯物論公開地宣佈它自己的階級性和黨派性，同時它又揭露出跟它敵對的思想體系之階級的本質，從那些思想體系上撕去它們底『無階級性』、『純學術性』和『純客觀性』等類底護身符。辯證法唯物論是最徹底、最不妥協的唯物論底形式。過去的社會先進集團（指勞工集團以前的）也提倡過唯物論但是由於這些社會集團底革命性有相當的限制，它們底唯物論也是有限制的（卽不完全徹底的——沈。）進步的資產集團曾在唯物論旗幟之下跟封建的反動制度作過鬬爭；但是它同時也顧慮到自己的「盟友」——勞工集團——底危害性。資產集團革命底結果，是另一新的剝削形式，新的階級壓迫制度底建立。所以資產集團底革命性一開始就有毛病的：這種革命性本身包含着新的反動底種子。勞工集團底革命性就根本不同；它底革命性在於反對一切剝削和一切壓迫，它要根本消滅階級本身來代替向來的階級統治。唯其如此，所以勞工集團底哲學，辯證法唯物論是最徹底的，它對於一切形式的唯心論、宗教觀及科學的觀點以及觀念中的反動性，都採取徹底不妥協的敵視態度。

馬克思主義哲學底發展史，就是跟反動的唯心論哲學作不妥協的鬬爭底歷史。馬克思和恩格斯指出唯心論底罪惡是在用虛僞的飾詞來遮蓋眞理。他們也唾罵那些藉口「加深」和「矯正」辯證法唯物論而用唯心論來代替辯證唯物論的哲學家。同時他們也不放過那些從最高形態的唯物論倒退到不完全徹底的、馬克思以前的、庸俗的機械唯物論者；因爲這種庸俗的機械唯物論，早已成爲知識發展底過去階段，它已經沒有力量跟最新的唯心論作戰了。馬、恩二氏指示我們說：或是站到徹底的唯物論方面來，或是落到唯心論哲學底虛妄的迷魂陣中去。

布爾喬亞哲學底反動性，現在已經達到它底最高點了。希特勒主義的「思想[redacted]」們已經公開地在叫喊『回到未開化狀態去！』了。他們從唯心論底歷史的「寶庫」中，掏出了最惡[redacted]的神祕思想底體系。違理性也被布爾喬亞哲學所擯棄了。它現在要講超理性的、「公開的、」直觀的神祕主義了。卑鄙的中間派，勞工集團行伍中的資產者羣底經紀人——社會民主黨，已經完全墮落為資產集團底「左」黨，它們已經跟自己的「東家們」完全融合在一起，它們已經變成法西主義——狂暴的帝國主義之最後的政治武器——底可靠的支柱了。哲學的修正主義(phylosophical rovisionism) 偷偷摸摸地給工人集團底政策打定唯心論的基礎，企圖藉此閹割它底革命性；這種修正主義現在已經變成第二國際哲學家底公開的唯心論了。他們公開地、不客氣地宣稱辯證法唯物論業已陳腐。不論是康德 (Kant)、馬赫 (Mach)、柏格森 (Bergson)、弗萊德 (Freude) 都好，都被他們當作自己的哲學先師來崇拜，社會法西主義者想藉此以「撇開」馬克思，而令勞工集團的思想向着布爾喬亞的指路標進行。

但是唯心論不僅存在於被資本主義所統治的那些國家內，同時在勞工革命業已完成的蘇維埃國家內也還有它底足跡：以羅塞夫(Losev)為代表的反動哲學家底可憐的唯心論；各門社會科學和自然科學底代表如普拉頓諾夫 (Platonov)、貝爾格 (Гorg)、沙維契 (Savich) 及其他等人底反動的活動；拉姆辛 (Ramzin)、康得拉濟也夫 (Kondratiev) 和格羅曼 (Groman)底盜賊行為和勾結外國進攻蘇聯的陰謀——所有這些，都是同一復辟思想陣營中的各種不同的形相啊。

我們跟唯心論的戰鬥如果不跟反修正主義的戰鬥結合起來，是不能達到勝利的。庸俗的機械論和孟塞維化的唯心論（用黑格爾的唯心辯證法來代替唯物辯證法的孟塞維主義化的唯心論）——這就是馬克思主義哲學陣營內的現代修正主義底二種主要形態。對這二派反馬克思主義的學說作不妥協的鬬爭，乃是辯證唯物論者急不容緩的任務。

第二節　機械唯物論

唯物論和它底反對方面唯心論一樣，並不是不動的和不變的。它有它自己的歷史。唯物論在未達到它底最高形態、馬克思主義以前已經經過了各個不同的發展階段。唯物論所經過的各個階段是由社會底發展、戰鬬階級底交替和它們間的鬬爭底性質和程度來決定的。唯物論跟科學底發展不是漠不相關的；它是適應着自然科學中的革命、適應着科學中劃分時代的轉變而採取新的形式和改變它自己的面貌。

十七和十八世紀在英、法、荷蘭諸國稱盛一時的機械唯物論在哲學史中留下了光榮的一章。它是年輕的、進步的、和積極活動的那個社會集團——資產集團——底產兒。這一社會集團，當時出來代替了封建貴族底地位。十七和十八世紀的機械唯物論是表現這個新的社會羣取得領導地位和政權之企圖的一種哲學。資產集團在封建社會底母胎內成長了起來。它從這社會底內部動搖它底經濟、政治和思想的組織；它帶來了一種生產關係底新形態，而且促成了生產力底空前強烈的發展。它擴大了舊世界底範圍；它把新的地盤吸收到資本主義底經濟圍圈中去；它又創造了新的政治形式，提出了新的要求和觀念，並在科學面前提出了新的任務。生產力底發展，是資產集團底歷史使命；這種發展，在舊的社會形式以內、在封建經濟和中世紀式的政治組織底狹框以內，是不能實現的因此資產集團就需要推翻封建貴族底統治，破壞中世紀的經濟形式和毀去由這種經濟形式所產生的和鞏固這種經濟形式的意識形態。

自然科學中的革命，適應着生產力底猛烈發展。航海、軍事、工業、商業等各方面底發展，促成了許許多多偉大的發見和發明，並將數學、機械學、物理學等科學，提高到以前的時代所未曾達到的水平。十七和十八世紀的機械唯物論，是生產力發展和科學水平發展底要求之哲學的表現。這種唯物論是跟新的自然科學相適應的一種學說；它底使命是在破壞舊時自然科學之陳腐的煩瑣學說的方法論基礎，革命的自然科學底哲學基礎，只有唯物哲學纔能擔當。

資產集團愈強大起來，它底要求和機會愈增長起來，它就愈堅決愈強硬地表現它自己的革命傾向，公開地起來攻擊全部封建思想和封建原則底集合體。唯物論的哲學在思想上武裝了革命的資產集團。在舊的唯物論中，宣揚着資產集團之社會政治的觀念，否定着舊的封建文化而奠定新的自然科學底方法論基礎，同時又進行着反對封建制度底哲學堡壘——教會學說和唯心論——的鬬爭。

資產集團愈趨強大，直接的革命戰鬬愈見接近，資產集團哲學中的無神論呼聲就唱得愈響而愈堅決。十八世紀時，布爾喬亞革命，特別是法國，很少帶有妥協的不徹底性（在英國就不同，）所以戰鬬的反宗教宣傳和唯物論學說，發展到了極高的程度。

機械唯物論底發展，從培根（Bacon, Francis）、伽桑狄（Gassendi, Pierre）和笛卡兒（Descartes, René）

底物理學說經過霍勃斯（Hobbes, Thomas）、斯賓諾莎（Spinoza）和洛克（Locke, John）而達於十八世紀法蘭西的唯物論——這是它底最完整和最廣大的發展階段。

以十八世紀法國唯物論者霍爾巴赫（Holbach）、赫爾維齊（Helvitius）、拉美特利（La Mettrie）和狄德羅（Diderot）諸家底學說爲代表的機械唯物論，其主要的原則是哪幾點呢？

十八世紀的唯物論，首先就以最大的堅決態度作反宗教的爭鬭；它認定宗教是最大的罪惡和人類進步底最大障礙物。它自己武裝起來進攻一切支配人心的、傳統的、毫無根據的教條（dogma）底權力。它認爲一切都應該受理性底判斷。一切觀念、信仰、法規等等，都應該用理性來證實它底眞確性，應該證實它自身是合乎理性的。理性乃是宇宙萬有標度，凡是經不起理性批判的事物和情理，終於要被推翻的。當然，這種理性只是某一時代（即資本主義崛起和興盛時代）底理性，它是資產集團底理性；凡是不適合當代革命的資產集團之利益的，就被公認爲不適當的理性，亦即不合理性。宗教是封建制度底堡壘，因而被認爲理性之觀念的敵人愚盲黑暗底支柱。在十八世紀唯物論者看來，宗教是在人類底愚盲和黑暗底基礎上生長起來的；它被神父牧師們鞏固起來，用來欺騙無知的大衆的。當時的唯物論者說，「宗教是由於傻子跟牧師的會合而產生的。」

唯物論把人類底興趣和思想，從天堂、從玄幻的世界，轉移到地上的人間世界、物理的現實世界來了。它認爲科學底唯一目的，是在認識自然。自然——其中的一部分是人類本身——是唯一的實體。除了實體的、物質的、地上的世界以外，並沒有別的世界。有一種一致的和唯一的實質，就是那獨立存在着的、爲宇宙萬有之始基的、不需要依賴他物而自身存在的唯一的實質——物質的實質這是宇宙萬有之基礎和體現者。非物質的實質，是荒誕無稽的玄想。霍爾巴赫說『物質一般地就是凡以某種方式影響於我們感覺的東西而我們在各種事物中所認識到的質地，是以這些事物在我們意識中所造成的各種印像或各種變化爲根據的』（見霍爾巴赫著，自然體系論。）這樣看來，法國的唯物論者是肯定了存在、物質是主體是首要的、思惟則爲附屬的。

照這些唯物論者底見解，世界是許多物質原素底結合而這種物質原素底聯合和運動，便構成了全部的現實。它並不需要任何超自然的、非物質的推動力。它依照內在於物質的、不可破壞的和永久的自然法則而生存着；認識這些法則就是理性底任務。一切物質底基本的、不能轉移的特性是：伸長性（即佔有空間之意——沈）變動性、可分性、硬度、重量、力量和惰性。從這些基本特性，產生出一切其他許許多多的副特性來，就物質自身的本性言，它是可動的；可是這種運動被當時的唯物論者只解釋成機械的運動了。這就是說，他們所謂運動，祇是物體及其基本部份底空間的移動。祇是事物在空間的位置底轉移而已。我們在世界上所看見的一切複雜的質地和事件，並非別的，只是同一物質底機械運動之各種不同的表現罷了。不僅是表現爲各種形式之死的自然，而且是動物甚至於人，都莫不是複雜程度各不相同的機械體；這許許多多機械體底生存，就是各種各樣的機械運動底過程；同時也是這種機械運動底結合。人跟機器不同的地方，祇是在人體底組織更複雜些，更精細些。我們可以把它看作爲最完美的機體。法蘭西唯物論者又認爲人底意志是不自由的；它是自然法則底鏈條中的一個環子；它底行動是由物質的原因來決定的。人類的情慾底動作，跟一切其他的動作一樣，它也只是一個自然的過程。與物體並立，甚至支配着物體的一種特殊的實質——精靈，是沒有的。精靈（說得確實些就是感覺性）也祇是物體底諸種性質之一而已。沒有物體，也就沒有感覺性。有機體死亡時，它底「精靈」也就同歸於盡。什麼精靈不死，精神離肉體而獨立等說法，祇是夢囈和有害的迷信之談而已。

唯物論者以十分堅決的態度駁斥人類理性中存在着先天觀念——不是靠感覺之助得自經驗的天生觀念——的那種唯心論的見解。唯物論者認爲唯一的認識泉源是經驗，它（經驗）是在自然對吾人感官之影響過程中產生出來的。人誕生時就帶來了一副腦子；這副腦子像潔淨的黑板（tabula rasa）一樣，後來經驗就在它上面寫着各種樣子的字畫。十八世紀的唯物論者同時也是唯覺主義者（sensualist），因爲他們認定受外界影響的感覺機官，是人類獲得知識時所必經的唯一河道。理性中除了知覺所給與的東西以外，是什麼也沒有的。理性只是對於獲得的經驗加以整理而已，因此，當時的唯物論者認爲經驗的認識，觀察自然和對自然作實驗功夫，——這些事情便是科學底主要任務。

這班唯物論者底唯覺主義的認識論，決定了他們對於人類發展底理解。假若說人底觀念，性癖和信念是在經驗中形成起來的，那末一切的人在他們誕生的時候，他們底傾向該都是一樣的。人底性情和心理是完全由生活經驗底性質，環境和教育底條件來決定的。人是環境底產物。你若是要想改變人性，消滅愚昧和惡習，那末你就得改變環境，創造出一種能夠培養有理性的，行動良善的人的社會條件來。在這一點上，特別深刻地表顯着法國唯物論者底哲學觀念和他們底革命行動底聯系。

但同時在這點上也暴露着舊唯物論者底布爾喬亞的狹窄性及其革命性底階級本質。從上面所說的一個出發點，開展出兩條道路來。第一條是走向社會主義的道路。根據人類天生平等和必需改變社會環境的那個見解，在他們思想往前發展下去時，就產生出空想的社會主義來。然而法國唯物論者自己並不會走這條道路；不然的話，他們就不成其為布爾喬亞革命者了。他們沒有理解到社會環境發展之物質的動力，而固執成見，宣佈布爾喬亞社會、布爾喬亞法權和國家是「永久的」、「合乎自然的」理想。這樣，舊唯物論者在社會生活底理解上，還是唯心的。他們對於社會組織、社會關係、環境現狀和社會發展之客觀的規律性等等，都用人底意見、人底思想和支配社會的諸觀念來說明了。

照這樣說來，觀念就成為社會生活底動力了。法國唯物論者認為改變觀念、開導、教育和消除愚盲，便是改造社會制度的捷徑。他們以為靠社會意識底改變就可以改變舊的封建的社會生活。

上述各點，就是法國唯物論者底中心觀點，這些觀點不僅與公開的教會學說站在對抗的地位，而且還跟罩着一件哲學外套的當代的宗教學說——特別是馬爾布蘭雪（Malebranche, Nikolans）、貝克萊（Berkeley）和休謨（Hume）諸家底主觀唯心論，直接地對抗起來。我們可以看出十八世紀的法國唯物論是表現了那一時代底和當代科學底進步傾向。它在哲學史中應該稱是科學思想發展道路上的一個進步的階段。但是決定舊唯物論之歷史功績的那些社會關係和知識程度，同時也決定了它底歷史的限制性。霍爾巴赫、赫爾維齊和他們底同派人底哲學，由於它具有革命性的緣故，它就成為最後發展成為馬克思學說的一串觀念鏈條中的一環了。

可是由於這種革命性底布爾喬亞性，這派哲學還是跳不出啓蒙運動派底唯心政策底框子。它不能夠把唯物論運用到解釋社會現象的範圍中去。結果它就落到迷人的圈套中去了：觀念是被人底社會生活所決定的，可是同時人底社會生活又是由觀念來決定的。舊唯物論始終不能解決這一個「兩難問題」(dilemma)：社會環境創造人呢，還是人創造他們自己的社會環境。

在當時的所有科學中，祇有數學和機械學（而且主要的尤其是實物底機械學）得到了極大的發展。其餘的科學，當時還處於萌芽的、未發育的狀態之中。這一情形，就在舊唯物論身上打下了一個機械論的限制性底印子。舊唯物論者把機械學底原則應用到全部自然界上去，應用到一切超機械學的、化學的、生物學的、生理學等等的領域中去。他們把現實看得太簡單了；他們把現實中所有現象都用機械的規律性去解釋了。

他們底唯物論是形而上的。他不了解運動形式底繁複，不了解新現象發生底原則和事物變化過程底複雜性。他們關於自然的概念，是把自然看作『常常整個兒地等於它自身的（意即永遠如此的——沈）在同一個受限制的範圍內不變地運動着的』（見恩格斯著反杜林 "Anti-Dühring"）按照着數目永遠不變的一些法則而生存着的東西了。十八世紀的唯物論者當中，雖亦有個別的哲學家（尤其是狄德羅）能夠天才地超越這種觀點，但是這卻不能改變舊唯物論底一般的形而上學性（所謂形而上學性，主要地就是指不變動、不發展的觀點而言——沈。）

舊唯物論底歷史的限制性，表現於下列三大基本特點：機械觀，形而上學性和不會把唯物論應用到社會生活底領域中去。新式的唯物論底任務，就在克服這三個缺點；這一新唯物論是在另一個社會關係底階段上和科學發展底新水準上生長起來的。

唯物論的哲學，在它底發展過程中，以後就越過了機械論底階段而繼續向前進展，它從形而上的舊唯物論底形式，開闢了發展到現代的辯證法唯物論底道路；這種新唯物論是跟自然和社會底認識現狀相適合的。

然而直到現在還有些人——而且自命為馬克思主義者的人——還在企圖袒護和復活那早已失去了時代性的唯物論；他們企圖用低級的唯物論形式來對抗高級的；殊不知這種低級的（即機械的唯物論——沈）形式，早已在唯物論底繼續發展過程中被克服了。這樣的企圖必然是反動的：他們想把科學和哲學拉向後退，想阻止它們底發展，想在現代科學發展狀況所提出的要求前面來破壞新唯物哲學底信用。在當時算是進步的那種唯物論，在我們這個時代，在現今的認識階段上，在哲學發展底新階段上和在現今的新社會環境中，它卻變成反動的思想體系了。這裏我們所指的，就是恢復十七、八世紀的舊機械唯物論（即霍勃斯、霍爾巴赫、赫爾維齊、拉美特利及其他諸家底唯物論）底企圖；實行這種企圖的，就是現代的機械唯物論者——布哈林(Bukharin)、亞克雪洛德（Axelrod）、梯米略才夫（Timiryazev）及其他等人。

在現今的條件之下來擁護機械唯物論，恢復早已過去了的十七、八世紀的唯物論底哲學思想，這無異於放棄十九、二十世紀的唯物哲學，亦即是企圖把唯物論降低到已過去的舊階段上去的一種行為。帝國主義和勞工社會革命時代底機械唯物論，不單是一種哲學上的「隔世遺傳」（atavism 意即受十八世紀唯物論之遺傳

——沈。）在現在有辯證法唯物論存在的場合之下，它已經把舊唯物論之歷史的限制性遠遠地棄置到自己的後面去了，——在這樣的局面之下，機械唯物論就是反動的思想體系了。我國（指蘇聯——沈）現今的機械唯物論者（布哈林、梯米略才夫、瓦爾耶雪〔Varyash〕、亞克雪洛德、斯戚班諾夫〔Stepanov〕等）是做了舊唯物論觀念底俘虜。他們不能理解物質現實界之複雜的辯證法，不能理解它底矛盾、轉變和交流底重要性，它底質的繁複性及其各個領域底特殊性。他們把高級的、有質的特殊性的法則（例如社會的法則、生物的法則等等）簡化為純數量的、從機械學裏抄襲來的法則，簡化為均衡論底原則和兩種相反的力底交叉底原則了（註）。他們又把質地不相同的各種運動形式打成一片而都歸納到空間的機械的轉移位置底運動體系中去。現代的機械唯物論者，正像他們底十七、八世紀的祖先們一樣，他們除了機械學原理底標度之外，便不知道有別種標度。

在目前這個發展階段上，機械唯物論破壞了唯物論對唯心論的鬭爭，助長了唯心論攻擊唯物論的鬭爭；同時它又是割裂現代科學發見和唯物哲學之聯系的一把利刃，因此，辯證法唯物論應該十二分堅決地、不妥協地跟現代機械唯物論作鬭爭。這一鬭爭，是辯證法唯物論自身發展和它取得對唯心論的勝利之必要的條件。

不管機械論者自己願意與否，他們是不可避免地要變成勞工集團所進行的思想鬭爭底障礙物。我們往後還要說到現代機械唯物論底階級根源，說到它底方法論和它底政治作用——在蘇聯底條件之下，它是右翼機

（沈註）這裏所說的是現代機械唯物論底三個反辯證法的基本觀點：一個是用純數量觀代替量變質質變量底辯證法則；第二是用均衡論代替辯證法底否定之否定律；第三是用外部的、機械的『兩種力底鬭爭』底理論代替辯證法中的「對立底一致」律。

會主義底主要的哲學基礎；

第三節　主觀唯心論馬赫主義和直觀主義

與十七、八世紀的舊唯物論處於極端的對立地位的哲學，就是與它同時代的貝克萊底**主觀唯心論**和休謨底**不可知論**(agnosticism)。貝克萊底主觀唯心論（亦即現象論(phenomenalism)）是表示反動的宗教學說底積極化，這種宗教學說後來爲已經勝利和已經鞏固其統治地位的資產集團所擁護的。休謨底不可知論，是資產集團從一個革命階級轉變爲保守階級的過程中的產物同時也是布爾喬亞意識形態和革新的封建意識形態之結合體。

上述的唯心學說，反映着勝利的英國資產集團底利益和見解。當時英國的資產集團，趕過了它底法蘭西姊妹而且還比她早一百年取得了政權（是英國革命妥協底結果；）當時的英國革命「把封建制度布爾喬亞化了，並給布爾喬亞社會罩上了一副封建的面貌」（見梅林著討論哲學和文學的題目）。

這一個特點，在貝克萊底學說中表現得異常明顯：貝氏底哲學是企圖使新教教義去適應那業已反動的資產集團底水準和新要求。

鄔梁諾夫在他所著唯物論與經驗批判論中，對於貝克萊底見解作過一度傑出的分析。貝克萊底出發點是說，除了知覺以外，世界上找不到第二種知識底泉源；概念和抽象的觀念固然它們都有存在底可能，可是它們不是根本的、始源的，它們是人底知覺底產物。然而貝克萊否認這些知覺是反映着離開這些知識而獨立存在的現實的客觀世界的。因此，貝克萊就得出一個不可避免的邏輯的結論來：人所知道的唯一的認識對象，唯一可能的認識對象，就是我們底知覺。知覺是基源的元素；這些元素底結合，就形成一切的存在。人類在它自己的認識活動中不能夠越出知覺底界限以外，他不能夠認識知覺以外、超越知覺或跟知覺有別的任何其他事物。照貝克萊底見解，我們在認識過程中所追求的，不是我們以外的事物，不是反映在我們知覺上的客觀世界，而祇是我們自己的各種知覺：例如顏色、硬度、高度、圖形等等底知覺。因此，貝氏對於經驗的理解是唯心的，他把經驗解釋成諸種知覺底綜合。他認爲我們除了自己的知覺以外，是什麼也不能認識的。這就是說，我們除意識底主觀狀態外，不能認識別的東西。我們經驗中所得到的材料，不是客觀的實物而祇是知覺或某種心理現象。

照主觀唯心論者底見解來說，我們沒有根據肯定外界之離我們底知覺而獨立存在。我們沒有權說某一事物的的確確是實在的，它確實是處在我們知覺以外的。有人確信，以爲在我們底意識以外存在着客觀的世界——這種確信，在主觀唯心論者看來，完全沒有經驗的根據。因此，它祇是一種偏見，是經不起科學的批判的。至多我們只能承認在我們底心理中存在着一種「外界是存在的」之意念。但是我們沒有任何根據來肯定說這一意念是眞正跟主體以外的某種事物相適合的。

從這種觀點上看，我們所稱爲事物的，並非別的，祇是我們底各種知覺之綜合體而已。一部分知覺（如硬的、圓的、靑色的、等等）是常常集合在一起而且常常重複着的；這部分知覺我們就稱它爲事物。假設事物是要比知覺底綜合體更多一些的東西，假設在我們底知覺之後隱藏着產生這些知覺的物體、實體、客觀世界——這樣的假設，貝克萊認爲毫無根據。

貝克萊這樣發揮他自己的觀點：『事物底存在，就是事物底可認知性。事物在精神之外或在認知它們的思惟事物之外有它底存在——這是不可能的。固然，人們極普遍地具有一種見解，認爲山呀、水呀、房屋呀，一言以蔽之，一切可感覺的事物，都有它們自然的或實體的存在，這種存在是跟它們底可認知性（卽被人的知力所認知）有區別的。但是不管你怎樣地自信和根據一般的公意來肯定這種見解，凡有勇氣研究這個問題的人一定會發見，假使我不說錯的話，這種見解中包含着很顯著的矛盾；因爲試問上面所說不是我們感覺所領悟的事物，究竟是什麽呢？如果不是我們自己的觀念和感覺，那末我們所領悟的又是什麽東西呢？既謂觀念和感覺是不被認知的，又說它們間存在着某種結合——這不是表現十足的矛盾嗎？』（見貝克萊著論人類知識之原理〔Berkeley: "Treatiso on the Principles of Human Knowledgo".）

這樣看來，貝克萊是否認物質之存在的；他自己認爲否定物質是跟唯物論鬭爭和建立唯心論（這是宗教之最可靠的柱石）基礎的最重要的條件。在貝氏看來，物質溶和於精神中，客體就是主體底反映。『存在，生存——意卽被認知』("esso is percipi")——除此以外，沒有別的。假如事物不被人所感覺，它就不存在。「爲我們的、」「爲我們意識的」事物之存在，是唯一的實在（reality——或譯實體——沈）認知事物的可能性，是事物存在之唯一的證據；這種存在就是「爲我們意識的」存在。

貝克萊又寫道『凡是我們能夠藉感覺或反省作用來認知的事物，我沒有一件加以否認的。我用我底眼睛所看見的和用我底手所接觸的事物是存在的，關於這一點我絕不懷疑。我們所否認其存在的唯一的事物就是哲學家所稱呼的物質或事物的實體』（見論人類知識之原理。）

以上所述就是主觀唯心論者對於思惟與存在底關係問題的解答。主觀唯心論認定感覺是認識之唯一的泉源，它從這一唯覺主義的感覺論出發，而賦予其唯覺論以唯心的性質（沈註）直至認定客體為主體所呑的原則。主體就變成唯一的實在了。世界都溶解在思惟的主體中了。客體、自然、物質——這些並非別的，祇是心理動作底產物、主體底產物而已。知覺底對象跟對象（即客體——沈）底知覺等同起來了。貝克萊認為知覺底泉源是上帝自己；我們底精靈就是從他那裏得到自己的內容的。

貝克萊自己也不隱瞞，他底全部哲學結構是按照着一定的目的建立起來的。這個目的就是要打擊那日益發展的無神論和正在擡頭的唯物論。在貝氏自己的日記中，他直截了當地說，鞏固信仰的志向激勵他創立起他自己的思想體系來。

休謨底出發點跟貝克萊的相同，他也認定經驗是認識之唯一的泉源。他和貝克萊一樣地否認我們有認識外面的物質世界底可能；同時，他也把事物歸結為內心的經驗。

（沈註）唯覺論可以因對於感覺的理解底不同而分為唯心和唯物二派：如果把感覺當作外界實體加諸吾人之感官的作用（或影響）底結果來了解的話，那末這是唯物的感覺論；但如認定感覺與外界無關而祇是吾人意識底內容時，這就是唯心的感覺論，是主觀的唯心論。

休謨除了主觀的內心經驗以外，什麽東西都不承認有認識之可能的。他替科學切開了一條走向主體底另一方面的道路並限制了主體底自我觀察。他底哲學是不可知論；這就是說，他否認客觀的認識底可能否認吾人有認識外界的、離吾人而獨立存在的物質世界之可能。

休謨特別把他大部分的注意力用到對唯物的因果觀底批判上去。照休謨底意見，因果性在經驗中是不存在的。我們不能從它（卽因果性——沈）底各種質地從我們底知覺中所得到的各種質地——如色彩、形式、聲音等上去認知它。在經驗中我們只發見二種或幾種感覺一個接着一個地排列着，只看到它們一個對一個地連接着，而並沒有發見它們底動作的原因，也看不到引起現象之發生的原動力。在習慣上，有了任何二種現象，它們在經驗中是互相聯繫着的；對於這二種現象人們就說它們有着必然的和經常的相互關係。但是這樣的結論，在休謨看來，是不公正的。我們可以說這種排列底習慣性，可以說這種排列底重複是事理之常，但是我們卻沒有權確定二種現象間的聯繫底必然性。在經驗中沒有保障、並且也不會有保障來使業已重複了一千次的幾種現象底排列方式，再來重複第一千零一次。這樣看來，休謨根本推翻了因果性和規律性。照他底見解，世界就變成了許許多多現象底渾沌體；而在這個渾沌體中，我們底認識是找不到出路的。

當主觀唯心論澈底地發展到它底絕端時，它就不可避免地要變成唯我主義（solipcism 或唯我論）。所謂唯我主義，就是只肯定「我」底存在，而一切其他事物（我以外的一切其他的人也在內）都只是我底感覺底產物的那種觀點。照唯我論者底意見，我和我底無因的和無根源的感覺（或知覺）便是宇宙間唯一的實在。唯我主義，便是絕端的哲學的個人主義。從唯我主義底觀點看來，我消滅，世界亦卽同時消滅；世界之存在祇是因爲存在着我和我能感覺的緣故，並不是我居於世界中，而是世界處在我之內。我就是宇宙。唯我論者正好像一件狂盲的、有感覺的樂器，『它自己設想以爲它是世界上唯一的樂器，世界全部和諧的音調都是從它裏面發生出來的。』（見狄德羅文選集卷一。）只要假如徹底地去應用認識之「內在性」底原則，卽把世界了解爲吾人意識之內部的材料的話，我們就不可避免地要得出這樣一個肯定的結論來：主體可以在每一小時、每一分鐘破壞世界而重新從「虛無」中創造出一個世界來。我一死，整個世界就隨我而消滅，因爲那時它已不復爲我底各種感覺底綜合體而存在着了。而世界除了成爲我底各種感覺底綜合體而存在以外，它就沒有別的存在形式。固然，主觀唯心論者自己還不至於公開表現這樣十足的徹底觀點。主觀唯心論者也企圖逃避這一難關，他們指示說，在我這個主體死了以後，世界在許許多多別人底知覺中還是不消滅的。可是這麼一說，他們就不能避免地落到無可解決的矛盾中去了。實際上照唯我論者底意見，我以外的一切別人，正如一切別的事物一樣，他們也不過是我底諸種感覺綜合體而已；他們除了在我以內的主觀存在以外，是沒有別種存在的。因此，假使我不感覺的話，那末全體人類亦必隨之而消滅，因爲全體人類也是我底諸種感覺底綜合體啊！既然說到別人底存在，這等於承認我以外，我底意識以外當有事物之存在，亦卽等於承認客觀事物之存在。這是主觀唯心論之最露骨的矛盾。

但是究竟「我」是什麼呢？顯然不是指物質的實體，因爲物質的存在是已被否認了的。爲要做一個徹底的主觀唯心論者，就必須承認連我自己的身體、手足、頭腦、五官等等，也祇是我底諸種感覺底綜合體而已；這些東西也只是作爲意識現象作爲內在心理的實體而存在着。這樣看來如果我們順着主觀唯心論底潮流去行走的話，我們一定不僅會葬身在唯我論底泥坑中，而且還會像孟好遜男爵（Baron Münchhauson）一樣抓住了自己的頭髮想把自己從這泥坑中救出來！不但宇宙溶化在「我」之中，而「我」也表現爲「曇花一現」的東西了，它也溶化在我自己的知覺中而成爲感覺。。。。。自己的感覺了。

我們這裏所講的主觀唯心論，是十八世紀底反動的產物；到二十世紀之初，它又復興起來而且很廣大地流行起來了。現代的唯物論就得跟這種主觀唯心論進行殘酷的鬭爭。

貝克萊、休謨式的唯心論復興底社。。。會基礎，就是資本主義發展中的帝國主義階段；它底滋養汁是現代自然科學底危機。帝國主義不但引起了經濟體系底危機，而且還促成了全部資本主義文化底總危機。著名的布爾喬亞物理學家普蘭克（M. Planck）在一九三〇年大聲叫喊道：『我們現在生活在一個不平常的世界裏；不論我們觀察哪一方面，在精神文明和物質文明底任何領域內，我們都覺得是處於一個極嚴重的危機中；這種嚴重的危機，在我們全部私人生活和社會生活上，印上了許許多多紛擾和動搖底徵號。很久以前，在宗教和藝術領域內，現在則在科學園址內，難能找得到一個不會被人懷疑的基本原理；同時也難找得到一種無稽之談是人所不相信的……』（見普蘭克著，實證主義與實在的外界 "Positivismus und Reale Aussenwelt"）。

布爾喬亞自然科學底危機，是布爾喬亞文化一般的苦痛中的一個組成元素；這一危機在二十世紀開始的幾年中就已表現出來了。根據資本主義時代自然科學所積蓄起來的材料，要遂到認識底繼續向前發展，只有越過了統治的布爾喬亞宇宙觀纔有可能。現代的自然科學在疾苦中產生了辯證法唯物論。它是在跟布爾喬亞學說本身底基本哲學原則發生不斷衝突中自發地歸結到辯證法唯物論上來的。然而它畢竟還是不能避免地證實了馬克思和恩格斯底哲學學說底基本原理之正確性。布爾喬亞自然科學家所根據的敵對馬克思主義的哲學原理，阻礙着他們完全地和正確地去認識他們自己的研究結果。這一矛盾就產生出布爾喬亞自然科學底危機來；這個危機底社會根源是應當從帝國主義時代底一般矛盾中去尋找的。

十九世紀末二十世紀初所表現的布爾喬亞思想底企圖——企圖利用自然科學底危機以實現其唯心地解釋自然科學中的新理論和新發見的反動目的，——其最著者，就是馬赫(Mach)亞文拿留斯(Avenarius)等人在經驗批判論(Empiriocriticism)旗幟之下恢復貝克萊底主觀唯心論的嘗試。現代的主觀唯心論者反復地說，『假如自然科學所研究的都是同一類的簡單的物質元素，這種物質元素底運動法則是可以用數學方法去研究的，那末物質就消滅了；宇宙間祇存在着一種單純的數學關係了。』過去的不變的原子，現在被運動的、變化的電子底體系所代替了。因此，馬赫主義者說，『物質消滅了。』原始的物理法則，被現代的新的更完善的物理學原理所代替了；於是馬赫主義者反復地咬定說：『客觀的認識是沒有的。』滯鈍的形而上的空間與時間觀，被當作物質運動之存在形式看的時間與空間底一致的辯證觀所代替了；於是唯心論叫喊道：『時間和空間消滅了。』但是事實上現代物理學中所有最新的成績，都完全證實了馬克思主義的時空論底正確；就是說，它們證實：時間和空間確是物質存在底形式；物質底運動是時空一致底表現；我們關於時間和空間的概念是隨着科學之一般的發展而變化精確化和發展着的。

現代的馬赫主義者也在否認物質、否認實體的見解之上，加上他們否認因果性的觀點。最新的機械學加深了因果性這個概念；它對於舊的機械論的因果觀加上了一些修改；於是經驗批判者便咬定說『因果性消滅了』。自然科學之舊的機械唯物論基礎底破產和高級的（辯證法的——沈）唯物論形式底勝利，卻被現代主觀唯心論者（馬赫派）看作唯物論底告終。

在這種搖擺不穩的基礎上，馬赫主義者只是輕微地復活了那種被一些新的詞句掩飾着的十八世紀的反動哲學觀念：他們站在主觀唯心論底立場上來解決思惟與存在底關係問題。

經驗批判論是以「純經驗」底哲學表現出來。它對於不直接存在於主體底經驗中的一切，都否認它們底實在性。在經驗批判論者看來，世界上唯一的實體（卽「實在」）只是主觀的感覺；眞正的現實，只是直接存在於知覺中的東西。其他一切都是無根據的不重要的理知底「附屬物。」紅的、圓的、硬的、苦的……等等感覺，就是眞正的現實元素。物質、物體、事物等等，祇是我們各種感覺底綜合體而已；這種感覺底結合，在感覺以外，在我們底意識以外是沒有任何存在的。同樣的，空間和時間不是別的，也祇是我們底特種感覺或概念而已。這麼一來，一切物理的原素都溶解到心理的原素、溶解到主體的感覺中去了。

機械論者否認客觀實在的見解，決定了他們對於認識目的和認識任務的了解。既然他們認為客觀世界是不存在的，那末他們觀念中就沒有接近「客觀現實之完滿的反映」這一個任務——這是唯物論所提出來、又爲唯物論所解決的任務。在他們看來，認識底目的，只是各種知覺之有系統的整理，我們各種各樣感覺底系統化。科學底進化是表現於對各種感覺底綜合作最簡單的描寫。經驗批判論之主觀唯心論的立場消除了客觀認識底可能；在經驗批判論者看來客觀的眞理是不存在的。假使全部現實祇是意識底內容，那末對於不同的意識，眞理也該是不同的。『人是事物底尺度』——這還是古希臘的詭辨學者普羅達哥拉（Protagoras）說的話。馬赫主義者認定認識和眞相是主觀的並且相對的。這樣，馬赫主義者把愚昧和迷信底大門打開了。

馬赫派認爲科學的認識之基本原則是『思惟經濟化底原則』或『最少力量消費底原則』。根據這個原則，我們就得從描寫我們經驗的兩種體系中從兩種不同的理論體系中，選擇一種最「經濟」的、用最簡單的方式來描寫經驗的那一種。

爲「經濟」計，必須從科學中消除一切使感覺底描寫（或記述）複雜化和繁重化的東西；因此必須消除物質，不依賴意識而獨立存在的事物和現象間的因果關係等等。

最新的馬赫主義者用他們底「標記論」和「關係邏輯」來「加深」這種反動的反科學的哲學。依據這些新的理論，感覺和內心經驗之調整的、劃一的描寫，是由科學靠各種標記底幫助來完成的。知識體系是由各種標記形成的，科學所研究的，不是客觀事物及其關係之反映，而是隨意發明出來的各種物理數學的標記，是表明主體底各種內心經驗間的關係的種種記號。靠着數學的均等法底幫助以實現各種標記底結合；從這種結合中，我們引伸出許多新的結合形式來，而這種新的結合又是由各種新的標記表明出來的。依據最新的馬赫主義者

底意見科學底發展就表現在這一標記體系底形成上面、

現代的馬赫主義者企圖用抽象的數學上的「玩弄」去代替十分複雜的現實之活的、客觀的認識底發展。這裏特別明顯地暴露着他們底主觀唯心論是與機械論結合着的。

爲完成自己的哲學體系計，現代的主觀唯心論者同時又發明了跟「標記論」相適應的邏輯學。這就是『數學的邏輯學』或『關係邏輯學』(雷沙爾〔Ressal〕所用的名詞)。關係邏輯是一種新的標記體系它是用來表明經驗科學底各種標記間的一切可能的關係的各種邏輯的標記和記號任意地集合成爲各種新的結合形式。直到現在，哲學從來還沒有達到比「關係邏輯」更空洞、更無內容和更無實果的思想體系過。假若說這種「邏輯」眞是具有一點意義的，那末這種意義祇有一點：就是再創造一種遁辭來否認客觀的實在。他們說，舊邏輯是要不得的，因爲它承認事物及其諸屬性之存在。新邏輯則越過了事物及其諸屬性而去探究『純粹』的關係(所謂「純粹的關係，」意卽非事物與事物間的關係而係純粹的、無內容的、沒有關係對象的諸關係。)

這樣，現代的主觀唯心論者不辭勞苦地把科學底內容、意義和眞理都一概「淸除」掉了。

徹底理解現代自然科學危機之本質，暴露這種危機底根源及其眞實的傾向，揭破經驗批判論之反動的作用並指示應如何擊破馬赫主義、應如何克服危機以及應如何建立辯證法唯物論與自然科學內最新的成績之聯合——能夠做到這些步驟的第一個人，就是鄔梁諾夫。在他眼面前，縱有狡滑的言詞，也隱蔽不了馬赫主義之反科學的宗教迷信的本質。鄔氏進行反馬赫主義的鬬爭要比普列漢諾夫 (G. Plekhanov) 深刻和徹底得多，他在這種理論爭鬭中從頭到尾貫徹着嚴格的黨派性（"Partiinosti"）；不僅如是，他使這一爭鬭底效果要比普列漢諾夫所達到的大得許多倍，他建立了馬赫主義底觀點與自然科學理論底危機間的聯系並揭破了經驗批判論在這一危機中所玩的把戲底反時代性。

鄔梁諾夫曾順便地矯正了普列漢諾夫在對馬赫派的論戰中所犯的錯誤。其中之一，就是普氏對於論戰中的中心概念——經驗——了解底錯誤。在這個概念底了解上，普列漢諾夫中了馬赫主義底詭計：普氏批評道，馬赫主義者不把經驗了解爲「認識底對象」而把它看作「認識底手段」。在普氏底意思，以爲只要馬赫主義者把經驗當作「認識底對象」來了解時，馬赫主義與唯物論之間的鴻溝就會消滅了，但是我們要知道問題底實質並不在這裏：把經驗當作認識手段來了解，抑是當作認驗對象來了解。問題底實質還是在哲學底基本問題上：經驗是主觀的呢、還是客觀的；經驗是意識之自內的產物呢、還是在離意識而獨立存在的客觀外界加於主體的作用過程中和社會對於外界之實踐的改造作用過程中所產生出來的。

在這個問題上，普列漢諾夫脫離了唯物論的立場。他既以經驗爲「認識之對象」這一定義爲滿足，他就必然會落到不可知論的立場上去：認識底對象是經驗而不是客觀的實體。

鄔梁諾夫對馬赫主義的鬭爭具有特別重大的意義，就是因爲這種布爾喬亞主觀唯心論的學說當時已經開始闖入社會民主黨（大戰前的）底隊伍中去了。馬赫主義底影響首先是在社會法西主義底見解上表現出來。像亞德勒（Adler, Fr.）這類的公開的馬赫派固然不必說，即考茨基（Kautsky, Karl）也在最初的時候就對馬赫主義持調和態度後來考茨基逐漸地變成了「社會干涉主義者」（意卽擁護帝國主義武裝干涉蘇聯的在今的社會民主黨人——沈，）他底哲學觀點也愈弄愈跟馬赫主義結合起來了。在鄔梁諾夫著作唯物論與經驗批判論的那幾年，卽在一九〇五年俄國革命潰敗以後的黑暗年代，有些波爾塞維克（或譯「多數派」——沈）也走上了馬赫主義底立場而投到孟塞維克（或譯「少數派」——沈）方面去了。波格唐諾夫（Bogdanov, A.）盧那查爾斯基（Lunacharsky）及其他等人把時髦的反動學說移植到俄國底土地上來了。鄔氏底著作（指唯物論與經驗批判論——沈）給這一切理論以粉碎的打擊，他跟這些『哲學中的昏庸之徒』算了一次總賬。

波格唐諾夫底經驗一元論（Empirio-monism）並非別的，也只是主觀唯心論底一種變態而已；它也是以馬赫派的思惟與存在底關係觀爲基礎的。波格唐諾夫運用術語上的狡猾手段，意圖藉此掩蔽它底學說底唯心論的本質；但是這種狡猾手段無論如何也消除不了它底唯心立場。波氏底經驗一元論同時也只是馬赫主義底一種變相。

波格唐諾夫像一切其他的馬赫主義者一樣，他也不會越過經驗底界限以外。在他看來，基本的和源始的東西是一個許多元素所集成的混雜堆。這些元素——已爲我們所熟識的諸感覺，它們是與能感覺的人和引起感覺的事物相隔離的——這些都是純粹的感覺，是一般感覺，是死的、唯心的抽象體。依照波氏底見解，這些元素之直接的結合和編集，形成了吾人之心理的經驗。這樣，心理的經驗被他當作獨立的、在自然界產生以前就存在的東西看了。肉體的經驗是後一級的較高的發展階段。它是心理經驗底產物，是心理經驗底反映。主觀唯心論者的波格唐諾夫，不知道把客觀的、離經驗而獨立的，且存在於一切經驗以前的物質世界，跟人們底肉體經驗區別開來。波格唐諾夫不把心理的東西看作物理的東西底自出物（derivative），而恰恰相反地設想：他宣佈物理的世界是以心理的領域做基礎的；物理世界只是心理世界底反照。這就是說，波氏給了一個心理學觀的、唯心論的解說。波格唐諾夫這種理論，只不過是舊的唯心論之解答哲學基本問題的一種新方式罷了。波格唐諾夫理論體系中的最後的一環，即在所謂「元素、」心理的和肉體的經驗以後的一環，他認爲就是發生於經驗的認識。

這樣的一種主觀唯心論底立場，不可避免地促使波格唐諾夫否定客觀的眞理和客觀的眞理標準底可能性。實在地說，假如任何離經驗而獨立的現實是沒有的，那末就談不到離我們意識而獨立的眞理、爲客觀實體之反映的眞理。經驗批判論是主觀地了解着眞理；它認爲眞理祇有「爲我」的眞理（意卽我所認爲眞理的，纔是眞理——沈。）波格唐諾夫想消除過去主觀主義之無窮盡的矛盾；並且用以下的方法來避免自己陷入唯我主義：他發明了所謂『社會地有組織的經驗』（"socially organized experience"）作爲他底哲學中心概念來代替個人的經驗。他想藉此以劃分眞理的、科學的現象和虛僞的、迷信的現象底區別。在波氏底觀念中，事物底客觀性，變成經驗底集體性，變成許許多多人底經驗底一般性了。他寫道：『物理世界底客觀性是在於它不是爲我、而是爲大家（卽一切的人——沈）所公認其存在的。』『物理的世界——這是社會地互相一致、社會地互相調協的經驗；簡言之，就是社會地有組織的經驗。』但是波格唐諾夫用這樣的說法，依然沒有把唯心論克服下去;同樣地也沒有克服主觀主義的眞理觀。波氏雖然用人類意識代替了個人意識可是人類意識還一樣地是意識;這就是說,波氏依然保持着唯心論底原則。他指出物質世界是依賴社會意識而存在的;他不相信物質世界是離任何意識(社會意識亦在內——沈)而獨立並且是先於任何意識而存在的。一般公認的、「社會地有組織的」經驗並不一定是客觀的眞理。因爲宗教的教義也曾在很長的歷史時期中是大家所公認的,是「社會地有組織的」信念,但是宗教教義卻不因此成爲眞理。

說眞理不多不少恰正是『意識的形態,人類經驗底組織形態,』——在這一理論中,經驗一元論把宗教和一切保守的荒謬思想底大門打開了。

在波格唐諾夫底較晚的著作中,即在鄔梁諾夫揭破了他底經驗一元論底唯心本質之後的著作中,波氏又發揮了一種新的「組織學」的理論(tektological theory)即「一般的組織科學」(general organizational science)。在這裏,波格唐諾夫依舊完全站在過去的主觀唯心論的、馬赫主義的立場,他依舊逃不出感覺元素底領域,逃不出這些感覺元素底體系以外去。在五花八門的新詞句裝飾底背後,遮蔽着陳舊的哲學觀念。這點道理——我要順便地提一句——布哈林卻不曾了解;波格唐諾夫把自己的學說改扮了一下,竟然被他騙過了布哈林。鄔梁諾夫說得對,他說布哈林沒有了解波格唐諾夫底「組織科學」和「經驗一元論」之唯心論的等同性。

波格唐諾夫對於哲學底基本問題的解答依舊不變,因而他在『一般的組織科學』中仍依據主觀唯心論底見地來發揮他底反辯證法的機械論觀點。他批判了馬克思和恩格斯底唯物辯證法；他用『組織過程』論來代替一般發展底原則，用機械觀的『對立相向的力量底衝突』來代替對立底一致律，用機械觀的均衡論來代替辯證法、特別是代替辯證法中的否定之否定律。在波氏底「組織科學」上，我們可看到了一個明顯的例證，證明馬赫主義和機械論是何以密切地相依爲命。波氏企圖建立起各種元素組織底普遍形式，而視此種形式係與「被組織的內容」無關的。他杜撰了不發生科學效力的「一般的法則」，把這些法則無例外地應用到一切知識部門中去而忽略了各個部門底特殊性，實際上，所有這一切法則，如選擇類別底法則、相互結合和相互滲入底法則等等，都只是空洞的機械學中的呆板的圖式，是拿力學的和生物學的「商標」，黏貼到一切超機械的和社會的過程上去能了。

這裏有一件事值得提出來說一說的，就是主觀唯心論的原則，在蘇聯的新機械唯物論者底學說中找到了它底藏身的處所。機械論的世界觀認定自然界祇是許許多多類同的、無質的微分底集合體，這些微分不斷地在那裏作轉移位置的運動，它承認質的區別只存在於吾人之經驗中，是純粹主觀的區別。現代機械論者亞克雪洛德、沙拉比揚諾夫（S. Sarabiyanov）及其同伴們，旣認定了所謂「次等質地」底主觀性，即肯定聲音、色彩等等之質地，祇是我們底感覺而不是客觀上存在着的諸質地底反映，從這一立場出發，這幾位「新」機械論者得出了更普遍的結論來：質地一般地是主觀性的。在他們看來，質地是意識底產物，沒有主體就沒有客體底質地。客體之質的定性，是因主體底不同和各主體所持觀點底不同而區別的。沙拉比揚諾夫否認客觀的眞理，照他底意見，

主觀的見地達到何種程度，就有何種程度底眞理，

這種『可恥的不可知論』（鄔梁諾夫底說法）和主觀主義底成份，在布哈林底思想體系中我們也可以找得到，在布氏看來，辯證法祇是「許多觀點」之一而已。這樣，布哈林脫離了辯證法唯物論底立場，結果就跟主觀唯心論去結交了。機械論底主觀唯心論底這樣一種結合，我們知道並不是偶然的現象。哲學史告訴我們，這樣的結合是極平常、極自然的。把一切現象都機械地看成無質的區別的類同物——這一觀點是主觀唯心論者所運用的中心原則，是他們調整吾人各種複雜的感覺而使之系統化、使之歸於一致時所運用的中心原則。主觀論者否定了客觀的實在，他們認爲科學底任務是在使經驗系統化，使知覺有組織化。在他們看來，機械原理是最方便、最「經濟」的組織原則。

跟主觀唯心論極接近而在有些個別的觀點上跟它一致的哲學體系，就是直觀主義 (intuitionism 或譯直覺主義）——這一學說，最近一二十年來在布爾喬亞哲學界中極普遍地流行着，並且在各個資本主義國家內產生了好多種時髦的哲學派別。直觀主義底最著名的代表，是法國帝國主義底大哲學家亨利、柏格森(Henri Louis Bergson)。他底學說和一切直觀主義學說底本義，是在降低和限制理性和合理的邏輯的認識底意義，而擡高另一種「高級」的認識眞理的方法——這個方法就是靠直接感覺、靠直觀、靠本能的透視事物之實質以達到眞理的一種方法。

照直觀主義者底見解，科學所能供給我們的，祇是有限的、經驗上的眞理，這種眞理祇有實踐上的價值。柏格

森允許說，靠直觀底方法，可以達到客體底全部的理解。他聲言道：『或者哲學完全沒有存在底可能，那末關於事物的一切知識都只是實踐上的知識（不能顯示出事物底實質——著者註）這種認識底意義是在從事物中吸取人們自己的利益（而不是爲着認識眞理——著者註）要不然的話，那末哲學思考底任務是在靠加強直觀底方法以透視客體本身』（見柏格森著形而上學導言〔Introduction à la Metaphysique〕）

柏格森指出『我們所藉以透入事物內部的那種情感或同情，』就稱爲直觀（或作直覺——沈。）現代唯物論底惡敵柏格森，號召人們靠神祕的「情感作用」去尋求「不可表現的東西」並用許許多多似乎學術性的理由和「精巧」的詭辯來批判客觀現實之科學的認識（或知識——沈。）

柏格森以空間和時間底分裂來做他研究底出發點。他唯心地歪曲了時間底概念，他認爲時間是純心理性的。他把時間跟空間去對立起來，而認爲這是活的原理跟死的原理底對立，是能動的、能創造的精靈的原理跟無活力的、無生命的唯物論底對立。同時，他對於動的、活的世界底了解是這樣：『變化是有的，但是沒有變化的事物。變化無需乎負持者（boarer）。運動是有的，但是變動的事物不是必要的；運動自身中並不包含任何運動的物體。』

這裏很明白地表顯着直觀論和主觀唯心論底「血統關係。」柏格森放棄了宇宙之物質的動力底研究，而一味相信「生的衝動，」照直觀主義底見地，這種生的衝動就是一切生命和發展底眞實基礎。很明顯的，這樣說來萬有一切都爲神祕的信仰所完成，而成爲神幻世界底現象，同時又認定精靈不死，其結果必然走到眞正的神道說教底主義上去。柏格森寫道：『根據這一切，顯然應當承認創造的自由神不但創造物質而且也創造生命，它底創造意向由生命來持續着它表現於物種（species）底不斷發展和人類個體底不斷教養』（同書。）

在現代布爾喬亞哲學家中間，柏格森決不是一個例外。神祕主義底傾向是現代一切布爾喬亞『思想權威』們底特色。表現同樣傾向而採取不同形式的，還有一位腐潰資本主義底哲學家——這位哲學家企圖走向客觀唯心論而結果仍落在主觀唯心論立場上的，——他就是德國的愛德蒙特、胡賽爾（Husserl, Edmund）。

胡賽爾宣佈了他所創造的新科學。——稱之爲現象學（phenomenologie），他宣稱這是『基本的哲理科學。』現象學把全部的實體世界抽去，它不研究一切實在的，在時間和空間中形成着發展着的諸現象。它所研究的是「不實在的現象」是「觀念的存在」「思想」「意義」「觀念本質的世界」等等。現象學底重心點是在意識，可是它所解釋的意識並非人類意識底實在的表現，並非心理的過程。它把意識上的一切個人的心理的成份都「清洗」掉，而只研究「純粹」的，個人以外的「我，」研究「絕對的意識，」「意識底本質。」

胡賽爾底現象學是純粹描寫的「科學。」它不依靠邏輯學，不以邏輯爲自己的前提。據胡氏說，現象學是先於邏輯學。它（現象學——洸）既不說明什麼，亦不證實什麼，而只描寫那直接呈現於「理想的直觀」中的一切現象。據胡賽爾說現象學應當是純描寫的學問，這種學問是靠純直觀（或純直覺——洸）底幫助以研究超絕的純意識領域（sphere of transcondental pure conscience）的直接的「本質底觀察，」「純粹的理想的直觀」——這就是這門「科學」（恕我姑且稱之爲「科學」吧）底方法。胡賽爾確實地說『哲學在它自己的科學勞作中，不得不走入直觀底環境中去，在我們這個時代應該做到的一大步驟，就是承認以下這一點：在眞正哲學的直觀中在現象學的把握實體底過程中可以開發出無窮盡的工作底地盤來』（見胡賽爾著，當作嚴格科學看的哲學）

這就是現代布爾喬亞哲學底另一有力的學派底基本觀點。

第四節　康德底二元論與現代的康德主義

另一布爾喬亞的哲學思潮，很早就跟唯物論作了鬬爭，而直到現在始終還是跟唯物論對抗着的——這一哲學思潮就是康德主義（Kantianism）亦譯康德學說——沈。）

現代康德哲學之對抗馬克思主義，不僅採取公開的布爾喬亞的形式，而且也採取「社會主義」的形式。新康德主義（Neo-Kantianism）是社會法西主義陣營中佔統治地位的哲學。柏恩舒坦（Bernstein）華倫德爾（Vorländer）、亞德勒（Adler）、鮑威（Bauer）和考茨基（Kautsky）等人，把他們所謂的「馬克思的」社會生活觀，跟新康德主義的哲學結合起來了。因爲這樣，所以新康德主義的哲學，到現在還是布爾喬亞哲學加於勞工集團的思想影響底主要形式。新康德主義的謬見同時也塞滿着蘇聯的科學和哲學底毛泄孔。因此，我們可以知道，揭破這一唯心論底特殊形態，揭破一這資產集團及其代理人在對勞工集團底哲學思想作鬬爭中所用的哲學武器——這種揭破工作底實際意義，是何等重大啊。

十八世紀末，十九世紀初的德國古典派唯心論，依它底本性來講，它在某種程度內可以說是法國唯物論底一種特殊的類比。古典派唯心論像舊唯物論（即十八世紀法國唯物論——沈）一樣，它也是布爾喬亞革命之哲學的預兆。但是德國布爾喬亞革命底準備和發展之歷史的特點，是跟十八世紀法國的條件不同的：在階級底力量和相互關係上都不相同。德國的「啓蒙思想家」還不能像法國人那樣地對一切統治的科學、對教會、甚至對國家進行公開的戰鬭，他們不曾跟宗教破裂，而且也沒有舉起唯物論底旗幟來。他們底「革命性」是不徹底的，沒有力量的，夢幻般的。十九世紀初葉，德國先進資產集團哲學底這一種軟弱性和不徹底性，其根源在於當時德國社會關係底落後和資產集團力量底薄弱。德國生產力底發展程度，要比歐洲先進國家落後。數量既少而力量又薄弱的德國資產集團，散佈在許多多小的、獨立的封建省份裏，它還提不出十足的嗓子來喊革命，也不敢用革命的勇氣來思想。它只能幻想着新的社會形式。它底思想只能達到『良善的意志』和『當然的社會制度底觀念』底程度。所以它底哲學是唯心的和妥協的。馬克思稱康德底哲學爲『德意志的法國革命論，』並非無因的。康德哲學左手推倒上帝，右手又重新把上帝捧上了寶座；它一方面心想脫離唯心論，但是另一方面卻因懼怕站在它前面的唯物論而退卻起來，重新陷入唯心論底深坑中去。

德國古典派唯心論底鼻祖是赫赫著名的肯尼斯堡（Königsbery——普魯士底地名——沈）的大思想家伊曼努哀爾，康德（Immanuel, Kant）。『康德哲學底要旨是唯物論跟唯心論底調和，前者同後者底妥協性質不同的、對立的哲學思派底結合成爲一體』（見鄔梁諾夫著唯物論與經驗批判論。）類似這些的一切企圖，都是預先決定了命運的，康德底學說也必然成爲滲透着內部矛盾的二元論體系。

在最初的時候簡直可以說在康德研究哲學開步走的時候，他就力圖避免主觀唯心論。他寫道：『無疑的，我們底一切知識都從經驗開始的；因爲假使不是影響於吾人感官的事物的話，那末什麼東西刺激起認識能力底活動來呢？這種影響於吾人感官的事物部分地自己創造出概念來，部分地刺激起吾人理知底活動，去比較那些概念，聯結或配置和改造感覺印像上的粗雜的材料和被稱爲經驗的，關於事物的認識』（見康德著純粹理性批判(Kritik der reinen Vernunft)。）在別個地方他又說道：『因而我無論如何承認我們以外是存在着物體的，卽存在着我們根據概念——物體對於我們感覺性的影響所激起的諸概念——而知道的事物』（見康著未來形而上學序論。）

康德底「批判的」唯心論，想用這些論見把自己跟貝克萊和休謨隔離開來。他指出我們底感覺應以客觀實體之存在爲前提，客觀的實體便是感覺底來源，客觀世界是確實存在於吾人意識以外並作用於吾人之意識。但是既根據充實的理由承認了客體之存在於主體以外，康德就應當說明，主體與客體間的相互關係究竟如何，它們二者究竟誰依賴誰或誰被誰決定，以及在認識完成過程中二者究竟各起着什麼作用。在這些問題底解答上，康德又重新回到唯心論底立場去了。

照康德底意見，我們底經驗是客體和主體相互作用底結果。它是這兩種元素底交編底結果。作用於吾人之感官的事物，供給吾人以認識之內容，此種內容就是感覺。但是外界的作用所供給的材料，在我們意識中將轉變爲什麼，這是要靠主體底組織、知識機關底特性、我們底感性和理知底結構等來決定的。這樣，具有一定的組織和機能的主體跟客體對立起來了；它（主體——沈）按照自己內在的法則去組織、整理和製作感覺，使之採取與意識相適應的形式。外界事物底作用，給予概念以內容，我們底意識給予它們（概念——沈）以形式。這就是二元論的根本的問題底提法。它把意識底形式和內容對立起來了。經驗底形式，即經驗所藉以形成的那些感性形式和理性範疇，如空間、時間、因果關係等等，康德認爲並不存在於我們之外而是存在於我們自身的；這些經驗底形式確實地是主體底形式，是主體底不可分離的元始的屬性。這些形式都是先天的（apriori），從我們誕生時就存在於我們意識中的，它們並非自外走入我們底理知，而是我們底意識賦予經驗以形式和它（指經驗——沈）底構造法則。

在康德很早以前，哲學家中間就流行着一種把事物底質地劃分爲第一物性與第二物性的觀念。凡是不存在（？）於物體自身而決定於認識主體本身之組織的質地，都稱爲第二物性，例色彩、氣味、滋味等等，就屬於這一類質地。第一物性跟第二物性有區別，它是存在於客觀事物本身的，即如伸長性（即佔有空間之意——沈、）不可透過性、物底形式、運動等等。康德集中他底批判於第一質地（即第一物性）基礎上的諸種關係底研究。而這些關係底基礎，不難使人相信的，就是爲客觀實體之存在形式的空間和時間。康德想設法證實，我們不能從經驗、從單個的感覺中得到關於空間的概念，因爲經驗本以這一概念之存在爲前提的，沒有這一概念，經驗即無發生之可能。照康德底見解空間和時間不是物質存在（material being）底實在形式，而是生來就有的、存在於吾人自身之感性中的形式，卽是先天的形式，也就是說，它們是生來就預先存在的、被吾人意識底本性所規定的吾人直覺底必然形式。

照康德底意見，我們底全部經驗是空間性的，這不是因爲事物自身也是如此，而是因爲這是我們感性底本性如此，它不能不給經驗底內容套上一種空間底形式和置於時間底框子以內。空間和時間一樣地是純粹吾人感性底形式，它們祇是在對人類的經驗上講才有意義，它們不是經驗以外的東西。它們是天生的、決定我們經驗底性質的主觀條件。根據這樣的時空觀，康德把所謂第一物性也從客觀世界轉移到主觀領域內來了。不僅氣味和聲音，並且連伸長性和運動也都是主觀的，它們都不存在於事物自身，而是由主體底組織所決定的，因爲若是沒有空間和時間，事物底伸長性和運動是不可想像的。它們並非經驗底產物而是它底主觀條件、主觀前提。

然而自然並不是許多概念底混雜堆、零亂無秩序的複雜體，而是一種有條理、有組織的一致體：正確性和規律性是它所特具的性質。那末它底因果的聯系和規律性怎樣解釋呢？康德相信，經驗底內容本身是混亂無秩序的；他認爲感覺不是使我們相信世界之一致性和秩序性的根源。知覺（或認知或領悟——沈）獲得這種一致性，乃由於它隸屬於一致的理知。認識的主體底一致性（就所謂「超絕的統覺」（transcendental apperception））是經驗一致性底基礎，是聯結我們一切知覺的中心。理知由於它自己的一致性和永常性，它把秩序和聯系帶到很繁複的知覺中去。意識依照常規，依照所謂理知底範疇而創造某種調整的一致性。自然底常規、它底聯系（自然現象間的因果聯系亦在內）它底一致性和它底規律——這些都不產生於處在我們以外的事物，而只是理知本身底活動底表現而已。康德在純粹理性批判中寫道『秩序和規律性是我們自己帶到被我們稱爲自然的那些現象中去的；我們不能在現象中找出它們來假使我們自己不先前把它們（指秩序和規律性——沈）帶進到現象中去的話。』爲經驗底一致性和秩序性之創造者的理知是世界底定法者（規定法則者，）是當作吾人經驗之綜合體看的自然界諸法則底泉源。離開吾人經驗而言規律性，是完全沒有根據的。

這樣看來可知康德愈講愈把主體看作在認識中具有決定作用的要素了。我們在自然中看到的所有的質地和關係，都一個個地被康德從客觀界轉移到主觀界中去了。這樣研究底結果，主體就變成了一切，而客體事物卻成爲虛無了。爲感覺之泉源的客體，卽事物自身，被康德看成無實體的、不可捉摸的及爲認識所不需要的虛影了。

確然，存在於我們以外的事物，是在影響着我們底感官和引起我們底感覺；但是照康德底見解，感覺是跟引起感覺的事物完全不相像的。他認爲事物和事物所引起的現象（按係指感覺所得的印像——沈）間的類似性，要比火和火所引起的煙，苦痛和苦痛所引起的叫喊之間的類似性還小些。感覺以引起感覺的事物爲前提，但它不反映事物，它不說出這些事物是什麽。要從事物上去找認識底出路是不可能的。事物自身是不能認識的。凡爲我們所認識的，都該是主觀的，完完全全由主體底組織來決定的。對於主體之外的東西想去認識它們本身實在的究竟，那就無異不用理知而想去理想，不用直覺而想去直覺，不用概念而想去設想。我們底認識，只能及於現象而不能達到事物本身底究竟；它（認識——沈）在『自然』中所看到的，只有附着於自然的東西達到事物自身之究竟的道路，是被截斷了的。我們所認識的，不是那刺激我們感官去活動的事物自身而只是事物加於我們的作用底方式。這就是康德底最後的不可知論式的結論。

照康德底觀點，現象底存在，乃以『自在之物』(Ding an sich) 爲前提，吾人意識以外的世界是存在的，但是它完全不能被吾人認識，是絕對不能爲主體所把握的。認識底對象可以而且應該是現象世界。自然法則就是理知底法則，它們只有在我們主觀的理解範圍以內是實際的。作爲認識對象的自然，是沒有物質性的。康德說：『物體和運動，並非處於我們之外而存在着的東西，而是我們之內的概念，所以物質底運動不在我們之內產生出概念來，它自身（物質亦然）也只是概念而已』（見純粹理性批判俄譯本頁二四四。）

康德對於哲學基本問題的解答是二元論的。客觀的實體是不依靠主體而存在的『自在之物』（或譯『物自體』——沈）它跟主體對立着，反過來說，具有「先天知能」的主體，對於外面的客觀世界也保持着獨立性，它自己本身創造了一個特殊的世界。主體跟知覺對象（即客體）跟引起知覺的原因相隔離，『自在之物』跟現象相隔離，認識跟實在世界、認識形式跟它底內容、經驗界跟「超經驗界」都是互相隔離而不一致的。感覺和理知不把主體和客體聯結起來而是分離它們。康德底不可知論關斷了從客體達到主體的道路。承認客觀現實之存在，同時又倡客觀現實不可認識的學說，這當中的矛盾是康德哲學體系中的根本的機構上的毛病。

照康德底見解，我們可以認識的，既然祇是意識底內容、感性底形式和理知底範疇，那末科學就完全被幽禁在主觀領域中了。康德底不可知論式的二元論，實際上祇是不徹底的主觀唯心論——它沒有越出唯心的經驗觀底界限以外。

德康底認識論是形而上的。它底基本立場是在對主體及其與客體的關係之非歷史的觀察。康德拿定一個當代人、即他那時代的資產者底現成的、不動的、永遠如此的思惟，來做研究對象。他不了解思惟只是在它底發展過程中纔成爲現在這個樣子的。康德不從認識底發生、運動和變化中去觀察認識。他形而上地分裂了認識底形式和內容而研究完全隔離的、沒有內容的「純粹的」邏輯的形式。康德不把認識底內容和形式看成不可分裂的一致體，而專門運用着死的、不動的、空洞的、現成的、脫離客體和內容的認識形式。

普列漢諾夫，尤其是德波林（A. Deborin）常常暴露他們對於康德的不可知論底本質的不了解，因爲他們總喜歡把康德底不可知論跟法國唯物論者底認識論等同起來。照德波林底意見，法國的唯物論者把事物底本質和屬性對立了起來，似乎這是跟康德底論「物自體」和現象的學說相類同的。可是實際上法國唯物論者關於認識的學說（他們認定客體是可以認識的——沈）是跟康德底學說對抗的，相反的。康德確定「自在之物」之原則上的絕對不可認識性，而法國唯物論者只說到在他們那個時代事物本質之事實上的「不能被認識」。康德否認洞察「自在之物」世界之一切可能性，而舊唯物論者則認爲我們認識了事物自身之客觀本性，經過此種本性底表現，我們就能去認識它們底本質。在他們看來事物自身（即康德所謂「自在之物」——沈）是物質的、佔空間的、有客觀的規律性的，可是康德卻把經驗，事物底物質性和它們底客觀的規律性等等轉變成爲主觀的形式了。在這個問題上，普列漢諾夫、德波林式的立場是企圖和解唯物論和唯心論兩種見解之根本的對抗形勢。他們企圖把唯物論跟唯心論親近起來，而不去揭露它們全部尖銳的對立性。

像一切非唯物論的學說一樣，康德底學說也替宗教開闢了道路。康德把認識限制於現象，截斷了理性通達「自在之物」的道路，把理性禁閉在主觀界內，不拒絕它底判斷客觀現實的要求——這樣一來，康德哲學就給信仰留出了地位。他認定認識只包括着現象，「自在之物」是它所不能達到的，祇有信仰纔能達到它。這樣，信仰和知識底「同居生活」就此建立起來了。康德底哲學替科學和宗教間的妥協，進步資產階級底理論任務和它底反動意識形態間的思想上的妥協，奠定了理論的根據。康德式的二元論，是標本式的調和哲學，是經典式的社會協調、自由主義和改良主義底哲學。這就說明了康德主義底社會本質，決定了它以後在社會爭鬪中的所起的作用。

一八四八年的革命勞工集團以獨立的力量出現於歷史舞臺，資本主義底鞏固，日耳曼帝國底成立——所有這些，把當時德國資產集團底「革命性」（而且本來是很有限的「革命性」）底一切殘餘都剝奪乾淨而把它底意識形態送上了反動的道路。從十九世紀六十年代起在布爾喬亞哲學領域內，康德主義的唯心論開始復活起來了。這就是所謂新康德主義底開始。新康德主義與康德哲學本身有一點分別：它是除去了康德哲學底一切不徹底性、模棱兩可性，避免了庸俗唯物論底玩弄而走向唯心哲學底最反動方面的一個轉變。康德主義底復活，是向着一定方向走的，它必然要來「撲滅」唯物論的。新康德派底主要代表有李白曼（Liebmann）、蘭格

(Lange)、哥亨(Cohen)、列克爾特(Rickert)、温德彭(Windelband)、舒爾茨(Schultze)、拿託爾伯(Natrop)等人。

新康德主義與康德本人學說底區別，正猶如兩個不同時代的資產集團利益底區別。新康德主義並不是純粹的康德二元論學說底歷史的重複，而是它底從右面「修正過了」的「再版，」是康德學說底澈底的發展。在開展着的社會爭鬬面前，資產集團已不能滿意於當時所流行的小資產階級性的自然科學的唯物論。他們只得轉向康德學說底唯心方面，加深這一方面以圖適應自己的新要求。

新康德派跟歷史的康德底基本區別，在於它把康德底二元論哲學之不徹底的主觀唯心論轉變為徹底的主觀唯心論。雖然有些新康德主義底代表，他們觀念中還保持着不少二元論底成份（存在與應當、自然與歷史、目的與手段等等之間，都保持二元論的見解，）然而大體上他們是從右面「修正了」康德學說，他們企圖從康德學說中除去一切唯物論的元素。康德底「自在之物」觀，被新康德派拋棄掉了。康德認為引起吾人感覺的「自在之物」這一點唯物論的元素，被新康德派所否定而被宣佈為不必要的、應當從哲學中清除掉的『贅疣』了（哥亨，拿託爾伯和社會法西主義者亞德勒等人，均為此主張。）他們當中，有的說：『除了自己本身以外，思惟不會有任何其他的來源。』『世界上沒有一件事物不在思惟中和不由思惟而發生的』（哥亨語。）也有的人說：『唯一的、眞正的「自在之物，」該是意識本身。』且不是具體而實在的人底意識，而是神祕化的『意識一般』("Conscience in general")與腦子無關的意識（亞德勒底見解。）還有一些新康德派（如拿託爾伯）則認爲認識底形式和內容、全部的「經驗」和及「自然，」都是人自己的思惟所產生的。思惟中除了它自身所產生的東西以外，便沒有別的。

新康德派把康德底唯心論徹底地發展起來，他們摒棄了康德對於感性感覺和知覺間及觀念和思惟間所劃分的區別。新康德派把經驗上的概念（印象）和感覺都歸屬於思惟，歸屬於邏輯的「我」底產物。照康德本人底見解來說，意識中的經驗底內容，是因「自在之物」作用於意識而產生的。新康德派底觀點則不然，他們認爲一切都是思惟所產生的，除此以外沒有什麼給予意識。新康德派（如拿託爾伯）且宣佈了「純思惟」之「創造的至高威權。」除了意識自身所產生的以外，什麼也沒有給予思惟的。在新康德派看來，存在只不過是思惟。『世界是建立在思惟規律基礎之上的』（哥亨語。）世界底存在，只是因爲我們有思惟，並且只是從我們思想時開始的（亞德勒語。）這樣看來，就新康德主義底本質論，就它對哲學底基本問題的解答論，新康德學派實際上已一直走到教會主義底地步了。而第二國際底哲學家，倒反要比他們底「東家們」稍稍落後些。

新康德派認爲研究邏輯的「科學」方法，就是被他們唯心地歪曲了的數學、自然科學底方法。哥亨主張依據他所歪曲了的無窮小數量底計算方法，作爲眞正科學思惟底總方法。拿託爾伯則宣佈「純數」爲邏輯之起點與終點。在他看來數目是『思惟之最純粹和最簡單的思惟方式，而這種思惟方式是奠定實證科學之基礎的。』他從「純數」出發，過渡到度量和方向底概念，從這裏又「演引」出空間和時間這些由思惟所決定的「純粹的條例；」然後再由空間和時間「演引」出物質底概念來。我們必須注意到新康德派底唯心論跟他們所歪曲的數學原則底聯系，因爲他們用這種方法，用數目、數量等等底概念，他們把自己的新康德主義的唯心論法跟機械論結合起來了。

新康德派之「修正」康德底經驗底形式與內容底二元論，所用的方法是拋棄了經驗之實在的內容，把它幽禁在「純粹的」形式和關係底領域中。他們把全部現實都溶解在「純粹」邏輯數學的關係中和空洞的思惟形式中。照新康德學派底意見，有相互關係的諸元素和「關係中的諸分子」都是由邏輯關係來「決定」的。

我們以上所講的，祇是關係新康德主義底二大主要學派之一，卽所謂馬爾布格學派（Marburgschule），這派底首領就是哥亨。另一同樣重要的新康德主義底支派，是以溫德彭和列克爾特爲首的所謂「德意志西南學派」（Südwestdeutsche Schule）。這一派哲學底基本任務，是在分裂社會科學和自然科學，並用「理論」來「證實」研究社會規律性之不可能。關於這一學派——否認社會生活發展底規律性和此種規律性之科學的探討底可能性的學說，讓我們移到歷史唯物論底部分「卽本書下冊——沈）中去討論吧。

與康德主義作鬬爭，特別是與它底新形式、新康德主義作鬬爭，對它採取絕不調和的態度，乃無疑地是現代唯物論者底義務。但是甚至像普列漢諾夫這樣大體上執行了辯證法唯物論底哲學路線而跟他底孟塞維克朋友們底康德主義思想作了鬬爭的人，在他底觀念中我們也不僅可以找到他底默認康德主義，而且還簡直犯有康德主義的錯誤。普列漢諾夫底認識論帶着好些不可知論底成份，這是鄧梁諾夫很肯定地指示出來過的。

我們已經知道，照康德底意見，我們底概念不是客觀事物之眞實的反映。爲「自在之物」所引起的概念

（或印像、觀念）並不反映它們事物與現象之間沒有類似之點。普列漢諾夫贊同「標記論」("theory of hieroglyphs") 底觀點，這時他就落到康德底不可知論底立場上去了。根據這個理論，我們底感覺對於引起感覺的客觀事物的關係，正與標記或象形對於它們所表示的事物的關係是一樣的。記號並不與它們所表示的事物相像，它們不反映事物，不重現事物。例如「V」("Velocity" 之標記——沈）這個記號，絕對不是它所表明的「速度」底反映；五線譜上的音符，也絕對不與各該音符所表示的聲音相似的。「標記論」對於事物與事物之概念底相互關係，也是這樣來觀察的。我們底經驗中存在着事物底符號、標記，但不是事物底反映。經驗界，標記底領域，是跟造成這一領域的客觀現實界不相似的。人類底認識，就被關閉在這一不反映現實世界的標記領域中。

這樣，普列漢諾夫深深地傳染了這種二元論的觀念體系。他後來雖然承認犯了贊同「標記論」的錯誤，可是他始終不會了解他自己的錯誤底本質，也沒有克服這種錯誤。普列漢諾夫認爲這祇是術語上的錯誤，然而事實上他在這裏是拋棄了對於哲學基本問題之唯物的解答。他後來雖然把「標記」這個名詞放棄了，可是他底觀點依舊如此：事物與概念之間只存在着單純的聯系，而意識（概念）並不反映事物；就是說，他仍然站在原來那種不可知論底立場上。普列漢諾夫指示着說，每一記號適合着它所表示的事物，但是照普氏底意見，問題底全部意義是在事物不反映於意識。

很值得注意的，今日歪曲馬克思主義的兩種形式——機械唯物論和孟塞維主義化的唯心論——都保持了普列漢諾夫底那種不可知論的錯誤。機械論者如沙拉比揚諾夫 (Sarabiyanov)、亞克雪洛德諸人，在這個極端重要的問題上，竟公然宣稱不贊同郞梁諾夫底見解，他們堅持着康德式的「標記論」而加深地重犯了普列漢諾夫底錯誤。孟塞維主義化的唯心論，在這個問題上，跟機械論結了不解之緣。德波林和盧波爾（Luppol）承認普列漢諾夫底錯誤是『純粹術語上的，』抹煞了普氏對於哲學底基本問題之根本的紛歧觀點；這樣，他們就成爲康德式的不可知論底辯護人了。

我們可以打個比喻來說，普列漢諾夫不顧羞愧地把自己的手指伸出去交給了康德派，而現代社會法西主義的思想家則把整隻手和整個心供奉給康德派了。康德主義是在哲學方面把資產階級影響傳達於勞工階級的主要形式，它已成爲第二國際底正宗派哲學了。

社會法西主義者（指第二國際底社會改良主義者或社會民主派——沈）對於一般的理論、特別是對於哲學的態度和他們對於理論在社會爭鬬中的作用底了解，都與馬克思、郞梁諾夫主義針鋒相對。社會法西主義者把理論跟社會的實踐分裂開來，而看不到兩者間必然的相互關係。他們認爲哲學觀念和宗教的信仰一樣，都是私人的事情，它與黨派和政治活動沒有什麽關係。一個社會民主黨人用什麽理論當作他自己的政治立場底基礎——這是他個人的事情。這種學說，跟馬克思主義的意識形態有階級性底學說根本衝突，但爲欲以布爾喬亞意識形態代替馬克思主義計，他們就需要這樣的學說。他們既分裂了自己的實踐與馬克思主義理論底聯系，他們就讓出地位來給自己的叛賣革命底實踐與反馬克思主義的唯心論的學說思潮聯繫起來，拿這種思潮來作叛賣行爲底哲學基礎是比較得很適當的。

現代社會改良主義底鼻祖柏恩舒坦，尙在十九世紀末二十世紀初的時候就已喊出了布爾喬亞哲學的「開倒車」的口號：『回歸康德！』從那時起用康德來「補充」馬克思的嘗試用新康德主義來「修正」馬克思主義的嘗試，以及用唯心的先天論來「加深」馬氏學說的嘗試，就成爲社會改良主義哲學底中心任務了。亞德勒曾唯心地解釋馬克思主義，用『社會先天說』底理論來替馬克思和康德之間架起了一條橋樑（卽用與社會學的術語混合着的先天的理知範疇論作爲溝通兩者的橋樑）華倫德爾用康德底倫理觀作爲社會主義底理論基礎，鮑威重復着華氏底觀點，他用康德底道德觀和『民族良知』論（national apperception）來「充實」馬克思主義，這就表示他在民族問題上應用着主體爲本的原則。社會民主派的哲學家宣稱馬克思和恩格斯底辯證法唯物論是已經衰老了一百年的學說，他們認爲這種學說必須請教「永遠青春」的康德來使它「返老還童」纔行！

自己眞正老朽的醜陋的社會干涉派老將考茨基，二十年以前在第二國際中還曾起過「馬克思主義正統派底衛士」底作用，他現在也表示不落於「時代精神」之後。在他看來，康德的「批判主義」能夠把唯物論擡高到更高的階段。他贊成事物和現象之二元論，而且大體上接受了康德底『自在之物』不可認識底學說。照考茨基底意見，個別的事物及其本性是不可認識的。我們所能認識的，祇是事物間的關係、它們相互間的等同與差異。記號底等同或差異，「表現着」它們所代表的事物之等同或差異；可是，照考茨基底意見，這種等同或差異完全沒有表示出：被那些記號遮蔽着我們視線所及的事物究竟是什麽。照考茨基底意思，我們所討探的各種差異，是概念自身相互間的差異，就是說，它們是主觀的，它們越不出現象底範圍。固然考茨基是批判康德的，在某些問題上他不贊同康德底見解，可是他之不贊同只是爲了要用馬赫底學說來「修正」康德底學說，用一種形式的唯心論去「改良」另一種。考茨基底折衷哲學是一種實證主權（positivism），一種被主觀唯心論了解下的經驗所限制的學說。假如說考茨基至今還應用着『唯物論』這個名詞的話，那是因爲他連康德也把他看作唯物論者的緣故；『唯物論』這個名詞，在他看來祇是在『純經驗』界限內的哲學方法底同義字罷了。

跟考茨基和鮑威唱同調的，現在還有蘇聯孟塞維克（即少數派——沈）盧賓（Rubin）底方法論；這是在利用蘇維埃的「合法性」條件之下的一種新康德主義底學說。盧賓底科學活動，是他底全部反革命工作底組成部份。他底危害作用就在於從蘇維埃經濟思想中抽去社會主義建設底急迫的實際問題而代之以經濟主義性的爭論。不讓經濟理論去替社會主義經濟建設服務——這便是盧賓企圖實現的目的。爲要棄置蘇維埃的現實，盧賓就堅持着純形式主義的（formalistic）、新康德派的方法論，專門從事於「純粹的」非物質的經濟形式和抽去了階級內容的社會關係底研究。歷史的事件被邏輯的概念所代替了；社會的現象變成了形式的範疇；階級的本質也完全被拋棄了。簡單地說就是：馬克思主義被新康德主義所代替了。

第五節　黑格爾底絕對客觀唯心論與現代新黑格爾主義

德意志的古典派唯心論，完成於黑格爾底哲學。黑氏底學說，是當時布爾喬亞唯心論思想所能達到的哲學思潮之最高點。

黑格爾學說，是在德國條件之下，在資產集團發展落後和社會爭鬥不開展的條件之下由法國革命所鼓舞起的思想系統繼續發展底反映。愈是離開當時普魯士的現實而達於法國革命底宏偉觀念理想就愈帶着迷惑性，同時它也愈激起了德國唯心論者底哲學思想在哲學底九霄雲外的最高處，他們完成了一些偉大的功蹟；可是在地上的現實界內他們卻沒有能力實現這樣的偉業。假若說康德哲學中的理性領域祗是「當然」之領域那末在黑格爾觀念中它卻變成「必然」領域了。黑格爾深切地相信現實是合乎理性的，相信理性之不可避免的勝過一切。法國唯物論者認定理性與信仰相敵對而與宗教不兩立的，但是照黑格爾底見解，則宗教變成了精神發展最高階段，理性只是清洗宗教並將宗教提高到哲學的高度而已。

黑格爾的哲學，是布爾喬亞革命時代底產物，它是十八世紀末、十九世紀初葉社會爭鬥在思想領域內底反映。同時，黑格爾的哲學也就是法蘭西大革命時代底產物。馬克思在估量康德哲學時指出：「它（指康德哲學——沈）是德意志的法國革命論。」這一估量，在相當程度內也可以適用於黑格爾的哲學。後者固然無疑地是十八和十九世紀交替的整個布爾喬亞革命時期底產物，但同時它又是這一時期底德國的條件、德國的階級關係底產物。這些條件，正是造成黑格爾哲學底矛盾，造成它底革命方面和反動方面底矛盾、方法和體系底矛盾的原因。

黑格爾對於康德哲學給了一個完美絕倫的批判。他用唯心論所能做得到的最大的透徹性，揭露了康德的二元論和主觀主義底不徹底性。然而黑格爾作這一個深深地肅清康德學說的批判，為的是要創造一個更徹底、更深刻的唯心論，創造一個客觀的辯證法唯心論底體系。

黑格爾用存在與思惟底等同來對抗康德底存在與思惟底分裂。康德把存在跟思惟隔絕起來，黑格爾則把客觀世界、把宇宙（人和他底意識，只是宇宙底一部分）看作一個精神過程，看作世界理性（或宇宙精神、或絕對概念——沈）底體現。在黑格爾看來，世界底根本基源，它底原始本質，是客觀上存在着的精神，是世界理性，是一般的、宇宙的思惟。

宇宙底發展是理性的發展，它是按照理性法則、邏輯規律而進行的宇宙底進化，是世界理性之邏輯的發展。我們應當從世界理性底邏輯中去找出一切形成着（進行着、發展着）的現象底解釋來，在這種邏輯中，種着一切現象底根源和原因。自然和社會底歷史在本質上並非別的而只是永久的絕對精神（der absolut Geist）之按照其內在邏輯原則的自動發展底「他在」或「他現」（俄語爲"inobytie"）。世界上所發生的一切，只不過是世界理性之表現而已。世界歷史就是宇宙的邏輯，是絕對觀念（即絕對精神——沈）底各個不同的發展階段。絕對觀念不依賴於吾人之認識或感覺。在沒有人類，而且一般地沒有任何認識實體（即能感覺能認識的生物——沈）的時代的世界，理性底生存階段，也是可以想像的。能認識的人類底發生，是表示世界精神發展底較高階段。並非世界爲我們所創造，而是相反的，我們像一切存在着的事物一樣，是世界精神底體現者，是它底自動發展底一個階段。

只有精神的，纔是現實的。自然，事物，物質世界——這些都只是世界理性底實體的表現，是絕對觀念底體現之一。在這一實體的表現中，精神變成了與它自己本性相反的東西，它實現爲非理性的物質形態，許許多多的事物形態。照黑格爾底說法，自然是精神底「他在，」即它底另一存在。自然底變化，就是它底變化爲精神。『我們應當把自然看作諸階段之體系，其中每一個階段必然地發生於其他的階段，然而這並不是說，它們當中的每一個是自然地被別一個所產生的。它們中間這樣的次序性只存在於爲自然之基礎的內部的觀念。』（見黑格爾著哲學預修（Philosophskaya Propedevtika）頁一六三——一六四）。

在這幾話當中，十分明顯地表現出黑格爾是承認絕對觀念之客觀的實在性的。這樣看來，黑格爾確定了精神、思惟底基源性，它是客觀存在本身底基礎實質，而主觀的精神「我」呢，黑氏認爲是被產生的、次要的，不過它不產生於物質而產生於世界精神——絕對的宇宙精神。這樣，黑格爾站在客觀唯心論底立場上否定了主觀主義。我們已經說過，照黑氏底意見，在自然中，精神脫離了它自身，精神實現在事物上了。

其次一個精神運動底階段，便是自然底回返於精神，它回歸於精神自身而採取主觀精神自我意識底形態。

根據這樣的觀點，那末科學是什麽呢？認識就是精神底行動、表現。而事物、認識底對象，是同一精神之各種複雜的表現，自然也是此種表現之一。因此，科學中所完成的，是精神底自我認識，是自我意識。認識的主體，精神底表現之一，在它自身本質底一切可能的表現中，認識它自己的這種本質。這裏精神就認知了它自己、自己的原則、自己的規律和自己的歷史。『在精神底發展過程中，精神底自我認識，就是科學，科學是精神底行動和精神在自身範圍內爲自己所建設的領域』（見黑格爾著，精神現象學（Phänomenologie des Geistes）俄文版頁十一）

科學跟藝術或宗教的區别在於在科學中，精神底理解不表現於形像或感覺而表現於概念。照黑格爾底說法，『科學是概念中所達到的絕對精神底認識』（見黑著哲學預修頁十一）可是因爲科學的認識是邏輯的過程，而被認識的，即現實、宇宙史也是邏輯的過程，所以『知識就是以自身爲對象和理解自身的概念。』這就是認識跟它底對象的等同，在科學中，精神存在於它自己的範圍內——黑格爾認爲這一情形就是我們正確認識現實底保障。精神所認識的，並非某種與它無關的、爲它所把握不到的東西，而恰恰是它自身、是它自己的法則，這些法則也就是現實中的法則。了解自然和社會底歷史，把握它底動力——意思就是絕對觀念自動發展底邏輯過程，而絕對觀念則爲歷史之基礎。邏輯，乃科學之科學。世界底歷史，我們應該把它理解爲世界理性底、邏輯、在黑格爾底哲學中，精神認識了自己，說明了它自己的發展和它底原則。

這樣絕對觀念底自動發展便告完成。

黑格爾底世界理性，跟上帝、跟極理想化的、非物質化的上帝，有着毫無疑義的類似性。黑格爾對於存在與思惟問題之唯心的解答，實質上就是取科學外形的神學。黑格爾本人也並不隱瞞，他底哲學是精神底最高階段(沈註)，它直接居於宗教之後。

可是實際上容許絕對精神、容許世界理性之存在，將主體之特性歸屬於客觀的世界——這只是使自然界

（沈註）黑格爾分精神爲三個階段，即主觀精神，客觀精神與絕對精神是也。主觀精神中包含人底靈魂、意識和精神。客觀精神中包含法律、道德和人倫。而絕對精神中則包含藝術、宗教和哲學。如是，則哲學爲精神之最高階段矣。

人性化的一種辦法。客觀唯心論並非別的，它祇是把人類意識轉移到外界去的一種理想而已。人類底特性——思惟——在這裏轉變爲獨立的世界實體而在人以外得到了獨立的存在。

客觀唯心論把存在和思惟底眞實關係頭脚倒置過來了。由於各種活的實體長期發展而產生的理性，被客觀唯心論把它從它自己的基礎方面脫離開來而被想像爲最根本的實體了。客觀唯心論企圖把自然貫穿到精神世界中去，它把自然看成了精神世界底外形。在他看來，認識必須經過物質世界而通達於眞實的領域，精神底領域。實際上客觀唯心論把人類的意識轉變成爲絕對體了。黑格爾底唯心論在現實世界上包蔽以精神的外殼，因此他所認識的自然，是被一張模糊的、神祕的迷網所罩住的。馬克思和恩格斯從現實世界上撕去了這張神祕的網膜，然後去認識世界底眞實而已。

實際上黑格爾並沒有解決存在和思惟底關係問題。假如說康德「解決」這個問題的方法，是把存在和思惟劃分爲兩個不同的、不相貫通的世界，那末黑格爾是藉存在與思惟之客觀唯心論的等同，以撤去兩者之一而只留下一個思惟，並把它誇張成爲絕對體。

然而我們估計黑格爾哲學時，卻也不容輕視它底歷史意義。黑格爾底哲學雖採取了神祕的形式，可是它「首先把全部自然的、歷史的和精神的世界了解成爲一個過程，就是說，它從不斷的運動、變化、改造和發展中去研究世界，並且顯示了這一運動和發展底內部的相互關係」（見恩格斯著反杜林論，頁一六。）黑格爾哲學說，是踐證法的唯心論。他發展了以前的德國古典派哲學代表們底辯證法傾向，從他自己的辯證邏輯學底神祕的形式中去設想自然、社會和人類思想底矛盾的發展。在醜陋的唯心的形式中，他克服了形而上學——支配着十七、八世紀的哲學家和自然科學家底思想的形而上學。

但是在黑格爾學說中，他底唯心論並不是跟他底辯證法毫無關係的。在黑格爾底唯心論體系中，他底辯證法本身是頭腳顛倒的、被限制的和遲鈍暗淡的。它是唯心論的辯證法。黑格爾底辯證法是唯心論的辯證法。自動發展和推動這種發展的矛盾，沒有物質的性質，而只有精神的性質，運動底範疇和形式，是被觀念的、邏輯的，而且每每是想像的、人為的聯系所維繫着的。在黑格爾底意見，認為歷史的事物須依靠邏輯的事物。歷史在奉承着邏輯，這樣歷史就變成應用邏輯了。

唯物的辯證法，斷定了一般的變動性，因而也就斷定了現存制度毀滅底必然性，這樣的辯證法是革命的方法論。可是黑格爾底絕對體系和唯心辯證法，卻是在替普魯士帝制辯解的。

黑格爾底辯證法唯心論，不但表示德國古典派唯心論底完成，亦且集一切布爾喬亞哲學之大成。今日所發生的黑格爾主義底復興只是表示黑格爾底死的唯心論底復活，唯心論的舊戲底重演，而且在復活的黑格爾學說中，把所有進步的元素都閹割去了，而把一切反動的成份，卻都加重起來。

現代法西斯蒂的新黑格爾學派，特別注意於國家和民族底問題。這班「理論家」利用着黑格爾底歷史哲學，尤其是法權哲學，為的是要替法西主義國家奠定理論基礎。這樣，黑格爾就成為現代的有威權的『社團國家』(corporative state) 底法西主義理論底祖師了。

布爾喬亞哲學思想兩次完成了從康德到黑格爾的運動。但是第一次是向上發展的唯心論底凱旋，第二次卻是它底最後的墮落腐潰資本主義凋殘的思想再也沒有能力推動唯心哲學前進。帝國主義的哲學，完全靠布爾喬亞革命時代的大唯心論家所產下的死東西，靠他們底唯心論分解底產物來滋養着的。處於山窮水盡的帝國主義底思想家，已經不以新康德主義為滿足了。近幾年來，卽資本主義國家法西斯化底幾年中，哲學思想上的特徵是由新康德主義轉變為新黑格爾主義，後者是最兇惡的舊勢力底哲學，是法西主義底哲學表現。

在帝國主義時代，產資集團底反動性達到了極高的程度，在哲學領域內，資產集團的思想家急轉直下地走向徹底的形而上的和神祕主義的體系方面去了。不徹底的，妥協的學說，已經不能滿足帝國主義的反動思想家底要求。

布爾喬亞哲學復興着一切最黑暗的學說，復活着唯心論歷史中一切最反動的理論。

在近幾年中，在資本主義社會總危機全盤尖銳化和深刻化、革命危機底元素日益增長的幾年中，布爾喬亞哲學特別強烈地歸趨於黑格爾哲學。被資產集團所毀謗過和遺忘了的黑格爾，現在重新變成時髦的哲學家了。新黑格爾主義在現代布爾喬亞哲學中佔着極端重要的地位。新康德主義者，「生活」和「文化」底哲學家，胡賽爾學派(Husserlianisis)等等，日益趨向於新黑格爾主義，後者已成為現代布爾喬亞哲學一切反動思潮底焦點。

如果以為新黑格爾主義是歷史的黑格爾哲學之完整的原本的再生，那是錯誤的。絕對不是這麼一回事。黑格爾辯證法底革命傾向，不容於新黑格爾主義而且爲它所敵視，新黑格爾主義拋棄了黑格爾學說底合理的核心，拋棄了黑格爾唯心辯證法中所含蓄的取神祕形式的一切眞正有價值的元素。新黑格爾學派僅僅抓住了黑格爾學說中一切死去的、反動的神祕的成份，抓住了他底唯心論體系底軀殼渣質，抓住了絕對觀念這個偶象。絕對的唯心論把現代資產集團迷住了。新黑格爾學派擴大了黑格爾學說中的一切反動元素，把它們誇張起來，並且把黑格爾思想體系中所包含的教會主義，發展到最高的程度。

新黑格爾派底首領、國際黑格爾學會主席克朗納 (R. Kroner) 底見解是極可注意的。克朗納用種種方法證實黑格爾學說底非理性主義 (irrationalism)，即證實黑格爾否認理性的認識。克朗納視黑格爾底辯證法爲非理性主義底最高形式。他寫道：『在黑格爾以前，從來還不曾有過像黑格爾那樣一位哲學化的、有思想的和科學式的非理性主義者；黑格爾無疑地是哲學史上最偉大的一位非理性主義者。在黑氏以前，沒有一個思想家能夠像他那樣把概念看成非理性的東西，像他那樣闡明概念底非理性性。』又說：『黑格爾是非理性論者，因爲他是辯證法家；因爲辯證法既變成了方法，它使非理性主義變成理性的了，因爲辯證法的思惟就是理性化地非理性的思惟。人們稱黑格爾哲學爲「理性的神祕學說，」這樣的命名實際上是在指出它底兩重性』（見克朗納著從康德到黑格爾，（"Von Kant bis Hegel"）卷二、頁二七一——二七二）神祕主義、不合理性、非理性主義——這些就是迷住新黑格爾主義者的東西。

馬克思主義顯然不能將這一歸向黑格爾的思潮置諸不問。新黑格爾主義是革命的唯物辯證法底最惡毒的反動的敵對學說。我們必須揭露新黑格爾派哲學底眞面目，揭露它底階級性、它底超度反動的宗教性的本質，從敵人底思想體系上剝去它底辭句裝飾的外殼。我們必須揭破新黑格爾學說在現今社會爭鬪中的作用和意義，說明它對勞工集團利益底敵對性。而且因爲資產集團底主要支柱——社會法西主義者，並不比他們底東家落後，他們在趕工改造他們的哲學「歌譜」，使之成爲新黑格爾主義的「調子」。如馬爾克（Z. Mark）馬庫才（Markuse）可爾雪（Korsch）及其他等人，都在力圖不落於資產集團底哲學進化之後，他們想把新黑格爾主義底有毒的哲學觀念，散佈到勞動者隊伍中去。

當今資產集團在爲它自己的哲學找尋一個完整的唯心論的範型時，往往「討教」於黑格爾底辯證法唯心論——這決不是偶然的。吸引他們寧願歸向黑格爾而不歸向其他唯心論者的，是黑氏底唯心辯證法，他們完全曲解和閹割着黑氏底辯證法，並且利用着被他們曲解了的黑格爾辯證法作爲資產集團底思想武器去進攻馬克思主義、鄔梁諾夫主義底革命的唯物辯證法。

現代資產集團思想家底迷醉於唯心辯證法，其原因淵源於資本主義現階段底性質。劇烈異常的危機，極端深刻的社會矛盾，資本主義之絕度的不穩固，全部布爾喬亞文化底崩壞，布爾喬亞科學底危機，『現實之極度病態的不調和性和分裂現實的不可解決的矛盾』——所有這些，就是布爾喬亞思想家歸向黑格爾的根源所在。黑格爾主義化的胡賽爾派李特（Litt）不平地說道：『不論我們去觀察那些把我們民族底存在限制於不可預知的時間的外部條件，或是去注意種族、等級、階級之內部的分化，也不論我們所探討的是關於政治的、道德的或宗教的信仰……我們隨處可以看到嚴酷的爭鬬，可以看到互相排擠底緊張性；隨處都是不相調協的各種元素底混雜和騷擾，隨處都是衝突——有些採取單純的生存競爭底粗笨形式，有些採取比較高級的形式、宇宙觀衝突底形式，可是因而衝突底形式不會比較緩和些；——簡單地說，初初一看，幾千幾萬種運動底混雜堆中，似乎一切與一切都是互相對抗着爭鬬着的……在這種殘酷的世界中，對於人道觀念底和諧性的信仰，是沒有地位的』（見李特著現時代之哲學〔Th. Litt, "Die Philosophie der Gegenswart"〕第二版頁七四——七五。）

在腐潰的資本主義底基礎上，在反映於布爾喬亞文化之崩壞的資本主義體系總危機底基礎上，生長着新黑格爾主義之神祕教式的辯證法。布爾喬亞哲學，在沒有出路的危機中和「悲慘的巨大的矛盾中」（李伯特〔A. Libert〕語）喪失了它底穩固性，它就想在論邏輯範疇、論精神本質底運動和矛盾的唯心的神祕學說中達到自覺意識。

這裏我們看到二種極重要的黑格爾主義底形態，這二種形態是同一資本主義腐化和恐慌過程之不同的二方面之思想上的反映：一種是毫無前途的失望哲學，另一種是狂暴的法西主義的「現實」哲學。前一派哲學思潮，不外乎辟本格勒（Spengler）所闡述得最明白的那個命題底變態。辟氏是歐洲資本主義歿落和布爾喬亞文化潰滅底「歌唱者」，同時也是法西主義和「法西文化」底「歌頌者」，是布爾喬亞民主主義、自由主義、和平主義以及其他對於法西斯化的資產集團業已失去效用的一切「法寶」底大批判家。辟本格勒所發揮的那些見解在當今資產集團的知識階層中很廣泛地流行着。

在李伯特底唯心的『悲慘辯證法』("tragic dialectic")中，現代資產集團底無前途和思想界底歸向黑格爾的傾向之間的聯系表現得十二分明顯。李伯特正與孔恩（I. Kon）一樣，把辯證法的矛盾了解成爲二律背反(antinomy)，卽了解爲不可解決的矛盾絕對的、永久的、不可克服的對立和分裂。這裏的「辯證法」毫不含糊地表明了混沌中沒有出路底感覺，無可疏通底感覺。

這裏所說的思潮（卽指所謂「悲慘的辯證法」亦卽指上述新黑格爾主義底第一種形態——沈），那怕它如何確切地象徵着時代，然而它卻不是新黑格爾主義中居優勢的一派。『悲慘的辯證法』在當今的新黑格爾學派中主要地是反映着資本主義底腐潰、崩壞，而新黑格爾主義之統治的（卽居優勢的——沈）形態——這是我們以下要講的——卻把喪失了立腳基礎的資產集團底進攻傾向提到第一位上去。這就是法西斯暴徒底戰鬬的新黑格爾主義，是反動資產集團鎮壓革命的勞動集團，不惜用任何代價任何手段以保持自己統治而作的殘酷鬬爭底哲學，是資產集團與其敵人作生死戰鬬的哲學。

布爾喬亞民主制法西斯化底本質，是『布爾喬亞獨裁制過渡到鎮壓勞動者的公開形式的一個過程』。法西主義中的主要點，就是它用一切強迫和暴力的方法以實行公開進攻工人階級，這也就是對付勞動大衆的國內戰鬬。

爲正確地了解法西主義這種壟斷資本底獨裁制底本質起見，我們必須說明它內部的兩方面底相互貫滲底情形第一，我們應當把法西主義（和跟它相適應的意識形態）了解爲腐朽的無出路的危機中的帝國主義底產物。『在現今歷史條件之下，法西運動底出現，是證明資本主義底生命業將告終，社會主義的社會改造底一切前提，業已成熟。』法西主義是權力階級方針錯亂和它們在鎮壓勞動階級的道路上企圖找尋出路的諸種徵象之一。它是腐潰的資本主義底政治的上層建築——這一事實，促成它底意識形態底醜惡性。

誰要是不了解法西主義底這一方面，不了解它是發生於腐潰資本主義之動搖的基礎；誰要是只把法西主義看作尋常的資產集團底進攻，把它看作資本主義力量底徵兆——他就不可避免地要陷於右傾機會主義的立場，陷於悲觀主義，而對於工人集團底力量和社會主義革命勝利底迫近，就會失去信念。

但是如果只看到法西主義底上述的一方面——即其腐潰性、殘落性和衰敗性，那也不對的。這樣的偏面觀，會造成「左傾」的錯誤（這種錯誤形式上雖與前者相反，實質上是同樣的右傾，）會產生資本主義自動崩潰、自動解體底信念，會產生機會主義的輕視積極革命鬭爭——這一促成資本主義死滅的必要條件——底意義的態度。法西主義不祇是資本主義總危機和權力階級開始崩潰底表現。只是這樣說，還沒有說出全部的意思。法西主義是資本主義進攻底形式之一，它包含着靠從資本主義的道路上找尋逃避危機的出路的方法去克服這一危機的諸種元素。法西主義也可說是資本之進攻與防衛底表現。法西運動是資本主義總危機和權力階級開始解體底情境之下的資本進攻底一種形式。法西主義之爲資本進攻底特殊的、非尋常的形式，理由亦就在此。

法西主義哲學底標本式的模範，就是莫索里尼底親信哲學家、他底『精神的導師』前意大利教育部長秦梯爾（G. Gentile）底學說。

秦梯爾底哲學是法西主義意識形態底醜惡性之顯明的表現；它是十分明顯而毫不含糊的法西主義哲學——堅執着國家政權而完全暴露為壟斷資本之恐怖主義的獨裁的法西主義哲學。秦梯爾底新黑格爾主義，是上面所指出的資本主義極深刻的總危機條件下反動的資本進攻之明確的哲學上的反映。

秦梯爾哲學底出發點，是貝克萊底主觀唯心論。秦氏想把這一主觀唯心論拿去跟唯心的辯證法聯結起來，除去它底一切不徹性和矛盾而把它發展到邏輯的終點。秦梯爾並不隱瞞，他底「絕端主義」卽把唯心論發揮到絕端的地步是一種神祕主義和宗教學說。

秦梯爾哲學底基本原則，就是不可阻擋地把唯心論一直發揮得底，否認離意識而獨立的客觀實體。「既然世界是高級經驗底世界，既然經驗世界是「我」底產物，因而亦卽是同此「我」底創造力量和認識能力底表現……，那末我們必須拋棄那足為在「我」以外尋找現實的根據的一切觀念、一切信念和一切思想。必須十分堅決地、直率地、勇敢地和以認識自己責任的人底熱情，來肯定下面這個眞理包含着一切其他們眞理的眞理：我們就是眞理的世界；存在就是認識認識也就是存在」（見秦著邏輯底體系〔Sistema di Logica〕卷二頁一四四。）

在主觀唯心論者秦梯爾看來，現實是永久的、基源的、純粹的主觀體。他把客體溶化在主體中。精神之外，什麼都不存在。思惟是絕對的，獨立的。它無需乎任何負持者（bearer），無需乎任何能思惟的實體。不但事物，而且人都不存在於思惟之外。『既然我們認識了別人……我們所認識的人就不存在於我們之外。』照秦氏底說法，這個沒有實在的思惟實體的思惟，無需乎腦子和吞沒自己接近的「我」的思惟『是不處在空間和時間之中，相反的，空間和時間一切佔據空間的和需要時間的都存在於我們之內』（見秦著，"L'esprit acte pur" 頁一四四。）

然而這還不能滿足秦梯爾；在秦氏底意思，這樣說法還是不夠的。照他底意見，爲要使思想達到完全徹底的地步，唯心論應當更前進一步，而這一步秦梯爾認爲就是他底學說底最重要的特點，就是他所「新」創造的東西。這個「新寶貝」便是：不但物質的事物，而且連人底思想，都一概溶化在思惟當中了。「太客觀化」「太事物化」的思想『應當把首要的地位讓給思惟、這一「純粹的行動」「純粹的主觀體」』這個純粹的行動，秦氏認爲就是「辯證法」底基礎。

照秦梯爾底見解，辯證法祇存在於精神。自然卻是非辯證法的東西；自然事物都是精神辯證法之死的、無活力的產物，是過程停止底結果。黑格爾底唯心辯證法，秦氏認爲是不完成的，因爲它還是被思想的東西底辯證法，而不是思想的、行動的精神底辯證法；它太「客觀化」「太事物化」「太實體化」了。在法西主義的哲學家看來，辯證法是純粹主觀的現實是從來不會實現的實體。「我」底辯證法就是「我」底自由。

這裏我們已經講到了成爲黑衫團哲學之核心的原則——「自由」底原則。不論這樣的名辭底結合（自由與法西主義這二個名辭底結合）是何等的荒謬和奇異，而「精神自由」底原則，卻是法西主義思想家所愛用的哲學的口頭禪。但是所謂「自由」是指哪一種呢？很明顯的，它不是指解除階級壓迫的自由，同時也不是指狹窄的布爾喬亞的「自由」，資產階級向來引以自誇的形式民主制下的言論、出版、集會等「自由」；這種「自由」底幻覺上的殘餘，現在都被法西斯蒂摧殘完盡了。法西斯蒂的「自由哲學」是狂暴的反抗歷史必然性的哲學，是喪失了立腳基礎的資產集團拚着死命企圖阻止歷史車輪底前輾、企圖阻止它自身的不可避免的命運底到來的一種表現。法西斯蒂的行動主義（actualism）就是已經被歷史判了死刑的統治階級底反攻。

被歷史判處死刑的資產集團，不能以客觀的必然性為憑藉。這一必然性跟沒落資產集團底「自由」，它底階級利益不但不能並存，而且完全相抵觸的。唯其如此，所以現代資產集團底哲學，宣稱客觀必然性為幻影；資產集團要想（但是不能）逃避這一「幻影」。可是因為這一「幻影」已使大家都認知其為實在，於是布爾喬亞哲學就無話可說，只得對歷史的必然性宣佈「神聖的十字軍征討」了。它創造出一種「學說」來，激勵資產集團去作鬭爭，積極行動，用一切手段和全部力量去阻障和反抗歷史的必然性。這就是秦梯爾底「行動主義」底本質。這種純主觀性的行動主義是戰鬭的法西主義底哲學，是已被判定了命運的資產集團為保持自己統治的最後的瘋狂鬭爭底哲學。

就秦梯爾哲學之邏輯的形式言，它跟菲希特底主觀唯心論的辯證法頗相接近，但是就它底歷史意義來說，它跟德意志古典派唯心論者菲希特（Fichte）底有布爾喬亞革命傾向的哲學大有區別。菲、秦二家哲學中都有以唯心論為基礎的行動主義底立場。可是菲希特底唯心的行動學說是年輕的德意志資產階級之革命的反封建傾向底表現，同時又是它底軟弱性、狹窄性和落後性底表現。因此革命的積極性被菲氏限制在純精神底領域、知慧世界以內；這樣，這種革命積極性就成爲不切實的行動主義底幻想了。秦梯爾底「行動主義」卻表現着對勞工集團之反動的進攻；而且業已喪失立腳地的資本主義底進攻，它底保持自己統治的種種企圖，在客觀的歷史現實底發展底辯證法中，根基愈弄愈喪失了。

秦梯爾底理論，主張『使精神解脫空間和時間及其他一切外部條件底任何界限……』（見秦著 "L'esprit acte pur" 頁二一七。）他說『我們唯一的支柱就是在我們內部波動着的精神本身之建設的、創造的活動……』（見 "Sistema di Logica" 卷二頁一八八。）他宣佈歷史是精神之自由創造底產物。這便是秦梯爾底「行動主義唯心論」底本意，也是法西主義的「辯證法」底本意。

秦梯爾不隱瞞他底哲學跟政治的聯繫。他公開地說，『所謂具體地哲學化，意思就是把自己行動的個人包括到自己國家底政治體系中去。』他歌頌着對法西國家的崇拜觀念；他認爲這種國家體現着絕對的、具體的一般性，每個個人都應當服從這種一般性，與這種一般性融合一致。這種崇拜法西斯國家、崇拜「擦去」階級矛盾的「完整體」（斯班語（Spann））的觀念，是一切法西主義的「理論家」所具備的；這班「理論家」常常「苦口婆心」地勸導公民們『不要從事抽象的社會鬭爭而須實行具體的公民合作，號召人們須在狂暴的資產集團獨裁國家底「絕對價值」底「祭壇」前面虔誠犧牲。

在現在這個時代，新黑格爾主義以極大的勢力在布爾喬亞哲學中散佈開來，它奪取了過去統治的唯心思潮底首要地位，它從各方面用各種方法把一切反時代、反潮流的哲學力量都集中了起來。

前面已經指出過在資產集團一般的法西斯化過程中和資產集團哲學家歸向黑格爾的轉變中，社會法西主義者也忙着獻他們自己的「寶貝，」表示他們不落伍於資產集團的哲學。特別在最近，社會法西派的思想家、哲學家，對於黑格爾的「興趣」表現得異常濃厚。亞德勒（M. Adler）、孔諾夫（Cunov）、考茨基等人所發表的見解中，黑格爾主義底成份愈來愈見濃厚。孔諾夫甚至在高叫什麼「馬克思底黑格爾主義」了。也有好些社會法西主義的哲學家則公開堅持着新黑格爾主義底立場（例如蓋勒（G. Geller）），或是把康德和黑格爾結合起來（例如季格弗里德馬克(Sigfrid Mark)）。

在這種歸向黑格爾底反時代的神祕思潮前面，在蘇聯以德波林（A. Deborin）爲首的一派哲學家對於思想陣線的遺害又特別加深起來。這一派哲學家，想把蘇聯的哲學思潮拉向後退，從馬克思、鄔梁諾夫退到黑格爾。雖然這派哲學家在反機械論的鬬爭中有過多少貢獻，可是他們底鬬爭還不能認爲滿意的，因爲他們站在不正確的立場進行了這一鬬爭。孟塞維化（卽少數主義化——沘）的唯心論者完全謬誤地解決了研究黑格爾辯證法底任務問題，他們並不是黑格爾辯證法底「唯物論的」朋友。

若稱西歐的新黑格爾主義爲黑格爾學說之反動的歪曲，那末孟塞維化的唯心論便是馬克思主義之黑格爾式的修正。前者是法西斯意識形態底果實，後者小資產集團對於勞工集團意識形態的一種影響底形式。前者直接號召破壞工人運動，後者則客觀上促成勞工集團思想武裝底解除。

孟塞維化的唯心論，在研究辯證法這個名義掩護之下復興了唯心的辯證法，不批判地接受了黑格爾底學說，並且想把黑格爾底觀念一個一個地移植到社會主義的土地上來。德波林派在加深和發展馬克思主義底形式之下修改了馬克思主義，用黑格爾底哲學代替了馬克思主義，並且把馬克思主義頭腳倒置過來。他們不把黑格爾邏輯上的神祕觀念清洗掉去並把它熔解在唯物論冶爐中，而「把它（指黑格爾邏輯——沈）當作現成的事物看」了。他們不用唯物論底觀點去研究黑格爾，亦不根據馬克思、鄔梁諾夫底學說去改造他底學說，反而用黑格爾底精神去研究馬克思，依照黑格爾底見地去「清理」馬克思學說。德波林派不依據馬克思主義創造者底著作去研究辯證法的範疇，亦不去研究勞工集團底革命鬬爭底經驗和現代自然科學底新發見。他們把自己的目光禁閉在「純粹的」、自動的、脫離物質現實和社會爭鬬之實踐的邏輯範疇底領域以內。高高地站在黑格爾邏輯底立場看下來，具體的現實變成不可辨別的東西了。物質消滅了，變成了「無窮的……諸種關係和聯系底綜合體」（德波林語），變成了非物質的「空間和時間底綜合」（赫森〔Hesson〕語）運動的物質被「運動的運動」（鐵明斯基語）所代替了。簡言之：辯證法唯物論、馬克思主義蛻化成爲馬克思主義術語掩飾之下的黑格爾主義了。

如果我們仔細去考察黑格爾式修正主義時，就會知道它是孟塞維派的新康德主義底近親。第二國際底哲學指示給我們看，孟塞維化的唯心論是在向何處發展。在孟塞維化的唯心論者底見解中，我們也可以找到爲第二國際所特具的理論脫離實踐底成見，並且也同樣地有脫離社會爭鬬之現實有邏輯形式脫離具體的物質內容、有不能保持歷史和邏輯間的和諧性、以及有抽象的邏輯概念底無上威權等等底觀念。動搖馬克思主義底物質基礎，將布爾喬亞唯心哲學灌輸到勞工集團底宇宙觀中去，拋棄革命的實踐，放棄對正確的政治路線底擁護——這些便是孟塞維化的唯心論客觀上所起的作用。

德波林派底孟塞維化的唯心論，把馬克思主義底哲學轉回到黑格爾，機械論者則想把辯證法唯物論拉回到馬克思以前的唯物論。我們，辯證法唯物論者，既不願倒退到黑格爾，亦不願倒退到機械唯物論，我們要跟這兩種修正主義底形態，一樣地做鬬爭。我們不像機械論者那樣排斥一切辯證法，我們只排斥唯心的辯證法。我們必須「用唯物論的觀點去有系統地研究黑格爾底辯證法……根據馬克思如何應用那被他唯物地理解着的黑格爾辯證法，我們能夠而且應當從各方面去研究這個辯證法。」

我們一面研究着唯物辯證法，同時按照馬克思、恩格斯和鄔梁諾夫所指定的道路，把哲學不斷地向前推進。

第六節　費爾巴赫底唯物哲學

黑格爾以後的哲學底發展，是在兩條道路上進行着的。第一條道路是唯心的、開倒車的說教，回到康德而重新再從康德到黑格爾的道路。第二條道路是黑格爾辯證法之唯物的批判和改造底道路。馬克思的唯物哲學底直接的先人費爾巴赫（Feuerbach, Ludwig, 1804–1872），是十八世紀法蘭西唯物論底眞正的繼承者。在反對德意志古典派唯心論的鬬爭中，他繼續了哲學中的唯物論路線。在一八四八年革命時期中，費爾巴赫底哲學，表現着先進的資產集團民主派和革命的小資產集團底急進的見解和理想。

費爾巴赫底學說是唯物論底學說。他底基本原則是在認定：非思惟決定存在，而是相反，存在決定思惟。自然離思惟而自己獨立地存在着；它（指自然——沈）是始源的、獨立的、無窮的。具體的、可感覺的、離意識而獨立存在的和經過吾人之五官而可被認知的世界，是唯一的實在的世界。科學底任務是在認識這一可感覺的物質世界本身底眞相。人類自身也是自然底一部分，是自然底「皮肉」。我們底感覺（或知覺）是外界事物對於我們感覺機官的作用所引起的。照費爾巴赫底意見，思惟不過是有肉體的活人和他底腦子底一種特性。我們所藉以思考的腦子，本身也是物質世界底一部分；腦子底工作是跟我們底實踐的活動聯繫着的；——這種實情，保障着我們底思惟完全可以達到這一世界底認識。

從這一種唯物論的立場，費爾巴赫進行了反唯心論和反宗教的不曲不撓的鬭爭。照費爾巴赫底意見，唯心論和宗教並非兩個不同的敵人；唯心論是宗教底最後躲避所，是取邏輯方式表現出來的神學。所以反宗教的鬭爭要求破壞唯心論。唯心論把思惟從完整的物質實體上分離開來（而實際上思惟乃物質實體之特性）把它看成自身獨立的客觀的存在，人底特性——思惟——被唯心論從人自身方面排除出來了。這就是唯心論底祕密，這同樣地也是宗教底祕密。

宗教是什麽？它不外乎對幻像的信仰。上帝（或神）並非別的，祇是人底力量與理性之神祕化的觀念而已。人創造上帝，同時又崇拜上帝，這樣他就等於在讚揚他自己的本質。從人自身中排除出來的本質，把客觀的實質看作自然之主觀的實質與自然本身有區別的實質，看作人的實質——這便是所謂神的實質，宗教底實質，神祕教和思辨哲學底祕密』（見費氏論宗教之實質的演講稿）人類依照自己的模樣來創造上帝。費爾巴赫說「上帝是人底鏡子，』是他底投影。費氏把很多的功夫用到宗教底心理基礎底說明上去，同時他就揭破了宗教底虛妄性；可是他卻不能說明它底社會的、階級的根源。照他底意見，上帝底觀念是發生於人類底感覺到不足，人類底感覺到缺乏和自身底不完善。不足底感覺是由於欲望、要求而發生的。這種人所不能滿足的欲望，便產生了宗教的信仰。人類把現實界中所不能實現的，轉移到幻想界中去。在宗教中表現着人類底白日做夢。神幻世界不過是現實世界底不兌現的欲望而已。

這樣看來，照費爾巴赫底意見，宗教底發生並沒有理知的、合理的性質，而只有情感的性質；宗教是感覺、欲望和幻想所產生的。

費爾巴赫着重地指出人對自然的依賴關係底意義。人創造了神底概念，他不僅用這一概念來表明他對於自己力量、對於自己獨立性和不死性之幻想，而且也表明他底無力對付自然，對付無窮的、強大的、對於人的苦樂漠然無關的自然。這就是費爾巴赫所認定的宗教幻想底根源。

費爾巴赫哲學底中心概念是人。他所了解的人，不是唯心論底抽象的「我，」不是空洞的、抽象的、當作純思惟、純感覺或純意志看的「我」，而是有肉有血的實體的人，他是自然底一部分；同時，作爲認識論底出發點的，不應該是「我，」而是「我」和「你」底一致。這樣一種提問題的方式，其先決條件是在認定：沒有一個「我」不同時是「你，」也沒有一個「你」不同時是「我」的。換句話說，客體和主體——不是二個分裂的、獨立的實體，而是整個的一致體。主體必然同時是客體。宇宙間沒有一個非客體的主體。費氏說『凡是在我看來或主觀地以為是純精神的活動，它自身客觀地卻是物質的、感覺的行動』(同上。)

費爾巴赫底學說，對於唯物論反唯心論的鬭爭和克服「萬能」的黑格爾哲學的鬭爭，有着極重大的歷史意義。

費爾巴赫在唯心論思潮高漲時期恢復了唯物論，固然有極大的意義；他底一般地反宗教的鬭爭、特別是反基督教的鬭爭，固然有着無庸爭辯的歷史價值，以及他用清醒冷靜的唯物論哲學去對抗沈醉昏迷的唯心的思辨哲學，也是他寶貴的歷史功績，可是不論他自己的學說本身或是他對敵派思想的批判，都帶着歷史的限制性。

費爾巴赫底唯心論批判，特別是他對於黑格爾的批判，不曾予被唯心論所神秘化的辯證法以唯物的改製，亦不採取改製過了的形態去保持它，而把它「從門檻裏」踢出去了。費爾巴赫在跟黑格爾底唯心論作鬭爭時，忽視了辯證法底意義，他不能夠把它改造成為唯物的。為了這個緣故，他底唯物論就達不到十九世紀自然科學底新發見所要求的那個高級形式。他底唯物論雖較十八世紀法國唯物論多少進步了一點，雖然它也包含着個別的極優良的辯證法元素，可是它還沒有提升到辯證法唯物論底高度。在他底哲學中，物質和歷史、自然和發展是分裂着的。

費爾巴赫底唯物論，帶着抽象的性質。為費氏之注意中心的人，那怕他如何着重地肯定它(指人)底具體性，可是他所了解的人還不是具體的歷史的人。這是「一般的」人，是生物形態底一個抽象的代表而不是一定的歷史時代、一定的社會形態和階級中的實在的人。因此當費爾巴赫『只見一大羣瘋癱的、因工作而殘廢的和肺癆病的窮苦人而不見健康的人的時候，他不得不求助於「高級的直觀」求助於理想的「種族中的平等」，就是說恰巧在辯證唯物論者所認爲必然性的和改造思想與社會制度底條件的地方，費爾巴赫又落到唯心論上去了』（見馬恩合著：德國的意識形態。）

費爾巴赫學說底自然主義和反歷史主義也決定了他底宗教批判底限制性。照費氏底意見，宗教是人底本質所產生的。他不了解，宗教是具體的人類社會底產物，在每種場合中，它總是決定於具體的社會關係。宗教的思想體系之謎，正當從這種社會關係中去尋找。因爲他不了解這些，所以他認爲自己的任務只限於宗教底破壞，而不知道要破壞宗教，同時必須破壞它底根腳地。

費爾巴赫也曾想拿實踐作爲認識論底基礎，可是他又以自然主義的觀點去了解這個實踐，他把實踐只了解爲人跟自然的鬬爭，他看不見社會人底眞正社會的實踐，沒有揭露出人底社會實踐之歷史的、階級的基礎。所以費爾巴赫底唯物論，跟他以前的一切唯物論一樣，依舊是消極地直覺主義的唯物論。費爾巴赫沒有把世界看作人類行動底對象，看作社會實踐底對象。在直覺的唯物論者看來，現實祇是感覺底泉源，而不是在人類行動過程中、在生產、交換、社會爭鬬過程中的被改造着的東西。費爾巴赫底認識論，係以在直覺唯物論底理解下的經驗爲基礎。主體和客體底一致，人的思惟和自然底一致，費氏認爲只是在感覺中，在消極的（卽被動的——沈）接受外界影響底過程中，在直覺底過程中實現出來的。馬克思以前的唯物論，還沒有達到下面這樣一個理解：自然和人客體和主體之眞正的一致，只有在社會的實踐中，在人類改變世界底行動中纔能達到。

費爾巴赫哲學中另一個跟他底唯物論底抽象性有密切聯系的重要特點，決定他底哲學底不充分性的特點——這就是他底唯物論被自然底界限限制着底事實。費爾巴赫沒有唯物的社會生活觀。他跟十八世紀的法國唯物論者一樣，也祇是『從下的』唯物論者，即自然知識領域中的唯物論者，而『從上的』即在社會知識領域內，他卻仍然是個唯心論者。他不了解社會發展之物質的動力。他把社會形式底交替解說爲宗教觀念底交替。他除道德關係、友愛關係之外看不見人與人之間的別種關係。倫理的、論道德的學說，是費氏底社會觀底中心。人對人的愛，「我」和「你」底結合——除此以外，他便什麼也看不見了。同時他卻也不以單純的倫理爲滿足，而認爲尚須把倫理視爲神聖化。他揚言道『人對人的關係便是上帝，』同時他把倫理宣稱爲眞理的宗教了。

這樣看來，唯心的歷史觀把倫理看成了宗教的神龕，這自然不可避免地要使費爾巴赫底無神論鬬爭遲鈍化了。

費爾巴赫哲學底一切缺點，早就被馬克思、恩格斯所揭露；馬、恩二氏在自己學說底發展過程中克服了費氏底缺點，把唯物論提高到一個新階段，創造了新的、更高的唯物論底形式。然而在馬克思以後某些哲學家底著作中，我們還可以看到一些費爾巴赫觀念底殘餘和復發；他們沒有充分地了解馬克思主義對於以前一切唯物哲學所做的改造功夫底深刻性。在普列漢諾夫底作品中，就可以看出他不會把唯物論提高到費爾巴赫式的直覺唯物論以上普列漢諾夫不了解馬克思對費爾巴赫的批判底全部意義，由直覺唯物論轉變到辯證唯物論底全部意義。普氏在這個最重要的問題上站着費爾巴赫的立場，他不能了解馬克思的批判；在普列漢諾夫看來，這樣的批判是不公道的，他消解了費爾巴赫和馬克思之間的差別。照普氏底意見，『馬克思責備費爾巴赫，說他不了解「實踐批判的行動，」這是不對的。費爾巴赫是了解這種行動的』（見普氏著從唯心論到唯物論。）普列漢諾夫不了解，費爾巴赫關於實踐底意義，只有零零碎碎的推測，這種推測對於他底總的宇宙觀是沒有什麼影響的。費爾巴赫以爲世界不祇是研究底對象、亦且是『欲望底對象；』普列漢諾夫把費氏這一見解看作跟馬克思底革命的改變世界底學說相同的理論了。這樣，普列漢諾夫自己暴露了他沒有能力完全克服費爾巴赫式的消極的唯物論。

普列漢諾夫底哲學作品中另一爲費爾巴赫式的特徵，就是他不充分深切地理解辯證法。普列漢諾夫往往只在形式上承認唯物辯證法底意義，祇在個別的例解上利用着唯物辯證法，而沒有把握辯證法底核心、實質。

同樣地，普列漢諾夫底唯心論批判，也帶着費爾巴赫主義底痕跡。他不糾正唯心論底見解，反而加深了這種見解；他只是『從門檻上』排斥這種見解。普列漢諾夫從「一般的」唯物論底觀點去批判唯心論，實際上卽是從庸俗唯物論而不從辯證唯物論底觀點去批判唯心論的。

在現今的機械論者底觀念中，也不難看出費爾巴赫式的限制性。他們跟十七、八世紀時代的他們底前輩們一樣，對費爾巴赫底唯物論比對馬克思底要接近得多。固然他們不是費爾巴赫底正統的信徒，他們底學說中並沒有「愛」底宗教，可是他們底唯物論底模型或形式，卻跟抽象的、直覺的費爾巴赫底唯物論同一類的。

至於講到孟塞維化的唯心論對於費爾巴赫學說的態度，我們可以見到普列漢諾夫錯誤底重復、加深和轉變爲整個的體系；說得確當些，便是普列漢諾夫的、半費爾巴赫式的唯物論底錯誤底重復和加深。德波林派底折衷哲學，大體上雖爲馬克思主義之唯心的、黑格爾式的修正，可是形式上它卻也不跟唯物論斷絕關係。他們把唯物論的元素套到黑格爾的學說上去，把黑格爾學說底眞面目遮蓋起來了。然而甚至這張唯物論的外包皮還是費爾巴赫式的唯物論原則底複製呢。

德波林底哲學觀念底進化，可以把它估計爲由費爾巴赫主義走到黑格爾主義的運動過程。所以，假如說在他近年的著作中祇有唯心論底痕跡，那末在他底早期作品中卻充滿着費爾巴赫的唯物論底色彩。這一點在德波林底口號——『費爾巴赫底時代在前面』——中，絕不含糊地表現出來了。在馬克思和鄔梁諾夫以後提出這樣一個口號來，顯然是在倒行逆施地號召人們回到唯物哲學所已經過的階段上去。

德波林完全保持着馬克思的費爾巴赫批判之普列漢諾夫式的修正。依照德波林底意見，費爾巴赫底文字活動，是反對以前哲學底理論的直觀覺觀點和擁護實踐觀點的堅苦不撓的鬬爭。在這裏，德波林完全跟馬克思對費爾巴赫唯物論的估量相分裂了。照德波林底意見，在唯物論哲學發展中完成歷史的轉變的不是馬克思而是費爾巴赫；馬克思祇是費爾巴赫思想底簡單的繼承者。這樣，行動的唯物論和直覺的唯物論之間底界限就被消除，而回復到小資產階級性的感覺和直覺的觀點，也就比較方便了。

孟塞維化的唯心論底根本缺點，在於它把理論與革命的行動相脫離，把理論跟勞工集團底實際任務和利益分隔開來。孟塞維化的唯心論把理論跟實踐隔離開來；它不了解革命實踐對於發展理論的全部意義，也不能使理論成爲革命實踐底寶貴的方針，當孟塞維化的唯心論鼓着勇氣去觀察不容於它的社會主義實踐時，它就只能唱起費爾巴赫式的『感覺底集體化』底調兒來了。

而且孟塞維化的唯心論，完成這種消極地直覺主義的費爾巴赫哲學底恢復，恰恰在帝國主義臨終和社會主義強力進攻底年代，在資本主義根基被掘、蘇聯建設社會主義基礎和資本主義諸國革命危機元素不斷增長底年代。

第七節　辯證法唯物論哲學底形成

在本書第一章中，已經說明了馬克思主義發生底社會政治條件和它底理論淵源。現在我們要更詳細地來考察馬克思和恩格斯底哲學思想底發展過程了。

一八四一年馬克思寫作他底論伊璧鳩魯（Epicurus）的論文。鄔梁諾夫說得對，在那篇論文中，馬克思還完全持着唯心論的黑格爾觀點。

黑格爾哲學底偉大處是在它第一次最完滿地形成了發展底學說。它底進步方面也正在此。黑格爾關於一般發展的思想，反映着德意志資產集團底解放傾向，而就它底本質論，它是反對那業已死殭的農奴制度（亦作

「封土制」的。但是大家都知道，黑格爾是個徹底的唯心論者；在黑格爾底唯心辯證法中，又反映着德國資產集團跟農奴制度的經濟聯系反映着它底社會經濟地位底薄弱。馬克思在一八四一年時還站在黑格爾底唯心辯證法底立場，在他論伊壁鳩魯的論文中他仍繼續保持這種立場；他認為在原子論底問題中，伊壁鳩魯實較狄模克里脫（Democritus）勝過一籌。一八四二年，在萊茵報（Die Rheinische Zeitung）上發表出來的一些馬克思底論文，已經表現着馬克思底轉變：由唯心論轉變到唯物論，由革命的民主主義轉變到共產主義。在那些論文中，已經表露着馬克思給予黑格爾底國家學說以一種獨特的解說：他以為國家可能被利用來保護被剝削大衆底權利，並且把政治從神學方面解放出來等等。他在柏林加入了『黑格爾左派』學會（勃魯諾鮑威等人（Bruno Bauer)），這派人想從黑格爾哲學中找出實際的革命理論來。

在黑格爾底法權哲學（Philosophie des Rechts）或作「法理哲學」）中，很顯明地表現着黑格爾想把資本主義發展底要求跟當時德國底農奴制的國家組織相調和的一種企圖。在法權哲學中，黑格爾解說國家為客觀觀念發展底表現，而這種客觀觀念則取國民道德精神底形式表現出來的。照黑格爾底意見，國家是一種政治的機體，這種政治機體，是國民底一般精神跟此精神之取各個公民利益底形式的特殊表現之一致體。在黑格爾底意思以為政府是國民精神底『靈魂，』是國民精神之『意志底表現者，』因此，它底行動，公民們應當不把它看作某種外來的、強迫的東西，而把它當作他們（公民）底自由底表現，他們自己理性的、道德的本質底表現看。從這一點出發，黑格爾就教條式地肯定一切公民必須無條件地、自動地善意地、効忠於他們自己的政府。這裏黑格爾實際上是從哲學方面在那裏替農奴制式的專政服務。馬克思和恩格斯很早就覺察了黑格爾法理哲學底一切否定方面（即一切缺點——沈）並於一八四二年即已開始對它作革命的批判——那是不足驚奇的。

馬克思和恩格斯在最初開始其理論工作的時候，以黑格爾底發展觀作爲研究底出發點，雖然還站在唯心論的立場，可是他們已經是一切左派黑格爾主義者中間最革命的思想家了。這一點我們必須特別着重地指出來，以對抗有些辯證法唯物論底歪曲家，後者常肯定說馬克思在他行動底早期內是一個尋常的青年黑格爾派和布爾喬亞急進派。在這方面宣揚得特別「努力」的，要算有名的孟塞維主義的馬克思主義歷史製造家李亞沙諾夫(Riyazanov)了。這位馬克思主義歷史製造家歸根結蒂終於走上了工人集團利益之直接叛賣者底立場。

黑格爾底左翼信徒們、即所謂青年黑格爾學派者，對於右翼黑格爾學派表示着反對的態度，因爲右派想利用黑格爾哲學作爲基督教的日耳曼國家底民族主義理想底理論根據。不過青年黑格爾派雖跟右翼黑格爾派作戰，而自己卻仍未跳出他們以前的全部德國資產階級的教化範圍以外，同時也就沒有跳出黑格爾哲學底界限以外。青年黑格爾派跟他們前代的啓蒙思想家一樣，他們底理論活動也只限於不徹底的宗教批判，宣稱宗教爲一切社會罪惡之基因；他們完全不了解：宗教正跟一切舊的意識形態一樣，它底毀滅，不能單靠理論的批判而必須用革命實踐的手段改變了社會生活之社會經濟條件，纔能達到。當馬克思稍晚解說他們底立場時說，「一切德國的哲學批判，從斯脫勞斯（Strauss）到斯梯奈（Stirner），都只限於宗教思想底批判，在這種批判中要求絕對地替世界贖清一切罪惡』（見馬恩文存〔Archieves of Marx and Engels〕）

青年黑格爾派底這種宗教批判極端地富於妥協性和不徹底性。我們看到青年黑格爾派堅決地批判宗教的教理，但同時也看到他們平庸地俯首聽命於宗教。他們要想證實宗教『恰正基督教是跟最高的哲學眞理同一的』（斯脫勞斯語；）他們唯心地把人類的思想崇奉爲神靈，把它（指人類的思想——沈）變成了神秘的『自我意識，』後者『採取批判底形式創造着歷史』（勃魯諾．鮑威語。）我們又看到青年黑格爾派揭破上天神靈底地下根源，崇奉人爲神靈，肯定說『人對人的關係便是神』（費爾巴赫語。）

這樣，一方面極徹底地否認一切神靈，堅決地確定『在唯我主義者觀念中不存在那種高超的和獨立的實體，能夠強迫他去崇拜它們，強迫他純粹爲它們而生活和爲它們而犧牲；』可是另一方面又視唯我主義（或作主我主義——沈）爲絕對原則、爲神聖，並且宗教氣味十足地肯定着說，「我」正如上帝一樣，是高乎其他一切，因爲「我」就是我底「一切，」我是唯一的。『「我」並非空洞的虛無而是創造的虛無，是我自己、創造者，用來創造一切的那個東西』（見M. Stirner著，唯一者及其所有〔Der Einzige und sein Eigentum〕）

所有的青年黑格爾派，都在某種程度內做了黑格爾思想體系底俘虜，因爲馬克思說，『這些新的批評家中，甚至沒有一個曾企圖着手對黑格爾的體系作精密的批判』（見馬恩文存。）他們對黑格爾的論戰和他們自己相互間的論戰，都只限於每人拉住黑格爾體系底某一方面，去反對他底全部體系。『這種哲學批判底唯一結果，是關於基督教發生史的某些研究，而且還是單方面的研究』（見前書。）左翼黑格爾學派底其餘一切批判活動，都限於『只反對詞句』的鬭爭，而完全不了解『他們只跟現存的實在世界作鬭爭而完全放棄了跟這世界本身的鬭爭』（見前書。）照馬克思底說法，這些『牝羊們自以爲是狠子，牠們高喊着理論活動，只不過把德國資產者底觀念披上一件哲學的外衣罷了。

馬克思早期的理論活動，就它底階級性和它底發展傾向而論，有着好些跟其他青年黑格爾派底理論活動大不相同的特點。馬克思底政治觀點和理論思想底形成，跟法國大革命時期和十九世紀三十年代末、四十年代初底羣衆革命運動時期底革命情緒，有着極大的關係。

鄔梁諾夫指出得對，他說馬克思和恩格斯是由民主派變成社會主義者的，他們對於政治專橫的民主主義性的仇恨感覺，異常強烈。從一八四二年起，他們已經成爲城市和鄉村的貧民勞動大衆之徹底的庇護人了。在這個時期，在他們底著作中，開闢出了唯物論傾向底道路。

根據着短期間內政治鬭爭底經驗，馬克思和恩格斯就開始認淸，『爲社會改造之動力的，不是那具現於法權和國家的黑格爾式的觀念底矛盾，而是勞工集團和資產集團之不可調和的鬭爭；因此，不是像黑格爾所指示我們那樣，說法權和國家決定所謂公民社會底形式，而是相反的，統治的生產方式(Mode of production)，或作生產方法——沈）決定着國家組織底形式和人們底法權，宗教和一切其他的觀念。』馬克思和恩格斯這一個從革命的民主派立場走到勞工集團革命家立場的轉變過程，他們批判地否定黑格爾辯證法的過程，他們創造勞工集團底宇宙觀和方法、辯證法唯物論的過程，——這種過程可以從他們底好些著作中去研究。

在萊茵報上所發表的馬克思底初期論文之一，就已表現着這樣的一些見解：在這些見解中很明顯地暴露着他是一個逐漸轉變到共產主義立場的徹底的民主派革命家。對於一個農奴主義的反動見解，以爲『只有宗教是國家底基礎，』因此『報紙不應在所謂基督教的國家中來用哲學底觀點討論政治』——對於這個見解，馬克思提出他底革命的論證來與它對抗。馬克思說，我們應該宣佈哲學爲『報紙的協作人，』而完全公開地討論一切政治問題，『不在教堂裏，不在客室裏，也不在各自的家庭裏，』而是在刊物上來討論這些問題，因爲『報紙的問題已成爲當今的戰鬭問題了。』哲學應該『剝去它底修道院的僧侶的袈裟而換上一件輕便的世俗的報紙底衣衫，』因爲『哲學家不像地上的菌子那樣地生長起來的，他們是自己的時代，自己的民族底產物；這種民族底最細微，最寶貴和看不見的精液，就在哲學的觀念中游移着；靠工匠底手建設鐵路的那個精神，也就是哲學家腦子中建設哲學體系的精神』（見俄文版馬恩全集卷一，頁二〇六——二〇七。）哲學並非在現今世界以外飄舞着相反的，它『鑽入現代人底心房中，』同樣地也鑽入『報紙底編輯中。』

當馬克思還以黑格爾式的國家即「道德的機體」底唯心論見解爲依據的時候，他已經利用了那個見解去維護民主主義的出版自由和反對農奴制下的出版檢查了。他說『國家不應建築在宗教基礎之上而應建築在自由理性底基礎之上。最新的哲學……把國家看成偉大的機體，在這機體中應當把法權的、道德的和政治的自由實現出來；同時服從國家法律的各個公民，實際上只是服從他自己理性、人的理性底自然法則』（見前書。）

在這樣的理想國家中出版是應當自由的；因爲它是國民精神底張開着的眼睛，是國民對於自身的具體的信念，是聯結個人與國家和個人與世界的一個極優美的環子。它是國民在自己面前的無情的懺悔……。它是國民用以照見自身的一面精神的鏡子……它是國家理性底火把，它底光芒可以鑽進到一切茅舍中去。它是從實在的現實生長出來而自己反過來又去充實和煅煉這個現實的理想世界』（見前書頁一七一）

馬克思堅決地反對那些『爲着挽救自己的特權底特種自由……而排斥人類本性底一般自由』的諸等級。(Statos or Ranks) 底代表們。馬克思肯定地說貴族等級底代表在國會中所發揮的反對出版自由的論證和王公等級底代表底論證一樣，都是不會有任何根據的，因爲這些論證把特權底特殊精神跟一般的『國民底歷史精神』對立起來了。但是馬克思不但批判王公貴族們派出來的演說家，而且差不多同樣激烈地也批判着資產集團底代表，後者底要求出版自由是當作『產業的自由』，卽當作財產自由底表現提出來的。『但是——馬克思說——難道那降底到手藝業底水平的出版是自由的嗎？……讓我們來揭露演說家底意思吧。對於「什麼是自由？」這個問題，他答復道：產業的自由。這跟一個大學生對於「什麼是自由？」底問題的答復爲「自由的夜」是一樣的』（見前書，頁一八〇——一八一。）

關於特權等級用暴力壓迫『一般的國民精神底自由』的思想，馬克思在爲禁止盜竊樹木法底公佈而寫的另一篇論文中發揮出來（固然發揮底形式稍有不同，）以維護貧民底普通權利。當馬克思還堅定地相信國家應當體現『一般的國民精神底自由』時，他已向立法當局提出要求，要立法當局不但須關心到森林主底利益，亦且須注意到森林規則破壞者底利益底維護，『因爲國家應該也注意到人林……公民之林底伐木者。國家不能很輕率地把它底一個成員截去所有這些職能，因爲若是國家使它底公民成爲罪犯的話，那就等於它自己摧殘了自己』（見前書頁二三三。）

黑格爾底唯心的國家法理論就是如此。然而馬克思當時已經很明白地了解，森林所有者並不受思想的原則底指揮而是被實際的利益所支配的。『實事求是的森林所有者這樣思考着這條法律規定得很好，因爲它對我是有利益的……』（前書頁二二六。）

然而重要的是下面的一點：馬克思這裏已經不限於對森林所有者的批評了。馬克思宣佈貧民爲『平常法權』之合法的負持者，以對抗農奴制下的貴族資產者的等級。馬氏肯定地說，在私有的森林中採集被風吹倒的樹木是貧民『掠取權』底合法的表現；貧民們在自己的行動中……來證實他們自己的法權』（前書，頁二三一）這樣，馬克思以革命的民主派底身分利用着黑格爾法權哲學底個別的論點。這是表示，馬克思走了否定黑格爾的國家『觀念』的道路，因爲他不說『一般的國民精神』底自由而硬要它去表現貧民底特殊的、個別的階級精神。

倘若說馬克思在理論活動開始的時候曾經深深地相信理想國家爲一般的國民精神之體現，它決定着所謂公民社會底生存形式，那末在萊茵報中工作的時候，在實際的政治鬭爭過程中，馬克思就得出了這樣的一個結論：國家祇是『解說理性是可以實現的，』實際上『它落入於自己的理想任務與自己的實在情形之間的矛盾中』（前書，頁三六五。）

馬克思和恩格斯往後的發展，卽他們在德法年鑑中的活動和他底神聖家族之批判（一八四三——一八四四年，）目的是在揭破黑格爾的國家觀和法權觀。費爾巴赫著作底出現幫助了馬克思和恩格斯覺悟和建立起原先他們已經開了端的唯物論立場。恩格斯曾說，『我們（卽馬恩二氏）立時變成費爾巴赫主義者了。』在這一時期中，馬恩二氏完成了從唯心論到唯物論、從革命的民主主義到共產主義的徹底的轉變。

如果否認費爾巴赫底唯物論對於馬恩二氏唯物的認識論底形成的影響，那是不正確的但是假如把馬克思和恩格斯看成正統的費爾巴赫主義者，以爲他們在理論活動底早期內也具有跟費爾巴赫底見解一樣的那種限制性，那可也是不少的錯誤就費爾巴赫底宗教批判幫助馬克思去揭破黑格爾的理想國家觀這一點而言，那末我們說馬氏是個費爾巴赫主義者，他接受了費爾巴赫底哲學觀點而且是堅決保護費爾巴赫使之不受青年黑格爾派底唯心批判底攻擊的人。馬克思把費爾巴赫提高到青年黑格爾派的「批判的批判」以上的不可測量地高的地位。然而馬克思從未成爲費爾巴赫之無條件的追隨者，因爲在馬克思底哲學思想發展之初他底活動就曾反對着費爾巴赫哲學底基本缺點——它底直覺性，同時也反對費氏底不了解下面一點；宗教不能靠理論的批判來毀滅而必須靠社會生活之社會經濟條件底革命實踐的轉變。唯其如此，所以當費爾巴赫底哲學改良提綱出現的時候，馬克思在他底某一封信裏寫道：『費爾巴赫底格言底缺點，在我看來，是在他太多注重於自然而太少注意到政治。』（俄文版馬恩全集卷一，頁五三二。）

馬克思在理論活動開始之初就主張實踐的行動性的哲學，以與費爾巴赫底不徹底的抽象理論的宗教批判相對抗。根據政治鬬爭底經驗，馬克思完全獨立地確信黑格爾底理想國家是一個抽象概念，這樣的國家不能成爲社會發展底原因。在這一發展時期內馬克思確定德國的法權和國家底哲學是德國歷史之理想的繼續；它完全不是，像黑格爾所設想那樣，社會發展底原因，而只是當代先進國民底社會生活之「哲學的反映。」所以對黑格爾法權哲學底批判，在馬克思看來，認爲不僅是對德國農奴制（或作封土制）底批判，而且也伸引出對當時已經發達的英、法資本主義底批判來。

馬克思對黑格爾法權哲學底批判，是從布爾喬亞政治經濟學底觀點出發的；在這一批判中，在他研究經濟理論和批判空想社會主義底過程中，他拋棄了革命民主主義的立場而走到了勞工集團底立場。在黑格爾法權哲學批判那篇赫赫有名的論文中，馬克思已經表現他底勞工集團革命家底態度，因爲這時他了解理論批判對實踐的革命鬬爭的依賴關係，比以前深刻得多了。馬克思寫道：他是「舊的德國政治意識形態底堅決的批判者；思辨的法權哲學底批判不發生於它自身，而發生於一些惟有用一種手段——實踐——纔得解決的任務中……

……批判底武器，當然不能來代替武器底批判，物質的力量當爲同一物質力量所拋棄；但是一旦當理論爲大衆所把握的時候，它也變成物質的力量了」（前書，頁四〇六。）

下面一段引文證實了我們底思想：「哲學以勞工集團爲自己的物質武器；同樣的，勞工集團則以哲學爲自己的精神武器；當思想底雷電一旦從根基上打擊到這塊純潔的民族之土上來的時候，日耳曼人在人羣中也就獲得解放了。』（前書頁四一二。）爲着想更具體地說明『日耳曼人在人羣中的解放』底道路，馬克思就提出了這樣一個問題：『日耳曼人解放底正面的可能性究竟在那裏呢？回答說：是在於形成一個、被堅實的鏈條聯繫起來的社會集團，一個公民社會底階級，這個階級不是目前公民社會底某個階級；在於形成一個現存一切等級崩壞後的等級；形成一個社會集團，這個集團由於它底一般的苦痛而具有一般的性質，它不要求任何的特殊權利，因爲在它上面所施行的，並不是某種特殊的不公平，而是一般的不公平；它已經不能以歷史的權利爲引證而只能引證人權；它不是跟德國國家制度底結果發生某一單方面的矛盾而是跟這一制度底基礎發生各方面所有的矛盾；最後，這個社會集團若不從其他一切社會集團方面解放出來，又不解放其他一切社會集團，它就不能解放自己。……一言以蔽之，它要求人類全部的毀壞而同時自己又使人類得到完全新的再生。這個已在分解的社會集團，這個特殊的階級，就是勞工階級。』（見馬、恩合著黑格爾法權哲學批判。）

這裏，馬克思徹底地駁斥了黑格爾底思想——以爲理想的國家決定着社會生活底形式。馬克思跟黑格爾相反，他開始從社會生活底規律性上去找出國家組織形式底依賴關係來，固然在最初的時候，關於這種規律性他還只能下一個很籠統的定義。馬克思說，『黑格爾忘記，特別的個性就是人類的個性，而國家的職能和現實底領域是人類的職能；他忘記個體底特殊性底本質，不是它底血肉，也不是它底鬚髮，而是它底社會的品質；而所謂國家的職能等等，並非別的，只是存在底形式和人們底社會品質底表現形式而已。因此，很明顯的，既然所有的個人都是國家職能和國家政權底負持者，那末我們就不應當從他們底私人品質方面，而應當從他們底社會品質方面去觀察他們』（前書。）

馬克思和恩格斯底思想發展中其次一個堅決的步驟，表現在他們底神聖家族之批判一書中；在那本書裏面，他們鞭韃和揭破了黑格爾唯心論底信徒們，而自己則完完全全成爲勞工集團的革命家而堅定地站在辯證法唯物論底立場上了。馬克思在這本書裏指出，國家、法權、宗教、道德等等，都是由不可調和的社會鬪爭來決定的。在神聖家族之批判中，馬克思關於勞工集團和資產集團底對立性作了一番階級的估量。這裏馬克思很顯明地指出了勞工集團底歷史任務，它跟資本主義制度鬪爭的必然性，跟它自己的不可容忍的生活條件作鬪爭必然性。馬克思和恩格斯在神聖家族之批判中又徹底地察覺了社會發展底基本彈力——物質的生產過程和與此過程相聯繫的社會鬪爭底法則；這樣一來，他們就奠定了辯證法唯物論底基礎。

德國的觀念形態（一八四六年出版）是辯證法唯物論發展中的一個更新之步驟。德國的觀念形態底出發點，跟馬克思以前的一切哲學、特別跟德國的哲學，原則上完全相反。馬克思和恩格斯是『以實在行動的人羣做出發點而從他們底實在的生活過程中指出了觀念形態的反映和這種生活過程底反映底發展狀況』（見馬恩文存卷一，頁二一六。）他們認定，研究社會生活底出發點，不應當是人們底幻想的概念，也不是拋棄實在的現實的抽象觀念，而是『眞實的人，他們底行動和他們底物質的生活條件——現成的和靠人們自己的活動創造出來的各種物質條件』（前書。）

『這樣，我們面前擺着這樣的一個事實：許多一定的個人，用一定的方式從事生產，參加着一定的社會的和政治的諸關係。』『這些個人替自己所提出的意見，或者是關於他們對於自然的關係的意見，或者是關於他們底相互關係的意見，很明顯的，在這一切場合中，這些意見都是實在的，或是他們底實在關係和行動底自覺的表示，是他們底生產，他們底關係，他們底社會和政治的實踐之自覺的表示。』人們底物質生活，是他們底生活底眞實過程：『意識除了被意識到（即被認知的——沈）存在以外，不會成爲別的。』這裏馬克思已經給了一個關於意識依賴存在的經典式的公式，他說：『不是意識決定生活，而是生活決定意識』（以上均見前書，頁二一五——二一六。）

馬克思這樣地規定了唯物論底基本原則，他同時予以前的哲學以無情的批判。馬克思和恩格斯對於德國的哲學，特別嚴酷地予以矯正，因爲德意志的哲學不研究具體的、行動的人，而專門研究抽象的、想像的、幻想中的人。馬克思說：『德國思想家底思想，始終在「純精神」底領域中兜圈子，他們把宗教的幻想當作歷史的動力看了。』德國的哲學只是對着天動作，它從來不降到地上來。但是眞正科學的認識，應該從研究實體開始，從研究生產過程、從研究在地上活着的、具體地行動的人開始。我們應當以一定的歷史的人爲出發點，去理解生產底社會條件決定它們底觀念的反映這個道理。因此，哲學跟一切觀念形態一樣，它自己沒有特殊的獨立的發展史，因爲人們發展着自己的物質生產底方法，他們同時也就改變着自己的思想方法。

這樣一來，以意識爲主的那種說法就消滅了；實在的知識應該取而代之。在最好的場合，哲學底地位可能爲『從人類歷史發展底觀察中所抽出來的一些最普遍的結果底總和』所佔有。因此，眞實的和唯一的科學是歷史，它應當完滿地描繪出各種社會的生產方式底交替過程和依靠這些生產方式來決定的各種不同的意識形態底交替過程。

爲要指明物質生產底發展是社會生活底基本的、決定一切的法則（根本動力）馬克思和恩格斯再三再四地提到一個日常經驗上所早經證實了的事實：人們爲要生活，他們必須生產『爲自己的生活所必需的各種資料，』這樣他們就『間接地』生產了自己的物質生活，因爲『這種活動，這種不間斷的工作和創造，這種生產——這是一切可感覺的世界底基礎……』（馬恩文存卷一，頁二一八。）

但是假使生產是決定一切的社會發展律，那末它同時也就是劃分人與動物（指禽獸）之區別的分界線，因爲人跟動物的區別，可以從意識上、從宗教上、從其他任何一點上劃分開來的。他們自身開始跟動物區別，祇是當他們開始生產他們底生活所必需的資料時。即使在社會發展底最低的、原始的階段上，生產也是人類生活底基礎。

社會發展底初級階段上的意識，直接依賴着實際的人類活動；這種意識『首先就是最接近的感覺環境底意識。』原始人底意識和語言發生於勞動過程中，而這種勞動過程需要由人與人的相互的實踐關係來形成的。只當物質和精神的勞動分工發生的時候，意識就認知自身，『它祇是現存的實踐底意識罷了。』『從這時起，它才能解脫世界而形成「純理論，」這樣它便獲得對人的統治底幻想底形式。

這種分工是由歷史上積纍着的物質分工過程來決定的。勞動底分工使人類底發展成爲偏面的，它統治着人類，使某一部分人固定在某一種社會職能上。『依照現存的分工制，每人有着一定的、特殊的活動範圍，這個活動範圍束縛着每一個人，而且他也跳不出這個範圍：他或者做獵人，或者做漁夫，或者做牧人……或者做批判的評論家』（見馬、恩文存，頁二二三。）馬克思和恩格斯認爲與人類發展以特別壞的影響的，是城市與鄉村底分工，因爲這種分工『是個人服從分工，服從一定的、強迫他做的活動，使一種人變成狹窄的城市動物，另一種人變成狹窄的鄉村動物——是這種事實底最拙笨的表現』（前書，卷一，頁二三四。）

這裏馬、恩二氏指示給我們看：勞動分工底法則決定了觀念形態獨立發展底幻想底表現；勞動分工摧殘了人類發展底形相，使人們固定在個別的職業上。在德國的觀念形態中，馬克思和恩格斯明確地規定勞動分工律爲形成階級之基原，因爲，他們說：『勞動分工和私有財產權是等同的說法：前一場合是對於活動而言，後一場合則對於活動底產物而言，兩者實在是同一的』（前書。）因此，『在每一個勞動分工底階段上各種不同的財產形式，決定着人們在對於物質資料、勞動工具和勞動產物的關係上的相互關係。』這樣看來，馬、恩二氏在德國的觀念形態中，把社會劃分成階級的原因，完全揭露出來了。

在同一著作中，他們又下了一個十分具體的社會底定義，確定社會爲一定的社會經濟的形態（Socially-economical formation）；確定了它們（指社會經濟形態——沈）底結構對於統治的所有權形式的依賴關係；並且探討了在它們之內具體地發展着的社會鬪爭。

封建貴族和資產階級民主派底鬪爭，要求普選權的鬪爭，擁護公民之自由平等的鬪爭等等——所有這些都是欺騙的方式，是資產階級經濟利益之思想上的表現。

馬恩二氏根據布爾喬亞革命時期社會鬬爭底分析得出結論來說：物質上操着統治權的那個社會集團，常常在精神上也是統治的。佔有物質的生產手段的社會集團，同時也一定佔有精神的生產手段。統治某一時代底思想，是這一時代底統治的社會關係之思想的表現。因此馬克思一再而三地指出舊的意識形態不能靠精神的批判來毀滅而必須靠實在的社會關係之實際的改革（即革命）來毀滅的……『歷史底動力不是批判而是革命。』

這樣看來在德國的觀念形態中，馬克思和恩格斯不但揭露了社會發展底基本法則而且還明確地指出了革命之史的必然性。革命是生產力和生產關係矛盾之必然的結果；『生產力和社會關係形式間的矛盾……每每一定採取革命底方式而被消除的』（前書頁二四一。）

馬克思和恩格斯不止一次地說明下面一個事實：一切過去的革命都只限於財產所有權底重新分配，而從來沒有觸犯到私有財產權底統治基礎本身。這就是過去一切革命跟未來勞工集團的共產主義革命底根本區別之一。只有共產主義革命要徹底地消滅一切階級的統治，因爲這個革命是由勞工集團來進行和領導的，而勞工集團在一切民族中有着同樣的利益，它不但不能容忍它與資本階級底關係，而且也不滿意勞動分工本身；這個社會集團『擔負着社會底一切重荷而享受不着它底一切幸福』；這個社會集團就是關於共產主義革命底必然性這一意識所自出的集團。』勞工集團必須完成革命『不僅是因爲別的方法都不能推翻統治集團，而且也因爲背叛現統治的社會羣，只有在革命中方能肅清一切舊社會底汚穢而創造一個新的社會』（前書，頁二二七。）

這樣看來，德國的觀念形態一書是馬克思和恩格斯哲學思想發展過程中的極重大的一步。在這裏，他們把唯物論擴張到社會底認識上去，把唯物論向上提高，揭露了社會發展底基本規律性，同時又徹底地形成辯證法唯物論爲勞工集團底宇宙觀和方法。

在沒有詳細考察辯證法唯物論以前，我們要把那歪曲馬克思哲學思想發展底實際過程的三種見解，先提出來說一說。

流行最廣而根本曲解馬、恩二氏哲學思想之實際的形成過程的，就是普列漢諾夫底見解。普氏在他所著馬克思之哲學的進化一文中肯定地說，『他們（卽馬克思和恩格斯）底全部路程，可以分爲三個階段：第一階段——抽象的、黑格爾式的自覺意識；第二階段——費爾巴赫底既具體又抽象的人；第三階段——生活在實在的階級社會中、在一定的社會經濟環境中的實在的人。』這意思就是說，從黑格爾主義經過反黑格爾主義而達到費爾巴赫式的唯物論與黑格爾主義在一新基礎上的綜合——確實地說，卽達到馬克思主義。

這一見解底根本缺點是在純粹從邏輯上去觀察馬克思哲學思想底發展，把它看作單純的觀念底發展，而與社會鬬爭、與科學發展底程度無關似的。我們也曾說過，馬克思和恩格斯在跟黑格爾和費爾巴赫的鬬爭中建立了辯證法唯物論，普列漢諾夫不了解馬克思底哲學思想底發展是常常受革命鬬爭底任務之指揮的；他不了解，在革命的鬬爭中馬克思很快地了解了黑格爾式的和費爾巴赫式的武器底不中用。

現代的機械論者和孟塞維化的唯心論者都接受普列漢諾夫這一個關於馬克思哲學發展的公式，而且他們還惡化了它達到了荒謬絕倫的地步。例如亞克雪洛德（機械論健將之一——沈）在其哲學家的馬克思一著中寫着『黑格爾底學生費爾巴赫一般地反對唯心論，特別反對黑格爾底唯心論；他越過了他底先生底體系而領受了辯證的思惟方法。費爾巴赫以驚人的技巧運用着辯證法底武器，他靠這一武器破壞了唯心論的結構。費爾巴赫底結束之點，也正是馬克思底開始之點。馬克思完完全全同意費爾巴赫底唯心論批判……。簡單地說，馬克思造成了更高的綜合，這一綜合表現於黑格爾辯證法和費爾巴赫底唯物的認識基礎之結合。』從實質上說，這裏亞克雪洛德只是更庸俗地重復着普列漢諾夫底見解，把辯證唯物論看成費爾巴赫主義跟黑格爾主義底結合了。

孟塞維化的唯心論者在辯證法唯物論底形成問題上，完全跟機械論者持着同一的觀點。他們把馬克思底辯證法看成被費爾巴赫底唯物論所修正了的黑格爾底辯證法，把它看成黑格爾底辯證法和費爾巴赫底唯物論底綜合（德波林即如此說。）

這兩種關於辯證法唯物論發生史的歪曲理論底社會意義何在呢？這些歪曲的理論有一個共同的觀點，就是它們都肯定地說：辯證法唯物論是費爾巴赫式的唯物論和黑格爾底辯證法底結合。但是這樣的說法，就等於企圖把勞工集團底哲學溶解於布爾喬亞宇宙觀中。辯證法唯物論是以前一切形式底布爾喬亞哲學底繼續，但同時又與它們完全相對抗它底發展路程是跟一切布爾喬亞哲學理論鬬爭底路程，在這種路程中，同樣地而且首要地也跟黑格爾底唯心辯證法和費爾巴赫底直觀唯物論做了鬬爭。

要做「一般的」辯證法家是不可能的，或是做唯心的辯證法家，或是做唯物的辯證法家。孟塞維化的唯心論者是屬於前一種的，馬克思主義者和鄧梁諾夫主義者則屬於後一種。機械論者則既不屬於前者，亦不屬於後者，他們根本不是辯證法家。

我們（辯證法唯物論者——沈）是『黑格爾辯證法之唯物論的朋友』我們不推翻這一辯證法，而只是改造它和發展它成爲唯物的辯證法。雖然『黑格爾哲學中有着很多的神祕主義和空洞的迂腐學說底思想……，可是他底基本觀念是偉大的：一切跟一切的全般的、各方面的、活的聯系和這一聯系……在人底概念中的反映；這些概念應該也是伸縮自如的、活動的、相對的、互相關聯的、在對立中一致着的……』（見鄧氏文存卷九，頁一三九）馬克思主義把黑格爾底辯證法『頭腳掉轉來』它『從它（指黑格爾辯證法——沈）神祕的外殼之內抽取了合理的核心』。我們是黑格爾唯心論之辯證唯物主義的敵人，我們要克服虛妄的、唯心的、神祕的、神學化的黑格爾式的辯證法，把辯證法從唯心論的俘獲中拯救了出來，唯物論就得到了一位天然的盟友和伴侶。辯證法絕對不是唯物論底偶然的伴侶，徹底的唯物論必然是辯證的，同樣，唯一的徹底的辯證法也必然是唯物的。

第三章　辯證法唯物論

第一節　唯物辯證法是一種哲理的科學

辯證法唯物論是一個新的社會集團底宇宙觀，對於這個社會集團歷史賦予以消滅階級的偉大任務。辯證法唯物論是勞動階級做鬬爭和謀解放的精神武器，是它底各種見解底哲學基礎；這一哲學，證明它從『自在階級』(class-in-itself)變爲『自爲階級』(class-for-itself)的轉變。辯證法唯物論這一種宇宙觀，只是當我們從勞工集團底立場去認識世界的時候，纔能夠被我們正確地和完整地把握住。正因爲從這種立場出發，現實才得眞正客觀地被認識。因爲只有馬克思主義底哲學才是這樣的一種觀念體系，在它裏面高度的和嚴密的科學性跟徹底的和不妥協的革命性密切地結合着。辯證法唯物論是跟剝削集團底觀念形態公開而徹底對抗着的唯一的哲學學說；這種學說是隨着勞工集團力量底強固而發展着的。

馬克思主義底哲學是一切過去科學和哲學底發展之歷史的總結或結論。但是馬克思主義並非簡單地、機械地把過去一切學說結合爲一體，它決不是（像孟塞維化的唯心論者所設想那樣）過去一切理論底簡單的、機械的綜合，而是那一切理論學說之批判的改製。它是一種新的、完整的哲學學說，根據自然、歷史和社會實踐之研究結論的哲學學說。

現代的唯物論並不是過去各種哲學學說底簡單的繼承者；它是在反過去統治哲學的鬬爭中，在爲科學解除其唯心論和神祕性色彩的鬬爭中誕生和成長起來的。馬克思主義不但繼承了唯心論底最高產物——黑格爾學說——中的成果，同時還克服了這一學說底唯心論，唯物地改造了它底辯證法。馬克思主義不僅是一切過去唯物論發展底繼續和它底完成，而同時又變成過去唯物論底狹窄性底反對者，機械的、直覺的唯物論底反對者。勞工階級底哲學，繼承了過去文化底科學的遺產，同時予此種遺產的革命的改製。

辯證法唯物論這種馬克思主義底哲學，也是認識周圍世界底方法和革命行動底方法。辯證法唯物論是宇宙觀和方法底一致。恰巧在這個問題上我們常常遇到一些歪曲馬克思主義的不正確的觀點。唯心論的馬克思主義修正派底代表認爲辯證法唯物論底全部實質在於它是『方法』，他們這樣地提出問題來，就把方法從一般哲學的宇宙觀上割裂開來，把辯證法從唯物論那裏割裂開來了。機械論者底觀點也是不正確的；他們只把馬克思主義的哲學看作一般哲學的宇宙觀，而且他們認爲這種哲學的宇宙觀就是機械的自然科學底各種結論；他們不了解，我們底哲學不是簡單的唯物論而是辯證法的唯物論。

關於馬克思主義底哲學和它底對象（跟一切過去的哲學都不同）的問題，馬克思和恩格斯在他們底早期著作中就已發揮了很深刻的思想。例如在德國的觀念形態一書中他們關於哲學底問題寫道：『這樣說來，在思辨停止的地方，就是說在實在生活底門檻上，開始着實在的實證科學，實踐行動底描寫，人羣發展底實踐過程底描寫。關於意識的句語都消失了，它們應該爲實在的知識所代替。當人們開始描寫現實的時候，獨立的哲學就失去它底『存在底理由』(raison d'être) 了。它至多只能成爲從人羣底歷史發展底研究中所抽出來的一些最普遍的結論底總和而已』(見馬恩文存卷一，頁二一六。)

馬克思和恩格斯把他們底學說底刀鋒對向着使哲學脫離實在的現實和將它轉變爲某種獨立的實質的那種辦法，他倆又特別着重地指出了那根據實在生活、實在關係底分析生長出來的哲學底必然性。他們着重地指出，在這樣理解之下的哲學，就失去了哲學底獨立性底意義。就是說，它不只以邏輯觀念和邏輯觀念底自生(卽自己生產之意——沈)做自己的研究對象。這樣看來，這裏已經有了哲學底作用和任務底肯定的定義；這種定義，在馬克思和恩格斯底晚期著作中和鄔梁諾夫底著作中，得着了更詳細的發展。這是指他們底下列一個指示而言；他們指出，哲學底任務應該是總合從人羣歷史發展底研究和考察中抽出來的一般的結論。馬克思主義底歪曲者和庸俗化者，特別是馬克思主義哲學底歪曲者和庸俗化者，否認着哲理科學底存在權；他們想引用恩格斯在反杜林中關於這個問題所說的一些話，來作爲論證。恩格斯在那部書裏寫道：現代的『唯物論實質上是辯證法的，它使企圖超乎其他科學以上的一切哲學成爲多餘的東西了。當每一門科學都要求確定自己在一般的事物和知識體系中的地位時，討論這種一般聯系的任何的特殊科學，就成爲多餘了』(見恩著，反杜林〔Anti-Dühring〕俄文版，頁十七。)

這裏恩格斯首先指出，馬克思主義底哲學不是簡單的唯物論而是辯證法的唯物論。第二，從辯證法唯物論底觀點看來，既然每一門科學都要求確定各自在客觀世界底一般的認識過程中所佔的地位，那末站在其他一切科學之上，自成爲「科學之科學」和不經過眞實的科學材料底分析而杜撰着一般的聯系的那種哲學，是絕毫沒有必要的。這樣的一種舊形式的「哲學」是站不住的。然而對於一種有實際內容的哲理的科學的需要，卻依舊保持着，這種哲學（卽哲理的科學——沈）是探討反映自然和人類社會之發展法則的人類思惟底發展法則的科學。惟其如此，所以談到辯證法唯物論時，恩格斯寫道：『這樣，哲學是「被揚棄」了，就是說它被消滅了同時又被保持着。它形式上被消滅了，可是就它底實際內容說，是被保持着的』（前書，頁九八。）

這樣，我們就知道，否定馬克思主義哲學的各種各式的機會主義者和修正主義者，都在曲解馬克思、恩格斯和鄔梁諾夫底觀點。馬克思主義和鄔梁諾夫主義底首創人究竟把唯物辯證法這種哲理科學了解爲什麽呢？

馬克思、恩格斯和鄔梁諾夫解說唯物辯證法爲論發展的學說。恩格斯在他自己的作品中稱辯證法爲『論自然人類社會和思惟之運動和發展底一般法則』的學說（前書，頁一〇〇。）鄔梁諾夫跟馬克思、恩格斯一樣，他把辯證法看作『最多方面的、內容最豐富的和最深刻的發展學說』（見鄔氏全集卷十三，頁一〇，論卡爾、馬克思一文。）鄔氏底見解跟馬克思主義底首創人底見解相同，他們認爲一切其他的發展原則底公式，都是狹窄的、無內容的和『截去了自然和社會底實際的發展過程的』（前書頁一〇。）辯證法是最深刻和最多方面的發展學說，因爲它最完滿地、最多方面地反映着自然和社會中的變化過程底突躍性和矛盾性。

照恩格斯底說法，哲學裏『留下了論思惟法則的學說、邏輯和辯證法。』但吾人思惟之法則，卻反映着自然和社會底發展法則。

恩格斯說，『所有我們底理論思惟，都被下列一事實以絕對的力量統治着：我們底主觀的思惟和客觀的世界都為同一法則所支配，因此在它們底終極的結果上，它們不會互相衝突而必然互相調協的。這一事實是我們底理論思惟底無意識的和無條件的前提。』（見恩格斯著自然底辯證法，俄版頁七五。）吾人認識所循以發展的思惟法則本身，反映着自然和人類社會底歷史。所以在自然和歷史以外辯證法則就毫無意義。思惟法則本身是正確的，只是因為它們反映着自然和歷史底發展。恩格斯寫道：『所謂客觀的辯證法，統治着全部的自然，而所謂主觀的辯證法，即辯證的思惟，祇是統治着全部自然的，經過對立而發生的運動底反映，而這種對立又以其經常的矛盾和由此至彼的轉變（或更高形式）來決定自然底生命（前書，頁三五。）

主觀的辯證法為客觀世界發展在意識中的反映，它是思惟底方法，也是人羣對於自然和對於社會的實踐行動底方法。照恩格斯底說法，它是最正確的思惟形式，『因為只是它這種方法，是說明自然中所發生的發展過程的方法，說明自然底一般聯系以及由一個研究領域過渡到另一領域的各種轉變的方法』（見前書，頁七〇

第二節　世界底物質性和物質存在底形式

馬克思主義繼續着和向前發展着哲學中的唯物論路線，它解決了關於存在與思惟底相互關係這一個哲學底基本問題，它徹底唯物地指出了世界底物質性和意識對於存在的依賴關係。『世界底一致性是在於它底物質性，而這種一致性……被哲學和自然科學底長期的和迂緩的發展所證實了』（見恩格斯著反杜林頁三

〇。）

承認存在、自然、客體底源始性，是以它底獨立的存在爲前提的。隸屬於唯物論營壘的第一個條件就是承認外界、承認客觀實體之在任何意識以外和不依賴任何意識而獨立存在。客體並不是某種次於主體的東西，它是獨立的、首要的。在前面討論主觀唯心論的時候，我們已經說明，拒棄這一基本原則，結果將陷於何等荒謬絕倫的地步。

在人類社會底歷史發展中所表現的人底社會的實踐，就是客觀世界存在底證據。人類的行動和吾人生存這一事實本身，不可動搖和不可駁斥地證實了外界底實在性和它底脫離主體而存在的獨立性。人必須每天、每小時、每分鐘跟外界——靠他底感覺機官來認知的外界——接觸；世界係以一種不馴服的、甚至敵對的力量，來跟人類對抗着，對於這種力量需要用嚴厲的、殘酷的鬬爭去對付的；最後一點，人類不惟應當克服外部的阻礙而且他還能夠克服那些阻礙；——所有這些實情，都極好地證明了客觀外界之離意識而獨立存在的這一事實。

承認物質世界，承認意識對於存在的依賴關係和承認物質底基源性——這是馬克思主義哲學底基石。

然而物質是什麼呢？爲要說明這個問題，必須明確地區別哲學的和自然科學的物質觀。這並不是兩個矛盾的觀念，而是從兩種不同的關係上所下的兩個物質底定義。哲學的物質觀是從它（物質——沈）對於認識對於思惟、對於主體的關係上去定它底界說的。哲學的物質觀底意思是說物質就是『作用於吾人之感覺機官而引起吾人之知覺的東西；物質是我們所得感覺的客觀的實體』——（見鄔梁諾夫著，唯物論與經驗批判論。）物質是在吾人意識以外、離意識而獨立存在、引起吾人之感覺並在感覺中得到反映的東西。自然科學的物質觀所着眼的問題是：從吾人所處的現時代底物理知識程度所能判斷的這一客觀世界是什麼的問題。若說哲學的物質觀不可分離地聯繫着存在和認識、主體和客體底相互關係問題底解答，那末自然科學的物質觀所講的是關於物質底構造關於物質之物理的構造底說明，而這種說明是隨着各個不同的歷史時期中吾人知識之發展而變化的。

所謂物質，是指那不依賴我們（卽我們底意識、精神——沈）而獨立存在的整個世界而言的。物質底概念，乃最一般的概念。一切存在的都表現爲各種不同的物質形態，可是物質自身卻不能把它界說爲某種個別的場合。根據同一原因，我們也不可以指出物質之種類的區別來。我們區別物質與意識，把它們互相對立起來，但是這種對立是有條件的，它只在『認識論的』見地上是有意義的，只是因爲我們在物質本身中發見了它底一種特殊的品質，高級有機體的物質底品質——意識或思惟。認識與存在底對立，就是認識的物質與被認識的物質底對立，不會再多一點。主體與客體之極合法的和極正確的對立，在認識論底領域以外就失去它底意義。假如我們從自然科學的觀點把物質跟精神對立起來，這無異於背叛唯物的一元論而走上了二元論底立場。世界上祇有物質和它底各種表現。主體自身也是物質的。認識的人本身也是物質底表現之一。

由於物質底一般性和單一性，所以替它下一個完整的定義就等於指出它底一切品質和表現，就是說，指出自然中存在着的一切。因此自然科學的物質觀，常常只能算是相對的眞理；因爲物質之包容一切的定義，必須以自然之絕對的認識與科學任務之全部完成爲前提的。隨着物理和化學底進步，自然科學的物質觀就愈趨精確向哲學要求那成爲自然科學全部發展之傾向和任務的東西是荒謬的思想。

古典式的機械學、物理學和其他科學，說到物質的時候，常常指着下列諸屬性而言：如量、惰性、不可透過性、重量等等。這些物質底屬性，向來都被認爲物質之絕對的、不變的和基源的屬性（或特性——沈。）這樣的觀念部分地是決定於自然科學本身底發展水平。

在二十世紀以前，自然科學家被一種思想支配着：以爲原子是物質分裂底最後階段，在原子以下不能再行分解了。然而從二十世紀初起，由於物理底進步，發見了原子也能分解的事實，同時電子就成爲物質分裂底最後階段了。這樣看來很明顯的，舊的物質組織底原子論已變成不充分了，它應當用電子論來補充和發展。當十九世紀末物理學底更深的發展，從根本上改變了物理學家底見解，而物質也失去了向來被認爲物質之基本特徵的那些屬性時，物理學中就爆發了一種危機：一部分物理學家走上了唯心論底立場。

在布爾喬亞的哲學家和自然科學家看來，認爲電子的物質組織底發見，可以作爲得出『物質消滅』這一結論底論據的。鄔梁諾夫底哲學觀點，則認定物質是既不生又不滅的，他認爲物質是離開吾人之意識而獨立存在的客觀實體，因此他所得出的結論跟布爾喬亞哲學家所得出的完全不同。鄔氏說：『所謂「物質消滅」，意思就是我們向來認知物質的那個界限消滅了，因爲我們底知識發展得更深了一步，同時，從前被認爲絕對的、不變的和基源的（即不可透過性、惰性、量等等）那些物質底屬性也消失了，因爲現在已被發覺這些屬性，都是相對、的，只存在於某幾種物質狀態的』（見唯物論與經驗批判論。）

哲學的唯物論認爲『物質之唯一的「特性」——哲學的唯物論所必須承認的特性——就是它底成爲客觀實在存在於吾人意識以外的這一點特性』（前書，）而物理學和一般的自然科學我們前面已經說過，把承認物質跟承認它底一些物理的和其他的特性相混同了。十八、九世紀底形而上的唯物論（法國的唯物論者和布赫訥〔Büchner〕福赫特〔Vogt〕摩勒蕭特〔Moleschott〕等等）也一樣狹窄地了解物質。他們以爲承認物質底此種機械的特性，就是了解物質。我國（指蘇聯——沈）底機械論者（如梯米略才夫〔Timiriyazev〕等人）也免不了這種形而上的物質觀。

這當然不是說，辯證法唯物論不承認物質底各種物理的特性。它是承認它們的但它不把承認物質跟承認物質之必須具有重量、惰性等等當作一件事情看。它認爲這些特性只存在於某幾種物質底狀態，只存在於某幾種物質運動底形式，而確定物質本身底界說爲存在於吾人意識以外的客觀實在。

這樣看來，哲學的物質觀和自然科學的物質觀之間的區別在於前者是不可動搖地、不可分裂地跟「哲學的唯物論」跟辯證法唯物論相聯繫；而自然科學的物質觀在關於物質組織等等的具體知識底發展過程中過去已改變過好多次，現在仍在改變着而將來還是要不斷地改變下去的。

這一論點已被哲學和自然科學底全部發展史所證實。鄔梁諾夫說得很對，他說哲學的唯物論常常跟承認物質爲存在於吾人意識以外的客觀實在這一觀念聯繫着的，可是關於物質底組織、關於物質可能存在的那些具體的形式和型類，由於生產力發展水平和直接地由於自然科學和技術底發展水平底變化而改變得已經不止一次了。

由於知識底進步，唯物論。。。。。改變着它底形式，加深和改善它底物質觀，愈趨愈接近於物質之周密的認識。可是認定世界底物質性，它底客觀的實在性和它底對於意識的基源性——這一種哲學的公式卻是一成不變的。不論我們對於實地的觀念、對於客觀實體底結構的觀念如何改變，這跟承認客觀實體之存在是無關的。

辯證法唯物論底另一個基本的原則論點，就是恩格斯所說的一句話：『沒有運動的物質跟沒有物質的運動是同樣地不可思議；……運動是物質存在底形式』（見反杜林頁四一），運動是『物質存在底方式，』是『內在於物體的屬性。』鄔梁諾夫也發表過同樣的見解，不過因為他提出的物質問題底方式不同和自然科學更向前發展的緣故，所以他採取新的形式來發表這同樣的見解，他說『說世界是運動的物質，抑說世界是物質的運動，實情不因此而發生變化的』（見唯物論與經驗批判論。）這樣看來，鄔氏認為唯物地給環繞着我們的世界下定義時，我們可以說它是客觀實在底運動，是運動的物質或物質的運動。這些定義中的每一個，都表示着同一的意思。

這些馬克思主義、鄔梁諾夫主義的論點底意義是在反對：（一）認定物質是絕對不動的，或認定任何絕對的靜止，縱然只指着客觀實在底一部分；（二）拋棄物質以思考運動的那種企圖；（三）對於物質運動的簡單化的見解。

物質是運動的物質。世界上沒有無運動的物質，同樣地也沒有無物質的運動。物質並非從外面、從某種外來的力量獲得這種運動的。它有生以來就是動的，而且永遠是運動着的物質。運動是物質底最普遍的、不可動搖的存在形式。『靠着什麼』物質曾經開始運動起來呢？這是一個荒謬的問題。因爲第一，這個問題底提出，必然設想到某種超自然的、處於物質以外而使物質運動的東西底存在，這樣就等於否認世界之物質的一致性，否認物質底普遍性，物質現實底單一性。第二，提出這樣的問題，就必先設想到在推動物質的一剎那之前物質是處於絕對的靜止狀態中的。第三，在這個問題中，物質被了解爲死的、無生命的抽象體，而非具體的、自動的物質像它實際上存在的樣子。最後一點，在這個問題底提法中，運動本身是完全機械地被了解着：被了解爲外界的推動加之於物體的結果，而不是物質之內部必然的自動。現代的物理學，很深地透入到原子底胸腹中去，在它中間發見了電子和分子底複雜的、無窮的運動；這樣，上述的見解（指提出『物質靠着什麼而開始運動』的問題的那種見解——沈）就顯得很遠地落後，而辯證法唯物論底物質自動論就被證實無誤了。

認定絕對的靜止爲物質底原始狀態或一般所處的狀態，這是形而上的哲學體系和所謂自然科學中的形而上學時期所特有的見解。在近代哲學中，例如笛卡兒（Déscartes）視物質爲堅實的、固定的和絕對靜止的物體，『它在上帝沒有使它運動以前就能存在的。』斯賓諾莎（Spinoza）認爲靜止是跟運動一樣地必然的要素。牛頓（Newton）底機械學所出發的一些法則中，把靜止看作物質之最經常的狀態，而把運動看作某些外來「力量」底結果。根據這一點，他就認定從神靈方面發出的「第一次推動」底必要性。關於第一次推動底必要性，差不多一切形而上的思想家都承認的。承認第一次推動，也是一切機械論體系底邏輯的終點和始點。

在十六、七世紀中曾經發展着一種爲這一時期底自然科學所特具的完整的宇宙觀。依照這種宇宙觀底見解來說，『自然是永遠不變化的。』各個星球都靜止地存在着，永遠不動地停留在它們各自的位置上。在自然中，根本沒有發展這回事。在十八世紀底法國唯物論中，表現着這種形而上的宇宙觀底一切基本的特徵。

辯證法唯物論不承認有絕對的靜止。但是它當然承認有相對的靜止。相對的均衡，這是運動底成素之一，是運動底特殊場合。辯證法唯物論承認『物體之相對的靜止底可能、暫時的均衡狀態底可能，是辨別物質、因而亦卽辨別生命的最重要的條件。』（見恩格斯著，自然底辯證法，頁十三。）

設想沒有物質的運動，設想沒有事物做基礎的「力量」，這種企圖是哲學的唯心論和教會主義底根源和基本實質。運動脫離了物質、脫離了自然，它變成了思想並且被視爲神靈化了。鄔梁諾夫寫道：『設想沒有物質的運動之企圖，使思想脫離了物質，這也就是哲學的唯心論』（見鄔著唯物論與經驗批判論。）

設想沒有物質的運動的企圖，是唯心的物理學家和實證論者和一般的站在唯心論立場的自然科學家（狄茨根卽已稱之爲「教會主義底外交的下屬」）所共同的。鄔梁諾夫用很大的注意力來跟這些企圖作鬬爭，他曾竭力反對過皮爾遜（Pirson）、馬赫（Much）、亞文拿留斯（Avonarius）和俄國的馬赫主義者波格唐諾夫等人（這些人把這一傾向拖進到哲學裏來），同時也反對過力學家奧斯華爾德（Ostwald）底類似的錯誤。

在一部分現代物理學家中間，我們發見了同樣的唯心論傾向。許多人根據愛因斯坦（Einstein）相對論底事例，企圖想像沒有物質的運動（例如弗倫凱爾）。在孟塞維化的唯心論者方面，我們也可以找到使運動跟物質脫離的一些特殊的嘗試。例如梯緬斯基（Tymiyansky）寫道『運動自己支配着自己，包容着自己，使自己運動着；』又說『運動底運動這一個概念……對於我們不是不相容的。』我們看到，這裏運動跟物質脫離底見解，是以極精巧的形式被提出來：他不提物質的運動，而提出了運動的運動。試問孟塞維化的唯心論者和那些唯心論的物理學家之間有些什麼區別呢？實質上絲毫區別也沒有。

辯證法唯物論認爲沒有物質的運動跟沒有運動的物質是一樣地不可能的。辯證法唯物論也不容許簡單化的運動觀，就是說把一切運動都歸結到它底一種形式上去，即機械式的運動上去。這樣的簡化的運動觀，一般地爲一切機械論宇宙觀所特具，個別地是現今蘇聯的機械論者（梯米略才夫，蔡特林等）所特具的。簡化的運動觀，把運動只解作轉移位置的觀點，結果必然要發展到承認均衡爲物質存在之唯一可能的方式，而靜止爲物質存在之主要的狀態的見解。它底必然的邏輯的結論，歸根結蒂還是要達到所謂『第一次推動』底那種立場上去的。

辯證法唯物論認爲『物質底運動不能歸結到一種單純的、粗笨的機械運動、簡單的轉移位置底運動上去；發熱和發光、電和磁石的吸力，化學上的化合和分解，以及生活和最後地意識——這些也都是物質底運動』（見自然底辯證法，頁九七。）恩格斯說，若不承認這點，那末就得否認能力不滅律，把運動解作不變的物體底轉移位置，反對研究各種運動形式之質的區別——這種見解是跟下面鄔梁諾夫底立論不相容的：鄔氏指出，整個世界是採取質地不相同的各種形式的物質的運動。

講到物質的運動時，我們必須常常記住它底各種具體的形式。所謂『運動一般』("motion in general")，『物質之爲物質』("matter as such") 或『物質一般』——這樣的運動和這樣的物質是沒有的，而且也不會有的。我們只知道物質底各種不同的形式和它底運動。『「物質」和「運動」這些字眼，祗是一些簡寫的名詞，在這些名詞中，我們依照它們共同的特性，把各種不同的被感覺的事物都包容在內。』（見自然底辯證法頁八十五。）

但是運動的物質乃存在於空間和時間之中；物質底運動本身已須以這兩種物質存在底形式爲前提。空間和時間不能與物質底運動相分離。空間和時間不是與物質相隔離而不依靠物質（即與物質無關——沈）的東西。『物質存在於空間』這句話底意思，並不是說有一種非物質的、空虛的空間被物質所佔據着，物質被置放在這種非物質的空虛的空間中。它底意思是說，物質本身是有空間的和有延長性的；物質世界是內部存在着伸張性的世界。空間和時間都不是獨立的、非物質的東西，也不是我們底感覺性底主觀形式。它們是物質存在底形式，是物質本身生存底形式。它們是客觀的，它們不存在於物質以外，同樣地物質也不存在於它們以外。

鄔梁諾夫與馬克思、恩格斯都把空間和時間解說爲物質存在底形式、物質生存形式離吾人意識而獨立存在的形式。鄔氏寫道：

「唯物論既承認客觀實體，即運動的物質，離吾人意識而獨立存在，它就不可避免地也得承認時間和空間底客觀的實在性」（見唯物論和經驗批判論。）恩格斯在反杜林中所講的也一樣：

「一切存在底基本形式是空間和時間；時間以外的存在跟空間以外的存在同樣是荒謬之言。」

視空間與時間為存在之形式這一種見解，是徹底的唯物哲學底見解。辯證法唯物論底時空觀，跟下列幾種時空觀根本相反：（一）康德和康德主義者底時空觀；他們持着主觀唯心論底觀點，認為時間和空間不是客觀的實在而是人類的直覺形式；（二）黑格爾主義者底時空觀；他們認為「發展着的時間和空間底概念日益接近於前者和後者底絕對觀念」（見唯物論和經驗批判論）；（三）馬赫主義底時空觀認為時間和空間是「感覺底種類，」「使經驗和諧化的工具」等等。所有這些思派都不承認空間和時間底概念在自身發展中反映着物質存在底形式。

康德學派把空間和時間看作認知外界的主體底特性。馬赫主義則把空間和時間解說成純粹輔助的邏輯的結構，我們靠這些結構底幫助，可以獲得生物性地合目的的方針，可以整理我們底各種混雜錯亂的感覺，而且為着更經濟地敘述經驗起見。我們可以除去這些邏輯的結構。黑格爾派的唯心論指出，空間只在觀念發展底某一階段上纔出現的，就是說在它底「他在」階段上，在自然形式中纔出現的。時間之被包括於黑格爾的哲學體系，為時更晚——在精神發展底更晚的階段上。

所有這些唯心論的歪曲理論，都被辯證法唯物論一一加以駁斥。

關於馬赫主義的時空說，鄔梁諾夫評道：

『假使時間和空間底感覺能給人以生物性地合目的的方針的話，那末唯有在一個條件之下是可能的：就是要這些感覺反映着人類意識以外的客觀實在；因爲假使這些感覺不給人以關於外界環境的客觀上正確的概念，那末他就不能生物性地適應環境』（前書。）

否認時間和空間底客觀的實在性，結果就不可避免地要陷於教會主義底立場。

但是在這個問題上，馬克思主義不僅要跟唯心論的曲解作爭鬪；馬克思主義者同時還得克服那自然科學發展過程中業已被推翻的、陳舊的機械論對於這問題的見解。由於自然科學的物質觀日益完善，形而上的空間觀（以爲空間是物質之絕對單一的佔據所）顯然是不適當了。特別值得指出的，是牛頓視空間爲與時間無關的、不動的空架子，在裏面可以安置物質的空架子。

辯證法唯物論對抗着形而上的唯物論和機械論，它確定地指出我們底時空觀念是在發展的。

『世界上除了運動的物質以外，便沒有別的東西；而運動的物質若不在空間和時間中，便無運動底可能。人類關於時間和空間的概念是相對的；但是這些相對的概念積集起來就成爲絕對的眞理；這些相對的概念不斷地發展着，循絕對眞理底路線而前進，日益走近這一絕對眞理。人類關於時空的概念底變動性，始終無以推翻二者之客觀的實在性，這正與關於物質運動形式及其組織的科學知識底變動性不能推翻外界之客觀實在性是一樣的』（前書。）

認為我們關於時間和空間的概念該是不變化的（像現代的機械論者所設想那樣）在時間和空間的問題上陷於笛卡兒底形而上的觀念或是陷於法拉底(Faraday)派物理學家底機械論觀(像梯米略才夫那樣)——這樣就等於走上了形而上的唯物論底立場否認運動和發展底立場。

辯證法唯物論同時也要跟孟塞維化的唯心論作鬬爭；後者認為『物質是空間和時間底綜合』（見赫生著，相對論底基本觀念頁六四）這樣它把物質之客觀的實在解作物質存在底形式了，它實質上變成黑格爾主義底見解了。

最新的自然科學底知識，非常明顯地證實了辯證法唯物論的空間和時間底見解。跟愛因斯坦這個名字相關聯的現代科學的空間觀，不可變動地確定了它底物質性，空間和時間底一致性和我們關於空間和時間的概念底相對性。在這個問題上，和在其他許多問題上一樣，自然科學底進步，證實了辯證法唯物論底立場底正確。

第三節　物質和意識辯證唯物觀的反映論

依照辯證法唯物論底觀點，意識、心理、思惟並不是一種獨立的、跟物質發生外的相互作用或跟物質平行而存在的第二個基源。意識依靠着物質，它是物質底產物。意識只存在於以一定的方式組織着的物質。領有意識的，祇是那些有機體世界底高級代表，他們天賦以相當複雜的神經系統。神經系統是有意識的活動底必要條件，意識是以一定方式組織着的生理實體底特性。社會的人就他全部的物質性和他全部生理的和社會的具體性來說，他是高級意識形態底具有者，而這種意識形態則由於人類勞動和人類底社會活動而發展着。意識是在物質發展底一定階段上的物質生命底表現之一。

唯物論的學說跟現代科學底不可顚覆的論據完全相符合；根據這種學說，沒有物質的地方，就沒有、並且不會有意識，而且這個物質還須是有一定的特殊方式之組織的。意識並非別的，它祇是一定的物質形態底一種特性，這種物質形態底組織極爲複雜，它發生於自然界進化底高級階段上。

我們可以移動石子，可以變換它底地位，但是石子和整個無機體世界，以及植物界和低級的動物，它們都沒有認知識跟着它們發生的那些過程的能力，它們都沒有意識的。祇是有一定組織的物質，有高級神經系統的動物體，纔具有認知（或領悟——沈）那些在它內外發生着的過程的能力，自內反映或領悟這些過程的能力。吾人神經機體中的客觀的生理過程，跟它們內部的、取意識形式的主觀表現相隨而行的。凡就本身論是客觀的東西，是某種物質的過程，它對於具有頭腦的實體卻同時又是主觀的、心理的行爲。意識本身也有它長期的發展史。假如低級的動物意識（本能）是與高等動物底神經系統底發展相聯繫的，那末意識底進一步的發展就聯繫到由動物過渡到人的轉變，聯繫到社會勞動底發展；而在這種勞動中又在創造着人類頭腦發展底條件。

庸俗的唯物論（Vulgar materialism）認爲思想或欲望是腦子所分出來的物質，正與怒氣是肝所分出來的情形一樣。這樣的見解完全歪曲了我們關於這個問題的觀念。思想、感情和意志的行爲——這些不是可以量、可以秤、或可以推動的事物。形狀不具、有重量這一性質，它二者是同一物體之不同的性質；同樣地，伸張和意識也是同一物質之不同的性質。古代唯物論者底觀點，以爲人內部存在着精神，這種精神乃由極細微的物質、由圓形的、光滑的、會動的和類似火的原子組合而成的。這種觀點是科學幼稚時期底產物。現在我們距離這種心理觀已經很遠了。我們認定：感覺和意識是運動的物質底內部狀態，是反映着在運動的物質中所發生的生理過程的特殊的性質，——這種特性，跟客觀的神經作用過程不可分離，但又不與這種過程相同。然而我們距離唯心論者所願望的「承認思惟爲特殊的精神實質」的那種思想，卻也是很遠的。

只有思想的物質腦子，沒有爲特殊的思想實質的精神。意識的、思想的物質，是有特別質地的物質，它隨着人類社會生活中語言底發展而達到高度的發展。我們不把物質組織底高級形態和低級形態看成同一的東西，我們不否認意識和思想實體底特殊性。但是我們把它解作物質發展之形式和歷史的產物。馬克思和恩格斯着重地指明意識對於物質生產發展的依賴關係和意識跟人類語言發展的聯系；在他們早期的著作中就寫道：『意識不是向來有的，所謂「純意識」是不存在的。在「精神」之上，向來被物質加以重負，這裏物質採取語言底形態表現着……語言跟意識相類似，是從人與別人發生關係的需要中產生出來的。我對於我底環境的關係（或態度——沈）就是我底意識。凡是存在着某種關係的地方，這種關係是爲我而存在的』（見馬、恩文存，卷一，頁二二〇。）意識是歷史的產物，它跟社會生產底發展有不可分離的聯系。

辯證法唯物論對於意識問題，即所謂「心理物理問題」的解答，與冒牌馬克思主義的機械論者和孟塞維化的唯心論者底理論，有着根本的區別。機械論者附和着心理學中某些左翼的布爾喬亞學派——反映論派

(Reflexiological school) 和美國的行爲主義 (Behaviorism) 學派底見解，實質上他們完全推翻了意識。他們把意識解作理化的、生理的過程。他們認爲高級實體底行爲底研究，可以由客觀生理學的和生物學的研究來完全執行的。機械論者不了解思想的、意識的本質之質的特殊性，他們見不到意識是人類底社會實踐底產物。他們把客體和主體底具體歷史的一致代之以主客底等同代之以偏面的、機械的客觀世界。這一機械論的立場之最顯著的表現就是所謂應契門主義 (Enchmenism)。應契門在他所著的新生物學論裏面解說意識就是生理過程，這樣他實際上無異取消了哲學中的基本問題——思惟與存在底關係問題。

孟塞維化的唯心論者對於這個問題的見解，也是不正確的。德波林等人企圖用一種妥協理論來代替馬克思主義的意識論，企圖把唯物論跟唯心論調和起來。他們是主張客觀主義和主觀主義結合或「綜合」的學派孟塞維化的唯心論拿客觀主義和主觀主義底「聯盟」拿兩種方法底「互助」——一種方法只研究生理過程，另一方法只研究意識這一獨立的實質，——它拿這樣的立場去對抗辯證法的原則（這種原則既非機械的客觀主義，亦非唯心的主觀主義。）

普列漢諾夫在本問題上的錯誤，我們也得把它指摘出來。普列漢諾夫不見到爲物質之特性的意識，只是在一定的歷史階段上纔發展起來的，因此他陷於「物活論」(Hylozoism)，他走上「物質之普遍的精靈性」底理論底立場。依據這種理論，在任何歷史發展底階段上，一切物質都具有意識的。這一理論立場，十分顯著而銳利地表現在他底一句「格言」上：『石子也有思想的。』普列漢諾夫底意見，認爲意識不發生於物質底發展過程中，而是從最初時就存在於一切物質的，人底意識和低級有機體底及石子底意識之區別，僅僅在於程度上。在這一理解中表明普列漢諾夫沒有充分深刻地了解和運用唯物辯證法他不了解思想的物質之質的特殊性。

爲要做一個徹底的唯物論者，單單承認物質底基源性是不夠的，他還必須承認物質底可認識性。唯物的辯證法能夠正確地解決可認識性底複雜問題——這是過去一切哲學都覺得無力應付的問題。關於認識客觀世界底可能性的問題，辯證法唯物論所採取的立場，既跟不可知論（agnosticism）有區別，又跟馬赫主義者底直率的實在論不相同。

前面我們已經介紹過休謨和康德底不可知論的見解，他們把認識的主體從客體方面隔離開來，認爲越出主體界限以外是不可能的，在他們看來，『自在之物』和形像之間存在着一道不可逾越的鴻溝。馬赫主義者底直率的「實在論，」我們前面也已說過，把客體跟感覺等同起來了。馬赫主義確信世界是跟我們直接的知覺等同的。照它底見解，眞理存在我們底感覺中就已取完成的形態。同時，馬赫主義者不但看不到我們底感覺是外界作用底結果，而且他們還不了解主體在認識過程中的積極作用，不了解外界底作用在主體底感覺機關和思想的腦子中所做的改造功夫（取概念和印像底形式表現出來。）

關於外界可認識性的問題，辯證法唯物論以那徹底施用唯物辯證法的反映論（Theory of Reflexion）爲根據。馬克思和恩格斯所徹底發揮而後來又爲鄔梁諾夫所繼續發展的反映論，是馬克思、鄔梁諾夫主義的認識論底「精靈」、心房。它對於客觀現實底可認識性的問題，給予了肯定的答復。根據這一理論，我們底印像和概念不僅被客觀事物所引起，而且還反映着客觀事物。印像和概念，並非主體自動發展底產物（像唯心論者所說那樣）也不是標符（像不可知論者所設想那樣）而是客觀事物底反映。照像樣本。

客觀的眞理係不依靠主體而獨立存在的，雖然它反映在我們底感覺和概念中不是一下子就取完成的形態。可是人類的意識能夠在認識過程中反映這種眞理，認識這種眞理。認識過程是複雜的過程，在這個過程中，尙未被認識的「自在之物」反映到我們底感覺、印像和概念上來時，就變成「爲我之物」了。感覺和思惟並不把我們跟外界隔絕開來（像康德所設想那樣）而是把我們跟外界聯繫起來。它們是客觀外界底反映。思想的東西——我們底印像和概念——並非別的，它祇是『人類頭腦中所轉現出來和改造過來的物質的東西』（見馬克思著，資本論卷一。）在認識底運動過程中，物質的世界愈趨愈接近地、愈精確地、愈多方面地和愈深刻地反映在我們底認識中。

我們認識世界的能力並無限度，但是我們底接近絕對眞理卻每一次有它底歷史上確定的界限的。眞理底獲得，完成於人類認識底歷史運動中。『從現代唯物論底觀點，卽馬克思主義底觀點看來，吾人知識之接近客觀的絕對眞理，是歷史地有限度的，但是這一眞理底存在是絕對的，我們不斷地接近着它，這也是絕對的。圖畫底外形是歷史地有條件的，但這張圖畫描繪着客觀上存在的模型，這是絕對的』（鄔著，唯物論與經驗批判論。）

反映論在鄔梁諾夫底著作中得到極充分的發展，但是它並不是馬克思主義哲學中鄔梁諾夫所特創或建立的新原理。馬克思和恩格斯完全站在辯證法唯物論的反映論觀點上的。

反映論底要義如下：鄔梁諾夫把認識看作反映，但他了解這種反映爲矛盾的辯證過程。鄔氏寫道：『對於自然在人類思想中的反映，我們不要「死板板地」去了解它，不要「絕對地」去了解它，它不是無運動的，不是無矛盾的，而是處於永久的運動過程中矛盾底發生和解決底過程中』（見鄔氏文集〔Leninskii Sbornik〕卷九，頁二二七。）

鄔氏指示我們，不要從狹窄的經驗的意義上去了解反映過程，不要從我們感覺中的直接反映底意義上去了解它；可是許多人卻正企圖這樣來「闡明」鄔氏底見解。現代機械論和孟塞維化唯心論底代表們也正是這樣寫着。反映過程並不限於感覺和印像。在我們認識過程中客觀世界底反映，亦存在於我們底思想中、抽象的概念中。關於這一點，鄔梁諾夫說：『認識就是人底反映自然。然而這不是簡單的、不是直接的、不是整體的反映，而是許多抽象思考、概念、法則等等底形成過程』（前書。）

同時鄔氏指出，認識過程和認識由感覺到思想的運動，是突躍式地進行着的。在這一點上，他異常精確地闡明了認識中的經驗元素和理性元素相互關係底辯證唯物論的見解。許多哲學家都不了解認識底運動過程中——從感覺到思想、從印像到概念的運動過程中所發生的突變。理解這一轉變，這一突躍式的轉變，因矛盾而產生的轉變，理解感覺和思惟底一致爲辯證的一致——這就是表明鄔梁諾夫反映論底本質的異常重要的元素。

究竟感覺主義的經驗論底狹窄性何在呢？就在它在感覺和概念之間掘開了一條鴻溝。直到黑格爾爲止哲學中的理性主義學派底狹窄性又何在呢？那就在他們使概念脫離了感覺。只有把認識當作過程看的辯證法唯物論，纔給這些問題以眞確的解答。鄔梁諾夫對於這個問題的解說，給了我們一件強有力的武器去毀滅一切唯心論的見解。

直率的實在論者，非歷史地去觀察認識，他們不了解認識行爲如何完成，不了解事物、印像和概念之間的相互關係怎樣。鄔梁諾夫發展着馬克思的認識論，闡明了不僅由物質到意識，亦且由感覺到思想的轉變底辯證性。感覺、領悟、印像，是被感覺的事物之直接的反映。概念、觀念、思想都不是直接的：它們經過感覺底幫助而與事物相聯繫。意識完成了由印像過渡到概念的那個轉變時，它似乎退讓了、脫離了事物。感覺、印像似乎要比思惟更接近實際些。但是思惟抓住着事物底整個，從事物底運動和聯繫中去把握事物。它更深刻地透入於事物，反映着事物底本質。這樣看來思惟雖然不是直接的可是它卻更完全、更深刻地反映着事物。思惟雖引導我們距離事物更遠一點，但這只是爲着要使我們更接近於它。這就是感覺和思惟在認識過程中的辯證的一致。

對於反映論及其發展底理解的另一個異常重要的要點，也是鄔梁諾夫所指示出來的，——這就是反映本身底理解。所謂反映，不過是給吾人以現實之正確的描繪的那種形像、樣本寫照。然而這一正確的現實底描繪，係得之於發展過程中社會實踐底過程中。同時，鄔梁諾夫指明了這一點，他又用它底及鋒去對付不可知論——不管這種理論底表現形式如何。鄔氏提出問題道：假若我們有更多的感覺機官的話，我們能不能多認識一些呢？他自己答道：不能的。鄔氏這樣回答，因爲他認爲在我們掌握中有着很充分的工具，儘夠可以幫助我們正確地認識客觀世界，而一切不可知的理論、對我們底認識發生懷疑的那種理論，必須堅決地被擯斥和揭破。然而認識不給予吾人以完整的、絕對的眞像，認識底進步是經過相對眞理以走向絕對眞理的。

最後，我們還必須注意到一個重要之點，這一點也是鄔氏底反映論所特具的——就是他對於感覺本身的理解。當鄔氏底唯物論和經驗批判論剛出版的時候，亞克雪洛德對鄔梁諾夫的巨大的論戰，恰正也爲着這一點。現代的機械論者和孟塞維化的唯心論者，也都曲解了馬克思、鄔梁諾夫對於感覺問題的見解底本質。

照鄔梁諾夫底意見，感覺主要地就是物質對於吾人感官（感覺機官）的作用底結果。感覺是由外界刺激底能力轉變爲意識底事實，是客觀世界之主觀的形像。在這種關係上，發生出一個異常重要的問題來：感覺之爲形像，感覺之爲寫照，感覺之爲描繪，它對於被描繪的事物的關係怎樣呢？這裏在何種意義上我們可以說到描繪的與被描繪的相類似，翻印與原本相類似呢？爲要考究這一點，讓我們把鄔氏關於色和光底相互關係問題所發表的異常可注意的意見提出來分析一下。

顏色是物理的客體——即光浪——對於吾人眼膜所給的影響底產物。然而顏色並不是對於光、對於影響吾人眼膜的客觀過程的符號或標記。顏色也不是完全主觀的東西，像沙拉比揚諾夫、亞克雪洛德等機械論者所想像那樣。這裏在主觀的形式上，在感覺形式上，反映着光浪之客觀的質地。顏色跟引起它來的光的作用相類似，亦即跟一種客觀的過程相類似，不過這只是相對地類似。

關於這個問題，鄔梁諾夫在他所著的唯物論與經濟批判論中批判到機械論者和波格唐諾夫派時寫道：

「你們既承認不依賴吾人之神經、不依賴吾人之感覺而獨立存在的物理的客體，而這種客體必須靠它對於吾人底眼膜的作用纔能產生感覺，因此你們就可羞地放棄了你們底『單方面的』唯心論而轉變到『單方面的』唯物論觀點上來了。假使說顏色只是由於它對眼膜的依賴關係而成爲感覺（這是自然科學所強迫你們承認的事實，）那末光線一經落到我們底眼膜上來，就產生色底感覺。由此可知，在我們以外、不依賴我們和我們底意識而獨立存在着物質底運動，譬如說，存在着一定長度和一定速度的以太（ether）底波浪，這些波浪作用於吾人之眼膜而產生此種或彼種色彩底感覺。自然科學正是這樣觀察問題的。對於此種或彼種色彩之不同的感覺，自然科學用光浪之長度不同來解釋它，而這種光浪乃存在於吾人以外、存在於吾人眼膜以外並不依賴吾人而獨立的。這也就是唯物論。唯物論底立場是認定：物質作用於吾人之感覺機官而產生感覺。感覺依賴着腦筋、神經、眼膜等等，亦即依賴着有一定形式之組織的物質。物質底存在卻並不依賴感覺。物質是源始的。感覺、思想、意識是有特殊組織的物質底高級產物。』（見唯物論與經驗批判論。）

在另一處地方鄔梁諾夫又說：『顏色是物理的客體作用於眼膜的結果——感覺是物質作用於吾人之感官的結果』（前書）

由此可知，鄔梁諾夫不把顏色底感覺和引起這種感覺的光線視爲等同（或同一。）然而不視色與光爲等同（關於我們底別種感覺機官和別種形式的感覺之相互關係，亦當作如是觀，）鄔氏同時卻對這問題給了一個眞正唯物的、排除一切不可知論底元素的解釋。

極細微的一點傾斜於反映論以外的思想，就會促使你陷於唯心論和不可知論底立場。哲學家一經離開了反映論底立場，他就變成康德主義者、馬赫主義者、黑格爾主義者，而不能成爲辯證法唯物論者。普列漢諾夫，和他以後的機械論者和孟塞維化的唯心論者，都犯了脫離反映論而走上反馬克思主義的標符論的許多重大的錯誤。

在這一個極頂重要的唯物辯證法底問題上，普列漢諾夫脫離了恩格斯所規定的唯物論底立場而走到認識論中的標符觀底見地上去了。普列漢諾夫底標符論的觀點，形成於一八九二年他給恩格斯底費爾巴赫論一書所寫的註釋中。他附和當時俄國的一位物理學家塞倩諾夫（Sechenov）底意見，以爲『不管離吾人之意識而獨立存在的外界事物本身是什麼——我們從它們那裏得到的印像，畢竟祇是一些有條件的符號；無論如何，現實界內的類同和差異是跟我們所感覺的符號底類同和差異相適合的。』（見費爾巴赫論一書之註釋，第一版，頁一一七。）

普列漢諾夫又說：『我們底感覺是一種特殊的標符，它告知我們現實中所發生的事物。標符是跟它們所傳達的那些現實的事件不相似的』（前書頁一一八。）稍晚，即一八九九年，普列漢諾夫更發展他底這種見解，他確定地說：『假若感覺和根據感覺而產生的印像，是跟引起感覺而本身當然既非感覺又非印像的那個事物相類似的，那是一件很希奇的事情』（見普列著，再論唯物論，或普列漢諾夫全集卷十一，頁一四一。）在同一書中普氏又寫道：『事物自身底形式與關係，決不會跟我們對於它們（指事物之形式與關係——沈）所感覺到的那個樣子一樣的，就是說，不會跟我們所看到的、「轉現」在我們頭腦中的它們一樣的。我們關於事物底形式和關係的印像，正與標符、（或作象形字——沈）無異，但是這些標符精確地表明着這些形式和關係，這樣我們就能夠研究事物自身對於我們的作用和我們對於它們的反作用了』（前書，頁一四二。）

一九〇五年，普列漢諾夫實質上仍繼續保持着塞倩諾夫底見解，關於意識跟現實的關係問題，他只表示反對過去所用的術語，他底意見是這樣：『假若事物自身之有色彩，祇在我們看它的時候；有氣味，祇在我們嗅它的時候，諸如此類等等，那末我們既稱我們對事物的印像爲有條件的標符，就有根據設想，照我們底意見，我們感覺中所存在的事物底色彩和氣味等等，是跟某種色彩自身和某種氣味自身等等相適合的；——簡言之，某些感覺自身不能成爲我們感覺底對象。』這裏普列漢諾夫雖已放棄了『標符』（或『象形』——沈）這個名詞，實質上卻依舊認爲我們底感覺和印像跟引起它們的客觀事物不相類似。

孟塞維化的唯心論者祖護着普列漢諾夫底錯誤，這就足以證明他們在認識論中所持的見解跟普列漢諾夫底見解很相接近。同時，現代的機械論者，也出來祖護普列漢諾夫底標符論，他們拿普氏底理論來對抗馬克思、鄔梁諾夫底認識論。亞克雪洛德早在一九〇九年在他對鄔梁諾夫底唯物論與經驗批判論一書的書評中，堅決地否定了反映論。她（指亞克雪洛德女士——沈）在那篇書評中攻擊鄔梁諾夫道：『普列漢諾夫底批判者（指鄔梁諾夫——沈）駁斥了標符論而又認爲感覺是事物之型像或「不精確的」翻本，這樣他就陷於「二元論」底立場，由內而外地宣揚着柏拉圖主義，而決不是以單一的元素爲出發點的唯物論哲學。假若說感覺是事物之型像或翻本的話，那末試問我們爲着哪個鬼需要事物呢？——這種事物，在這樣的場合，似乎眞正成爲絕對意義上的自在之物了。承認感覺為事物之型像或「翻本」」這無異在主體和客體之間重新開闢了一道不可逾越的二元論的鴻溝。』（見唯物論與經驗批判論一書之附錄。）亞克雪洛德不能了解，開闢二元論的鴻溝的，並不是反映論，卻正是標符論，因為後一理論同時承認自在之物（卽事物自身——沈）底存在和人底印像中跟自在之物不相似的徵象、符號底存在。沙拉比揚諾夫以很顯明的態度表示擁護標符論而反對反映論。他寫道：「認識過程並不是從事物攝取形像底過程，而是在客觀和主觀現象之間覓取適合點底過程」（見一九二六年第六期馬克思主義旗幟之下雜誌中沙氏所著之論文，頁六四。）沙氏不止一次坦白地聲明：『我在自己所著的書裏，很精確地發展了普列漢諾夫底觀點……我向來堅決地站在、現在也依然站在普列漢諾夫底觀點。』可是在唯物論與經驗批判論中鄔梁諾夫指出，在認識論底問題中，普列漢諾夫『在唯物論底解說中犯了很明顯的錯誤。』

那末照鄔氏底意見，普列漢諾夫底錯誤究竟何在呢？為什麼標符論會站不住呢？普列漢諾夫底錯誤是在於他傾向不可知論底立場，就是說，不相信吾人感覺機官底指示，因而亦卽不相信客觀世界底認識。就實情論，假如我們底感覺和印像不類似它們所反映的客體而只是一些標符和徵象的話，那末我們就不能相信，我們底知識真正適合客觀世界這一事實了。這樣我們也不能相信關於客觀世界之科學的認識所供給我們的那些知識底真實性了。簡單地說，標符的認識論發展下去必然要否定外界底存在，因為記號或標符，對於虛構的事物也是可能的。就這點意義上說，標符論實在頗接近休謨底懷疑論和康德底不可知論。標符論或象徵論之所以站不住，原因就在此；它跟唯物的反映論的根本區別，也是在此。

鄔梁諾夫在分解普列漢諾夫底錯誤時，給了標符論一個周密而徹底的批判。他寫道：『描繪從來不會跟模型完全一樣，這自然是毋庸爭論的，但是描繪是一件事物，標符、有條件的記號，又是另一件事物。描繪是必須而且不可免地以被描繪的客觀現實體爲前提的。『有條件的記號』標符、徵象，卻是產生完全不需要的不可知論之元素的一些概念』（見鄔氏全集卷十三）鄔氏所反對的標符論（或徵象論）是普列漢諾夫以前德國著名的自然科學大家赫爾姆霍爾茨（Helmholtz）在其著作之一中所宣佈的。赫爾姆霍爾茨根據吾人視覺能力底限制性，得出結論來說：我們底眼精，關於我們所看見的事物底性質所給我們的知識是虛僞的。鄔梁諾夫因而承認一位德國的哲學家費爾巴赫底信徒拉烏（Rau, A.）底一句話是很對的，那句話是說：赫爾姆霍爾茨底象徵論，是繳付給康德主義的一種貢賦。有一點極值得注意的，就是鄔梁諾夫對赫爾姆霍爾茨底象徵論（即標符論——沈）批判，竟跟一九二五年所公佈的恩格斯從前在自然底辯證法一書中所作的象徵論批判，字句上都相符合的。

第四節　客觀的絕對的和相對的眞理

鄔梁諾夫把唯物辯證法當作認識論研究時，說明反映底本質是一個過程，並將相對的、客觀的和絕對的眞理三者間的相互關係，予以透徹的說明。照相對論底見解（波格康諾夫及其他等人）認爲吾人認識之相對性，使客觀的、絕對的認識成爲不可能了。鄔梁諾夫駁斥這一理論，他剖明了絕對和相對眞理之辯證的相互貫通性。他指明，相對的認識並不是絕對的認識之形而上的對立方面而是走向絕對眞理的道路底階梯；它並不排除絕對的認識，它在它自己的運動中不斷地日益加甚地走近絕對的認識。我人認識之客觀性即在於此。

然而用什麼來證實吾人認識之客觀性，思惟之正確的反映存在，其保障又何在呢？馬克思對於這個問題回答道：「人類的思惟是否具有實體的眞理——這並不是理論問題而是一個實踐的問題。人類必須在實踐上來證明眞理性，即證明自己的思惟底現實性和力量。關於脫離了實踐的思惟底實在與不實在的爭論，是純粹煩瑣學派的爭論」（見馬著，論費爾巴赫之提綱）

關於認識底可能與限度問題，只有在認識本身底過程中，纔能得着解決，而這個過程又爲社會的實踐所決定。譬諸游泳一事，關於人能游泳這一點底最好的和唯一的證據，就是游泳底結果自身——游泳底實踐說明游泳者底能力和可能；關於認識底問題，也應當用這樣的方法來解答。認識底應用、歷史和科學底實踐，證實了認識底可能性並決定了它底歷史的限度。科學靠着它自己的實際的成績來解決科學知識可靠與否的問題。

人類底歷史，科學和技術底歷史是外界可能認識底最好的證據。

我們已經知道，反映論是唯物的同時又是辯證的認識論之最重要的基礎。承認物質底源始性和意識底從屬性——這一認識是不可分離地跟反映底矛盾性，辯證性底理解相結合的。我們應把認識看作一個歷史的過程。由此就開闢了一個根據社會發展以研究認識的廣大的前途。

照唯物辯證法底理解，所謂客觀眞理是指吾人概念之客觀的內容而言，這種內容不受意識底支配——既不受人、亦不受人類底支配。社會人底歷史地發展着的認識，使我們知道客觀的眞理。眞理並不是停滯的東西，它是一個過程。鄔梁諾夫說『眞理是一個過程。人經過「實踐」（和技術）纔由主觀的觀念達到客觀的眞理』（見鄔氏文集卷九頁三七。）

論客觀眞理的學說，具有極大的科學和實踐的意義。在對一切唯心論和相對論的鬭爭中，這一學說是一件最好的武器。因爲假使沒有客觀的卽離主體離人或人類而獨立的眞理，那末我們就不能相信客觀的實體離人們底意識而獨立存在着；它是我們底知識底唯一內容。假使我們底知識沒有這種離人而獨立（卽不受人支配）的內容，那末我們就無從相信，以改變環境爲目的而爲理論的先見所指揮的實際行動，是適應着客觀的規律性，這種規律性是在那些理論的先見上反映出來的。認識客觀眞理承認單是那反映現實世界的科學知識能夠給予吾人以客觀的眞理，這樣就能掃除一切不相信外界底實在性的那種見解。

因此，否認客觀眞理，結果要達到（或本身就是）否認物質現實之離吾人意識而獨立存在；反之，承認客觀眞理就等於承認在意識以外而不受意識支配的客觀實在。

波格康諾夫曾攻擊過馬克思底眞理論。波氏是個主觀唯心論者，而大家知道主觀唯心論是否定實在界離意識而獨立存在這一唯物論原則的；波氏就站在這樣的立場寫道：『在我看來馬克思主義否認任何眞理之無條件的客觀性……眞理是一種觀念形態，是人類經驗底組織形態。』照波格康諾夫底意見，眞理是經驗組織之觀念的形態。既然這樣，那末眞理是依賴我人之意識而存在的，這等於說，宇宙間沒有客觀的眞理。實際上當波格唐諾夫用『客觀眞理』這個名詞時，他認定它是不合理的。依照他底觀點，只能夠講到主觀眞理；雖然他所說的主體並不指個別的人而是指全人類。在波格康諾夫底意思認爲『客觀』這一概念並不解說離意識而獨立，而是解說一。。般。。公認，即在許許多多人、在全體人類看來都公認爲如此的意思。

照波格唐諾夫底意見，客觀眞理就是『根據許多不同的人底互相檢驗和意見底一致』而成立的那種概念。波格唐諾夫底這種唯心論觀點底絕對的荒謬是不難看出的。依照波格唐諾夫所給的客觀性底定義，則宗教和各種邪說偏見都將成爲客觀眞理了，因爲宗教和各種邪說雖然實質上是謬見可是它們卻具有爲許多人所公認的一般性，它們甚至往往比眞正表現客觀眞理的科學上的發明（當這種發明尙未被大多數人所認知的時候）還更普及些、更有一般性些。波格唐諾夫既否定客觀眞理底存在，就等於替神道說教開了方便之門，『替宗教經驗底「組織形態」淸除了道路。』

波格唐諾夫底否定客觀眞理，跟他底主。觀。唯。心。論有着密切的和顯次的聯系。相對論者和各式各樣的不可知論者，從休謨和康德起到經驗批判論者馬赫和亞文拿留斯止，都發展了像波格唐諾夫那種的眞理觀。在這些公然否認或懷疑客觀實體之存在的人們看來，客觀眞理當然是不存在的。

在現時，對於唯物辯證法的客觀眞理論，機械論底個別的代表們又在作各種修正底嘗試。例如沙拉比揚諾夫宣傳一種見解，認爲『任何的客觀眞理都不存在的，一切眞理都是主觀的。』沙拉比揚諾夫發問道：『爲什麼我把一切眞理都稱爲主觀的呢？因爲眞理不是客觀的存在眞理是我們關於世界、事物過程的概念」（見一九二六年馬克思主義旗幟之下雜誌第六期沙氏之論文。）

沙拉比揚諾夫跟主觀唯心論者底見解相同，他認爲人們底概念只是主觀的，就是說，自身沒有客觀的內容。那末試問我們底概念底內容是從哪裏來的呢？除非你完全不了解或有意修改辯證法唯物論底原理，那末你可以說我們概念底內容，不當從周圍的客觀世界中而當從意識本身中去找尋。凡是不被唯我論（Solipcism）底觀念所迷住的人，都很明白我們底概念底內容是自然和歷史，我們底概念我們底知識底內容離人和人類而獨立的也就是客觀的眞理我們底知識固屬於我們，但是這些知識中所包藏的內容卻不是我們的，而是離我們而獨立的。這一點，沙拉比揚諾夫恰恰不能了解或不願了解。

假若照沙氏所設想，認爲知識底內容屬於主體、依賴主體而存在，那末『地球存在於人類未產生前』這一個科學的論斷，馬克思主義關於由資本主義社會到社會主義社會之歷史地必然的革命的轉變這一學說，都不能視爲客觀眞理了。痛快些說，大概除了沙拉比揚諾夫所說的話以外，一切其他的科學原理都不能算作眞理了。

然而照唯物辯證法底見解，人底概念知識都表現着客觀的眞理。可是現在要問：這種表現客觀眞理的知識，能否一下子把它（指客觀眞理——沈）整個兒地無條件地和絕對地都給我們呢，還是它（指吾人之知識——沈）只能近似地表現它而不能一下子表現它全部呢？

這是關於絕對眞理和相對眞理底相互關係的問題。我們要首先指出，唯物辯證法並不否認絕對眞理。相反的，它既承認客觀眞理，同時就相當地承認了絕對眞理、鄔梁諾夫說，『做一個唯物論者就是承認吾人感覺機官所開拓的客觀眞理。承認客觀眞理卽承認不依賴人和人類而獨立存在的眞理——這就是相當地承認絕對眞理，』（見唯物論與經驗批判論）就實際論，當我們說我們底知識底內容是客觀世界時，這就等於承認我們底知識是關於永久的、絕對的自然，我們底概念底內容是永久的、絕對的世界。『關於自然之一切眞理的認識就是永久的無窮的認識因此它實質上是絕對的』（恩格斯著，自然底辯證法，頁八四）。鄔氏亦認爲『可以在人類的某些概念中否定相對性底原素而不否認客觀眞理，但不否認客觀眞理底存在，就不能否認絕對眞理。』（經驗批判論。）然而客觀的、絕對的眞理不是一下子全部成爲我們底知識，而是在吾人認識之無窮的發展過程中、經過許許多多相對眞理底介紹而逐漸接近於絕對眞理。這許許多多相對眞理底總和就是絕對眞理底表現。

『認識就是人對自然的反映。然而這不是簡單的、直接的、完整的反映，而是許多概念，法則等等底抽象和形成底過程；這許多概念、法則等等，有條件地、近似地把握着永久運動和發展着的自然底普遍的規律性。這裏有三種東西是眞實的、客觀的：（一）自然，（二）人底認識，卽人底腦子（這是同一自然之高級的產物，）（三）自然在人底認識上的反映形式，這種形式就是概念、法則、範疇等等。人不能把握——反映——認知自然全部、整個地，它底「直接的整體，」他只能永久地接近於這點：……』（鄔氏文集卷九，頁二〇三。）

根據唯物辯證法底觀點，人類的思惟，就它底本性說，能給吾人以絕對的眞理，後者乃由許多相對眞理積集而成。科學發展中的每一階段增添一些新的種子到這個絕對眞理底集成中去，但是每一科學原理底眞理界限總是相對的；它因知識底繼續增長而有時擴張，有時縮小。絕對眞理表現在許多相對眞理之上，若不經過相對眞理底表現，絕對眞理就無從認識。在人類所達到的每一個科學眞理中，雖然它具有相對的性質，它卻包含着絕對眞理底種子。唯物辯證法並不否認我人一切知識底相對性，但這只是指我人知識接近於客觀的絕對眞理之限度底歷史的條件性而言。『我們只能夠在我們底時代條件之下去認識，並且只能認識這些條件所允許的那麼多』（恩格斯著，自然底辯證法。）

一切科學上的發明，都是歷史地有條件的、有限度的和相對的，但是科學的知識跟謬說不同，它顯示着、描畫着客觀的眞理絕對的自然。

這種絕對眞理與相對眞理底相互關係之辯證法的理解，跟形而上的唯物論者和哲學的相對論者底見解，有根本的區別。形而上的唯物論底代表們是承認絕對眞理的。大家都知道，他們所根據的一個基本原則是說現存的世界處於不變的狀態中，它是一個不變的物質的實體。其次他們又認定人類思惟底不變性，他們認爲在人底意識中，這一不變的客觀世界是一下子整個兒地被攝取去的。例如杜林（Dühring）就認定有『最後階段的永久眞理。』形而上的唯物論者底見解底根本缺點，並不在他們承認絕對眞理，在這一點上辯證法唯物論者跟他們同意的；他們底根本缺點是在：他們把客觀世界和人底知識，在它們底歷史發展以外去觀察了。因此形而上的唯物論者把眞理也看成不動的、死的、不發展的東西了；照他們底見解來說，眞理只有絕對性的。然而實際上絕對眞理是在人類認識底發展過程中開拓出來的，而每一向前的認識步驟，表現着絕對的內容，但只具有相對的意義，這就是說它並沒有徹底地攝取了這一內容底全部。

另一種極端的見解就是哲學中的相對論。相對論者只承認我人知識之相對的意義。他們根本否認絕對眞理。根據他們底觀點，認爲任何科學的發明，都不包含絕對的眞理，因而亦即不包含客觀的眞理，照這樣的觀點來說，那末可以詭辯式地替一切荒謬思想和無稽之談作「理論」上的辯護了。相對論者這種極端的眞理觀，是產生於他們底否定離人而獨立存在的世界。

今日機械唯物論和孟塞維化的唯心論底一部分代表在眞理底問題上，也傾向於相對論底觀點。機械論底著名代表沙拉比揚諾夫，差不多在他底一切著作中都直截了當地揚言知識只是相對的。沙拉比揚諾夫把知識底相對性本身看作絕對的了。事實上孟塞維化的唯心論者也發揮着同樣的見解。德波林底信徒之一（哥尼克曼（Gonikman）——沈）在其所著哲學家的鄔梁諾夫一書中寫道：『知識永遠是相對的，它永遠只是接近於客體。』注意吧：『永遠只是接近於客體，』那末沒有話說了，好一個「馬克思主義」的理論啊——我們底知識永遠只是接近於客體而已！既然我人底知識只是接近於客體而永遠不能夠達到它，那末我們就不能相信人底概念以外有客觀外界底存在……。

德波林本人也說『一切現有的眞理，皆非絕對的而是相對的眞理……絕對眞理本身，我們卻永遠不能把握着的。我們只是在我們底認識和行動過程中接近着它』（見德氏著思想家的鄔梁諾夫，頁二七。）我們只是接近着絕對眞理而永遠不能把握它——這是德波林底觀點，這種觀點跟我們前面所說到的鄔梁諾夫底見解完全相抵觸的。

孟塞維化的唯心論者自己沒有根據自己的哲學做出他們底結論來，反之，機械論者沙拉比揚諸夫卻提高了全部嗓子發表他底意見。他在論文中寫道：『難道唯物論能夠斷言存在着不符合客觀實情的概念嗎？當然不能。意識永遠被存在所決定。這裏你找不出一個例外來的。上帝底概念適應着客觀的過程』（見一九二六年馬克思主義旗幟之下月刊第六期）根據宗教觀念淵源於階級社會底社會條件這一個事實，沙拉比揚諸夫做出了宗教觀念具有眞理性這一不正確的結論來。很明顯地，他把兩件不同的事情混爲一談了：一件是客觀的眞理，另一件剝削者底階級利益；後者固然也客觀地存在着，但是它不包含有客觀的眞理。相對論的眞理觀也這樣地在替一切夢想和荒謬觀念作「理論」上的辯護，它替一切神道說教和神祕學說大開其方便之門。

這樣看來，不論是形而上的唯物論或是唯心論的相對論，都不能正確地解決絕對眞理和相對眞理底相互關係問題。只有唯物的辯證法，既予思惟與存在底關係問題以最深切的解答，並最週密地確定了科學知識底客觀性，同時它又予絕對和相對眞理底相互關係以正確的理解。

第五節　社會的實踐爲認識底標度

實踐和認識過程底關係，並不以實踐證明認識底眞理性這一點爲限。它兩者間的關係是很深切的、多方面的。認識理論，產生於實踐。社會的人不僅認知客觀世界，不僅作用於這一世界，而且自己把外界當作自己的行動對象來應付，變更和改造這一外界。在我們實踐的行動中，集積和形成着我們底感覺，在同一的行動中證實它們自身底眞理性；發生於感覺的觀念和理論也在這裏（在實踐的行動中）得到改正和完成它們的那些力量。認識從實踐中生長出來，在它與實踐底一致中完成起來，它替實踐服役，組織和改進實踐。在實踐的行動中實現着客體和主體底一致，自然和人底一致：人作用於自然，改變着自然，同時他改變他自己的本性。

現在要問，爲什麼只實踐能證明我人認識底現實性，爲什麼實踐以外就沒有認識底眞理性底標度（Criterion 或作標準——沈）呢？這是因爲人底意識只是社會生活底一方面，它在實踐以外就沒有任何意義。人們生存所必需的物質資料底生產一經停止，人底意識底活動也就立刻停止。各方面的社會生活底基礎是物質的生產，照馬克思底說法，是人底感官實踐的、有目標的活動。

所以，只有當在社會實踐過程中、首先是在物質生產過程中，人們達到了思惟中所預想的結果的時候，人們底認識纔會發生力量。假如人底認識不照外界過程底實況來反映這些過程的話，那末人們在實踐的活動中也就不能達到意識中所預想的這一活動底各種結果，而且沒有實踐的活動，甚至連人類社會底生存都不可能；假若人們關於周圍世界的概念是虛妄的時候，這種實踐的活動就能改變這一虛妄的概念。因此，在社會人底實踐中，在他底有目標的活動中，包含着我人關於外界的概念底眞理性底標度。在社會的物質生產底發展過程中發生和發展着正確地反映客觀世界的諸種概念。社會在實踐上去影響自然，改變它底形式，同時它也就改變了自身和自己關於外界的概念。由於人們有目標的活動底結果創造出了物質的事物，這些事物也是物質的現實界之不可分離的部分。

照鄔梁諾夫底說法，『實踐高於（理論的）認識，因爲它不僅有一般性底價值而且還有直接的現實性底意義』（見鄔氏文集卷九頁二六一。）人類關於外界和外界中所發生的過程之理論的認識，揭露了歷史發展底規律性和傾向；但是只有社會的實踐予理論以徹底的證實，從實物之歷史的具體性上去把握實物。鄔氏說：『理論的認識應予吾人以實物之必然性，它底各方面的關係和它底「自在」和「自爲」底矛盾的運動。但是只當人類的觀念變成『自爲的存在』（卽在實踐中）時，這種觀念才能「徹底地」抓住把握住這一客觀的眞理。這就是說，人和人類底實踐是認識底客觀性底標度證據』（見鄔著，再論職工會。）我們不要忘記人類底有目標的物質生產的活動，是最基本的、決定其他一切的一種實踐活動。但社會的實踐卻不以這一種活動形式爲限，它是多方面的。社會的人參加着階級的戰鬭，過着政治的生活從事科學上的創造——簡言之，參加着社會底實際生活底一切領域。因此，我人認識底眞理性底標度是全部社會實踐底總和。

鄔梁諾夫在他許多著作中不止一次地指出理解這種理論與實踐底辯證的相互關係之必要性。例如他在對布哈林所著過渡時期之經濟一書所作的扎記中，就提到這一點；在該書中布哈林寫道：『資本主義生產關係底崩潰是實在的，它底恢復底不可能也是在理論上證實了的。』對於這句話，鄔氏在他底扎記中指出：『不可能只有在實踐上纔得證實。作者（指布哈林——沈）沒有辯證地去觀察理論對實踐的關係問題』（見文集卷十一，頁三六二。）

然而人底認識也是社會生活底諸方面之一，諸原素之一，只要它是正確的話，他對於人底實踐的活動具有極重大的意義。正確的認識指示着人們實踐活動底道路。假若理論是眞實的理論，它就予實踐家以決定行動方針的力量，指示他們以明確的前途，使他們對於自己事業具有必勝底自信力。可是爲要使理論認識正確，它必須依靠實踐，必須跟實踐不可分離地聯繫着。

社會的人底實踐本身也不是不變動的，它底每一發展步驟，都要求更新的思考，研究。因此，譬如在蘇聯目前的條件之下，假使一種科學的理論不適應社會主義建設底實踐底要求時，這種理論就沒有積極的作用而必然變成勞工階級底敵人底理論武器。

認識物質的現實的，不是與社會相隔絕的個人，而是跟社會相聯繫並且依靠社會的社會人。人底本質是具有社會性的。每一個別的人底生活，完全爲社會生活所決定，爲社會生活中所發生的社會集團間的爭鬪所決定；每一個人底生活總跟某一社會階級底生活有密切的關係。個別的人是社會的實體，所以他底生活底任何表現，從實踐活動起到理論活動止，歸根結蒂都是社會生活之特殊的表現。『甚至當我在從事科學工作的時候——而這種工作又是我能夠由自己單獨進行而用不着同別人發生直接關係的——然而我底活動依然是社會的，因爲我以人底身分在從事活動啊。不僅我底工作所需要的材料，是社會的產物，而且思考者底活動所藉以進行的語言文字，以至於我自身底存在，都莫不是社會底產物，社會的活動底結果；因此我是社會的我，我自覺爲社會的實體』（見馬恩文存卷三，頁二五三。）

不僅感覺底能力而且思考底能力，二者都是高級有組織的物質底特性。只是社會人底腦子具有這種特性。人只在社會中發展他底感官底活動和思惟底活動。因此，人底感覺和思想不是永遠不變的東西。爲社會生活之產物的感覺和思想，必須隨着社會本身底發展而發生變化。但社會又是自然底一部分，它改變着自然，同時也就改變着它自身。人類實踐的活動，人類生存所必需的物質資料底生產，是人類多方面的生活（認識亦在內）底基礎。人類社會所得到的關於周圍世界的一切知識；它得到這一切知識是由於過去一切物質生產發展底歷史，由於在階級社會內推動這一發展的階級間的戰鬭。

費爾巴赫在認識問題上也發揮了形而上的觀點。照他底見解，人底本質是在於他底軀體、他底機體、他底感覺和思想的能力。費爾巴赫不了解，具有感官和思惟的人是社會歷史發展底產物。他丟開了人和社會底關係去觀察人，所以他始終沒有理解到實在的行動的人，而永遠抽象地去了解人。因爲費爾巴赫拋棄了人底社會性，他就不能了解認識對於社會實踐的依賴關係。照費氏底意見，認識是不變的，永遠如此的自然之同樣不變的反映。這裏要順便指出丟開人類底實踐活動丟開他底歷史發展去觀察認識問題，這不僅是費爾巴赫底唯物論底根本缺點，而且也是馬克思以前的一切唯物論底根本缺點。

然而照唯物辯證法底見解，我們應當從認識對於社會物質生產底發展和推動這一發展的社會鬭爭的依賴關係上去觀察認識。簡言之，應當從認識對於社會實踐的依賴關係上去觀察認識。唯其如此，所以生活實踐底觀點應當看作認識論底第一的和基本的觀點。

人對於物質現實的認識，開始於感官的知覺，這種知覺是外界事物加於吾人感覺機官的作用所引起的。然而感覺上的認識，只給我人以最接近的感覺環境和外表的有限聯系之偶然的、經驗的知識。它還不能使我們從客觀世界底各方面關係上，從它底內部聯系上和完整性上去認識它。可是認識底真實任務卻在於理解現實底規律。這一理解是根據我們和現實的相互作用過程中所得到的那些感覺底一般化（Generalization）而達到的。直覺底材料在我人意識中經過改造和一般化的結果，就產生出概念來。這已經是邏輯認識底因素了。自然，認識底感覺方面和邏輯方面不是互相分裂的，它們常常一塊兒表現出來。而且思惟發生於概念，在思惟跟概念的關係以外，思惟就不能存在，也不能發展。我們知識底內容是客觀的世界。我們底感覺使我們直接跟這一客觀世界聯繫起來。所以只是在感覺概念底基礎上，邏輯的認識（即思惟）纔有可能。

然而我們卻也不能把認識底感覺原素和理解原素等同起來。感覺的認識不會超過個別的事物和這些事物間的外表聯系之反映的，可是經過思惟而產生的認識卻把握着事物之內部的聯系，在它們客觀的一致性上反映着它們。

『概念不能抓住整個的運動，譬如說，它不能抓住每秒鐘速度三十萬公里的運動；而思惟卻能抓住，且應當抓住』（鄔氏文存卷九頁二八九。）在鄔氏對黑格爾底邏輯學所寫的扎記本中，他指明了認識中思惟對感覺的依賴關係。他很深切地注意到直覺和思惟底區別。

他說：『思惟由具體提升到抽象，它不離開真理——假使它是正確的話——而是趨向真理。物質底抽象觀，自然底法則價值底抽象觀等等——一言以蔽之，一切科學的抽象觀念，都更深刻更確實更完滿地反映着自然。從活的直覺到抽象的思惟，再從抽象的思惟到實踐——這便是認識眞理、認識客觀實在底辯證法的途徑』（前書。）這樣看來，感覺和理解二種原素，是我人思惟中反映客觀實在的統一的認識過程底二種不同原素。這就是認識過程底經驗原素和理性原素間的相互關係之辯證法的理解。

馬克思主義的理論，重視實踐對於理論認識之決定的意義，可是它跟實用主義（pragmatism）——特別盛行於美國的現代布爾喬亞哲學底唯心論思潮——完全相反。詹姆士（William James）所首創的實用主義，以主觀唯心論的眞理觀爲根據，照實用主義底見解來說，眞理並不是反映客觀現實之眞實狀況的東西，而是對於我們底實際活動有益的、適合目的的東西。裨益於實踐的，就是眞理。眞理的有益性（或有用性（Usefulness））是眞理性底標度。根據這一點，實用主義就得出來一個眞理多數性底相對主義的學說。幾種不同的見解可以同樣地成爲眞理，只要它們是適合某一時代、某一民族、某一社會集團、某一個人底利益的。根據這種理論，眞理不是客觀而是主觀的，而且它可以隨各種主觀利益底殊異而同時存在着許許多多個眞理。這樣，眞理就不是單一的了。這種哲學是替一切邪說謬論辯護的「學說」，因爲許許多多邪說謬論都是對於統治階級底實踐有利益的，那末照這種哲學底見解，這些邪說豈不都是眞理了嗎？歸根結蒂實用主義終於走上了公開的神道說教底立場。詹姆士公然聲言道：『假使我們覺得宗教觀念對於生活是有價值的，那末從實用主義底觀點看來，宗教觀念也是眞理的，因爲它有益於生活底目的。』

馬克思主義底立場跟實用主義極端相反。馬克思主義的哲學，以客觀眞理爲出發點，它駁斥了相對論，它認爲有益的並非卽是眞理的，而眞理的卽是有益的。在物質的革命批判的實踐中產生和鍛鍊出世界之客觀的認識來，而這種認識又促進世界之繼續的改變。

脫離了革命的實踐，馬克思主義的理論就沒有意義。同時，輕視理論、庸俗的實際主義『無頭腦的事務主義』——這些卻也是馬克思主義所不容的。在實踐底過程中生長出來的革命的理論，本身又是實踐底引路人『沒有革命的理論，就不會有革命的運動』（見鄔著做什麼）只有在馬克思、鄔梁諾夫底理論指導之下的革命的實踐，才具有自信性、遠大性、精確性和深刻性以及運用策略上的敏捷性。

馬克思和恩格斯所達到的最大的勝利，就是他們把唯物論的認識運用到人類社會上去。在馬氏以前，卽使那些比較最徹底的唯物論者，也不會把唯物論運用到社會發展過程底認識上去，他們始終只是哲學上的和自然科學上的唯物論者。這並不是歷史的偶然現象，而是爲舊唯物論底階級本質所決定的。開拓社會生活底眞理，揭露它底深刻的矛盾和推動的力量，這不是剝削階級底思想家——那怕他們底革命性如何濃厚——所能擔負得起的任務。這一任務——把人類社會底歷史變爲科學，變爲唯物論的認識對象的任務，只有勞工階級哲學底創導者纔能把它實現出來。

法蘭西唯物論者底感覺論（Sensualism）達到了唯物論的社會觀，他們了解社會的環境、人底社會的存在，是決定他們底思惟、欲望和利益的，可是法蘭西唯物論者傾向於歷史的唯心論，因爲他們把社會的存在解釋爲人底意見和信仰。

費爾巴赫雖然作過好些極優越的指示，可是他還不免是個「自上」的唯心論者，他對於社會的了解，始終不能超過倫理的社會觀。他稱自己的哲學爲人本主義（anthropologism），即以人爲哲學底中心，但是他不了解人是社會的人。費爾巴赫跟十七八世紀的唯物論者一樣，他也認爲存在着某種永遠的和一般的『人底本性』，『一般的』人底特種本質。

舊唯物論底一部分代表認爲人底本性是良善的，另一部分代表則認人性本惡，但是不管他們怎樣估量人底本性，他們都同樣地以抽象的、非歷史的、人的本質來做研究對象的。人類生存底具體的歷史條件可能是「非理性的，」可能跟「人的本性」分歧的，那時這種條件就「殘害」了人的本性，「損壞」了人。吾人應使社會關係適應於「人的本性，」使它們成爲「合理性的。」

這裏我們不難窺見舊唯物論者所講的人，是依照布爾喬亞底模型和樣子而設想的人；在他們看來，人底本質便是資本主義的本質，「理想的人底本性」只是布爾喬亞理想底體現。

辯證法唯物論克服了費爾巴赫底形而上的人本主義。費爾巴赫所注意研究的人，在馬克思主義者了解起來便不是抽象的人，而是具體的歷史的人——當作諸種一定的社會關係之綜合看的人。歷史的唯物論所給我們的社會發展觀，貫徹着「社會存在爲首，社會意識爲次」底原則。歷史唯物論底建立，唯物認識論底運用於社會生活和社會意識，這樣就把唯物論變成全部人類知識底基礎了。「精靈」從它最後的躲避所中被驅除掉了。

唯物論把一切的現實領域都吸收到自己的圍圈中來了。

唯物的歷史觀把反宗教的鬭爭提到極高的地步。跟宗教取任何形式和任何程度的妥協，直接或間接的跟宗教敷衍或對它取容忍的態度，這都是馬克思主義所不容的。不論基督教或耶穌教，「活的」或「死的」教會，新的或舊的教派，以及費爾巴赫的「愛底宗教」或一九〇八年盧那查爾斯基底「宗教的無神論」等等——對於這一切宗教底形式，辯證法唯物論都進行着堅決的拚命的鬭爭。

在法蘭西唯物論者看來，宗教是惡人欺騙愚民的產物；費爾巴赫認爲宗教是「一般的」人底本質之幻想的表現；而馬克思主義則暴露了宗教之階級的本質，從社會生活中找出了它底根源，同時揭破了它底剝削的作用。馬、鄔主義的宇宙觀底戰鬭的無神論，把反宗教鬭爭看作勞工階級底偉大的解放鬭爭形式之一。在我們看來，宗教不祇是表示愚昧或卑鄙，它還是維護階級壓迫的工具，是革命敵人底武器。在馬克思主義的戰鬭的無神論中，融合着宗教底本質觀和對宗教之深刻的積極的仇視態度，同時對於一切塗着科學色彩的宗教——唯心論的哲學體系，——戰鬭的無神論也取敵視的態度。

上述各點，就是現代唯物哲學之基本的指導的原則。這種唯物哲學跟被動的直覺的世界觀截然不同。馬克思在他論費爾巴赫的提綱中寫道：「哲學家們只是用各種不同的方式說明世界，但是事情卻在於改變世界。」這是馬氏對他以前的哲學所發的言論。辯證法唯物論既爲革命的勞工集團底哲學，以改變世界爲己任的哲學，所以它是行動的哲學。在馬克思主義者看來，哲學不是幽靜的修道院而是一個戰鬭的陣營，推進社會發展的社會爭鬪底陣營之一。現實底認識不產生於好奇心的追求而是爲着改造現實。改造現實就需要認識現實底規律性。由眞實的理論所指導的實踐是最完善的實踐，而最完善的理論、正確地反映客觀現實的理論，是最有實際效果的理論。

馬、鄔主義同樣地不容那種無原則的事務主義，脫離社會爭鬪之實踐的直覺的理論。在馬、鄔主義中理論和實踐極緊密地融合着發展起來它們相互地鞏固着。然而在這個一致中，首要的作用卻屬於實踐；理論與實踐底一致是在革命的實踐底基礎之上實現出來的。『假若理論不跟革命的實踐相聯繫，它就變成無目的空談。同樣的，假若實踐不按照革命理論所指示的道路走去，它就成爲盲目的行動了』（約塞夫著鄔梁諸夫主義問題頁十六——十七。）

只有那密切地跟勞工集團之鬪爭的實踐在一塊兒走的理論，才配稱爲馬克思主義的理論；這種理論，在資本主義諸國中加強工人集團推翻資本主義、建立勞工專政之意志，用敵人底知識來武裝勞工集團並指示出勝利底道路來。

馬克思和恩格斯底學說並不是死的教條。它並未結束認識底歷史，相反的，它替認識底歷史開闢了遠大的前途。辯證法唯物論底向前推進和它底繼續發展，就表現於鄔梁諸夫和約塞夫（V. Joseph）底著作中。鄔氏『在資本主義和社會爭鬪底新條件之下繼續發展了馬克思主義……鄔梁諸夫主義是帝國主義和勞工革命時代底馬克思主義』（見前書頁六。）這便是達到了新的、更高的發展階段的辯證法唯物論；而這一新的、更高的發展階段，係以帝國主義時代、社會主義革命時代底社會爭鬭底經驗和最新的自然科學結論底一般化爲根據的。

第六節　當作邏輯和認識論看的辯證法

在布爾喬亞哲學中，特別在康德哲學中，劃分着幾個單獨的、互不相關的哲學「問題」，這些問題各自成立獨立的哲理科學。它們首先把認識論劃分出來——這是討論人類認識之限度、能力、泉源和形式的科學。然後又把邏輯劃分出來——這是研究人類思想發展底諸法則，研究概念、論斷、推理等等的獨立科學。再其次又把本論（Ontology）劃分出來——這是論存在、論客觀世界之本性的學說。康德學派這樣把哲學劃分爲幾門互相對立的科學了。

辯證法唯物論跟康德學派相對抗，它確定了哲理科學（phylosophical science）底一致性和不可分裂的完整性。辯證法唯物論這一種科學，是一個不可分裂的整體，它同時是邏輯、又是認識論、又是論物質之客觀實在的學說。鄔梁諾夫說：『在資本論中，把邏輯、辯證法和唯物的認識論（這實在用不着三個名辭因爲三者是同一的東西）運用到一種科學上去』（鄔氏文集。）又說，『辯證法也就是馬克思主義底（和黑格爾底）認識論：這正是普列漢諾夫所不注意的事情底「一方面」（實際上不是事情底「一方面」，而是事情底「實質」）其他的馬克思主義者更不用說了』（同書。）

這裏我們可以看到，對於在辯證法唯物論中融合着邏輯、辯證法和認識論三者這一點，郞梁諾夫非常重視的。實際上郞梁諾夫這種見解，不僅指出辯證法唯物論是一門科學，而且指示了他對哲學任務之本質底了解。他所指出的辯證法與認識論一致底原則，就是辯證法唯物論關於理論和實踐一致這個總原則之特殊的表現。

康德學派分裂邏輯和認識論的原因，是在他們對於邏輯和認識論都從形式上去觀察的緣故，丟開了實踐，非歷史地去觀察它們的緣故。在康德主義者看來，邏輯只是研究思想形式而不管它底內容的科學。康德主義的邏輯只注意於思惟底形式而不注意其內容，因此這種邏輯是形式邏輯。康德學派底認識論也只研究一般的認識底『能力和限度』，而把認識底過程隔絕起來。他們認爲在實地認識以前，應當先研究什麼能夠認識和什麼不能夠認識——這就是康德學派對於認識論問題的提法。

黑格爾是了解——縱然是唯心地了解——邏輯和認識論相符合（或一致）的第一人；他非形式地而是歷史地去觀察邏輯和認識論，並批判了康德的見解。黑格爾說：『不到水裏去游泳是學不會的。』不去考察認識如何影響於實踐，不去研究人類認識之實際的歷史，我們就無從確定認識底能力。認識論底基礎是認識底歷史，認識底實踐。

在另一方面，拿邏輯來說，情形亦復如此：假如我們研究人類認識底形式、它底概念、判斷和推論而不去注意這些形式在實際上、在實在的認識底歷史過程中如何應用，不去注意這些形式如何隨認識之發展而結晶成爲人類的認識，如何複雜和發展起來——這也是一樣地不合理的。簡言之，邏輯底基礎，也應當在認識史中去找。

在黑格爾這種歷史的哲學觀中，存在着黑格爾和馬克思主義中辯證法和認識相符合的原因『根據馬克思底見解，同時又依照黑格爾底見解，辯證法中包含着今日被稱爲認識論的學說，這種學說同樣地應當歷史地去研究它底對象，研究和概括認識底發生和發展，從不知到認識的轉變。』（見鄔著，論卡爾馬克思。）

要理解爲何黑格爾把辯證法（邏輯）和認識論符合起來，單就上面所說是不夠的。認識論和邏輯二者，都應該在認識史底基礎上去研究它們的。然而它們卻也不能簡化爲認識史。在認識論和邏輯中，我們應該把認識史整個兒地、從它概括的形態上、根據着認識底結論去觀察它的。在這樣的場合，有人說歷史的現象應該用邏輯的觀點去觀察，就是說，應該從一般的結論底觀點去觀察。這樣觀察所得的邏輯的事物，也是同樣的歷史，同樣的過程，不過它只是一般的，沒有使現象複雜化的細目，拋棄了一切不重要的、偶然的例外情形的。馬克思底資本論正是這樣構造成的，資本論實際上就是一部邏輯，即資本主義之一般的理論的分析。但同時資本論也是資本主義生產關係之概括的、綜合的發展史。舉例來說吧，馬克思指示吾人道：『商品這個布爾喬亞社會財富之最基本的形態，是我們研究底出發點，是資本發生底前提。在另一方面商品現在以資本產物底形式出現了。我們底分析所兜的圈子也適合着資本底歷史的發展。』恩格斯總結馬克思在資本論中的方法論時，也着重地指出資本論中「歷史的」和「邏輯的」兩者之一致。可是孟塞維克的理論家盧濱（Rubin）卻偏要說，馬克思對商品的分析，沒有歷史的、而只有邏輯的性質。恩格斯說：『唯一適當的是邏輯的方法。但是實質上這也是同樣的歷史的方法，只不過免除了它底歷史的形式和例外的偶然情形而已』（見政治經濟學批判之附錄。）

把上述的原則應用到認識論和邏輯中去，這就是說邏輯是概括的和總和的認識史，是『認識世界底歷史底總結、結論。』在另一方面，認識論也同樣地是概括的、總和的、發展起來的認識史。這種認識史底最一般的結果就是邏輯和認識論。邏輯底範疇——物質世界諸規律在人類意識中的反映。邏輯和認識論互相符合。

我們只有一種哲理的科學——辯證法，它同時是邏輯、又是認識論。在每一個邏輯底範疇中必須表示着：（一）這一範疇反映着哪種客觀的、存在於現實的關係，（二）人怎樣認識這一客觀的關係。恩格斯在思惟與存在底關係問題中替物質下界說的時候，已經劃定了這種區別。恩格斯首先指示出唯物論以自然為基本根源。物質是不依賴認識而獨立存在的客觀實體。『但是思惟對存在的關係問題——恩格斯概說——還有另一方面：我人關於周圍世界的觀念對於這一世界本身的關係如何呢？我們底思惟能否認識現實世界呢？我們關於現實世界的印像和概念能否給一個現實之正確的反映呢？』（見恩格斯著，論費爾巴赫，頁一八。）這樣我們看到，恩格斯區別着下列的二方面：客觀世界底存在和它底可認識性。

這裏必須指出黑格爾關於辯證法和認識論相一致的唯心的了解和唯物論關於這種一致的了解之原則上的區別。在黑格爾學說中和馬克思主義中，都認定辯證法和認識論是一致的（符合的，）這種一致是認識發展史底結果。然而唯心論者黑格爾把認識史看作精神（某種世界觀念）自動發展底獨立過程。在唯心論者黑格爾底思想中，認識史脫離了物質世界和人類底物質實踐（生產活動和社會爭鬭）之發展史。反之，根據辯證法唯物論底見解，認識史祇是歷史地反映在人類頭腦上的客觀物質世界本身底發展史，而這一客觀的物質世界，在人類底物質實踐中被認識，被變更和被改造着，『人類思惟之最重要的、和第一個基礎。恰正是人類底改變自然，而不是單獨的自然；人底理性按着他底能够改變自然的程度而發展』（見自然底辯證法，頁一四——一五）——這就是關於認識史、關於邏輯和認識論一致問題之唯物論的提法，它跟黑格爾底提法根本不同。

第四章　唯物辯證法之諸法則

第一節　對立體一致底法則

在自然底辯證法一書中，恩格斯寫道：「……辯證法底法則是從自然和人類社會底歷史中抽取出來的。但是它們並非別的，卻是這兩個歷史發展底領域底最普遍的法則。就實質論，它們可以歸納爲下列三大法則：

量變質和反過來質變量底法則

對立體相互貫通底法則

否定之否定底法則」

恩格斯又繼續指出所有這一切法則都已被黑格爾所發揮，不過是按照唯心論的方式發揮出來的；這就是說，黑格爾不曾從自然和歷史中抽出這些法則來，而把這些法則套到自然和歷史上面去，認爲自然和歷史必須受這些必然法則底支配。於是黑格爾底體系大有令人莫解的意味了。

可是我們只要唯物地去觀察這些法則，一切事物就都變成簡單而明白了。上面所指出的辯證法底三大基本法則，是客觀世界底實在的發展法則，同時也是認識世界底法則，要是認識底法則是這一客觀世界本身在我人意識中的反映的話。

現在我們來研究唯物辯證法底基本法則——對立體一致底法則吧。

在人類底思想史中，存在着兩種主要的發展觀。根據其中的一種認爲發展就是增和減，是數量的增長和同來如此的同一事物底重復。照這種觀念來說，一切事物，不論它們最初如何發生，及這些事物在人類頭腦中的思想上的反映，都變成永遠如此的東西了。事物一經發生之後，在其本性上是不變的，它永遠繞着同一個不變的圈子，循着同一條運動底道路。任何事物底發展，植物、動物、人底發展，實際上只是各方面和各種特性底發長和增加，而這些特性是事物或人原本就有的，不過原先取「微小」的萌芽狀態罷了。在這種觀念中，完全沒有關於事物發展之實在的歷史性底認識；這就是所謂形而上的發展觀，它歸根結蒂還是以十七、八世紀時代所最流行的「自然絕對不變論」做它底支柱的。在十九和二十世紀時代，這種形而上的發展觀就取布爾喬亞的、庸俗的進化論底形式復現出來了。

根據這樣的發展觀，第一點無從解釋的，是我人所看到的各種各樣的事物種類不同底原因，新的發生和舊的被代替底原因。第二點——這是最主要的一點，就是運動和發展底淵源，也無從解釋了。形而上的觀念，不知道內在的原因給發展以刺激和推動，於是它不得不從事物底外部去探求這一發展底淵源（卽動底原因）有時用物質的、形而上的「實質」和「力量」來說明運動底原因：有時則用超世界的精神來說明它！

鄔梁諾夫指出說，從十九世紀末到二十世紀，對於發展底原則是誰都「贊同」的，不過這種外表的、浮面的「贊同」卻歪曲和模糊了對於發展的眞正的理解。鄔氏說：「假使一切都在發展着的，那末就是說一切都從一個轉變到另一個因爲發展不是簡單的、一般的和永久的發長和增加（或同樣地減少）等等……應當確實一些去了解進化，它是一切底發生和消滅，是相互的轉變』（見郎氏文集卷十二頁一八五。）庸俗的進化論不了解發展中的這一基本事實，不明白那反映存在發展的吾人思惟底發展道路，不懂得認識底辯證法之客觀的意義和作用，不會把發展底原則跟世界一致底唯物論的原則聯繫起來。

布爾喬亞的庸俗的發展觀，不了解任何事物（和現象）底發展，是事物自己的、爲它內部的特質所決定的由此達彼的轉變；這種發展觀又不懂得發展是事物自身的運動，照黑格爾底說法，是事物底自動。布爾喬亞進化論者認爲植物、動物、人類和人類社會底發展，只是取增加形式的重復，是單純的增長，是此種植物、有機體和社會一開始就有的一些永久不變的特質底擴大和增長，不過在最初的時候，這些特質隱藏着不顯著地表現出來，它們處於萌芽狀態中。照這些理論家底意見，它們底這種增長是在外界環境條件影響之下，由於「力底傳遞」由於植物、動物和人類從外界得到營養而發生的。在他們看來，人類社會底發展是某些永久不變的特徵——布爾喬亞社會所具備的諸特徵，資本主義的剝削、競爭、個人主義等等——之重復和增長；這些特徵，他們以爲在古代的奴隸制社會中甚至在原始的野蠻社會中也可以找得出來的。因此，關於社會發展底原因、淵源、動力，布爾喬亞的思想家或者完全不加思索、或者用人類智慧底進步來解釋（他們說人類由於很多次的重復底結果，就日益認識一切人類共同生活底永久的和自然的特徵，）或者用各個社會底外部的地理的和氣候的生活條件，用社會和外界環境底「均衡」底條件來解釋社會發展底原因。

辯證法跟這種進化觀相反，它主張『從事物自身中』、從它對別種事物的關係中去研究事物它把事物底發展看作它底自動的發展，就是說，看作事物之內部必然的、獨立的、自身的運動，即事物底自動。

關於黑格爾論自動的發展底學說，鄔梁諾夫寫道：『運動和「自動」，這是（注意！）隨己的（獨立的、）自發的、內部必然的運動；「變化」、「運動和活力」、「一切自動底原則」、對於「運動」和「行動」的「推動」——誰相信這些都是「黑格爾的傾向」是抽象的和抽笨的黑格爾傾向？？這種本質正應當揭露出來，了解它，挽救它，澄清它；馬克思和恩格斯正做了這些工作』（見鄔氏文集卷九頁一二七——一二九。）在黑格爾底唯心的自動學說中，馬克思主義揭示了合理的核心，清除了它底關於純邏輯發展的神祕觀念；馬克思主義把它當作客觀世界底發展來理解了。

單純的外部原因，就其本身論，只能引起某一事物底機械的變動，它底範圍和度量等等底增或減。但是即使植物或動物有機體底單純的增長也不只是數量上的增加；它同時必然發生此有機體之質的變化，從它底一種狀態轉變到另一種。

在很多世紀中，歐洲差不多處在同一地理和氣候條件底影響之下，可是很顯然的，歐洲社會底發展並不能用這些條件來說明。固然在許多非洲和亞洲的種族中，同樣的地理條件促成了社會關係底單一性和同一勞動方式底重復，然而歐洲底情形卻完全不同，在差不多一樣的地理環境底條件之下，各個國家底歷史的發展上的差異性和不平衡性卻非常之大。很明顯的，外部條件底作用，經過一定的社會形態之內部的特性而被曲折了。只有明白了發展之內部自身的動力，揭露了使生命本身發展的自內推動，我們纔能理解發展之眞正的實質——自然、社會和人的思想諸現象之自動。

那末究竟什麼是自動呢？在事物自動底觀念中，有沒有譬如像布哈林所設想那樣的某種神祕思想和黑格爾唯心論底意味呢？絕對沒有的。只要我們不是純機械地去觀察運動和發展，不把運動看作單純的轉移位置或數量的增加，同時又只要我們不是唯心地去了解自動，不把它當作純粹邏輯的發展看，不把它當作概念底自行生產看，而把自動當作客觀世界底自動來了解就得。自動就是事物自己的運動，它是由內部的、同時又由外部的條件所引起的，但是這種運動底發生，係依據內部的、事物本身的法則；自動也就是由於內部的衝動而產生的事物底轉變，由一事物到另一事物的轉變。從自動上去研究任何客體，能令人避免相信高超的外力（上帝、世界精神之類）或相信高超的內部的精神本質的那種唯心論觀念。同時，這樣的研究（即從客體底自動上去研究客體）並不排除這一發展底內部原因以外的外部條件底作用。把發展看作事物自動的這種見解，迫使我們注意於事物自身之內部的、眞實的發展淵源底認識。這一淵源，這一動力，唯物辯證法認爲在於一切存在底內部的矛盾性，在於內部矛盾底運動和發展。事物自身中的矛盾性，任何自然和社會現象中的內部矛盾力量和傾向，就是唯物辯證法底發展觀所根據的基本要素。

照形而上學和形式邏輯底觀點，矛盾只在我人思惟中有發生的可能，在客觀現實中是不會有矛盾的。然而這種邏輯上的矛盾，照形式邏輯底見解說來，正是我們應當設法避免的毛病。根據形式邏輯底觀念，矛盾是表示思想底錯誤，表示思惟進程底不正確，它阻礙着思想底正確發展。假如說資產者認爲『勞工階級專政跟民主主義相衝突，』那末在他看來二者同時肯定就成爲邏輯的矛盾了；若說『勞工階級專政是民主主義底最高形式，』在他看來是荒謬之談了。在辯證邏輯看來，思惟底矛盾，乃實在的客觀存在底矛盾底反映：辯證邏輯不拘泥於兩條原則底外表上似乎互相衝突的情形。唯物的辯證法透視於研究對象之內部的本質，它在對象自身中找出矛盾力量、矛盾傾向、矛盾方面、矛盾定性之內部的聯系來。在客觀現實自身中，馬克思主義發見了它所特具的和推動它發展的矛盾。舊的布爾喬亞民主底否定和新的普洛列塔利亞民主（取勞工專政形式）底建立，是實在的、兩方面的矛盾過程。郞梁諾夫說『就本意上講，辯證法是研究客體本質中的矛盾。』

在形而上學者看來，承認事物底矛盾性是不可能的事情，因爲他們是在事物和現象底聯系以外、在它們不間斷的相互作用以外去觀察事物和現象的。

『但是——恩格斯指示着說——當我們開始在事物底運動上、在它們底變化上、它們底生活上、它們底相互影響上去觀察事物的時候，情形就完全不同了。這時我們馬上會碰到矛盾，運動自身就是矛盾；甚至簡單的機械的轉移位置，只有這樣纔能發生，即物體在同一剎那時間處在一個地方，同時又處在另一個地方，處在一個地方，同時又不處在這個地方。不斷地設立矛盾同時又不斷地解決矛盾，這就是運動』（見恩著，反杜林，頁八十五。）

馬克思、郞梁諾夫論矛盾實在性底學說，指示出這種客觀的矛盾，也存於人類底社會歷史生活中；這種矛盾學說，就變成了勞工集團革命爭鬭底最重要的理論基礎。這一學說遭着布爾喬亞理論家底拚命的攻擊，實在是不足爲奇的。許許多多馬克思主義底「批評家，」屢次地想推翻上面所述的恩格斯底『運動即矛盾』底原則。他們所憑藉的「理由，」是說在現實界中運動着的事物在不同的剎那間經過了各個不同的空間之點。這些「批評家」（如斯特魯威〔Struve〕、戚爾諾夫〔Chernov〕之流）說，假使把事物所不斷經過的空間線劃分成爲許許多多極小的段點、空間底「間斷，」那末在每一剎那間事物處於空間底某一地位、某一空間之點，跟上面所劃分的某一空間段落相符合的一點。

鄔梁諾夫指出了這一「批評」底全盤的荒謬性，因爲這一解說事實上把不斷的運動看成這一運動在空間和時間上的許多段落，看成許多靜止底狀態、不動的狀態了。事實上，事物之處於每一個新的地位，只是因事物從空間底某一點走到另一點的一種運動底結果。這班「批評家」不了解，所謂運動就是處於一點同時又不處於一點；沒有這一矛盾，沒有這個連續和中斷底一致，運動本身就不可能；他們不懂，否定矛盾，就是抹煞運動。鄔氏說，『運動是連續（指時間和空間）和中斷（亦指時間和空間）底一致。運動就是矛盾，是矛盾底一致』（見鄔氏文集卷十二、頁一九三。）

但矛盾不祗是最簡單和最普通的運動形式之基礎。在各種事物和各個過程之特殊的運動和發展形式中，表現着各種辯證的矛盾。

我們不難把任何領域中——自然、社會和思惟中——推動各種現象發展的一些矛盾指示出來。

恩格斯曾經指出，生底過程跟它相反的死底過程不可分裂地聯繫着：細胞不斷的死亡更新（這就是矛盾呀！）是一切有機體底生活和發展底必要條件。在機械學中，任何一種動作都帶着內部的矛盾性，它引起了反動作，而沒有這種反動，動作就無從解釋起。數學中任何一個數量，也帶有內部矛盾性的，它可能成爲正的和負的數量。在現社會底社會生活中的任何現象都貫穿着階級底矛盾和衝突：不論是勞動力底買賣也好，或是高超的哲理學說也好，都無不具有這種階級的矛盾。

庸俗的布爾喬亞思想家，只知注意事物底差異，而不知道它們底對立性；它只以指出吾人概念底複雜狀態爲限，而不知道透視到事物本質底內部去。可是吾人概念底每一差異，我們都應該把它看作客觀世界中的差異、對立的方面、力量和傾向。任何事物中所包含的力量、方面和傾向，是它們相互間的否定關係，是它們底活的矛盾性，給事物自動以內部的推動。

那末事物（和現象）之內部的矛盾性究竟何在呢？是在一個統一的事物（過程、現象等等）中所存在的對立性同時既互相排斥又互相貫通，諸對立方在發展中互相內部地聯繫着，其中一方爲他方存在之條件，但同時一方與他方又互相敵對着，鬬爭着。

這種將統一體分解爲二，在任何自然，歷史和精神生活底現象中看出內部的矛盾性來的見解，從古希臘哲學家赫拉克利圖（Heraclitus）時起，已爲思想家所注意；鄔梁諾夫指出這一見解是辯證法底實質，是它底基本的特質。馬克思、恩格斯、鄔梁諾夫底唯物辯證法，視對立底一致爲辯證的發展底基本法則。這一法則底特殊表現就是存在於一切運動形式中的諸矛盾。

事物種類底差異是由於各種運動形式底特殊性，在這些不同的運動形式中，每一種都表示一事物之特殊的質地。在自然界中我們可以看到許多運動底形式例如機械運動、發光、發熱、電流、化合和分解等等。所有這一切運動形式都互相依賴着，互相貫通着。人底認識物質，就是認識物質底運動形式，因爲除了運動的物質以外，自然中就什麼也沒有。對於每一運動形式，我們應當注意它底特殊性，注意它跟別種運動形式不同的質的區別。唯物辯證法指明，任何運動形式都內在地具有本身特殊的矛盾具有自身特有的對立底一致和鬪爭。關於某一現象領域所特有的某種對立底一致底認識，構成某一門科學底對象。譬如說，數學所研究的基本對立是正量與負量底對立，分數與整數底對立；機械學中的基本對立是作用與反作用底對立；物理學中有陰極與陽極底對立；化學中有分子底化合與分解底對立；在人類社會和社會科學中有階級底鬪爭。

辯證的發展觀了解發展爲「統一體底分裂爲互相排斥的二對立方及其相互依賴的關係」（見郎氏文集卷十二）這種對立方底「相互關係」也就是運動之內部的原動力。根據這一種發展觀，主要的注意重心應放在自動來源底認識上。這一發展觀底特點，就是承認：由於內部的對立方底鬪爭而發生新陳代謝底過程。一切布爾喬亞的進化論，固然也不否認產生新事物底可能，可是它把注意底重心放在新舊事物（或過程、現象）所共同的一般性上，而把新事物看成舊事物底增加和重復了。辯證法的發展學說就不然，它所重視的是新事物底特點特質。一切原則上跟辯證的發展論相反的布爾喬亞進化論底缺點，就在於它歸根結蒂把新的看作舊的，把前者和後者等同起來了。然而實際上產生出來代替舊的那個新的，其所以稱爲新的，就是由於它底質的特點。照辯證的發展觀來說發展必然促成事物底轉變，由一種質過渡到另一種質。

照鄔梁諾夫所下的定義，對立體底一致這一法則，就是『承認（發見）一切自然（精神和社會也在內）現象和過程中的矛盾的、互相排斥的對立傾向』（前書）。

事物中所包含的對立方（或矛盾傾向）底相互貫通（或相互依賴）和鬬爭，決定這一事物底生命，給予它自動底推動、發展底推動。唯其如此，所以對立體底一致、對立體相互貫通底法則，就成爲辯證法中最基本、最重要和有決定意義的法則了。鄔氏說，『將統一體分裂爲二而認證它底矛盾部分——這就是辯證法底實質』（前書。）鄔氏在他底哲學札記中稱對立體底一致爲辯證法底核心。

對立底一致律是客觀世界和認識之最普遍的法則。鄔氏說，『從世界一切過程底「自動」上、從它們底自發的發展上、從它們活的生活上去認識這一切過程，這樣的認識底條件就是把它們當作對立體底一致來認識』（前書）。

這樣看來，對立底一致律是辯證法底基本法則。對立底一致律，既是最普遍的法則，它就適用於客觀世界底一切現象，亦適用於認識底過程。鄔氏在其論辯證法問題一篇短文中所指出的普列漢諾夫底錯誤，就在普氏不了解這一法則——認識底法則和客觀世界底法則——之普遍的決定的意義，他把這一法則解釋成『許多例子底總和了』。

恩格斯在反杜林一書中，爲通俗化的說明計，舉了許多關於這一法則的例子，同時他把對立底相互貫通看作最普遍的發展法則（這一觀點在恩氏底自然底辯證法一書中發揮得最爲完滿，）而普列漢諾夫卻把這一普遍的法則簡化爲它底特殊的場合和表現了。普列漢諾夫只注意於量變質底法則，只注意於內容和形式底矛盾。普列漢諾夫雖然常常斥郞吳諾夫不懂辯證法，可是他自己在許多著作中卻不知道把握這一辯證法底核心、辯證法底實質，甚至不能了解黑格爾邏輯學底理論意義，雖然在邏輯學中這一法則是在唯心論基礎上發揮着的。普列漢諾夫常常表露對這一法則的折衷主義的了解，他把對立體底一致了解爲『對立體底結合』了。

辯證法是根本敵視一切折衷主義的。假使馬克思、郞梁諾夫底主義不能給一個說明事物或過程（不論這種事物或過程如何複雜）之本質的確切而肯定的答案，那末它就不成其爲行動底領導。所以在唯物辯證法中，正確地了解對立方底相互關係，是極端重要的。對立體底一致同時就是對立體底相互貫通、它們底統一和它們底相互排斥、相互否定、鬪爭。

郞梁諾夫解說『事物（現象等）爲對立體底總和和一致』在決定這一個定義時，他寫道：『不祇是對立體底一致，而且還有每一定義、每一質地、特徵、方面、特質之轉變到另一個（它自己的對立方。）』在另一地方他又寫道：『平常的概念中包括着差異和矛盾，但不包括由此到彼的轉變，可是這卻是最重要的。』因此，『辯證法這種學說是討論對立體如何能一致，在何種條件下它們成爲一致、由此轉變到彼，爲什麼人底理知不應把這些對立看成死的、固定的，而要把它們看成活的、有條件的、運動的和由此轉變到彼的』（見郞氏文集卷九。）

對立底統一（前一致，）它們底互相貫通，它們底互相轉渡——這便是理解辯證法底實質的最重要之點。

同時，應當着重地，指出這一對立底統一底有條件性；對立底統一，只有在一定的條件之下纔有可能。應當着重地指出，對立底一致是相對的，它們底鬬爭卻是絕對的。前面說到過，生底過程和死底過程在某種關係上是互相繼續着的：有機體底舊細胞底死亡是新細胞產生之必要條件，是生活過程底必要條件。這裏二對立方——生和死——互相統一着，又互相轉渡着。但是這一對立底統一之有條件性卻甚明顯：生終究是生，而不是死；在這個過程中，生底原素戰勝了死底成分並且統治着死底成分。

馬克思指示道，生產和消費二者不僅互相對立而且在許多關係上又互相貫通的。有了生產，消費纔有可能；生產創造了消費底資料，予消費以一定的性質。消費則完成生產品底生產過程，引起對生產的需要，因此它是生產底組成原素。然而這並不是說我們可以把生產和消費等同起來。馬克思說，它們底直接的一致並不消滅它們底直接的分裂性。

資產者和無產者在資本主義社會中是互相敵對的兩個對立體。可是這兩個階級在資本主義的經濟結構中卻不可分離地互相聯繫着，而且一個階級底存在是另一階級存在底條件。沒有勞工階級就不會有資本主義，同樣的沒有資產階級，也不會有資本主義。失去了生產手段的勞工階級，替購買他底勞動力的資產階級創造剩餘價值，和佔有生產手段的資產階級底剝削勞動力——這是一個統一的過程，是決定資本主義社會生存的統一過程。同時，這個統一（一致）「相互貫通」底有條件性也是很明顯的：在這兩個階級底利益中，是任何一致都談不到的；並非階級利益底一致，而是相反，階級間的爭鬬，纔是社會發展底動力，勞工國家底強固，造成了它將來衰亡底條件。然而如果忘記這兩個階段底對立性而簡單地把這兩個過程等同起來以爲勞工國家底強固同時就是它底衰亡過程，——如果這樣設想，那便犯了極大的錯誤。

現今的機械論和孟塞維化的唯心論根本歪曲了馬克思、鄔梁諾夫底對立體底一致和互相貫通底概念。機械論者，從杜林起到布哈林爲止，把一切處於一致中的對立都看作外部地互相對抗的兩種力量。機械論者把一切對立底一致、一切矛盾，都看成外部的矛盾、看成敵對力量底衝突了；同時這些對抗力量底並存和矛盾底保持，他們把它解說爲對立體底均衡。恩格斯曾譏笑杜林將矛盾了解爲對抗的力量的那種見解。鄔梁諾夫閱布哈林著的過渡時期之經濟一書時，向布氏指出，把矛盾和衝突等同起來是不對的，譬如在社會主義之下，階級的衝突業將消滅，而自然與社會、生產力與生產關係之間的矛盾仍將存在。

衝突是矛盾之個別的特殊的場合，卽當諸對立體在其發展過程中，達到了採取外部的物體力量底形式而互相衝突時。衝突底最好的例子，就是被剝削者羣和剝削者羣中間的階級的矛盾。然而根據辯證法的矛盾觀，我們應當在衝突發展底某一階段上，甚至在衝突的對立體之間找出可能的內部的聯系來，要不然的話，這兩個極端在一個物體、一個現象、一個社會中相當長期的並存，便成爲不可思議了（請參閱上舉關於資產階級與勞工階級例。）

整個過渡時期中，都貫穿着死亡中的資本主義和革命所產生的社會主義間的衝突和鬪爭。然而在新經濟政策早期，卽經濟恢復時期中，鄔梁諾夫認爲有利用國家資本主義方法底可能，不過這一國家資本主義是在勞工集團專政統制之下維持着的；這就是利用「耐潑曼」的資產者羣來提高和發展生產力而同時使這種資產者羣完全受勞工國家法律底支配，並隨時設法限制和排擠他們。社會主義改造和社會主義向一切陣線進攻底時期所提出的任務是：消滅富農這一階級消滅經濟中和人們意識中的資本主義底殘餘：資本主義原素和社會主義成份底衝突，已使它們底繼續並存成爲不可能了，於是社會爭鬬就異常尖銳化了。右翼機會主義者，把衝突和矛盾視爲同一，而把矛盾的發展了解爲對抗力量底均衡；於是他們宣揚諸鬬爭力量底調和均衡，資本主義和社會主義成份底調和、均衡；他們提倡蘇聯經濟中社會爭鬬消亡論。

孟塞維主義和孟塞維化的唯心論也歪曲了對立體一致之正確的理解。孟塞維化的唯心論者把它了解爲「主觀上運用的自如性，」把它了解爲詭辯論和折中論。他們將對立底一致看作它們底折中的結合了。孟塞維化的唯心論者脫離了鄔梁諾夫關於對立底一致律底理解，他們描繪着一個完全機械的表式，依據這個表式，我們首先遇到簡單的差異，然後發見對立，再後纔見到矛盾。他們不了解，在每一差異中已經包藏着矛盾；他們像普列漢諾夫一樣地限制矛盾發展法則之普遍的性質。可是鄔梁諾夫卻相反，他着重地指出對立底一致、統一和相互貫通之有條件性。暫時性和相對性，而它們（指諸對立方——沈）底互相否定、互相排斥，它們底鬬爭——爲發展之動力的鬬爭，卻具有絕對性的。

事物中的對立方面或對立傾向之一定的一致，在任何時候都不具有絕對性，它只有相對的意義。但是這種暫時的、相對的和過渡的（意卽臨時的——沈）對立底一致，跟事物本身一樣，它並不是不變動的，因此諸對立方之鬬爭就成爲絕對的了。要知道對立底鬬爭是一切事物變動底根本原因啊。大地上存在着的一切，都由於諸對立方底鬬爭而發生變化，不論這些對立方自身的性質如何。

在相對中存在着絕對——這是鄔梁諾夫指示我們的一句話。在對立底相互貫通中，我們也應當看出它們底鬬爭：對立底統一本身、相互貫通本身，我們應當把它看作對立底鬬爭底表現。

新事物底發生就是原有矛盾底解決，在這一解決中，舊的一致和組成此一致的諸對立體也同時被消除了。新的現象代替着舊的而開始它自己的歷史；從這時起，這個新現象（或事物、過程）自身內部包含着新的矛盾，推動它繼續向前發展的新的矛盾。

任何領域之科學的研究任務，在於依據這一唯物辯證法底總法則（這是全部人類知識發展史底總結論，）根據事實的材料去研究某一自然現象或社會現象所特具的矛盾發展底具體性。唯物辯證法底原則，是沒有一條可以變爲抽象的表式（或圖表）的，以爲可以根據這樣的抽象表式、用純邏輯的方法得出對於具體問題的答案來，那是不可能的。因爲唯物辯證法要求切實地、具體地研究自然、社會和人類思惟中所發生的一切過程。

唯物辯證法不僅教我們抓住一切事物和它們底一切發展階段上所共同的一般之點，而且還教我們把握某一事物及其某一發展階段所特有的矛盾發展底特殊點。對一切時代和一切場合都適合的解決矛盾底例子，是沒有的，而且也不可能的。由封建的社會經濟形態轉變爲資本主義之過程中所有的社會矛盾底解決底特殊性，決不能用來解釋由資本主義轉變到社會主義的道路的。

黑格爾首先發揚了對立底一致底法則，不過他唯心地曲解着這一法則。黑格爾認爲認識底對象是思想底發展階段，不是現實世界中所存在的實在的事物，而只是思想的、抽象的事物。因此黑格爾底對立底一致底法則，是具有最普遍的性質的思惟法則，這種法則是脫離了自然和歷史之具體的、實在的發展的。

照黑格爾底意見，對立底相互貫通，並不表現現實中的、而是表現思惟中的對立底相互貫通。假使說黑格爾有時舉周圍世界底現象做例子，那末這是爲着藉此以證實他自己的邏輯結構，而並不是爲着想藉對現象底實在運動底具體條件之研究以說明在何種條件之下解決現象底矛盾及以何種特殊的方式發生現象過渡到它底對立方的轉變。因此在黑格爾底辯證法中，一個概念轉變到另一概念的過程，是帶着主觀的隨意性的。黑格爾底解決矛盾是隨意的、幻想的、從抽象的思惟帶到現實中去的：它祇是思想上的解決矛盾，因此這樣的解決是抽象的、脫離現實世界之發展的。

這樣，承認對立底一致底法則爲辯證法之實質，同樣地又承認辯證法底其他法則，指示我們以辯證的認識底捷徑；同時這樣的認識不但不免除對自然和社會生活現象之精密的研究，而且還必須以具體的研究爲前提。對於實在的現象發展之具體的分析，應該作爲被應用於任何事物的這一法則（對立底一致底法則）底確實的根據。相反的理解就是糟蹋唯物辯證法，歪曲唯物辯證法。對立底一致這一法則，跟整個唯物辯證法一樣，它是行動底指導，是科學的研究底指導。

馬克思和恩格斯把黑格爾底唯心的對立一致底學說倒轉過來，唯物地改造了它，把它變成客觀世界和反映客觀世界的思惟之普遍的發展法則。當他們將這一法則應用到歷史過程底認識上去時，他們看出社會發展底基本原因在於生產力和生產關係間的矛盾社會鬪爭底矛盾，以及由這些矛盾所產生的經濟基礎和政治與思想的上層建築間的矛盾。馬克思把唯物辯證法應用於資本主義社會底經濟結構底認識上去時，他發見了這一社會底基本矛盾——生產底社會性和佔有底私人性之間的矛盾，它表現於個別企業中的生產底有組織和全社會中生產底無政府之間的矛盾；它底階級的表現則在資產階級和工人階級間的鬪爭。

讓我們從馬克思資本論底辯證法範本中舉出幾個例子來作爲說明吧。我們必先說明資本論底總概念，把資本論整個地當作邏輯、辯證法和認識論來了解，然後纔能研究資本論中各個經濟範疇底辯證法。要不是這樣的話，我們就有陷於把資本論底辯證法看成「一堆的例子」的那種歧途的危險。今日的機械論者和孟塞維化的唯心論者，對於資本論恰恰常作如是觀。

從整個資本主義社會底經濟運動中，就可以看出資本論底各個經濟範疇底辯證法來。由單純的商品生產和商品流通轉變到資本主義的生產，以後的資本主義底崩潰和新的社會主義制度底產生，乃由爲商品資本主義生產之基礎的兩重性和矛盾所決定的。這種兩重性和矛盾也決定了一切經濟現象和範疇底本性：如商品、貨幣、資本、價值等等範疇底本性。

現在我們先說商品吧，商品是有兩重性（卽矛盾性）的。商品之爲事物，便具有一種有用的性質；用個經濟學上的名詞，就是說，它具有使用價值（Use Value）。在另一方面，商品之爲商品，它便具有價值，它可以跟別種商品交換。若說使用價值是表現商品底質的方面，那末交換價值(Exchange Value)就表現商品底量底方面。由於價值商品與商品纔能互相均等。

商品是勞動底產物。勞動像商品一樣，也有兩方面兩種性質的：具體的勞動（質的方面）創造使用價值；抽象的勞動（量的方面）創造商品底價值（或交換價值）。『假使就商品底使用價值來說有意義的只是商品中所包含的勞動底質地，那末就價值底大小來說有意義的卻只是勞動底數量了』（見資本論卷一，頁九。）

從這一矛盾產生了許多別的矛盾。每一件商品都要靠別的商品來度量它底價值，後一件商品具有與前一商品不同的、不可比的有用的特性（這是關於相對和等量的價值形態底學說）商品價值底大小，是跟在一定的社會必要時間中所生產的商品底數量成反比例的。

不論生產力底大小如何，它只能改變各種事物底有用性底形式。生產力不能改變，譬如說，蔴布底本性，它只能使蔴布成爲衣着底形式。而各種事物底形式底改變，則有賴於具體的勞動形式。但是在商品社會中，勞動還有另一方面——即勞動底量，它以一般的勞動底形式出現，以抽象勞動底形式出現，它創造着一般的價值，即一切商品所共同的東西『勞動是財富之父，土地是它底母親。』

商品底往後的辯證運動，是在於商品之轉變爲貨幣，馬克思曾這樣指出。

『交換底擴大和加深底歷史過程使商品本性中所存在的矛盾、使用價值與價值間的矛盾，發展起來了。爲着流轉而予這一矛盾以外部的表現的這種需要，迫着人們去找尋一體現商品價值的獨立形式，而在這一任務沒有藉商品之分裂為商品與貨幣而徹底完成以前，上述的需要是不會停止的』（見前書頁四三——四四。）

這樣商品交換之數量的發展引起了新的質地底產生——即貨幣形態底發生。這一運動底原動力，是商品形態底矛盾，歸根結蒂地說，就是生產底社會形式和佔有底私人形式間的矛盾。

貨幣也是商品，但是它是特種形式的商品。因為貨幣是商品而同時又是商品底否定。貨幣是絕對的商品；一切其他商品底價值，是靠這一商品來度量的。這樣，貨幣就變成了商品流通底工具。這裏又遇着一種新的矛盾。貨幣好像鏡子一樣，自身上反映着社會關係底諸矛盾，它永不靜止，時時刻刻在自身上反映着這些矛盾。假使我們拿貨幣自身的關係來觀察其等同時，那末我們馬上會感覺這種等同是產生新的分裂、新的矛盾底原因，就是說，它分裂為：貨幣之為流通工具和貨幣之為絕對商品底交換價值底獨立實體。

『貨幣之作為支付工具這一職能，自身包含着直接的矛盾。當賒欠購買的時候，貨幣只在觀念上盡其職能，作為計算上的貨幣或作為價值底度量。可是發眞正需要支付的時候，貨幣卻不以流通工具底身份出現，它不祇是事物交換中的一時的媒介物，而是社會勞動之個別的體現，是交換價值之獨立的存在，或是絕對的商品。這一矛盾，在工商業危機達到某一點的時候，即貨幣危機底時候，就特別有力地暴露出來了』（見資本論卷一，頁八五。）

一切的運動都是辯證的。因此站在辯證法底觀點看來，運動就具有特殊的意義。講到商品運動的話，那末就是馬克思所說的商品底變形（Metamorphose of Commodity）。討論商品變形的那一章，馬克思用下面幾句話開始，這幾句話對於理解資本論底辯證法是有特別重大的意義的；其詞如下：『我們已經看到，商品底交換過程中包含着矛盾的和互相排斥的諸關係。這一過程，暴露着爲使用價值和交換價值之一致體的商品底兩重性，它底發展底結果，促使商品世界分裂爲單純商品和貨幣商品，它不消除這些矛盾，不過創造了它們運動底形式。

這一般地說，『就是現實矛盾所賴以解決的那個方法』（前書，頁五七。）

這樣看來，商品形式底矛盾決定着商品運動底形式。商品之爲價值，靠着貨幣底幫助而交換成爲使用價值，其公式爲C——M——C（此處C代表商品，M代表貨幣——沈。）這一商品底循環（Circulation of commodities）有二個對立的運動階段。首先是商品形態變爲貨幣形態；然後相反，由貨幣形態變爲商品形態。這裏發生着一種特殊的否定之否定。一方面商品形態被貨幣所否定，而後貨幣形態又重新被商品所否定。從另一方面講，在循環開始的時候，商品並不是使用價值，而在循環底終點上，它卻是使用價值了。

假使我們再把商品循環整個地拿來觀察時，那末就可以知道它自身又被資本循環（Circulation of capital）所否定。在前一場合（卽商品循環底場合——沈）所表現的是商品底運動；在後一場合（卽資本循環——沈）則爲業已變成資本的貨幣底運動。在前一場合，貨幣是流通底工具，在第二場合中貨幣卻成爲目的了。在M——C——M′這個循環中商品僅僅是由一價值（M）變爲另一較大價值（M′）的轉變過程中的一個必要的階段。

『這樣價值就變成自己運動着的價值、自己運動着的貨幣了；這樣的價值也就是資本它跑出了流通範圍，然後又走進這一範圍在這範圍中它保持着和繁殖着自己它以增大的形態回到流通範圍中來這樣一次復一次地重復着這一循環運動』（前書頁二〇〇）

資本底流通只是商品運動底繼續發展，因而也就是社會關係矛盾底繼續發展。資本之歷史的前提有：（一）貨幣底積蓄，（二）勞動力這一新商品底出現。勞動力這個商品是一切商品中的唯一的特別商品，唯有它能夠在消費（指勞動力底消費——沈）底過程中、即勞動底過程中創造出高於自身價值的剩餘價值來。在購買勞動力上所消費的貨幣，回到資本家手上去時就附帶着利潤了。

但是祇有獲得一定量的剩餘價值，纔使貨幣底所有者變成資本家，因此祇有一定量的貨幣纔能成爲資本。就是說，必需要有那麼大的一個貨幣量，它要能夠保證勞動力底購買能夠產生那麼多的剩餘價值，這些剩餘價值除作爲資本家生活消費之用的一部分外，還可以增加不變和可變資本（即從事積蓄——沈。）這樣看來，資本這一個新的質地，是跟一定數量相關聯的。

剩餘價值（指它底量）有一個特殊的形式或質地，它表現着資本家對工人的剝削。商品生產在等量交換基礎上產生商品流通。某一商品底所有者，把自己的商品跟別個商品所有者底同等價值的商品相交換。在資本主義生產和流通場合之下，情形就發生質的變化了。在資本主義之下，資本底所有者、資本家，佔有工人底未償勞動。這一新的質地也就表現着價值（指數量）底新形式——剩餘價值。

一八六七年八月二十四日馬克思寫給恩格斯的信裏說：「在我底書（資本論）裏，最好的地方是：（一）在第一章中就着重地指出勞動兩重性底特點，這種兩重性是看它（指勞動——沈）表現於使用價值抑交換價值那一點來決定的（對於許多事實底了解，都以這一勞動底兩重性底理論爲基礎的）；（二）離開了剩餘價值底各種特殊的形式，如利潤、利息、地租等，而單獨地觀察剩餘價值。

爲什麼馬克思要着重指出這兩點來，那是很明顯的，因爲這兩點對於資本主義經濟本質底了解，具有決定的意義。勞動底兩重性、它底矛盾性，在資本主義生產條件之下反映着資本主義社會底基本矛盾——生產底社會性和佔有底私人形式之間的矛盾。馬克思探究着經濟中這一矛盾底發展，他在資本主義社會自身中找到了克服這一矛盾的物質的可能、方法和力量。這樣的方法就是生產手段底社會化；這樣的可能就是生產底集中；這樣的力量就是勞工階級——經過資本主義訓練的，爲資本主義生產本身所鍛鍊好的，在跟資產階級的戰鬥中政治上業已成熟的勞工階級。

離開了剩餘價值底各種特殊的表現形式（指利潤、利息等）而單獨地去研究剩餘價值，這種學說形成了資產者羣和無產者羣底敵對立場之明顯的、尖銳的對照底基礎。由此就有可能特別劃出無產者羣和一切被壓迫大衆與一切剝削者羣中間的階級矛盾來。

在上述那兩點中，以最大的力量表現着馬克思底辯證法。資本論底全部說明，根據着這二點，螺旋式地開展起來，揭露了資本主義生產關係之拜物性（fetishism）不斷擴大地揭露着資本主義社會底內部矛盾，研究着資本主義剝削底經濟基礎和各種形式，以及資產集團與勞工集團之敵對性底增長，不斷地探討着資本主義死滅和新的社會主義社會底前提發展之史的傾向。誰要是明白商品論和剩餘價值論底辯證法，即以對立底一致律爲根據的辯證法，他就容易了解整部資本論底辯證法。

鄔梁諾夫把馬克思底對立體一致底法則，提高到了更高的階段。他特別注意於闡明這一法則爲辯證法之實質、核心底全部意義。『簡單地說，可以把辯證法解說爲論對立底一致的學說。這樣的解說就抓住了辯證法底核心，但這還須要加以說明和發揮』（見鄔氏文集卷九，頁二七七。）鄔氏根據理論和革命實踐之不可分裂的一致，說明和發揮了這一辯證法底實質，他把這一法則應用到勞工社會鬬爭底各個重要階段底分析上去。發展底內部矛盾性底認識，對於鄔氏底分析俄國革命底發展，對布爾喬亞民主革命轉變爲社會主義革命底學說，有着極重大的意義。波爾塞維克把布爾喬亞民主革命和社會主義革命看作『一根鍊條底兩個環子，看作俄國革命力量底統一的，整個的圖景。』鄔氏及其信徒，重視俄國的『軍閥、封建的帝國主義』底一切特徵，這種特徵促使反帝制的在勞工集團領導之下的布爾喬亞民主革命之史的發展，有跟攻擊資本主義的勞工社會革命相聯合的可能。

鄔梁諾夫對抗當時的右翼機會主義者，如卡米業夫、季諾維埃夫等人，着重地指出在俄國發展底歷史條件中布爾喬亞民主革命和社會主義革命底一致，但同時他也跟托洛茨基作爭鬬，因爲托氏不了解革命發展底階段，不了解各個革命階段上勞工集團對農民應取的態度。

郞梁諸夫又以對立體一致底法則，作爲分析帝國主義之根據。他視帝國主義爲資本主義發展中的特殊的新階段。這裏他發見了一般和特殊底一致，揭露了資本主義之一般的規律性和矛盾與帝國主義階段所發生的諸特殊性底一致。他指出，這些帝國主義底特徵（特殊性）不但不消除，而且還加強了一般的資本主義矛盾底表現；壟斷和競爭底一致和編合，不但不減輕資本主義矛盾底尖銳性，而且還大大地加強了它，大大地促進了資本主義競爭底深刻化和尖銳化。

郞氏又揭示了新經濟政策底兩重性；這一政策容許資本主義分子與社會主義分子底鬬爭而促使社會主義分子底必然勝利；這一政策是『資本主義發展與社會主義發展底兩方面的過程，是社會主義分子跟資本主義分子鬬爭底矛盾過程，也是資本主義成份被社會主義成份克服的過程。』

資本主義矛盾底尖銳化，已達到了一個新的時代，這時一種新的矛盾又應運而生了。這一新矛盾已非資本主義內部的矛盾，而是整個資本主義跟建設社會主義的國家間的矛盾。這一矛盾從根源上展開了資本主義底一切矛盾，並將它們集合成爲一個結子，將它們轉變爲資本主義制度本身底生死問題了。

第二節　量變質和質變量底法則

唯物辯證法底另一法則就是量變質和質變量底法則。這一法則，對於發展過程底理解，有着極重大的意義，因爲由一種質變到另一種質的革命的跳躍式的轉變，就表現在這一辯證法則上。

所謂質（或質地——沈）應當了解爲現象底定性，各種現象就以其定性之不同而互相區別，並由於此種定性而使它們成爲它們。科學的研究，只是從某一客體與其他物體不同的質的特點上去觀察此客體時，它纔能達到成功。表現事物之特質的定性就是事物底質地客觀現實各種事物之質的繁複性，這是由於吾人周圍之世界中存在着物質運動之各種不同的形式的緣故。一切存在的事物，都處於一定的物質運動底形態中。自然，也有一些事物中存在着不止一種運動形式而有好幾種形式。例如人的機體中就包含着幾種物質運動底形式：從機械運動起到思惟爲止。但是對於每一個特殊的、一定的事物，總有某一種運動形式是表現它底特質的，對於它有決定意義的。因此，當我們談到「質」的時候，我們所指的並不是與客觀世界無關的各種質底存在，而是具有這種或那種質地的事物或現象本身。質地是具有客觀性的；自然界中事物之質的定性，係離意識而獨立存在的。人底思惟僅僅反映着客觀過程底這種質的定性。

由於質底不同，事物就互相區別，互相劃分開來。固然，這種劃分區別的界限並不帶着絕對性的，因爲自然界中沒有絕對個別、絕對單獨的事物。每一事物總包含着跟其他一切事物相似的某種共同點，它經常地跟這種共同點維持着不可分離的聯系。事物之質的定性，並不是一種固定的、不變的東西像中世紀時代的煩瑣哲學（或經院哲學——沈）底代表們所設想的那樣。現實現象之質的定性，是經常地在發展着、變化着和複雜化起來的。

若要正確地理解質地這一範疇，就必先考察質地和本性（quality and property），後者亦譯特性——沈）底問題。黑格爾在他底邏輯學（Wissenschaft der Logik）中講到過這個問題。他寫道：『質地即本性，這

首先和主要地是指這一種意思來講的：就是它在外部的關係上表露自己爲內在的定性』（見邏輯學頁五四）

這裏黑格爾底意思是說，質地表現某一現象、過程或事物所具有的內在的定性，而本性或特性則表現此事物與其他一切事物的關係上的這一定性。舉例來說，譬如玫瑰花這一種花，具有植物形態之一底一定的質地，這一質地也就是它跟其他一切植物形態相區別的定性。而它底這一定性，是在它底許許多多特性上——香氣、顏色等等上表現出來的。

質地跟事物之存在（being）本身不可分離地聯繫着。事物失去了這個或那個本性，它還不失去它底定性，可是假如失去了質地，它就不成其爲它了，它變成了別種事物。事物之質的定性，表現於特殊的規律性，表現於它底發展底一定性。事物之科學的定義，只是當它把握住事物之質的定性時，它纔具有實在性。

然而事物底認識卻也不只限於質一方面底把握，它同時還包括存在於被考察的事物之量的定性。什麼是量呢？我們先來看一看黑格爾下量底定義。

黑格爾寫道：『質是一般地跟存在同一的、直接的定性，它跟在它以後被考察的量（或數量——沈）有區別；量也是存在底定性，可是它已非直接跟存在同一的，而是對存在無關重要的、外在於存在的定性』（見黑格爾全集卷一，頁一五七。）

這樣看來，黑格爾確定數量爲對存在無關重要的外在的定性。在這一定義中，真理底種子是在：在一定的時期以內數量底改變實在是外於質地的（意即與質地無甚關係的——沈。）數量雖然改變，質地卻依然如是。然而這只是指在某一瞬間以前而言，從這一瞬間起，數量往後的改變卽行促成質地底變化。

現象之量的定性跟質的定性一樣，它也具有客觀性的。量底概念是現象本身所具有的那些數量關係在吾人意識上的反映。所以科學的認識也應當不僅從客觀現實底質的區別上，而且也應從它底量的複雜性上去把握和反映它。事物之量的定性不存在於它底質的定性以外，量的定性是經常跟質的定性密切地聯繫着的。譬如我們講到事物之量的增或減時，我們是指事物質地底增或減。同時這裏必須指出，一定的質必具有一定的特殊的量的度量。

譬如說，在自然界中，沒有單純的質和量，而只有具有質的和量的定性的事物。事物之質的和量的定性組成不可分離的一致體。但是這種一致是不同的定性底一致，是對立底一致。所以量變質和質變量的轉變是對立體互相轉變底例證。存在於客觀界之事物中的一定的量和質底一致，就形成爲度量。(measure)。度量表現事物之特殊的質的定性，同時它也包含着特殊的量的定性。然而事物之量的變化，是在一定的、與它相適應的質底基礎上發生的。在一定的時期以內，質限制着事物之量的變化底界限。例如封建的生產方式，極度地限制着生產力，物質財富增長底可能，限制着社會發展底整個水平。這些封建的關係被布爾喬亞革命所掃除，代之而興的是資本主義的生產方式（或資本主義的生產關係）資本主義在歷史上曾起過進步的作用，可是當它發展到了帝國主義階段，它就變成社會繼續向前進展底極端的障礙了。唯其如此，所以在社會主義的勞工專政條件之下，社會生活各方面底發展達到了空前未見的速度，這是因爲就蘇聯底生產關係形態言，它代表一種新的質地的緣故。

簡言之，量的變化是以事物之質的定性爲基礎、爲限制的同時，事物之量的變化自身又反影響於它底質的方面。一定的事物之成爲該事物，只是在某一瞬間以前。量的變化過程達到了一定的質的限度和在一定的限界底條件之下，它就要求質底變化，引起由一種質變爲另一種質的轉變。同時，這一轉變也是由質到量的轉變，因爲舊的質一經消滅，新的數量的向前進展就發生了。在任何可能的數量增長底條件之下，在資本主義社會內，總沒有實現社會主義的生產關係形態底可能。可是勞工專政底條件之下，形成着新的、社會主義的生產關係底形式；甚至譬如在集體化的農村經濟中，只是單純的集合原有的生產手段已引起了生產力數量上的極大的增長。

量變質的法則跟其他辯證法則一樣，也是黑格爾在邏輯學中所確定的。然而在黑格爾底思想體系中這一法則得到了唯心的表現。他把這一法則解釋成爲範疇自動底法則，而非客觀世界底發展法則。很明顯的，黑格爾式的唯心論的量變質底法則，是我們所絕對不能接受的。然而馬克思主義底首創人一方面證實黑格爾的量變質底法則徹底無根據，同時卻又在它中間發見了合理的種子，給它以深刻的唯物論的解說。恩格斯寫道：「我們爲着自己的目的，可以把這一法則這樣地表達出來：即在自然中，只有經過物質或運動（即所謂能力）之量的增加或量的減少纔能發生質的變化——每一個別的場合均以一定的方式變化着。

自然界中一切質的差別，或是發生於不同的化學成份，或是發生於不同的運動（能力〔energy〕）底數量或形式，或是兩者兼而有之——這是最普遍的情形。這樣看來，若不增減物質或運動，就是說若無物體之量的變化，則此事物之質的變化也不可能』（見恩格斯著自然底辯證法。）

爲證實這一思想計，恩格斯在反杜林和自然底辯證法中，舉出了許多例子，來證明同一化學原素之純數量的增或減如何引起質的差別。

恩格斯論及量變質和質變量底法則時指出，『黑格爾所發見的自然法則（卽指量變質底法則——沈，）在化學領域內慶祝着極偉大的勝利。化學可以被稱爲研究受數量成份變化之影響而發生的物體之質的變化的一門科學。』（自然底辯證法，頁一二七。）接着恩格斯就引氧氣（oxygen）和臭氧氣（ozone）爲例，來說明這一法則。每一氧氣底分子，係由二原子組合而成，而每一臭氧氣（亦譯「阿純」——沈）分子則由三個原子組合而成，這樣就發生了一個新的物體，在本性上跟氧氣不同的物體。

接着恩格斯又說：『關於氧氣跟氮氣化合的各種不同的比例，每一種比例所造成的物體都跟別種比例的化合物有質的區別——關於這點還有什麼可說明呢！試看化學中的「氮二氧」（N_2O）和」氮二氧五」（N_2O_5）底區別吧！前者是氣體，後者在平常溫度之下是硬的結晶的固體。然而就它們底成分講，它們中間的一切區別是在後者所包含的氧氣比前者多了五倍。在這兩者之間還有其他幾種氧化氮（如 NO, N_2O_3 N_2O_7 等，）它們跟上述二種氮氧化合物，和它們自己相互間，都有着質的區別』（見前書。）

這些化學上的例子，是恩格斯舉出來說明量變質的法則的。恩格斯認爲這一法則對於化學原素本身有極重大的意義。門德列夫（Mendeleev）所發見和研究出來的時期的原素系統指示出原素底質和它們在系統中的位置，是由它們底原子量底大小（即數量）來決定的。

根據上面的說明可以知道現象之量的變化，在一定的限度以內帶着同質事物之不斷增長底性質。在同一度量界限以內數量上變化着的事物，不停止其爲該事物的。只在它底一定的發展階段上，在一定的條件之下，事物纔失去它底原有的質地而變成另一事物、新質的事物。由一種質變爲另一種質的轉變，跟不斷的量的變化過程相反，它不是漸漸地發生而是跳躍式地完成的。事物既變成了新的質地，它只表現着各種不同的特性、各個不同的方面，在諸對立方底鬬爭沒有引起質底改變以前，它永遠是這個質地底事物。跳躍、連續過程底中斷，也就是由一質變爲另一質的轉變之點。

單是不間斷的量的變化一種，永不會引起新現象底發生。單是承認不間斷的變化，結果必然否認世界上新現象（即新質地的現象）發生底可能性。這樣就等於站在事物永遠不變的觀點，似乎事物一經出現以後就永遠在同一不變的圈子上繞動着。但是假如只承認現象之質的發展一種，那也是不正確的。單是質的轉變而沒有相應的量的變化，就等於現象變化底各個階段之間缺乏了歷史的聯系。

辯證的發展觀跟庸俗的進化論不同，它確認吾人周圍世界中一切現象變化之突躍性、斷續性。突躍（即突變，）由一質變爲另一質的轉變，並非剎時實現而是在事物底漸變過程中完成起來的。在這一漸變中，從最初就包含着中斷、突躍底可能性；當某一場合所必需的條件成熟到充分程度的時候，這一中斷，這一突躍，就到來了。

量變質和質變量底法則引起了馬克思主義敵人方面——各式各樣的改良主義者、機會主義者底特別的厭惡，因爲這一法則應用到社會現象上去，就等於承認革命的社會改革底必然性，承認由一種社會形態過渡到另一社會形態的突躍底必然性。改良主義者和社會法西主義者閹割了馬克思主義之革命的內容宣傳着『不必一定經過革命、經過勞工集團專政，亦可過渡到社會主義』的那種觀點；他們認爲民主政治之單純的數量的發展，就會使社會走到社會主義。希特勒式的法西主義明白地表示着布爾喬亞民主政治在向何處發展，而社會法西派關於資本主義社會『逐漸改良』的見解底全部價值也就可想而知了。

在蘇聯底條件之下，唯物辯證法論質和量的學說被機械論者和孟塞維化的唯心論者所「修正」了。機械論的宇宙觀底代表們，『把一切變化解釋成位置底變化，把一切質的區別解釋爲量的差異，而不知道質和量底關係是相互的，不知道質也轉變爲量，猶如量轉變爲質一樣，這裏存在着量和質底相互作用』（見恩格斯著，自然底辯證法，頁八一。）

恩格斯予機械宇宙觀以徹底的痛駁，同時指出來說，『假使我們把一切質底區別和變化都解釋成量底區別和變化，解釋成機械的轉移位置的話，那末我們必然要得出這樣一個結論來：以爲一切物質均由極細小的同一微分組合而成，物質底化學原素底一切質的區別，是由這些結合成原子的微分底空間的組合和它們（指微分——沈）底數量的差別所造成的』（見前書，頁八一。）但是在這樣的場合，就發生一個問題，我們在自然界中所見的異常複雜的形態、五花八門的質地，這種複雜性底原因何在呢？對於這個問題機械論者不能作答。例如現代的機械論者否認一切運動形式之質的特殊性，把一切運動形式都解釋成機械的運動，而對環繞我們的一切現象，都用機械運動去解釋它們。

機械論者既否認質底客觀性，連帶地就不可避免地要否認現象之突躍式的發展。可是如果周圍世界底事物都只從數量方面去決定的話，那末它們底發展完全只是數量的增或減而不是由一質變爲另一質的轉變，像辯證法的發展學說所講的那樣。所以機械論者是久已死亡的、因而在現在是反動的、庸俗的進化論底「復辟」者，根據這種理論，發展只是量的增或減而根本不承認突變這回事。

否認發展之突躍性和由一質變爲另一質的轉變的庸俗進化論，是修正主義(Revisionism)底理論基礎。修正主義底老祖師柏恩斯坦，曾經根據這一理論宣傳資產者和無產者兩個階級間的矛盾底調和，否認資本主義崩壞底必然性和勞工階級革命底不可避免性。今日的社會法西主義者，也根據庸俗的進化論來替自己的策略辯護，用這種理論來反對勞工革命底學說。在勞工專政制底條件之下，庸俗的進化觀是右翼機會主義的「社會爭鬭消亡」論和「富農和平轉變到社會主義」論底方法論前提。現代機械論者底反動見解，給予右翼機會主義理論以哲學的根據。

孟塞維化的唯心論者，恰恰跟機械論者相反，他們在口頭上承認質和量底一致和質底客觀性。可是他們把這兩個範疇（對其他一切範疇也如此）轉變成抽象的公式和脫離現實世界的純邏輯範疇了。唯心論對於質變量、量變質底法則底理解，是拋棄了質和量這兩個範疇底物質的內容，而把它們當作單純的邏輯範疇去觀察。孟塞維化的唯心論者雖亦認定質和量這些概念底重大意義，可是他們純粹邏輯地去說明質變量、量變質底轉變，他們以爲任何具體的轉變場合，不論它底條件、時間、和地位如何，都是可能的。

第三節　否定之否定底法則

否定之否定這一法則，是作用最普遍、最廣大的辯證法則之一，同時它又是辯證法底基本法則——對立體一致底法則——之具體化。黑格爾把否定之否定當作他底全部哲學體系中的基本法則。在唯物辯證法中，否定之否定在自然、人類社會和思惟底發展中有十分重要和普遍的意義，所以恩格斯把這一法則跟對立底一致和量變質、質變量底法則同樣地當作辯證法底最一般的法則。

否定之否定底法則底馬克思主義的理解和它對於唯物辯證法的意義，鄔梁諾夫在他對辯證的發展學說底檢討中，得到了進一步的發展：『發展似乎是已經過去的階段底重復，可是這是不同樣的重復，在更高基礎上的重復（『否定之否定』）可以說，發展是螺旋式的而非直線式的』（見鄔氏著論卡爾、馬克思。）在另一地方，鄔氏歷述辯證法底原素時，也指出說：『某些低級的特徵、特性等之更高階段上的重復，看起來似乎是舊底回復（否定之否定）』。（見鄔氏文集卷九頁二七七）

對立體底一致，它們底互相貫穿和它們底互相鬬爭，是自動、發展底泉源，它底內部的動力，促成發展的內部的衝動，這種衝動是由內部的矛盾所引起的。量變質、質變量底法則，揭露着發展過程本身，它底質地特殊的階段，這一發展底突躍式的革命的進程——連續（漸變）底中斷和質和量底不可分離的相互關係。『否定之否定』

更進一步地加深我人對於發展過程底理解。說到發展中的否定之否定的話，唯物辯證法着重地指出，在發展過程中。我們看到一定的順序、經過各個不同階段段落的運動。同時又指出，發展底進程不是直線式的，而是彎彎曲曲的、矛盾性的；在由一階段到另一階段的過渡中，不可避免地要發生徹底的轉變，所以事物或現象之內部矛盾底發展，在每一個階段上引起過渡到它們底對立方的轉變。

在這種矛盾的發展中，每一低級的發展階段，自己造成了否定自己的條件，造成了自己轉變到對立方、轉變到新的更高階段的條件。這個否定——即每一順次的階段對上一階段底克服——造成了兩階段間的內部的聯系，表示在新階段上保持過去的發展底積極的結果。

在過渡到新的對立方過渡到以下的第三個階段時，發展似乎是在重復着低級的第一個階段底某些特徵和本性，似乎是回復到過程底出發點，但是它用業巳經過的階段底發展結果去充實它們，把這些特徵在更高的基礎上復現出來，而發展底全部過程整個地按着螺旋的形式進行着。因爲每一發展底第二階段是第一階段底否定，而新的第三階段反過來又去否定第二階段，所以全部發展過程就表現爲否定之否定底形式了。以上所述，就是馬克思、鄔梁諾夫的否定之否定法則底豐富的內容。

常常容易碰到一種不正確的見解，以爲否定之否定底發展方式是很少的場合，要找到這一法則底實例，極爲困難。然而恩格斯告訴我們，否定之否定是自然、社會和人類思惟之最普遍、最廣大地作用着的發展法則，它是存在於每一發展過程的法則。恩格斯曾經舉過一個有名的例子，即穀種底例子。他說穀種散播到田中去，在正常的發展條件之下，它就轉變爲它底反對方（卽否定它自身）——轉變爲稻桿，後者又生長出穀子來，這時新生的穀子數量較大而質地較優，這似乎是回復到它底出發點，可是實際上卻是穀子之更高階段上的表現。任何樹木、任何植物、任何昆蟲、任何動植物有機體底發展，都是採取這樣的方式的。人底生長和他底性的成熟，女子底懷孕，新的誕生和按照一定的遺傳律的新人底發展——在這一切現象中，我們都可以看出這一偉大的、普遍的否定法則來：首先是舊底否定，然後從這個舊的發生出新的來，然後又是新的否定，這個否定在某種關係上再生着某些舊的特徵，可是就質的方面講，這些舊的特徵已經發展到更高的基礎上了。恩格斯很公允地指出，否定之否定底法則，在無機體的自然界中也同樣地作用着，例如地殼底發展過程，就是最明顯的例子。

否定之否定底法則，在人類社會底發展上也明白地表現着。馬克思和恩格斯卽根據這種觀點去觀察社會主義之歷史的準備過程；他們視社會主義社會爲一切過去歷史底產物——被否定的和被克服的歷史發展底產物。例如財產底史的發展情形就是這樣：從原始公社的土地所有權轉變爲土地底私有權（這是第一個否定），後者底否定就是社會主義之下的土地社會公有權（卽否定之否定）。同樣的情形表現於由民族財產，經過諸民族底聯合而過渡到古代的『集體的私產權』，然後轉變爲個人的所有權，在它以後又重復開始私有財產底集中。

馬克思在資本論中指出，經過否定之否定的那種發展是資本主義積累之基本的歷史趨勢。馬克思說明建築在自己勞動上的小生產和私有財產，自己造成了否定自己、消滅自己的各種條件。直接生產者底被剝奪，是

「個人的和分散的生產工具之轉變為社會集中的、」但屬於資本家的生產工具。在資本主義生產方式得到勝利之後，勞動和生產手段底社會化就採取另一種形式了。資本主義生產方式底內在法則——經過資本底集中，勞動過程底合作形式底發展和生產手段之轉變為只能為社會公共地使用的東西；這樣就引起貧乏底增長、對日趨擴大的工人階級的剝削及其憤恨底增長，而這個工人階級還是資本主義生產過程底機械作用本身所訓練出來、團結起來和組織起來的——這種資本主義底內在法則自己造成了新的否定：即剝奪者和資本主義底消滅。在社會主義之下，生產手段底社會公有跟消費資料底個人所有權和諧地結合着。

同一歷史發展底辯證法，在過渡時期中也得到明顯的表現。

最後，在人類思惟領域中也不難看出同樣的發展階段。鄧梁諾夫認為哲學思想底發展進程是「圓圈式」的，同時他指出，這裏所指的不是嚴格的編年史上的順次性，而是關於思想發展底基本路線底表現：霍爾巴赫底唯物論，體謨——康德底否定認識底可能性，這一否定底否定就是黑格爾底唯心辯證法。其次，由黑格爾底唯心辯證法，經過費爾巴赫底形而上的唯物論（否定，）發展到馬克思底唯物辯證法（否定之否定），後者看起來似乎是黑格爾辯證法底「重復，」可是它已被唯物地改造過而充實了唯物的內容，也就是說，辯證法發展到了更高的階段。在馬克思主義本身底發展中我們也可以找出類似的階段來：馬克思和恩格斯時代底馬克思主義及其克服工人運動中其他思潮的勝利，用「馬克思主義」的衣裝改扮着的布爾喬亞思想和第二國際機會主義者底歪曲馬克思主義（否定，）鄧梁諾夫在跟機會主義者鬪爭中恢復了馬、恩二氏底學說及其繼續發展到更高的階段（否定之否定。）這裏表現着同樣的發展底節拍——前一階段這樣或那樣地準備了過渡到對立方的轉變；然後又達到新的否定，後者似乎是回復到出發點，可是實際上已發展到了更高的階段。

這一辯證法則跟對立底一致底法則，其間的聯系是十分明顯的。在每一對立底一致底場合中，我們可以從現象所特具的矛盾傾向中看出肯定的成份（確定這一現象而能保持其暫時的、有條件的對立底一致的成份）和另一種成份，否定的成份，這種成份底發展，促成對立體底鬬爭，現有形式底克服和矛盾底解決。在穀種裏面，除了它所包含的滋養分物質外，還包含着未來的稻子底萌芽，這個稻子一面生長着、一面同時不斷地吸收着這種滋養分。在小生產者底私有財產權中，已經蘊藏着未來的資本主義私有權底種子，換句話說，已經蘊藏着自身的否定底種子。發展之否定的成份，跟肯定的成份維持着內部的聯系。發展中的事物底舊的肯定的內容，在這事物底否定過程中不是全部被推翻、被消滅的。這種舊的肯定的內容是促成新事物產生的前提，是新的發展階段所要改製和接受的那種材料，要利用在它當中的一切有價值的、有活力的、能推動前進的成份。

辯證法中的否定，我們已經知道，並不是赤顆顆的、空空洞洞的否定。辯證法的否定也不是一切都可懷疑、毫無具體根據的那種懷疑主義的否定，像主觀論、相對論、詭辯論和折中論所理解那樣。否定是克服，或照黑格爾底說法，是以前的、舊的發展階段底揚棄（aufhebung），就是說否定舊的而同時又保留以前的發展階段所創造的一切肯定的成份。這樣，否定是發展之動的原素，它是馬克思所說的『引導前進』的淵源。可是這樣一來，現象底肯定的內容不但自己造成了否定自己的條件，而且在某種意義上，它還保留在否定中，被否定所克服和改造，它在自身的否定中過渡到了更高的階段。

這樣看來在辯證法的否定中既毫無主觀論底成份，也毫無赤裸裸的懷疑論底原素。否定是客觀世界發展底一定的要素階段，它要求一定的答復和發生一定的作用。

鄔梁諾夫着重地指出否定和肯定底一致和聯系，指出這一肯定處於否定中的事實，他寫道：『辯證法中之特有的和主要的不是赤裸裸的否定、整個兒的否定、也不是懷疑論的否定、動搖和疑惑，辯證法中無疑地包含着否定底原素，而且這是它底最重要的原素；——辯證法的否定不是那樣的，它是聯系底原素、發展底原素、保留着肯定的否定，就是說，它沒有任何動搖、沒有任何折中性的』（見鄔氏文集卷九，頁二八五。）

經過否定的發展，只是經過對立體底互相貫穿和鬬爭的發展底另一表現。否定之否定是同此法則之進一步的具體化而表現爲發展底各個階段。

量變質底法則是告訴我們新的質地如何發生，否定之否定底法則則指示出這一新的質地如何經過自己否定而從舊的質地中發生出來，它揭示出新的和舊的順次的發展階段之內部聯系。只有一切辯證法則之自覺的應用，纔能完整地明瞭發展底問題、革命的問題。

唯物辯證法把發展過程概括爲「否定之否定」底公式時，它在這發展過程中劃分了三個重要的階段：出發點底階段，否定底階段和第三個「回復」到出發點的更高的階段——否定之否定。但是如果以爲發展過程以這一否定階段爲結束，那是不對的。發展並沒有什麼界限，否定之否定不僅完成了以前的發展底進程，而同時也是以後。。。。發展底出發點，發生新的矛盾、新的「否定」底出發點。

這種發展三階段底外表形式卽從出發點經過否定、又回復到出發點的那種發展形式，很早就被思想家們所指出。按照三個順次階段的發展底觀念在古代神秘的宗教哲學中、卽所謂新柏拉圖學派底哲學中，說已經發生。後來維科（G. Vico）也發表了他底「圓圈式的」發展觀。郞梁諾夫指示我們說：『不論是天文上的和機械式的（地面上的）運動和植物、動物和人底生活——所有這些闖進人類底頭腦中來，不僅發生運動底觀念，而且正是發生回復到出發點的運動底觀念。。。。。亦卽辯證的運動底觀念』（見郞氏文集卷十二，頁三〇一）

黑格爾在他著名的「三題論」（triad）中表現這一發展觀：正題、反題和合題（或綜合），後者是前二題之同時否定和保留。照黑格爾底意思，在「三題論」底形式中發生着精神底自動發展，每一邏輯範疇底自動發展。黑格爾依據這種三題論的圖式，用純思惟的方法克服了概念底矛盾，然而他並不曾眞正解決客觀世界底實在矛盾。黑格爾只是把邏輯底三階段、此否定彼的三階段，用人工的、邏輯的轉變去聯繫起來，而這種轉變在黑格爾底觀念中，並不是現實的、物質的、自然歷史和社會歷史底聯系底反映。

各派的修正主義者，老早就斥責馬克思的辯證法，說它把現實界底發展勉強裝到黑格爾所玄想的「三題論」底框子中去。他們說，馬克思主義企圖用這種純經院主義的方法而不用任何其他證據去確定歷史發展底矛盾進程和革命底不可避免性。機械論者杜林，對於馬克思底資本論，對於它裏面討論資本積蓄法則的著名的一章，也施以同樣的譴責；以後俄國的民粹派，如米哈羅夫斯基（Mikhailovsky）之流，也用這一套譏罵施之於馬克思主義。

恩格斯在其對杜林底批判中，對於這一切責罵給了一個極好的答復。恩格斯指出，馬克思不會靠否定之否定去證實過什麼，他只是把他長期審慎研究的資本主義之眞實的、具體的、歷史的發展過程和它底歷史傾向（這番研究底總的表現就是他底資本論，）做了一個總觀察；這個總觀察底結果，就得出了一個普遍的、一般的辯證法底公式。只是根據大批事實的材料作具體的歷史的研究，馬克思纔能斷定這一過程（即資本主義底歷史發展過程——沈）是按着一定的辯證法則進展着的。

恩格斯並且又指出來說，用否定之否定這個一般的公式去概括十分複雜的現象，單單這樣做，還沒有講到每一個別的發展過程底特殊性。所謂否定，並非整個兒地全部推翻，而是要第一和第二個否定來表明實在的發展過程：『否定底方法是決定於第一，某一過程之一般的本性，第二，它底特殊的本性』（見恩格斯著，反杜林，頁一〇〇。）只有根據事實的材料，對每一個個別的發展場合作具體的、各方面的研究時，我們纔能得到這一過程底一切特殊性和矛盾階段之深切的理解，纔知道這一發展在某些特殊的關係上，可以被確定為按照否定之否定底一般法則而進行的。

鄔梁諾夫也堅決地駁斥民粹派對馬克思主義者的誣罵——說後者用黑格爾式的「三題論」和「不容爭論的」辯證法圖式作為說明一切的證據。鄔氏曾同米哈羅夫斯基解釋，馬克思和恩格斯所用的「否定之否定」這個名辭本身僅僅是『表述底方法，』它指示着唯物辯證法之歷史的發生，它底淵源之一就是黑格爾底辯證法。照鄔氏底說法馬克思認定『理論之唯一的標度是它底符合現實性。』『假如有時我們覺得某一社會現象底發展落到了黑格爾的圖式中去『肯定、否定、否定之否定，』那是不足爲奇的因爲在自然界中這並不是稀有的現象』（見鄔氏著什麼是「人民之友」？。）只不過照黑格爾底唯心的發展觀現實底發展受觀念發展之支配；黑格爾底「三題法」底意義，辯證法過程底「不可爭論性」都是依照這種發展觀來說的。但是在馬克思的辯證法中『三題法只是一種蓋罩和外殼此外沒有別的作用』（同書。）否定之否定律底實質不在所謂「三題法」之外表形式，而在對過程底內部特質的具體研究，研究這一過程如何不可避免地要發展到徹底的轉變，造成它底「自己否定」研究由舊的到新的順次的發展階段，把握和改造舊的成爲新的、更高的階段。

過了很久之後，鄔梁諾夫曾對濫用『辯證的否定』這一名詞的布哈林說：『你不先謹慎地用事實來證明，請別用這個名詞吧』（見鄔氏文集卷十一。）同時，鄔梁諾夫把馬克思主義的否定之否定觀提高到新的階段，指明它跟對立之一致底法則的聯系，着重地指出各個不可避免的發展階段底順次性是辯證法的發展之主要特點，指出發展底進程是按照螺旋式的，不可避免地經過各種轉變，最後又似乎回復到出發點，並且說明由舊到新的矛盾的發展道路及在這種發展中新跟舊底聯系。

機械論者純粹外表地了解否定之否定，把它理解爲黑格爾式的「三題法，」並把另一種機械的內容裝到它裏面去。例如布哈林把否定之否定解作「均衡之破壞」然後再達到此均衡之新的恢復，且布氏認爲此種均衡之破壞與恢復，係賴外界環境條件來決定的。

孟塞維化的唯心論者則用折中主義的綜合來代替否定之否定，他們以爲否定之否定是一些舊東西底結合。例如德波林說辯證法唯物論是黑格爾底辯證法跟費爾巴赫底唯物論之綜合。照右翼機會主義底觀點，整個過渡時期（按係指從資本主義到社會主義的時期——沈）是十月革命所破壞的均衡底恢復時期。照布哈林底意見，一切發展都取平滑的進化底形式、沒有社會矛盾、也沒有鞏固勞工專政之必要。托洛茨基主義者和一切「左」翼機會主義者則專犯跳越邏輯地必經的發展階段的毛病。

不論右派或「左」派都不了解社會主義生產關係結構中的新原素，不了解這一社會結構底發展底矛盾道路，也不了解勞工社會革命發展過程中舊的對於新的之作用。

第四節　本質與現象內容與形式

在前幾節中，我們已經說明了唯物辯證法底基本法則。然而唯物辯證法這一門科學，卻並不限於這幾條基本法則。我們還必須闡明：爲什麼客觀世界之科學的認識在於它底發展規律性底認識；又須說明這一客觀世界發展和運動底各種特殊形式底法則，如何暴露着它（客觀世界——沈）裏面所發生的各種現象和過程底本質。因此，我們就應當把如現象與本質這類重要的辯證法範疇，加以一番研究。

改造世界的社會人底實踐，是我們認識現象底內部聯系的基礎（或根據；）我們對於現象的認識，不以現象底外表形態爲限。

科學的認識底任務，在於深入事物底內部去認識事物，發現它們底外表形態所遮蓋的內部的關係，藉此使我們底認識深入於事物底質地，揭露各種現實現象間的類同和差異，指出它們當中最一般的和最重要的原質——它們底基礎，它們底本質，現象之必然的有規律性的聯系。社會人底歷史的實踐，物質生產和社會爭鬬實踐產生和固定了科學認識底各種基本的範疇：本質、規律性、因果性等等。

科學認識底最一般的和基本的概念，卽深入事物內部的那種概念——這便是關於事物之內部聯系關於它們底本質的概念；這種概念（卽本質）是跟形象底概念直接相對立的。

內部的聯系、現象底規律性、現象底本質——被外表形象所遮蓋的事物底本質，在人類思惟史底很早的階段上就已被發見；不過當時人們祇有一個混混沌沌的概念，到後來纔逐漸地得到了唯物論的內容。曾經恩格斯指出過，動物就有抽象（例如血族觀念）和分析（例如擊開果實的行爲）觀念底萌芽。使人類社會超然突出於自然界之上的勞動生產過程，促成了人類統治自然界的局面，使人類能夠『把握和正確地運用自然底法則』。在生產的勞動過程中發展着人類底『預知和調節平常的生產過程底結果』的能力（見恩著自然底辯證法頁五七——五八）。恩格斯曾以熱度底學說做比喻，說明內部聯系和規律性底認識如何逐漸地發展起來，以達於幾百年幾千年之久。

古希臘的哲學家（愛利亞特人）就曾有過發見一切事物之本質的企圖。在中世紀時代，本質底概念具有形而上的性質（例如論事物之不變的本質的學說，『自發論』底學說等等。）直到物理學和化學的分析長足進步的時候，唯物的本質觀纔開始穩固起來。我們已經講過，康德把事物底本質歸諸不可認識的「自在之物」底世界，他認爲這一世界是跟現象界隔絕的。康德哲學把事物之本質和現象這樣形而上地分裂開來，黑格爾曾予以嚴酷的批判。黑格爾克服了舊的形而上的本質觀把本質看作一種神祕的、不變的、不運動的、跟現象界完全隔絕的東西的觀念。黑氏確定了『本質』這一概念底相對性，它跟現象界的密切關係，它跟外表上與它對立的「形象」的密切關係。黑格爾指示道事物之內部的本質，只表露在現象上面。因此，爲了解事物之本質計，事物現象之研究就屬必要了。

然而在黑格爾底學說中，『本質』底概念僅僅得到了純粹唯心的發展：本質似乎靠純邏輯的發展而確定了它自身的「現實性」。只有在唯物辯證法中，本質這一概念纔得到了眞正深刻的唯物的意義；根據馬克思和恩格斯底研究，社會生活底本質在於社會爭鬪底發展過程。馬克思並沒有忽視『本質』像一部分庸俗唯物論者和卑鄙的經驗論者所誣責他那樣。馬氏說：『假若事物底本質和表現形式是完全相符合的話，那末什麼科學都變成多餘的了。』（見資本論卷三頁五八九。）鄔梁諾夫也指示道：『辯證法要求各方面地研究社會現象底發展，而把外部的、表面的形象歸結到根本的動力，生產力底發展和社會鬪爭上去』（見鄔梁諾夫全集，卷十八，論第二國際底破產。）同時，鄔氏可指出本質和現象底一致，它們底彼此交流。『我們看到，由此達彼的過渡交流：本質和現象底彼此交融，現象是本質的，人底思想不斷地在深入起來，由現象到本質，由所謂初級的本質到第二第三……等級的本質，這樣不斷地下去，以至於無窮』（鄔氏文集卷十二。）

馬、恩、鄔諸氏都指出了事物之內部的聯系和外表「形態」底對立性，然而同時也承認現象與本質，外部與內部底一致性。本質不能外於現象，它處於現象自身中，雖然它並不是常常整個地直接地在現象上表現出來的。現象底本質——這是它們底關係，它們內部的聯系，是貫徹於現象的規律性。馬克思批判費爾巴赫底抽象觀念時說，『人類的本質不是存在於單獨的個人的抽象性。人類的本質就其實在情形言，是諸種社會關係底總和』（見論費爾巴赫的提綱）

資本論把『本質』這一範疇底全部巨大的科學意義都揭示給我們看了。馬克思研究資本主義生產之本質時，他就從一直接的實體——商品——研究起，把商品當作社會關係來分析，——邏輯的和歷史的分析，為事實和實踐所證實的分析，——結果發見了商品是使用價值和價值底一致，直接的現象和本質底一致。這樣的分析，揭露了各種不同的商品中所存在的共同的一致性，由於這種共同的一致性，各種不同的商品就成為質量上一樣的東西——它們都是價值，後者底標度便是社會必需的勞動。馬氏云：『勞動就是各種不同商品底共同點，是它們底一致，它們底本質，它們底價值底內部基礎』（剩餘價值論卷三頁一〇七，）他又指出來說：『應當把不同的事物看作同一的共同的一致點——跟事物之自然狀態或形象完全不同的共同點——之適當的體現』（同書。）馬克思探究這種現象與本質底一致性時，曾以下列諸種經濟範疇為實例：價格與價值，價格與供求律，工資與勞動力價格等等。

在剩餘價值，利潤等等範疇底分析中，本質這一範疇也佔有同樣重大的作用。分析剩餘價值和及其組成部分——利潤、地租、利息——時，馬克思也同樣地指出『它們底共同的一致點——剩餘價值——亦即這種一致點底本性變成愈弄愈難以被認清了，因為它不是直接地表現於現象上，而必須像隱祕的神祕物一般地由我們來揭露的』（同前書。）

馬克思觀察剩餘價值率轉變為利潤率時指出『歷史地說利潤率，是個出發點。剩餘價值和剩餘價值率是相對地看不見的需要揭露的本質之物，而利潤率和利潤——這種剩餘價值底形式——卻暴露在現象底外表上』（資本論卷三。）『利潤是剩餘價值底表現形式，而且後者（指剩餘價值——沈）只有經過分析纔能夠從前者上面暴露出來』（同前書。）

在馬克思的社會生產關係底分析中，本質底概念也有同等重要的意義。一部分作家，根據資本論最後未完成的一章中馬氏說到『三大社會階級』——土地所有者，資本家和工人——相應地獲得地租，利潤和工資這一點，他們就認為這三個階級是布爾喬亞社會底基本階級，它們跟資本主義的生產方式有着不可分離的聯系。確然，土地所有者在資本主義發展中起着極端重要的作用：馬克思曾經說過，大地產所有者以重要的生產條件之一——土地——之人的代表出現着；其次大地產底形成是資本主義之歷史的前提，因為資本主義需要從小地產所有者方面剝奪勞動條件而形成一雇用工人底集團。大地產所有者這個集團對於資本主義雖然起着這樣重要的作用，可是我們還只能把它看作資本主義底次等現象，不是發生於資本主義生產方式之本質的根本現象。『資本家和雇用工人是僅有的行動者和生產因素，他們底相互關係和對立關係，卽產生於資本主義生產方式底本質』（馬著剩餘價值論卷二，第一章）在土地屬於資本主義國家（只要它不屬於工人階級就行）的條件之下，資本主義還是有存在的可能。所以馬克思認爲『建立在資本主義生產方式——跟封建、古代等生方式根本不同——之本質上的，直接參加生產的社會羣……應歸結爲資本家和雇用工人兩大社會羣，而把十地所有者除外；因爲土地所有者階級只是由於對自然力的所有權關係而發生的，它並不產生於資本主義的生產方式，而是繼承下來的……』然而根據這種資本主義底本質，我們必須估計到土地所有者羣在資本主義發展底具體的歷史條件之下，在資本主義的現實生活中所起的重大的作用；它是布爾喬亞社會底第三個大的社會羣。

鄔梁諾夫繼續向前發展馬克思主義的本質論，他特別注意到本質底發展和它底具體化，說明本質跟具體現象、跟外表的聯系，說明它們底相互關係、它們底一致性。康德不但把現象界和「自在之物」界隔絕起來，而且同時又把現實現象底外觀看作純主觀的印像了。黑格爾曾予康德底主觀主義以尖銳的批判，他特別着重地指出實際現象界底外觀或象之客觀的意義。他指出事物底外觀是事物自身、事物本質在它底運動要素之一上的表現；事物底形象是事物底本質本身之特殊的表現。黑格爾指出，事物之內部的本質並不是什麼不動的、與現象界隔絕的東西，事物底外觀、形象，並不是客觀上不存在的『虛無』，像康德派所設想那樣。外觀或形象固然是事物底非實質的方面，但是這種非實質的成素同時卻反映着事物之客觀本質底運動中的一定的要素。然而唯心論者的黑格爾，把從本質到形象運動看作純邏輯的運動——『從無到無！』鄔梁諾夫矯正唯心論者黑格爾底錯誤時指出，甚至達到消亡的、「非實質」方面的運動，也總是「從某事物」發生的運動；同時他着重指出本質這一概念底唯物性和它（本質）跟具體的現象界的聯系、跟「非實質方面」的聯系。

不僅本質，而且一切非實質的形象，都具有客觀的意義：本質表示共同的一致性，表示事物之必然的內部聯系，而一切非實質的（非本質的——沈）在分析本質時被我們拋棄不管的東西，都是個別的事實，是事物之單個的、偶然的、外表的存在。不過每一單個的客體底外表的存在，也以此客體之內部的質為基礎的。在另一方面講，一般的只存在於個別的、單獨之中。同樣，我們不能拋棄了事物本身，拋棄了本質和它底表象底一致性，拋棄了這一本質底實際表現而去理解事物底本質。我們應當從事物底一切聯系中、從它底發展中、從這一發展底具體階段上、從發展進程中所進行的爭鬪過程上去研究這種或那種現象底本質。

關於一九一七年革命底發展，鄔梁諾夫所發表的許多主張，都貫徹着這個唯一正確的見解——研究歷史現象之階級本質的正確見解。例如在他論策略書中批判加米業夫底立場時指出工農革命民主專政這個舊的布爾塞維克的公式，大體上已為歷史所證實，可是它在現實中的具體的實現，卻要複雜得多。二月革命底意義是政權過渡到資產集團底手裏。然而同時還產生和存在着一個工兵代表蘇維埃底「副」政府，那些代表們會自願地把政權讓給資產集團的。一九一七年四月，就已經開始了被國防主義欺騙的國民大衆底騷亂，這也就是『危機底本質。後者應該跟某部分個人和政黨底意見嚴格地區別開來。』其次，鄔梁諾夫又分析資產集團謀略底本質，在於把孟塞維克和社會革命黨人變為資產集團政府底附屬品。這樣，他又揭露了立憲民主派和孟塞維克跟布爾塞維克黨爭鬭底階級本質。鄔梁諾夫說明了小資產者底階級立場底本質；這個階級底企圖是想在社會鬭爭中採取「中間的路線。」不論外表形式如何，本質總不外乎階級底相互關係。

在七月事件底時候，鄔氏指明了『一切政權歸蘇維埃』這個口號底本質底改變，同時又說明了在前一時期中使革命底和平發展道路有存在可能的諸種條件底本質。『事情底本質是在現在已經不能用和平手段取得政權了』（見論口號，）因爲政權實際上已轉入武人集團之手；現在再不能把克倫斯基政府底騙人的外表當作本質看而不看見它底拿破崙主義的本質。鄔氏也曾向巧茨基等一夥人說明『資本主義剝削之經濟的本質絕不因統治形式之由君主制變爲民主共和制而有所改變。』

鄔梁諾夫以同樣明確的態度說明馬克思的國家學說底階級本質和勞工國家與資產者國家底根本區別。『只有了解一階級底專政不僅爲一切階級社會所必需，不僅爲推翻了資產者集團的勞工階級所必需，亦且爲由資本主義到無階級社會（共產主義社會）的整個歷史時期所必需——只有了解這點意思的人，纔會理解馬克思的國家學說底本質。布爾喬亞國家底形式異常複雜，可是它們底本質只有一個：所有這種種形式的國家，歸根結底總是資產者羣底專政。從資本主義到社會主義的過渡，當然也不能不有各種不同的政治形式，然而政治形式儘管繁複，它們底本質也必然地只有一個：勞工集團專政』（見國家與革命。）鄔氏又同樣明確地指明了勞工集團專政底主要本質：『它底主要的本質在於勞動大衆底先進隊伍、他們底先鋒、他們底唯一的領導者——勞工集團底有組織性和有紀律性』（全集卷二十一）。

依據以上馬克思、恩格斯、鄔梁諾夫等一切指示可以知道，我們不但應當從「非主要的、」即偶然的、單個的事實揭露出事物或問題底本質來，「剝出」它底「核心」來而且同時還應當考察這一本質底運動，它底變化，它底表現形式，它底實現。任何事物底本質，不是死的、不動的抽象的東西，不是什麼『與自身等同的』本質，也不是什麼『自在之物，』而是各種現象之內部的有規律性的聯系，它們底基礎；為正確地了解這種內部的聯系起見，就需要各種具體的表現形式。因此，我們應當把本質本身看作對立底一致，看作類同和差異底活的一致，正和負底一致，看作運動，由此達彼的轉變。

在社會人底歷史的實踐過程中，另一更具體的範疇跟本質這一概念同時發展着，它表示出本質如何跟它底表現形式和發展形式聯繫着。這就是基礎。（或根據）底概念。（或基礎底範疇。）

『本質』和『基礎，』是同一類的概念。基礎也就是本質，不過是從本質底轉變到它底對立方的內部的必然性上去觀察的本質，它不僅表示對立方底互相貫通，而且也表示着它們底鬬爭。基礎表現着這些對立方相互間的實在聯系。同和異，必然和偶然，原因和結果——這些對立的原素，都是互相貫通的。這裏我們就得求教於『基礎』了。

在歷史的發展中，差異的變成同一的，而在同一中又暴露着差異，必然性是採取許許多多偶然性底形式表現出來的。為避免迷惑於這種永久的、不斷的現象底相互作用計，為避免陷入折中主義和詭辯主義計，我們就應當揭露基礎，揭露在某一矛盾過程中的決定要素，我們應當說明某種對立方底相互貫通是在什麼基礎上產生的。

機械論者往往把基礎跟建築物分裂開來，他們看不見根據轉變到它底結果的事實。在萊布尼茨(Leibniz)這派唯心論哲學家看來，認為『基礎』（根據）是純邏輯的概念，他們企圖利用這一概念去從理性上說明現象底規律性。這派唯心論者提出所謂『充分根據』底法則（這是比較可以靈活運用的、主觀主義的公式）來跟研究現象之因果關係的所謂「機械式的」觀點對抗。一切存在的事物，都有它們底『充分的根據』——便是這一空洞的、寬泛的公式。黑格爾已經把純邏輯的、『形式的根據』跟『實在的根據』區別開來，不過他把這個『實在的根據』了解為精神發展底一定階段了。

勞工集團之社會的實踐，在馬克思和恩格斯面前提出了一個極困難的問題——關於社會生活之基礎問題。馬克思總結他當時的知識底成績，克服黑格爾的唯心論，並在『實在基礎』這個概念中存入了新的唯物的內容。在社會生活領域以內，我們可以看見經濟的基礎，這是社會底一個實在的基礎，在它上面生長着政治的形式和觀念形態的上層建築。勞工集團底歷史的實踐，繼續地發展了基礎底概念。我們應當說，大工業是社會主義經濟之物質的基礎。約塞夫 (Joseph V. Stalin) 說得對，他說在兩種不同的經濟基礎上，在社會主義的大工業和小生產的農村經濟基礎上，不能使社會主義建設繼續向前發展，這就是農村經濟集體化底理由或根據。

在任何事物和任何過程中，我們可以發見各種外表的特性，外表的形象之內部的聯系，這些外表的形象跟它們內部的本質相一致，跟在它們上面表現出來的規律性相一致。因此，內部和外表這兩個概念，對於一個發展過程底說明都是必需的。為了解任何過程之發展底性質計，我們應當從它底本質出發去研究它，也就是說從它底內部的聯系和關係上去研究它。

這就是發展之真實的基礎。機械論者恰正不了解這一點，他們企圖把發展歸結到許多外部的狀態上去，或是把外部的推動看作發展底基礎。然而如果完全忘記外部條件對於發展所起的作用，那也是不對的；須知事物之內部的特質是要在外部的條件之下得到具體的發展的。如果以為事物之發展只由於它底內部的特質，而不估計到外部條件對於發展的作用，像孟塞維克的唯心論者所設想那樣，這是不正確的。我們應當以自然和社會底發展中的內部和外部底一致性作為研究底根據，不過必須牢記決定的作用是屬於內部的規律性的。

本質並不處於現象底另一世界。現象本質底表現，並不是比現象底本質自身低一級的東西，像康德派哲學所設想那樣。相反的，現象界是比本質自身（即拋棄本質底表現而單拿本質本身來說）更豐富、更確定、更具體的存在（being），因為本質之具體的表現，是以它裏面所存在的內部的聯系為前提的。發展暴露着本質與現象底客觀的對立性，因為每個個別的現象都不完全地表現着本質。不過物質底發展本身使這種對立性——本質和現象，外部和內部根據和結論等等底對立性——成為相對的；物質底發展解決了它們底矛盾，只是在內部的和外部的條件共同積極作用的時候，發展纔會成為事實。內部和外部底一致，本質和表現形態底一致——這便是從頭到尾貫徹着全部馬克思辯證法的一個極端重要的原則。

這個一致底明顯的表現就是內容。一切現象底內容同時既跟它底形式對照並存着，同時又以一定的形式爲其前提；內容同時既生產形式，又在自身中包含這一形式。

價值是一種經濟的內容，它裏面結晶着它底本質、社會勞動，同時它又在交換價值（Exchange Value）上找到了它自己的『形式底定性。』物質的生產關係——這是社會的內容，它每一次總採取某種『歷史地社會的定性，』即一定的生產關係底形式，一定的經濟底形式資本主義的、社會主義的、等等。

內容與形式形成着辯證的一致體：它們互相轉變，互相表現，彼此決定對方之發展。黑格爾說：『形式是轉變爲形式的內容，內容是轉變爲內容的形式』（黑著邏輯學卷二。）因此，在發展過程中形式不是被動的。形式爲內容之重要的原素，它反過來積極地作用於內容底發展進程和內容底變化。馬克思跟一切唯心論者底見解相反，講到內容和形式底一致時，他着重地指出內容底主動作用——在內容和形式底矛盾中，內容和形式底爭鬪中。

內容產生和決定它自己的形式。但同時它常常以某種形式底存在爲其先決條件。世界上沒有無形式的內容，同時也沒有無內容的形式。形式是內容底結構法則，是它底一定的組織，是它底重要的原素，但是它依賴某種現象底本質而存在。鄔梁諾夫說『形式包含本質，本質具有形式，它們這樣或那樣地依賴本質而存在着』（鄔氏文集卷九。）

這樣看來，形式不是與本質、內容不相容的，同時也不以本質、內容之特殊的、一定的原素而與本質內容相對抗。它們相互貫通，處於事物和發展過程底一致中。不過這個一致體底客觀基礎，我們總常常應當從內容中去找別把它（內容——沈）和形式等同起來纔對。

歷史的發展促成內部的轉變爲外部的，反之，外部的也轉變爲內部的。有時似乎形式跟內容相分離，內容得着自身相對獨立的發展。形式是外部的、阻礙發展的、與內容對抗的東西；它有時落後於內容底發展，並且阻撓着它底繼續發展。所以在發展底過程中，有內容跟形式和形式跟內容的鬭爭；也有形式底拋棄和內容底改造。舊的形式一經變成了阻止內容的東西，在它往後的發展中就要被淘汰。於是跟內容同時成熟起來的新的形式，就完全確定，而開始積極地促進內容底繼續改變。現代資本主義社會底生產力和生產關係底情形，它底政治法律的形式和它底經濟內容底相互關係，正是這樣。

史的唯物論（或作唯物史觀——沈）把生產底物質基礎跟它底社會形式底矛盾和衝突當作基本的研究對象來注意。內容和形式底矛盾，在資本主義社會底馬克思主義的分析中佔着極重要的地位。馬氏說明了商品生產之矛盾的本質之後，接着就把這一本質具體化起來，成爲價值之社會必需的內容（按係指社會必需勞動而言——沈）和價值形式（交換價值）間的矛盾。在另一方面，當馬克思分析到資本主義現實之外部的表現時，他認爲應當把商品買賣底經濟內容和它們底法權形式區別開來。

馬克思在資本論中所分析的商品、價值、貨幣、資本、剩餘價值、地租等等經濟範疇底辯證的運動，反映着人們底社會關係。事物、勞動底生產品，採取商品底形式而具有矛盾的性質，這不是由於生產品底天賦的自然性所促成，而是由於生產和分配過程中人與人底一定的關係所促成的。其他一切經濟現象底情形也都是這樣。在恩格斯對政治經濟學批判一書所作的書評中說：「政治經濟學所研究的，不是事物而是人與人的關係，而且歸根結底是階級間的關係，不過這些關係經常地與事物聯繫着並在事物上面表現出來。」

馬克思以下列數語表明同一意思：

「商品不能自動跑到市場上去自行互相交換……爲要使某幾種物品能夠以商品底資格互相發生關係，這些商品底所有人就該自己互相發生人與人底關係他們（商品所有人——沈）底意志是居住在這些事物中的」（資本論卷一）

盧賓（Rubin）這類的唯心論者和布哈林、培桑諾夫（Bessonov）、孔恩（A. Kon）等這類的機械論者，歪曲了這一辯證唯物論的基本觀念。前者犯了康德派的分裂形式與內容的錯誤，把現象中的一切內容都抽棄掉了。機械論則相反他們完全不了解社會形式底作用和意義，看不見各個不同的社會形式（social formations）底特殊的規律性，因而他們也就不了解社會發展和人羣爭鬬底眞實過程。我們必須認識，凡是馬克思揭露商品、貨幣、資本、價值、剩餘價值等等範疇底辯證法的地方實質上都是說的社會關係——採取物的形態的社會關係。資本主義社會——直到它底最後階段、帝國主義——底經濟的運動法則，是資產者和無產者中間的階級矛盾之發展和增長底表現和反映。

這裏存在着馬克思主義和布爾喬亞理論之間的根本區別。資產者底觀念中，以爲商品、貨幣、價值、資本等等都具有一些自然的特性，這些自然性決定人們對於它們的關係和人與人的相互關係。「在這種人底見解中，以爲他們自己的社會的運動，採取物品運動底形式，他們處於物品運動底支配之下，而不能去支配物品底運動」（同前。）馬克思底商品拜物主義（Commodity fetishism）批判是他底資本論中極精彩的一章（縱然不是最精彩的一章；）這一批判首先從布爾喬亞經濟關係上撕去了一張迷網。馬克思底辯證法在這裏表現得十分充足、十分銳利和十分明確。馬克思底辯證法在商品底外表形式之下揭露了社會的內容。馬克思主義對於自然主義、對於機械論的、社會現象觀的批判，闡明了社會關係底質底特殊性。同時又猜破了觀念形態底祕密，特別是布爾喬亞觀念形態底祕密——一切觀念形態都反映着人與人的社會關係。

在馬克思分析生產力和生產關係底問題時，內容和形式底問題也有着展開的解釋。在政治經濟學批判底導言中馬氏寫道：「概念底辯證法，生產力（生產手段）和生產關係底辯證法，它底界限應予確定，而它並不消滅實在的區別。」生產力和生產關係底辯證法是內容和形式底辯證法。在資本論中，馬克思並不忽視生產力和生產關係底實際區別，但同時又確定了它們底一致性。拿實際的情形來說吧，商品小生產者底關係，反映於勞動和商品底內部的矛盾性上；這種小生產者間的關係，是決定於小規模農業和手工業底生產手段底零散性和限制性。資本主義的關係建立在生產手段跟直接生產者相分離的局面上的。生產手段之社會主義的社會化不可避免地連帶發生生產和分配底社會化和計劃經濟底成立等等。這種生產力（內容）和生產關係（形式）相互貫通底情形，馬克思在資本論中說得非常透徹，例如在價值、工資、危機等等經濟現象底說明上，都徹底地闡明了內容與形式相互貫通底情形。生產力在價值形成中的作用（即平均社會必需勞動時間底問題，）生產力在使資本雄厚化和勞工集團貧乏化底過程中所起的作用（關於女工和童工勞動底剝削）以及生產力在勞動後備軍底形成、工人工資底降低到勞動力價值以下等（由於資本有機構成「Organic Composition of Capital」提高的結果）場合中的作用；最後講到危機的話，它是生產關係業已成爲生產力發展之鐐銬的最明顯的證據；——在所有這一切實情底說明上，馬克思很精巧揭露了生產力和生產關係之辯證法的一致和差異。

馬克思不僅確定了生產力和生產關係底相互聯系，他並且確定地指出了這一聯系底基礎。內容決定着形式。反過來形式之爲有內容的形式也並不是外於內容而與內容不相干的，它是內容發展底形式。生產力底水平決定生產關係，然而後者卻是生產力發展底形式。普魯東（Proudhon）不了解這一點，他以爲不是生產手段決定相當的勞動分工，而是相反，勞動分工引起對於一定的勞動工具的必要性。

在馬氏所著哲學底貧困（Poverty of Philosophy）中寫道：『假使普魯東也看見事物的話，那末他只是顛倒是非地看見事物；在他看來，照亞當斯密（Adam Smith）底意思勞動分工底發生是在工場發生之前，可是事實上分工底存在是以工場爲前提的。』

內容和形式這兩個概念，對於帝國主義之科學的分析也有特別重大的意義。例如機會主義者底荒謬見解，以爲資本底國際化是民族間的和平手段，鄔梁諾夫批判這種荒謬見解，指出國際的托辣斯和卡德爾是資本家中間的內部鬭爭底最顯著的表現；鄔氏說：『爭鬭底形式可以而且常常因各種比較得特殊的和暫時的原因而變化，可是爭鬭底本質，它底階級的內容，在階級還存在着的時候，卻簡直是不會改變的。爭鬭底形式問題（譬如說今天是和平的形式，明天是不和平的，後天又是和平的等等）去替代爭鬥底內容問題。這就表示降到詭辯家底作用上去了。」（見資本主義之最高階段的帝國主義。）例如關於托洛茨基所提出的『歐洲合衆國』底口號，鄔梁諾夫指示說，世界合衆國底口號，就它底經濟的內容來說，是跟革命勝利之後的社會主義等同的，可是在資本主義條件之下，這一個托洛茨基主義的口號卻等於擁護帝國主義，並由此而得出一個國家內社會主義勝利不可能的不正確結論來。

在另一場合在「左」傾幼稚病一書中，鄔氏進行着兩條陣線上的鬥爭路線——跟國際共產主義爭鬥方法底理解中的右傾和「左」傾教條主義作鬥爭的路線。他指出勞工政黨工作之新的、強有力的內容。（爲蘇維埃、爲勞工專政底實現而奮鬥）『可以而且應當表現於任何形式、新的和舊的形式，可以而且應當重新產生、克服和支配一切的形式，不論新的和舊的。』

勞工專政是勞工革命底基本內容。這一基本的論點，具體地表現於許多特殊問題底解答上。關於勞工民主制底新形式問題底解釋，就是一個極好的例證。民主制底形式，在歷史發展底過程中不可避免地要經過多次的改變。假如以爲世界上最深刻的革命是在舊的、議會制的、布爾喬亞民主制底框子以內發生而用不着創造新的民主制形式——這便是一種荒謬的設想。蘇維埃政權，就是一種新的國家組織底形式，它跟舊的、布爾喬亞民主主義的、國會制的形式，有根本的區別，它是新的國家形式。這種勞工民主制底新形式底實在內容，勞工階級底策略底實在的內容，不外乎消滅階級和建設社會主義社會。鄔氏說：『勞工階級需要消滅階級——這便是勞工階級的民主主義、勞工階級的自由平等……底眞實內容誰不了解勞工階級專政（說蘇維埃政權也好，說勞工階級民主制也好）底這一內容誰就只是徒然地濫用這個名詞」（全集卷二十四）

這樣看來勞工專政是勞工革命底基本內容，同時又是新的國家形式，在這一新的國家形式以內，進行着徹底消滅階級的鬭爭。但是新的、強有力的內容爲自身的發展計，也可以利用舊的形式但須予此種舊形式以根本的改變。民族的文化形式便是一例；在這種民族文化底形式以內，新的、國際的、勞工集團的文化內容，在勞工集團專政底條件之下，正在發展起來。

有些時候，某種內容可以在外表上跟它對立的形式中表現出來。例如投降的、叛賣的反革命的內容可以採取「左」的、托洛茨基主義的空談底形式。

第五節　法則原因與目的

從自然、社會和思惟底諸現象底一般聯系上去了解這些現象，從每一事物底本質跟這一本質底表現形式的一致性上去認識這一本質——這種唯物的認識，引導我們去觀察統治着自然和社會的諸法則，說明自然和社會底發展底規律性。

法則底概念反映着實質的關係（即本質底關係；）法則對現象作用着，它在現象中實現它底作用時，並不表現爲一種外來的力量，而是現象自身中所存在的、客觀的、內在的發展傾向。法則係以現象底的內部聯系之一般的形式表現着。

法則底概念是人類對於世界過程底一致和聯系、相互關係和完整性的認識階段之一。

恩格斯說明我人對於自然界規律性底認識，歷史地逐漸發展起來——從比較局部的結論，在千百年當中我們逐漸地達到了『一般定律底判斷』。在這當中物質生產底實踐和技術，起着一定的決定的作用。在歷史前期的太古時代人類就已從實踐上知道磨擦可以發熱的事實，可是過了幾千年之後，纔成立這樣一個論斷：磨擦一般地是熱底來源。只是到了工業資本主義時代，由於熱度的動力來源底研究，纔成立了下列的定理：一切機械的運動，由於磨擦底結果而轉變爲熱度。以後再推演開來就得出了一個更普遍的法則：任何的運動形式，在某種條件之下，都會轉變爲別種運動形式的。這樣歷史地發展着我人關於一般的自然法則底認識。

人類不能一下子把握、反映、領悟整個自然底全部；它只能不斷地向着自然底全部眞理接近，創造着各種的抽象概念、法則、世界之科學的描寫等等。

但是法則底概念——是辯證地矛盾的概念，它在客觀規律性之內部矛盾上反映着這種規律性底發展。法則之中具有一種重復性的、等同的「固定的」、比較不變動的（較之變動的現象不變動些、安定些）成素。在法則中，所講的是現象發展和運動底本質，並且從它底抽象的「純粹」形態上去觀察這種本質。法則是『一般性底形式』（恩格斯。）法則中所包括的是固定的性質，所以一切法則都是比較狹窄的、不完備的、近似的；在這點意義上，我們可以說『現象比法則豐富些。』

然而我們也不能把法則只看作從複雜的、重復着的現象中得出來的抽象概念。法則亦有它底實的方面：它指示我們以特殊的、必然的發展傾向，在這種傾向中法則似乎企圖包括它自己的無窮的表現，並且必須在這一切表現中實現出來的樣子。在這點上，法則底抽象性要比每一單個的現象更深刻、更正確、更完滿地反映着現實。價值底法則（即價值律）比它底每一個單獨的表現、比每一次交換行為、比供求法則，都要眞切得多。法則把握和表達每一個單獨的現象，不過只是近似地、相對地在一個認識階段上，從一方面，和在一種關係上去把握和表達每個現象，它不把現象底全部具體的完整性都表達出來，關於這種完整性，只有認識了這現象底無窮的多方面，我們纔能認識它。就這點意思來說，法則要比每個單獨的、具體的，完整的現象更貧乏些。可是同時因為法則把握着一羣同類的現象，所以它要比每一個單獨的表現更深刻些、更眞確些、更永久些。這就是法則底特點，也是反映一切發展之內部矛盾性的一切科學的抽象觀念底特點。

馬克思、恩格斯和鄔梁諾夫都常常着重地指出這一法則底內部的矛盾性。他們為現實底唯一科學的、規律性的認識而鬬爭——跟否定或歪曲自然和社會底一般法則底意義的一切唯心論見解作鬬爭，同時，他們又跟拜物觀的、簡單化的、庸俗化的法則觀作鬬爭，根據那種觀念，以為法則是某種不變的「絕對體，」它直接地和蠻個地、取「純粹的形態」在每一個單獨具體的現象中表現出來。他們又特別指出法則底相對的、歷史的性質和法則本身底可變性。

馬克思講到資本論時說：『這一著作底終極目的在於揭露現代社會之經濟發展底法則』（資本論卷一，

序言。）同時馬克思又從各方面說明資本主義社會諸法則之相對的、歷史的和暫時的性質。他激烈地批判布爾喬亞經濟學底見解，因爲後者把資本主義底法則看作永久的、「自然的」法則了。在資本論底一篇早期的書評（那篇書評底大意，馬克思本人也認爲良佳的）中寫道：『在馬克思看來，重要的只有一點：探求他所研究的諸現象底法則。同時，他認爲重要的不只是支配現象的法則，因爲它們具有某種形式，而且在一定的時候可以看到它們處於一定的相互關係中。在馬克思底意思，以爲現象底變化、現象底發展底法則也重要的，就是說從一種形式轉變爲另一種形式，從一種相互關係轉變爲另一種相互關係——這樣的轉變法則，也是重要的。』（見資本論，跋。）適用於一切時代的、一般的經濟法則，馬克思認爲沒有的。照他底意見相反的，每一個歷史時期都有它自身的法則。他底科學的任務，是在『說明支配着一定的社會組織之發生、生存、發展、死亡而爲另一高級社會組織所代替的那些特殊的法則。』（同前。）

馬克思把資本主義的自發性之盲目的法則跟社會主義社會底法則尖銳地對立起來，後者受人類集體的理性所指揮而爲人類創造公共的幸福的。

恩格斯着重地指出自身然法則之歷史性和相對性，雖然看起來這些法則似乎是一般的、永久的和不變的。他舉出物理學的定律來說明這一點。他說譬如從零度到一百度是水處於液體狀態的溫度界限，可是這一定律（法則）推本窮源是受着地球行星條件之限制的，假如處在太陽或月球上的話，這一定律以及其他一切物理學的定律，就都要發生變化了。恩格斯認爲能力轉變論底最一般的公式，應用到世界體系上去就變成這一體系底各個發展階段上的各種法則底統治史了。

馬、恩、鄔諸氏都跟抽象的拜物主義的法則觀作嚴酷的鬬爭；這樣的法則觀是機械論者和唯心論者所共同堅持的。他們說明法則表現着現象之本質底「純粹狀態」，它只近似地把握着自然界底普遍的規律性。例如在資本主義的現實生活中，法則僅僅在經常不斷的搖擺（歪曲）中實現着，它只是一種統治的傾向，經常不斷地在克服法則底破壞而從許許多多經常發生的搖擺和歪曲中形成某種平均的、適中的場合；這一平均的、適中的場合就是定律或法則。價值底法則，資本積纍底法則和利潤率下降底法則等等，——馬克思正是從這些法則底觀點上去考察資本主義現實底一切現象的。同時，馬克思不僅着重地指出資本主義生產法則底歷史性，而且也指出在資本主義的現實生活中這些法則只是近似地實現着，它們只是經常地試圖消滅和克服各種搖擺和歪曲的一些統治的傾向。馬克思說：『一般地講，在資本主義生產制之下，任何一般的法則都只以一種統治的傾向而實現着，它是極變幻地、極近似地實現着——實現為許許多多經常的擺動底一種平均狀態而這一平均狀態是永久不能充分地確定起來的』（資本論卷三。）

在另一處地方，馬克思又說到商品價格脫離它底價值底事實；他指明，在資本主義社會內，商品照它底市場價值出賣僅僅在很少的場合，就是在供與求互相適合因而供求律停止作用的那種場合。馬氏解釋道：『資本主義生產之眞實的內部法則，顯然不能用供與求底相互作用來說明的……因為這些法則，只是當供與求停止其作用（即供求對銷）的時候，纔會取「純粹的形態」實現出來。然而實際上供和求從來不會互相對銷，縱然對銷了，那也只是偶然的場合，因此，從科學的觀點看來，這一場合應當看作等於零，應該當作它不存在的。可是在政治經濟學中卻有供求互相對銷底假定。爲什麼要這樣假定呢？這是爲了要從現象底規律性的狀態上去觀察這些現象，也就是說要撇開它們因供求關係搖擺（變動）底結果所表現的狀態而從「純粹的狀態」上去觀察它們。在另一方面，又爲要找出它們底運動底眞實傾向，確定這種傾向。只有拿一個相當長時期內的運動底總結來加以考察時，我們纔能得到供與求完全平衡底結果，而這一結果只是許多搖擺底平均狀態。我們可以看到市場價格脫離市場價值的情形，同時又看到試圖消滅這些搖擺的傾向。

在資本主義底具體的現實中，法則從來不取純粹的形態實現着的。每一具體的現象，總是在它上面所表現的法則底歪曲或變態；各種現象底全部總和之統治的發展傾向，常在試圖消滅這種歪曲（卽脫離法則的場合——沈）——在許多個別的現象中所發生的歪曲表現。法則常常只以發展底傾向實現着，有時一種發展底傾向往往跟許多別種發展傾向交織着。只有這樣地去觀察，我們纔能正確地認識現實底具體內容。

對於現象底規律性底問題，郞梁諾夫也正是這樣觀察的。他根據這種觀察法，說明了資本主義社會發展底一般法則和它底特殊的發展階段底法則間的相互關係。郞氏指示道：由生產集中而產生壟斷，一般地說是資本主義發展現階段底一般的和基本的法則：『就帝國主義之經濟的本質言，它是壟斷的資本主義』（見資本主義最高階段的帝國主義。）可是因爲帝國主義是資本主義發展中的特殊階段，它除受特殊的法則之支配外，同時還受資本主義一般法則和矛盾之支配，這種矛盾便是社會的生產和私人的佔有間的矛盾。個別企業中的生產有組織和整個社會中的生產無政府間的矛盾。唯其如此，所以布爾喬亞經濟學者以爲在壟斷資本主義之下經濟危機有消除底可能那種見解是絕對錯誤的。事實上恰恰相反，在帝國主義時代資本主義的矛盾倒反更形尖銳化了。鄔梁諾夫說：『相反的，在某些工業部門中所形成的壟斷，加強和激化了整個資本主義生產所特具的混亂性』（同前。）

壟斷本身具有趨向於停滯和腐潰的傾向。然而如果以爲這一腐潰傾向消除了資本主義迅速發展底可能，這樣的設想是錯誤的。整個地講資本主義底發展比從前快得多了，可是這種發展不但一般地愈弄愈不平衡化，而且這種不平衡性還在資本主義最強大的國家底腐潰化事實上表現出來。

根據這一辯證法的法則觀，推演出了帝國主義時代發展不平衡底法則和一個國家內建設社會主義底可能。考茨基這一類機會主義者，完全抽象地去理解帝國主義階段底規律性；考茨基認爲照純粹「經濟的」觀點上說，資本主義底矛盾和不平衡性，在財政資本統治底局面之下，是日益削弱了，因爲發展在向壟斷進行着，它要走向到一個全世界的壟斷局面，走向到一個全世界的托辣斯爲止。

托洛茨基和季諾維夫也肯定地說在帝國主義發展中不平衡性日見衰微了。布哈林底見解，也極接近於「超帝國主義」論（Theory of Ultra-imperialism）他說資本主義競爭底法則在個別的國家中停止其作用了。

發展在走向於壟斷。「從純粹抽象的發展觀點上去討論，這是無可爭辯的，然而這種說法卻是毫無內容的。

……對於「超帝國主義」底死的抽象觀念，最好的答復是拿現代世界經濟之具體經濟的現實去跟這種抽象觀念對立起來』（鄔氏著帝國主義。）照考茨基底意見似乎財政資本底統治削弱發展底不平衡性和世界經濟內部的矛盾，可是事實上財政資本底統治反而加強了這種不平衡性和矛盾。

鄔梁諾夫用同樣的發展底歷史規律性底辯證觀去說明十月革命底規律性問題，以駁覆蘇漢諾夫（Sukhanov）。他指示說，『在全世界歷史中發展底一般規律性之下，並不排除個別的發展階段，而是必需以這些發展階段為前提的……』（全集卷二十七，論我國底革命）十月革命不但不曾破壞世界歷史由資本主義過渡到社會主義的一般的發展路線，而且倒反證實了這些一般的法則，然而在勞工階級的十月革命中，我們卻可以看出它底個別的發展階段底特殊性來。

約塞夫繼續發展着鄔梁諾夫底思想；他闡明十月革命底特點在於：（一）俄國所產生的勞工集團專政這一個政權，是產生於勞工集團領導之下的勞工與農民勞動大衆聯盟底基礎之上，（二）我國（指蘇聯，下仿此——沈）勞工集團專政底建立乃一個國家內社會主義勝利底結果，這一勝利是在其他各國還保持着資本主義的條件之下實現出來的。

同時，約塞夫又證明十月革命具有國際的性質，它是執行鄔梁諾夫理論底經典式的模範，為一切國家所必需的革命，而且十月底特點也正是『照世界歷史一般的發展路線』進行的，在帝國主義的鐵鍊，在它較弱的那些環子上，被勞工階級革命所破毀——這便是帝國主義時代勞工階級革命底一般法則。

在這些論題上，表現着現實之合規律的認識跟革命的實踐有不可分離的聯系。革命底實踐是考驗資本主義發展一般法則之意義的眞實的標準。社會主義建設底實踐，給予我們底法則觀念以一些新的原素。它給予過渡時期底規律性以自覺的、理性的、有計劃的原則（這一自覺的原則，爲勞工專政底政權所實行。）托洛茨基派和右派把我國底新經濟依照自發的資本主義底規律性去理解，而提出了什麼『社會主義原始積累底法則』（普萊奧布拉仁斯基）和『勞動消費底法則』（布哈林。）但是我們底見解完全跟這些「法則」相反，我們看出勞工革命勝利之後歷史法則底種種特殊性，我們着重指出勞工專政底作用鎭壓剝削者，領導勞動大衆和建設社會主義。

認識自然界底一般的、普遍的聯系和規律性，其重要階段之一，是原因關係、因和果底認識，此卽所謂因果性(Causalty)底認識。

因果觀點底發展，是唯物的世界觀發展中的必然階段。早期的唯物論者提出因果性這一概念，以與否認自然界和社會中有因果關係的唯心論者相對抗。但是早期的唯物論者往往把現象底因果關係了解爲機械的因果性。現代的機械論者（如亞克雪洛德）甚至把機械的因果性看成唯物論和唯心論底基本區別。

康德哲學把很多的注意力用到因果性底範疇上去，但是他把因果性轉變爲主觀的概念，轉變爲我們帶到外界中去的理知底範疇了。

黑格爾站在唯心辯證法底立場，關於因果性問題批判了舊的機械論和康德主義；黑氏表示，因果性只是一般的世界聯系底認識中的一個小的部分或成素，他認爲它是絕對精神發展底表現。

恩格斯和鄔梁諾夫關於因果性底概念給了一個很深切的辯證唯物論的解說。他們同時說明了這一概念對於唯物論的全部意義，說明了它底客觀的內容，同時又着重地指出了它在一般規律性底認識過程中的相對性、偏面性和不完整性。

在唯物論和經驗批判論中，鄔梁諾夫嚴厲地批判了機械論者和康德主義者否認因果性底見解，指出了因果性對於唯物論的全部重大的意義，同時又指出因果概念是現象間客觀聯系底相當的簡單化。鄔氏認定原因和結果只是一般的世界聯系底原素，是物質發展底鍊條中的環子。

在黑格爾看來，因果性只是一般的宇宙聯系底界說之一；黑氏用因果性底觀點去估量了歷史，他對因果性的理解要比現今一般「學者」深刻得多，豐富得多。我們平常所了解的因果性只是一般的宇宙聯系中的一個小部分。但是這裏應該加上一個唯物的補充和修正：這個小部分不是主觀的，而是客觀實在的聯系。

平常一般人往往把原因和結果底關係了解爲某些外部的實體底相互關係；然而我們應當更深入一些去了解這種關係，應當根據物質底運動、根據歷史底變動和它們底一般聯系去理解這種因果關係。馬克思主義對於現象間的因果關係的見解，是在承認它們底相互依賴和相互作用底關係。恩格斯說：『我們考察運動的物質時所得到的第一個印像就是各個運動、各個物體底相互聯系，它們相互間的依賴關係』(自然底辯證法頁一四)。

然而我們底認識却不以這樣一個出發的一般的觀點爲滿足的。我們還得提出發生每一單個的現象或許多現象底總和、發生過程底個別的環子（從它與其他環子隔絕的觀點上去觀察的個別的環子）的那些條件來。在物質運動底總源流中我們應當區別那種傳達影響於別的物體或現象的積極作用的運動和由這一積極作用或運動底轉移而產生的那些運動。爲了要了解個別的現象，『我們必須從這些現象底自然的或歷史的聯系上去觀察，並且把它們每一個分別地拿出來觀察，研究它底特性、它底個別的因果等等。』（恩格斯著，反杜林。）『假如某種運動從一物體轉達到另一物體上去，而且是主動地轉達過去的，那末我們就可以把它當作運動底原因；假如它是被動地轉達過去的，那末它便是運動底結果。』（恩格斯著自然底辯證法。）

這一種關於現象底因果關係的辯證法的見解，在社會人底實踐中可以得到證實。從我們底實踐的活動上證實原因必然要過渡到「結果」；它在結果上表現爲一種運動，後者對於它底結果是一種積極的運動，它是以一定的方式再造出事物來的一種運動。實踐就表現着此種現象底客觀的因果關係，創造我們關於因果性的概念。

黑格爾已經指出過，欲使現象間發生必要的聯系，不僅需要條件、不僅需要從這些條件中產生出來的事物，而且還需要行動、使條件轉變爲事物和事物轉變爲條件的行動。恩格斯又說，『我們也看到，我們能夠再造某種一定的運動，創造使這種運動發生的各種條件……而且我還能夠預先規定這種運動底一定的方向和規模。由於這樣，由於人底行動，就形成了關於因果性底觀念，關於一種運動爲另一運動之原因的觀念，以及人底行動有證實因果性之可能的觀念。拿一根火柴到火柴匣子邊上去一磨擦，火柴就立刻燃燒起來了，因此我們就斷定磨擦可以發熱發火。但是有時可以發生與這一定理不符合的情形：火柴雖在匣子邊上磨擦，但是卻不發生燃燒底結果。關於這一點，恩格斯就補充說道：『但是這正足以證實因果性而並不是推翻因果性，因爲對於每一次類似的違背定理的場合，我們可以加以適當的考察，探求出它底原因來（譬如說火柴磨擦而不燃燒，或係由於火柴潮濕的緣故——編者註）所以在這樣的場合，實際上就發生兩度的因果性底考驗』（見恩著，自然底辯證法，頁一四。）

這樣看來，因果觀並不是從我們底意識中被我們帶到認識過程中去的，像懷疑論者和康德主義者所設想那樣。它是不可避免地發生於事物本身之客觀的聯系，不可避免地被人類底社會實踐所創造，並在這種實踐中得到證實。由於此種事物底客觀聯系和證實這種聯系的實踐，我們就必須把個別的事物和現象當作一般的整個過程中的個別的環子、個別的成素來觀察。

然而把「原因」和「結果」各自獨立起來，這只有當我們拋去了世界的自然過程或歷史過程底一致性而要把它們底相互作用、它們底運動、它們內部必然的有規律的聯系，當作我們觀察底出發點時，纔有意思。恩格斯總結他自己關於因果性底問題的意見時說：『原因和結果這兩個概念只有應用到個別的現象上去時纔有意義，但是：假使我們從一般的世界的聯系上去觀察同一現象，那末這兩個概念就結合起來而轉變爲一般的相互作用底概念了；在這種概念中原因和結果經常地變更着地位：此時此地被視爲結果的，他時他地卻變成原因；反之亦然（即原因也可以因時地底不同而變爲結果——沈）』（見反杜林頁十五。）

原因和結果底概念常常相當地簡化了自然現象之客觀的聯系，它祇是近似地反映這種聯系，人工地把整個世界過程底這方面或那方面隔離起來。

所以現象底因果關係之正確的辯證法的理解，跟機械論觀點和唯心的、相對論、根本相反。因果性底概念本身還不能算爲唯物論和唯心論兩種宇宙觀底分界線，更不能把機械的因果原則當作辯證法唯物論底特點看，像亞克雪洛德所設想那樣；亞氏完全忽略了哲學底根本問題——存在跟思惟底關係問題。所謂機械的因果性，是一種低級的簡單的因果關係底形式，它只存在於純粹的機械學範圍以內。幾個物體底準對的運動，是擊撞底原因；起水機底轉動，引起了水底波動；機械的工作是發熱底原因；諸如此類，都只是機械的因果關係底表現。這裏我們所看到的，至多只是由一種機械運動底形式轉變爲另一種同樣簡單的形式的純外部的轉變；這裏原因和結果只是外部的，它們相互間並沒有內部的必然的聯系。擊撞底原因，不僅兩物體底相遇是可能，物體下墜也一樣可能成爲擊撞底原因。

如果我們去觀察比較複雜的物理的、化學的、尤其是生物的和社會的各種現象時，那情形就完全不同了。這裏原因和結果乃處於內部的必然的相互的聯系之中，只有根據發展底規律性去考察，我們纔能了解這種聯系。原因不但產生結果，不但轉變爲它底作用，而且某些原因底存在自身又必然以某些結果底存在爲前提的。原因和結果靠相互間的內部規律性的聯系維繫起來。所以爲單單「承認機械的因果性原則就是唯物論底精髓」（見亞克雪洛德著的哲學概論）——這種見解是很錯誤的。有些人（攷茨基即其一人）以爲因果性底概念必然跟「推動、」「突擊」(der Anstoss) 底概念相聯繫的——那也是一種錯誤觀念。「推動」和社會歷史發展中任何先在的作用，不因內部的聯系而產生其結果的那種先在的作用，都只能成爲外部的原因，而絕對不是現象之內在必然的原因。

恩格斯竭力斥責『把原因和結果看成兩個永遠分裂的極端而絕對看不見它們底相互作用的那種流行的非辯證法的因果觀』(通信集頁四〇五)。

鄔梁諾夫正是依照恩格斯底觀點去理解辯證的因果關係的。譬如講到一九一七年十月波爾塞維克勝利底原因時，鄔氏指示道：『第二國際這班人甚至不知道提出關於波爾塞維克勝利原因的極可注意的歷史的和政治的問題。』然而假如我們不從外部的事件底聯結的而根據『一般的社會鬬爭和社會主義底觀點』去考察的話，這個問題就無可爭論地解決了。

鄔氏又證實波爾塞維主義勝利之歷史的必然性。波爾塞維克獲得勝利，是因爲他們有了勞工集團底大多數，而且是這個社會集團中最覺悟的一部分，因爲他們在軍隊中也獲得了大多數，因爲他們底實力適處於有決定意義的所在——在首都中和在前線的軍隊中，又因爲勞工集團能夠領導廣大的非工人的勞動羣衆。

約塞夫對於因果性問題亦抱同一見解。講到蘇聯經濟建設蓬勃發展時，他解釋道：『雖說蘇聯底文化落後，資本底缺乏，經濟技術幹部底稀少，可是它卻處於日趨發展的經濟繁榮狀態中而且在經濟建設方面有着極大的成績；而先進的資本主義國家雖說資本雄厚，技術人才濟濟，文化水準甚高，可是它們卻處於日益加劇的經濟危機中而且在經濟發展底工作上屢遭失敗——這究竟是什麼緣故呢？』約塞夫認爲原因不在於外部的條件，而在於兩種不同的經濟體系之深刻的內部必然的法則。他指示說：『原因在於我國和資本主義國家經濟制度底不同。原因在於資本主義經濟制度底沒有力量；原因在於蘇聯經濟制度超過資本主義制度的優越性』（鄉梁諾夫主義底問題頁五三七。）

現代布爾喬亞的唯心論哲學卻絕口不談原因。馬赫派和其他主觀唯心論者常常用這樣一個抽象的說法——現象間的『機能關係。』他們所說的「機能」這一個概念意思是指現象之一般的聯系和相互關係而言：相互聯繫着的現象之一，是甚他一個現象底機能。換句話說，在這樣的場合，使用了機能這一概念，就抹煞了下面一種事實：以各種方式跟別個現象聯繫着的一定的現象，它可以成爲別個現象底結果，也可以成爲它底原因。

布爾喬亞的唯心方法論之外表的「科學」立場，它底排除『因果關係』這一概念的傾向，其根源就在於它唯心地否認客觀的因果關係之存在。

辯證法的因果相互作用觀，跟相對論的觀點截然不同。辯證法唯物論者關於現象底因果關係底觀念是靠着人類底實踐的活動而發展的。這種因果概念每天每小時地被我們底實踐所證實。近幾年來布爾喬亞科學界中神祕思想很猖獗，他們往往一般地否認因果性之客觀的存在。好些關於物質組織的發見往往被布爾喬亞學者利用去作爲否認因果性的根據。物理學家赫仁堡、斯萊亭格、普蘭克等人底作品，就是這樣的。

原因和結果底分裂和它們底內部的一致和聯結——這是客觀地、離我人底認識而獨立地存在於事物本身中的原因和結果無疑地互相作用着；每一種原因在它底萌芽狀態中就已經開始發生它底作用（結果，）反之亦然。不過就現象底某種聯系上說原因常是運動底出發點，是運動之始源的、促成的、產生的、積極的成素。因爲原因底作用發生於某一現象底規律性底本質本身，所以這種作用必須是出發的、時間上先於結果的成素。然而休謨已經指出『某一現象發生於另一現象之後，這還不足以表示前一現象因後一現象而發生』講到原因的時候，重要的是在指出原因不僅爲相互作用之出發要素，而且是決定的條件，引起和產生一定結果、一定事物並以一定方式再造這種事物的條件。

如果只說現象間的機能關係，實際上就表示只限於指出它們底相互聯系而不抓住它們底相互作用底客觀基礎。這樣的立場顯然要發展到相對論、詭辯論上去！可是用一切條件之一般的認識去代替原因底認識，這就走上了折中主義底立場，因爲折中主義不知道從一切可能的條件之全部總和中劃出特殊的、最重要的條件，在某種聯系中實在地決定某種結果之性質的條件。可是在人類的行動過程中事實上不斷地在那裏從比較一般的、不重的許許多多條件底總和中『劃出』或分隔出決定的、主要的條件（原因）來，跟實踐維持密切的聯系，使唯物的因果觀能夠把相對論、機能論和以「條件」代替因果性的折中主義等等都一一克服下去。

能夠區別事件底原因和外部的原由——這也是極端重要的。必須牢記那經常地存在於原因與結果之間的內部的聯系。此外，在某一現象之具體的研究過程中，吾人必須從引起此現象之諸原因中找出根本的、基礎的原因，找出以後能夠引起此現象之再生的那些原因；我們要把這些根本原因跟那些特別的、暫時性的原因區別開來，但同時亦須估量到一切具體的環境。

例如關於一九二八年蘇聯麵包困難底原因問題，約塞夫就作這樣的觀察。右翼反對派只知從計劃的錯算上去找原因，把根本原因完全忽視了。約塞夫闡明基本的原因困難底實質在於當時小農經濟底分散性，所以要解決困難，必須實行農村經濟底集體化。同時約塞夫又指出麵包困難之特殊的、暫時的原因——農民大衆支付能力所及的需求急速地增長，麵包價格底不利狀態，計劃組織領導底錯誤等等。

這裏我們不難看出，只有這樣深刻地去了解現象底法則和因果性，纔能幫助我們去正確地把握我們底任務和目的。然而這種原因和目的之間的不可分裂的聯系，往往爲布爾喬亞的科學所忽視；布爾喬亞的科學家只知拿合目的性（Expediency 簡譯作『目的性』）去對抗因果性的認識。對於現象間的相互關係底因果觀，在很早的時候就有人拿一種完全相反的、顯然唯心論的觀點、目的論的觀點（Teleological point of view）去跟它對立起來。根據目的論底見解，一切現象——不論它發生於自然界的也好，發生於社會生活中也好——都是某種目的底實現。目的底實現——不論這目的爲上帝所規定的也好，內在於事物本身的也好——就促使現象發展、進化。所以照目的論者底說法，假使我們在所研究的現象中確定了規律性底聯系的話，那末這些聯系我們決不能從產生它們的那些原因上去觀察它們，而應當從它們中間的某些高級的目的如何實現的觀點上去觀察它們纔行。

這樣的見解最初發生於宗教的、「上帝作業」底觀念。教會的小說家特別努力於用目的論去理解社會生活地上的人底生活，他們把它想像爲罪惡測驗底道路，它引向於高級的目的，引向於另一個「世界」……。

由於生產力底發展和科學知識底進步，目的論的觀點本身發生變化了。目的論者這時不從現象以外的超現象領域中去尋覓，而從現象本身中去探求它們了。他們宣佈某種自然現象底合目的性，是內在於該現象的，它是現象之內在的合目的性。

關於事物結構之內部的合目的性的學說，還是亞歷斯多德（Aristotle）提出來的。這種目的論見解之最高的發展，表現於萊布尼茨底理論；依照他底理論來說，世界是由許多隔離的單獨的本質（精靈、「單子」（"Monad"）組合而成的。照萊布尼茨底意見，每一個「單子」表示着某種內部的推動事物發展的目的底實現。在唯心哲學中，漸漸地形成了所謂「作用原因」（causa effeciens），卽我人平常所了解的原因和「終極原因」（causa finalis）或目的之間的區別。

目的論者所常常舉出來的關於內部目的性底最好的例子，便是動物和植物底機體組織。在動植物機體中似乎每一個機官底結構都適應於它所執行的機能（職務）。一部分現代布爾喬亞的生物學說，亦以此種有機體組織之內部的目的性底歪曲見解爲根據的。一切活力論（Vitalism）底根據也在於此。活力論者認爲一切有生物的機體中都存在着某種特殊的活力（現代活力論底主腦杜里舒〔Driesch〕等人就是這樣說的。）關於內部的、有機的目的性底學說，現代布爾喬亞唯心科學在研究社會生活時也應用它的。「有機學派」新康德主義底代表和民粹派底「主觀社會學」，就根據這種內在的有機目的觀去解釋社會生活。所有這一切布爾喬亞的科學派別，都認爲因果觀的研究，對於歷史底解釋不適宜，而應該以內部目的和高級價值底探求去代替因果的研究；他們認定這些目的和價值是在社會發展中實現出來的。

達爾文（Darwin, Charles）予自然科學中的目的論以極強烈的打擊。他指示出，有機體組織之目的性本身，應當有它底因果性的和規律性的解說。這種合目的性，絕不能用有機體組織底理知性去解釋，而是由幾千年來一切不適應生存條件的、組織得「不適合目的」的物種底淘汰所促成的。自然界自己不規定有意識的目的，這是十分明顯的。然而我們所應注意的最重要的一點，就是目的論的觀點，很不徹底地把現象底因果觀和它們相互的適應性對立起來，它有意地把事情底一方面跟另一方面隔離開來。我們不能把『爲着什麽』人們幹某些行動的問題、『爲着什麽』蜜蜂需要採花心的問題，跟『因什麽』發生這個現象的問題互相隔絕起來。要是把這兩個問題這樣隔絕起來的話，那末就等於或是預先設想一種現象底聯系以外的實現現象的理性的意志，或是至少預先認爲目的與促成現象的原因無關。

可是事物底一切關係，同時亦即它所實現的「目的，」必須從促成它的各種條件上去了解纔對：某一現象底完滿的界說，對於『因什麽』它這樣產生的問題底任何圓滿的解釋，本身都包含着對於『爲着什麽』這個現象爲着什麽目的如此形成的問題底解釋。譬如說，當我們說明爲什麽我們底眼睛構造得這樣適當，同時我們也就解答了『爲着什麽』它要這樣構造。假如我們說明人們底某些社會活動爲什麽、按照什麽法則這樣實現的，並且指明這些社會活動必然只能照這樣的目標而不照另一目標實現出來——有了這樣的說明，同時也就極完滿、極正確地說明了這些社會活動所追求的那個目的。馬克思和恩格斯並不把共產主義解釋成觀念的狀態，並不把它看成爲吾人所規定的狀態而認爲它是消滅現狀的實在的歷史運動，同時，他們揭露了資本主義發展和社會鬭爭底法則，這樣也就說明了勞工階級底歷史使命。

黑格爾說：「目的底概念，是跟事物本身之單純的界說同其意義的。」鄔梁諾夫註解道：『實際上，人類底目的是客觀世界所產生的，而且以這一世界底存在爲前提……，但是在人類看起來，覺得他底目的是確定於世界以外，與世界無關的（「自由的」）樣子』（鄔氏文集卷九。）在我們研究現實的過程中，卻不應該把目的性機械地完全拋棄掉，不過同時也不該唯心地把它跟規律性和因果性對立起來。目的性需要有特殊的解釋，同時又是因果性的和規律性的解釋。所以自然現象和人底社會活動底目的性（適應性）我們應該把它看作它們底規律性、因果關係和發展底基本傾向之特殊的表現形式。

有機體組織之內部的目的性，是有機體內部之整個的和個別的部分底一致特殊表現，有機體底職能內容和形式底一致底特殊表現。

目的底概念在社會生活中的意義，在於它促使我們從現象與實踐的不可分離的聯系上去研究現象，從它與事物之實踐的作用，與人類之社會活動的聯系上去研究現象。鄔梁諾夫在他對黑格爾的評估中說：『黑格爾通過了人類底實踐的、合目的性的活動去觀察觀念、觀察眞理；他從主觀的概念和主觀的目的而達到客觀的眞理』（同前。）

馬克思主義、鄔梁諾夫主義並不否認目的在人類社會生活中、在社會鬬爭底實踐中的意義、相反的、它揭露了目的之實際的歷史的意義。馬克思和恩格斯指出追求一定的目的，是人類底社會生活、社會行動底特徵，它跟自然界底自發力和法則不相同的。在分析簡單的勞動過程時，馬克思就已指出人類有目的的生產勞動跟蜜蜂底勞動有着深刻的區別。一切技術的發展，都表現出人類有目的的活動底這些特殊點來。

鄔梁諾夫解釋黑格爾底某些論點，並把它們轉移到唯物辯證法底立場上去；他着重地指出我們底合目的的行動之規律性的基礎，指出這種作爲客觀過程之形式的行動底客觀性。同時，鄔氏又說明人底目的跟自然界底法則底對立，其基礎在於認識過程本身和人類認識底特點。『外部自然界底法則，……是人類有目的的行動底基礎。』『有兩種客觀過程底形式；自然（機械的和化學的）和人類有目的的行動……人類底目的，初看起來似乎是外於自然界（卽與自然界不相干）的。人類底意識，科學……反映着自然界底本質、實體，但同時這種意識又是外於自然界的』（鄔氏文集卷九。）

各人和各社會集團所追求的目的底衝突，直到現在所造成的結果是社會生活依照自發的盲目的法則（意卽市場法則、競爭底法則等——沈）發展着，它底發展並不按照預先有意識地決定的計劃去進行，並不適應預先規定的目的去進行的。

馬克思明確地指示出資本家之狹窄的目的（增加剩餘價值）和實現這一目的的手段（無限制地增加生產和無條件地發展社會生產力）之間的矛盾。

然而如果以為在資本主義之下相互鬬爭着的資產集團和勞工集團底階級目的不得實現——那是錯誤的。

資產集團運用着國家政權——這個以暴力鎮壓勞工集團和一般勞動大衆的武器；而勞工集團底任務則在推翻資產集團，從後者手裏奪取政權並運用它來作為實現自己階級目的的武器。

勞工集團專政實現着這些階級的目的，使上述資本主義生產方式所特具的「手段」和「目的」底矛盾歸於消滅；勞工集團奮鬬底終極目的就在「在資本主義廢墟上組織社會主義」（鄔氏語）這一終極目的底實現是跟它底手段完全適應着和一致着的；這些手段便是蘇聯經濟和政治力量之猛烈的發展。

第六節　必然與偶然

鄔梁諾夫在其文集中寫道：「一切個別的東西（事物、現象、過程）都千頭萬緒地跟他種個別的東西聯繫着。這裏已經有着必然性底元素、端芽和概念，自然界等之客觀的聯系底元素、端芽和概念，偶然和必然，現象和本質，已經有在這裏了，因為說依凡是人，黑犬是犬，這是樹葉等等的時候，我們把許多偶然的標徵棄去不管而抓住現象中主要的東西……」（文集卷十二頁三二五。）

承認在全世界中存在着客觀的聯系，承認一切現象發生底必然性（或稱有定性）——這是我人認識底重要前提之一；只有在存在着普遍聯系的條件之下，意識現象對於吾人周圍的存在（物質世界的依賴關係，纔能爲我們所了解。）

然而單只承認統治着世界的必然性聯系，單只主張有定論，這還不是哲學中兩個基本陣營——唯物論和唯心論底分水界。單只確定必然性，還遠未確定存在與意識間的依賴關係底性質。可能承認一切現象底必然性而同時卻在思惟中、在客觀「精神」、神意等等中找尋這一必然性底基礎。單單只確認必然性的很可能是機械唯物論者，也可能是自然科學的實證論者，甚至也可能是一部分唯心論者。修正主義底祖始柏恩舒坦以爲要做一個唯物論者只要確認一切現象底必然性，做一個有定論者就行。梅林（Mehring）起來反對柏恩舒坦底見解，他極合理地舉出福祿特爾（Voltaire）、叔本華（Schopenhauer）等這類思想家做例證，因爲他們都是不屈不撓的有定論者，可是這並沒有妨礙他們成爲唯物論之狂暴的敵人。只有用嚴格地唯物的觀點去理解有定論時，有定論纔能成爲辯證唯物論認識之出發的前提：唯物的有定論底內容是發生於唯物論所確定的存在與意識論關係。我們唯物論者所認定的必然性底形式也有着不小的意義。

在我們周圍的現實中，在每一領域內，在每一個別的場合上，都表現着初初看來跟這種必然性完全相反的現象——偶然性。馬克思舉資本主義的競爭爲例，以說明這點。他說在資本主義競爭底全部範圍中『假使我們拿個別的場合來觀察的話，存在着偶然性的事實；在這種偶然性中，內部的法則……只有當這些偶然性的事實聯合成爲一大羣的時候，纔會顯著起來』（資本論卷三，下冊，頁五九七。）

必然性和偶然性平常往往互相對立着的。凡是不能在事物之必然進程中找到解釋的一切現象事件、事實、或行動，都算是偶然的。譬如說汽車偶然地撞倒了人，我在街上偶然地遇見了熟人，某君偶然地中了頭彩等等，這些都是偶然的事情。布爾喬亞科學，不會解釋偶然性，它最初或是把我人底認識只限於必然性（因果關係）表現得最明顯的那些現象，或是把「偶然性」底概念從科學認識底園地中完全排除出去，宣佈偶然性是純主觀的概念。一切機械論的哲學家，跟斯賓諾莎一樣，都肯定地說『我們稱某種現象為偶然的，這完全由於我們知識不足的緣故。』一切都有原因的，因此，一切都是必然發生的。但是——機械論者說——我們不能常常認知引起某種現象的一切原因。某日、某時、某輛汽車在某街上行駛，這是有許多原因促成的；另外還有許多原因促成某人在同日同時跑到同一條街上去；這兩方面的原因共同湊合起來，便釀成了汽車肇禍底事件。所以，他們說，一切看起來似乎偶然的事情，實際上都是必然發生的。關於偶然性的概念，都只有相對的意義——就是說，它只適用於因果關係沒有被我們所認知的那些現象。機械論者還說這種見解可以用統計底法則來證實的，這種統計法則可以在許許多多「偶然事件」中抽出一定的規律性來證明汽車肇禍底嚴格的規則性。

在我國出版物中，機械論的偶然觀發揮得最顯著的，要算布哈林（Bukharin）。他認為偶然的現象就是無原因的現象。他告訴人說，當我們說某事是偶然時，只是因為我們不知道交互錯綜着的一切原因的緣故。『嚴格地說——布哈林說——天地間沒有任何偶然的現象，即沒有任何無原因的現象。可是在我們底印像中現象可能是偶然的，就是當我們沒有充分知道它底原因的時候』。（布著，歷史的唯物論，頁四二。）

這樣的觀點所表示的只是純粹機械論的必然觀。要知道偶然的現象並不是無原因的現象。因果性是客觀世界各種過程間的一種聯系底性質。偶然性和必然性，是這類聯系底另一種形式。這幾種關係底形式是互相依賴而生存的。然而絕對不能因此就說，這些關係底形式是等同的。必然性這一概念，並不排除偶然性，後者也具有客觀的意義。承認偶然性底客觀意義，並不等於否認偶然現象由一定的原因所引起的事實。一切偶然的現象都有異常複雜的原因。說得精確些，一切都是由原因來決定的——即如枯乾的樹葉落到我手上來而不落到地上去，這也是有許多原因來決定的。然而假使因此就把宇宙間一切現象都籠統地宣佈爲必然的，那便等於囫圇吞棗，毫無說明。問題底重要點在於說明什麼是這一必然性底某種特殊表現底特殊性。徹底的唯物論底應當給各種現象以具體的說明。因此辯證法唯物論者不僅要說到原因的決定性，而且同時還常常要研究到這一必然性底一定的具體的形式。當某一個別的事件爲許多事件底一般進程之組成部分而本質上不影響於發展之基本規律性時，我們就不能單講這一事件或現象底必然性。如果我們只是抽象地承認一切現象都是必然的，那末就跟舊的神學的定命論無甚區別，因爲神學的定命論宣佈宇宙間的一切，都是由造物底意志來決定的。

恩格斯曾指示道，形而上的思惟所以迷誤於必然性與偶然性之間的這種「不可逾越的」對立局勢，是因爲它純粹抽象地去理解必然性，而把偶然性從一般的過程中無條件地排除出去了。同時，存在着兩種形而上的宇宙觀（或作『世界觀』——沈）一種形而上的宇宙觀認爲『某種事物、某種關係、某種過程，或是偶然的，或是必然的，但不能同時是偶然又是必然』（恩格斯著自然底辯證法頁一〇七）例如舊的自然科學家宣稱動植物之表明種類的主要標徵是必然的，而其餘的標徵都是偶然的。他們聲明只有必然的標徵是科學的認識所能達到的，而一切偶然的標徵，均與科學無關。根據這種見解，對於偶然性就沒有任何科學的說明，因此無異於視偶然現象爲超自然的原因促成的。

由此可知，從抽象的必然觀所產生的是宗教性的神祕觀念。

機械唯物論底另一批代表，則完全否認偶然性底存在，他們認爲偶然性是純主觀的產物。現代蘇聯底機械論者卽持此種偶然觀。在這個場合，照恩格斯底說法，「所謂必然性僅僅是一句簡單的空話……。這裏偶然性不根據必然性去說明的實際上恰正相反。」既然一切都是必然的，那末「必然性本身就被貶爲某種純偶然的事情了」（前書頁一〇八。）

所以正確的必然觀並不排除偶然性這一客觀的範疇。偶然的事件並非就是無原因的事件。關於這一點黑格爾說得很對，他說科學底對象是在認知「被似乎如是的偶然性遮蓋着的必然性；但是不要以爲偶然性只是我們主觀思想底產物，以爲要認識眞理，必需推翻偶然性」（黑格爾著，邏輯學卷三，上册。）可是在唯心論者黑格爾看來，偶然性底範疇是客觀精神、世界意識底發展階段。現代孟塞塞化的唯心論者談到偶然性問題時，把整個問題變成關於純邏輯概念的經院主義式的空談了。

當我們說偶然事件是必然的，這是因爲每一種偶然事件或現象都包括在支配自然界和社會的現象底聯系以內的；但同時也可以說偶然事件不是必然的，因爲偶然事件對於一定的規律性底發展不是根本上重要的，而且也不對它底發展進程起根本上重要的影響，因爲這裏在同一規律性之下，可能發生這一種偶然事件，同時也可能發生別一種偶然事件，後者是由別一些外部原因而非內部的規律性本身所促成的。

因此偶然性是必然性底補充（後者是前者底對立物）也是同一必然性底表現形式。由於社會發展底複雜性，偶然性往往成爲實現社會的必然性之歷史的具體形式。恩格斯說：『在一切社會中都被一種必然性統治着，這種必然性底補充和表現形式就是偶然性』（見馬恩合著之通信集頁四〇八，恩格斯致斯泰肯堡函。）恩氏又說：『必然性是由許多純粹的偶然性組合而成的，而這些假擬的偶然性就是遮蔽必然性的一種形式』（恩著費爾巴赫論頁四十一。）

每一種偶然性底作用和意義，乃爲必然性所支配，但同時偶然性又爲這一必然性之表現形式。每一個別的現象，自身都帶着統治的規律性之重要的印像，但同時也具有一些對於這一規律性不重要的特徵。每一種個別的偶然性跟別的許多偶然性均衡化了，因此它可能不影響於一般的發展進程，不影響於它底基本傾向。

然而這意思並不是說偶然性在必然性發展中不發生任何的作用。它必然要發生相當的作用，這正因爲它是必然性之特殊的表現形式。達爾文曾經指出有機體之細微的「偶然的」變化，逐漸加劇起來時，它就能引起生物底「必然性」本身底變化。關於個人在歷史中的作用的問題，馬克思在其致庫格爾曼（Kugelmann）的信中寫道：『如果「偶然性」不起任何作用的話，那末歷史就有着很神秘的性質。這些偶然現象，當然以組成部分底資格參加於一般的發展進程，它們跟別的許多偶然現象互相均衡化了。可是加速和遲緩卻大有賴於這些偶然現象的。』一切當然都要看某一偶然現象對於某種現象底聯系的重要性如何爲斷。我們不能像過去一般布爾喬亞歷史家那樣地斷定說，歷史底進程是由克雷奧帕特拉（Cleopatra，係古埃及皇后名——沈）鼻子底美麗或拿破侖底感冒來決定的。然而譬如說，羅曼諾夫皇室幾個末代子孫底懦弱無能和眼光淺陋，無疑地只是加速了俄國革命底爆發。馬克思和鄔梁諾夫對於世界革命工人運動底發展進程起了極大的加速作用，這也是毫無疑義的。

第七節　可能與現實

本質和現象、內容和形式、法則、必然性和因果性等——所有這些辯證邏輯之基本的概念，都是客觀實在世界之認識過程中的階段，都是思惟底形式；在這些思惟形式上，我們所認識的現實得到了多種的反映。

當我們講到現實的時候，我們心裏所設想的，一定要比簡單的、個別的事物底存在或它們底直接的、外表的存在更深刻些。黑格爾已經指示我們了，他說現實就是那形成現實的一切內部和外部的原素底一致體，整個的總和體，一切方面底相互關係；現實底發展過程是必然的、內部被決定了的、有規律性的過程。黑氏又繼續發展着他底思想，他說『個別的存在（事物、現象等等）是觀念（眞理）底一方面。但是對於眞理還需要現實底其他方面。……現象、現實底一切方面和它們（相互間）底關係——這些就是構成眞理的原素』（鄔氏文集卷九，頁二二七——二二九。）

大家都已知道，唯心論者黑格爾把事物底必然性、規律性解釋成理性底法則、絕對精神底發展規律性。由此就產生他底有名的一個立論：一切現實的都是理性的，一切理性的都是現實的。這一條原則，由於它在黑格爾觀念中得到唯心的表現的緣故，應用到社會歷史發展進程上去時，就使黑格爾底信徒們往往得出極反動的結論來：右翼黑格爾主義者總根據這一原則來替現社會中所存在的壓迫和剝削辯護。因爲他們（俄國有名批評家培林斯基也在內）說既然一切現實的都是理性的，那末現存的普魯士的半封建君主制，尼古拉、巴爾肯底專制政權等等，也都是理性的和必要的了。他們認爲在世界精神底發展法則中，這些政制自有其合理的根據。然而黑格爾本人底思想，卻包含着另一種本質上革命的內容。他曾嚴格地區別事物之簡單的外部的存在和事物底實在狀況，他認爲前者可能是不合理性的，後者（卽事物底實在或現實性——沈）卻一定是必然的、理性的。黑格爾說：「現實是內部和外表底一致體，它與理性不相對抗，相反的，它是完全合理性的；所以凡是非理性的，就都不應把它當作現實看」（黑格爾，邏輯學卷一，頁二三九。）又說，不適應概念的實在，祇是主觀的偶然的現象，而不是眞理」（黑著，邏輯學——全集卷三，頁一四二。）

一切理性的，用唯物的口吻說，就是一切歷史地必然的，都應該成爲現實的；所以，一切雖尙繼續存在而在必然的、有規律的歷史進程中卻已失去其內部基礎的非理性的社會組織，遲早總都要在歷史發展過程中被毀滅的。黑格爾把暫付的、偶然的實在跟「適應觀念」的現實區別開來，就是說他把現實看作本質的、內部必然的、合規律性的事物。

馬克思主義在黑格爾這種唯心思想外殼之下揭露出了唯物的內容。可是單把黑格爾所說「現實是理性的」這一立論唯物地翻譯成為歷史的必然性，像普列漢諾夫所做那樣，那是不可以的。我們不要忘記，這一立論使黑格爾自己也走上了擁護普魯士封建制度的道路（關於這點，讀者可閱馬克思底早期著作黑格爾國家法權論批判，見馬恩文存卷三。）假如我們只承認一切現實的都是歷史決定的、因而即是必然的——那末就容易陷於客觀主義、宿命主義、直觀的唯物主義底歧路。有一位布爾喬亞哲學家斯坦姆勒（Stammler）曾經譏諷革命的社會主義者道，既然社會主義是歷史地不可避免的，那末為什麼為要使它趕快到來而鬪爭呢？這不是跟組織一個黨來使月亮趕快月蝕的道理一樣嗎？在另一方面斯特魯威也說，假如資本主義在俄國是歷史地必然的，那末就用不着跟它作鬪爭了。以後玫茨基也用同樣的「理由」來擁護帝國主義，他認為帝國主義也是歷史地必然的！俄國的孟塞維克，連普列漢諾夫在內，抽象地說到俄國布爾喬亞革命之歷史的不可避免性，而不從俄國歷史發展底具體現實中去找出能夠改變這一革命底全部性質而促成勞工革命勝利的那些力量。然而要知道現實發展中的最重要的方面、它底必需的原素，恰正是人類的行動，我人底實踐；這種實踐具有一定的目的；我們便靠在認識過程中不斷的改變外界現實以實現這些目的。

「實踐高於理論的認識，因為它不但具有一般性底價值，而且也具有直接的現實性」（鄔氏文集卷九。）

人類意志假如脫離了外界現實，那就犯了主觀主義底毛病，這樣的意志本身阻止着自己目的底實現。

馬克思、鄔梁諾夫主義的認識，不僅要求嚴格地估量到現實底一切原素和一切方面底綜合和它在每一階段上的發展狀況，它並且要求估量到歷史發展進程底各種實在的可能，它底條件，它底動力，同時還須估量到革命階級底活動，它底革命的實踐以及為使可能轉變為現實所必需的方法和手段。

關於這一點，我們應當指出馬克思、鄔梁諾夫底理論，特別重視可能和現實間所存在的區別，同時它指出實在的可能對於現實發展之重大的意義。

當我們說到某種事件之可能性時，我們應當很嚴格地區別抽象的、純形式的可能和實在的可能。根據形式邏輯底觀點，認為凡是可以思想的，可以設想的（只要沒有形式邏輯的矛盾）可以想像得通的（即有某種邏輯根據的）——這一切都是可能的。這樣，可能就轉變為絕對的、主觀的概念了；某種想像中的可能底內容，就從事物之一定的、客觀上必然的聯系中被抽去了。辯證法家黑格爾惡意地譏嘲這種關於空洞的、抽象的可能底談論。他說「可能今天晚上月亮會落到地上來，因為月亮是與地分離的物體，所以它也會落到地上來，像被丟在空中的石子一樣；可能士耳其皇帝（按士皇係信奉回教與天主教及其他各教不兩立的——沈）會變成神父。因為他既然是人，他也可以轉信基督而成為天主教底教士等等……。人愈少受教育，愈少知道他所要考察的各種事物底一定的相互關係，他就愈會散佈各種空洞的可能，猶如政治界內的所謂酒醉政客一樣……有理性的實踐的人決不用「可能」來迷惑自己的，因為他們知道只有可以變為現實的可能纔是實在的可能」（黑格爾全集卷一，頁二四一）。

對此種抽象的可能和實在的可能之區別，馬克思和鄔梁諾夫的學說給了一個最深刻的理論根據。鄔梁諾夫再三着重地說，可能還不是現實，馬克思主義者不應依據抽象的可能，而應依據現實。鄔梁諾夫曾證明盧森堡

（Rosa Luxemburg）底見解底全部錯誤，因盧氏在大戰期間提出了這樣一種空洞的、抽象的可能：變帝國主義戰爭爲民族自衞戰爭。在對布哈林底過渡時期之經濟一書所作的扎記中，鄔氏又指出了布哈林底抽象論述底全部錯誤，因爲布哈林不從實踐上加以考驗而談論資本主義關係崩解時期恢復這些關係底「可能」或「不可能」。鄔氏批判布哈林底論見道：『「不可能」只有從實踐上去證明的作者（指布氏——沈）沒有辯證地說明理論與實踐底關係』（鄔氏文集卷十一，頁三六二）

同時，批判到孟塞維克蘇漢諾夫（Sukhanov）時，鄔氏又指出，帝國主義時代的環境底特殊性，使我國得到一種跟一切其他西歐國家不同的轉變底可能，創造文明底基本前提底可能，而這種可能，不但不破壞世界歷史之一般的規律性，而且是適合世界歷史發展之一般路線的。

闡明發展之實在的可能及其轉變爲現實的條件——這是有極端重大的意義的。實在的可能，在發展着的現實底內容本身中、在現實發展底規律性中，有着自己的客觀的、必然的基礎。實在的可能已經不單是思想中的東西，而是客觀上存在着的，它由許多一定的條件所形成，這些條件係存在於客觀現實本身中，因此它們能促進後者底發展。然而我們應當牢牢記住，實在的可能還不是現實。一種實在的可能可以跟另一種實在的可能對立起來，後者在客觀的現實中亦有其一定的客觀基礎，雖然它在這一現實中並沒有絕對的必然性。現實底發展過程是這樣的一個過程，在這個過程中，好幾種可能逐漸地確定起來，限制起來，逐漸地消滅了許多其他的可能，而最後只剩下一個可能，這個可能就變成現實了。

那末要問最後這個可能對於其他一切可能的勝利是怎樣促成的呢？首先，這一勝利是因某一事物底本身結構中存在着各種有利於這個可能底實現的客觀的、必然的條件而缺乏足以促成其他可能之實現的類似的客觀條件。例如在蘇聯新經濟政策實施之初，鄔梁諾夫曾指出如工人和農民這兩個合作的階級發生破裂的可能。他說：『假使這兩個階級間發生嚴重的、階級的分歧的話，那末它們底破裂是不可避免的，然而在我國底社會組織中，卻不是必然地存在着這種破裂底根源』（全集卷二十七，頁四〇五。）

當我們談到社會歷史的現實時，要了解某種可能底勝利底條件只說它底客觀必然性是不夠的；這裏，我們底一定的行動，使可能變為現實的行動，也起着決定的作用。這裏，一定的社會集團底奮鬥，助長和加強某一實在的可能而削弱、遏制和消滅其他一切可能的奮鬥，是有決定意義的。

這種，這種使某一可能變為現實的行動和鬥爭所採取的一定的方法和手段，起着極重要的作用。鄔氏認為勞工政黨底主要任務就在縝密地注意『足以引起破裂』的各種場合並『防止這些場合底發生。』

關於一個國家內可能建設社會主義的問題，我們把現實發展底一切原素拿來考察一番是頗饒興味的。托洛茨基底立場底特點，就是他底主觀唯心論的、抽象的可能觀，這種觀點實際上產生了機會主義的、和以後甚至於反革命的結論。托洛茨基否認俄國底工人階級沒有歐洲工人階級之直接的國家的幫助而能保持其政權。托氏否認這一實在的可能、工人階級在一個國家內建設社會主義的可能，同時他卻提出了另一抽象的、空洞的可能——即「同時並舉」的世界革命底可能；他認為可能發生這麼一種場合：一個國家底工人階級以充分的自信力開始舉行革命，它底發動立刻推動了其他國家底革命底爆發，孟塞維克托洛茨基「證明」道：『社會主義經濟之眞實的繁榮只是在許多重要的歐洲國家內勞工階級革命勝利之後，纔有可能』（托氏論文集卷三，上册，頁九三。）在勞工革命底可能性底理解中的主觀主義，使托洛茨基從這種毫無根據的觀點走到外表上相反的完全「絕望」底立場上去。托氏繼續說：『假若這一局面（按係指許多重要的歐洲國家革命勝利而言——沈）不發生的話，那末譬如說要想革命的俄國能夠在保守的歐洲面前站得住腳簡直是完全絕望的』（前書頁九〇。）

鄔梁諾夫跟托洛茨基底見解完全相反，他在關於一個國家建設社會主義的可能底了解中，是以歷史現實本身底法則、以資本主義發展不平衡性底法則做根據的，這種不平衡性，在帝國主義時期特別地加強和尖銳起來了。鄔氏說：『經濟和政治的發展底不平衡性是資本主義之絕對的法則。因此我們斷言，社會主義首先在少數或甚至一個單獨的資本主義國家中得到勝利是可能的』（鄔氏論歐洲合衆國底口號。）

鄔梁諾夫很精確地估定在俄國造成建設社會主義社會之實在的可能的一切條件：如勞工國家管理一切重要的生產手段，國家政權操在勞工集團之手，勞工集團與千百萬小農、貧農聯合，並由前者領導後者，合作組織底發展等等。凡此種種，豈不都是建設完全的社會主義社會所必需的嗎？這些條件本身還不是社會主義社會底建設，但是它們都是這一社會底建設所必需的條件。

同時鄔梁諾夫又指出『假若沒有社會主義共和國跟其他國家的相當時期的堅強的鬭爭，各個國家自由的聯合為社會主義社會就不可能』（同前。）在蘇聯經濟復興時期之初，鄔梁諾夫指示說，雖然帝國主義者採取了武裝干涉底行動而不能推翻革命所創造的新組織，可是『他們卻不給此新組織以立刻向前發展底可能，這一可能是社會主義者底預言，他們認為革命勝利之後有以極大的速度發展生產力的可能，有發展社會主義社會所應有的一切可能的可能。同時他們（帝國主義者——沈）也不讓它向一切和每一個人證明並使他們相信社會主義表現着偉大的力量，人類現在已經走到了新的、異常光明的發展階段』（鄔氏著，寧少勿濫。）

約塞夫繼續發展鄔氏關於一個國家內建設社會主義之實在的可能的學說。約氏在進行兩條陣線上的戰鬬，跟托洛茨基主義和右翼機會主義作戰鬬時，他告訴我們說，對這一可能性的信仰，對於我們底實際行動有着十分重大的意義，而這種可能為托洛茨基派所否認了；同時約氏又指明變這種可能為現實的方法和手段，這些方法和手段是右派所看不到的。

什麼是一個國家內社會主義勝利底可能呢？

對於這個問題約塞夫回答道：『這是用我國內部力量來解決勞工集團與農民間的矛盾的可能，是勞工集團奪取政權和利用這一政權以建設完全的社會主義社會的可能』（鄔梁諾夫主義底問題，頁二二二。）約氏跟托洛茨基派相反，他把俄國一國內建設社會主義之實在的可能，跟沒有別的許多國家底革命勝利、一國內社會主義徹底勝利，即不可能的問題，對立起來。他說：『假若沒有這樣的可能，社會主義底建設就成為沒有前途的建設，成為沒有建設社會主義之自信心的建設……。否定這樣的可能，就是不相信社會主義建設底事業，脫離鄔梁諸夫主義底立場』（同前。）

然而『社會主義建設底可能和它底實際的建設是有極大的區別的不可以把可能和現實混淆起來』（同前、頁三五一。）除了托洛茨基主義者所不願看見的這一可能之外，還存在着另一爲右翼機會主義者所忘記的可能——在我國內資本主義復活底可能。只有跟後面這種可能作堅決不撓的鬭爭，阻止和消滅這種可能，只有在一定的條件之下，我國內建設社會主義的可能纔會實現出來，也就是說，可能纔會轉變爲現實。約塞夫說：

『假使我們爲國家底電氣化進行努力的工作，假使我們替我國底工業、農業和運輸業奠定現代大工業底技術基礎的話，我們就能夠消滅資本主義復活底可能，能夠剷除資本主義底根源和達到對資本主義的最後的勝利』（同前，頁三五〇。）

在第十六次全國代表大會上，約塞夫給對托洛茨基主義和對右翼機會主義的鬭爭做了一個總結，在該總結中指出，『蘇維埃的制度給社會主義完全勝利以極大的可能，但是可能還不是現實。爲要把可能變爲現實，必需有許多的條件，在這些條件中，黨底路線和這一路線之正確的執行所起的作用，絕非不重要的』（同前，頁五四八。）右派不了解這些條件，雖然抽象地他們承認我國建設社會主義底可能。『右派底毛病是在形式上承認了一國內社會主義建設底可能，而不願意承認那些非此無以建設社會主義的方法和手段』（頁五六〇。）這樣看來，右派實際上落到否認我國建設社會主義之可能的觀點上去了。

談到第一屆五年計劃之總結時，約塞夫着重地指出以最高速度實現第一屆五年計劃中的政策之必要和實在的可能。他說：『一個落後了一百年的、且因落後而遭着生命危險之威脅的國家，不得不急起直追以圖前進。只有這樣，纔能予國家以在新技術基礎上重行武裝而走上平坦大道的可能……。然而黨有沒有實現最高速度之政策的實在的可能呢？自然有的。它有這種可能，不僅因爲它能合時地推動國家急速前進，而且首先因爲它能夠爲着廣大的新建設底事業而利用所有舊的或革新了的工廠和製造廠，此種工廠已爲蘇維埃的工人和技師們所運用，因此就產生實現最高速度發展的可能、』（約氏著，第一屆五年計劃之總結）

在第二屆五年計劃中，特別是在它底頭幾年中已經沒有實現最高速度的政策之必要了，因爲這時需要一個相當的時期來熟習和充分利用新的技術條件。

熟習新技術，集體農場之組織上、經濟上的鞏固——這些就是使社會主義完全勝利底實在可能變爲現實的諸種方法手段和條件；所謂社會主義底完全勝利，就是消滅階級和建設完全的社會主義社會。

第八節　範疇底一般性

鄔梁諾夫在工會問題上批評到托洛茨基和布哈林底折衷主義時，確定了唯物辯證邏輯底四個基本要求。第一個要求是從事物底各方面、從它底一切聯系上去研究這一事物，雖然我們從來『不能夠完全達到這點；』第二，要求從事物底發展和自動上、從它底聯系底變化上去觀察它；第三點，照鄔氏底說法，是『全部人類的實踐應當歸入事物之完全的「定義」中去，實踐是眞理底標準……；』第四個要求是具體的認識。

這些雖簡單而內容極豐富的、鄔梁諾夫所提出的論點，我們應當把它們隨時記在心頭，當我們研究唯物辯證法之範疇的時候。

現在我們把辯證邏輯諸範疇底最重要的特點提出來講一講吧。

唯物辯證法之基本的、重要的要求就是觀察底客觀態度。這是唯物的反映論底基本論點。唯物辯證法底範疇不是形式邏輯底空洞的概念而是有內容的形式，這些形式，反映着現實世界之客觀的物質的具體的內容。這便是人類認識自然之要點。自然在人類認識上的反映形式——這種形式正就是概念、法則、範疇。在邏輯的概念中，有着主觀的東西因為這是人類思惟底概念，因為它們只在我人意識上反映客觀的過程。當邏輯的概念還是「抽象的」概念時，當它們還跟它們所反映的過程相脫離時，它們是主觀的。然而對於我們重要的，是要指出在認識過程中我們底概念愈趨愈完滿、愈多方面地反映着世界底客觀內容。鄔氏簡括起來說：『人類的概念，自其抽象性和隔離性上言，是主觀的，但整個地、從它底過程上、總結上、傾向上和泉源上去說，它卻是客觀的』（鄔氏文集卷九，頁二四九。）

可是我們已經知道，對於任何物體、事物或問題，我們都必須從它底一切聯系上和關聯上去研究它，必須拿某一事物跟其他事物的許多關係底全部總體來加以觀察。同時，我們又必須研究這一事物底發展，研究它本身的運動、它本身生命。

這些辯證邏輯底要求首先就是關於一些最普遍的概念。每一概念都跟其他一切概念有某種關係、有某種聯系。其所以如是，就因爲每一概念拿來單獨地觀察時，它反映着整個的客觀現實底某些方面。『現象和現實底一切方面和它們底相互關係之總和體，這就是眞理所由形成的東西。諸概念之關係（＝轉變＝矛盾）＝邏輯之主要的內容』。（鄔氏文集卷九，頁二二九。）

邏輯底範疇，它底基本概念，我們應當從它們底相互關係中去觀察——從本質與現象，內容與形式，可能與現實之間所存在的聯系和關係中去觀察。每一範疇跟其他一切範疇聯繫着。這些概念不是純邏輯地、由此而彼地「產生」出來（唯心論者正作如是觀），而是從各方面反映出客觀的世界——自然和社會——來的。

然而這並不是說邏輯底概念是不動的：在不動的、死的概念中，自然和社會底活的生命及其一切變化、其一切聯系和這些聯系底變化等等，就都不能得到正確的反映。鄔氏說：『假使說一切都在發展着的，那末這句話對於一般的概念和思惟範疇適用不適用呢？假若說不適用的，那末這就是說思惟跟存在沒有聯系。如果說適用的，那末就是承認概念底辯證法和認識底辯證法，它是有客觀意義的』（同前，卷十二，頁一八五。）因此鄔梁諾夫除無例外的一切概念底相互關係之外，又着重地指出無例外的一切概念之相互轉變。他指示道，『人類的概念不是不動的，它們永遠地運動着，由此轉變爲彼，由此移注於彼，不這樣它們就不反映活的生命。概念底分析，對於它們的研究，『運用概念底藝術』（恩格斯語）——這些常常要求對於概念底運動、它們底聯系、它們底相互轉變的研究』（同前，頁一八一——一八三。）

這種概念底運動和發展卻不是概念本身之純邏輯的自動；人類的認識過程反映着自然、社會和人類活動底客觀運動世界底認識，它底反映，主體和客體底適合——這是一種過程。只有在反映客觀世界變化過程的認識過程中，只有漸漸地、一步一步地把握現實世界之普通的聯系和規律性，也就是說只有經過許許多多相對眞理底認識，我們纔會達到絕對眞理底認識。

所以鄔梁諾夫把反映這個世界的人類的認識比作河流，而把各個概念比作河水底點滴，後者反映着事物之個別的方面、狀況和聯系。

最一般的概念、邏輯範疇底發展，是跟人類社會底全部歷史、跟物質生產底實踐和生產力發展底過程不可分離地聯繫着。它同時也跟思想史、哲學史聯繫着。

一切的發展過程都是由於對立體底鬪爭而發生的過程。當鄔氏繼續檢點辯證法底原素時，他說我們應當研究先事物底發展，研究「此事物之內部矛盾的傾向（和方面）」「把事物當作諸對立體之總和和一致來研究，」研究「這些對立體底爭鬪和各自的開展，傾向底矛盾性等」。（鄔氏文集卷九頁二七五。）

我們底概念適應着這一點，也應該是有伸縮性的、活動的、相對的、相互聯繫的、對立中之一致的，只有這樣的概念纔能把握住世界。自然在人類思想中的反映，不是沒有運動、不是沒有矛盾的；它永遠處於運動過程中，處於矛盾底發生和解決底過程中。我們底認識底內部矛盾所發動的運動，是邏輯認識形式底分裂爲二底發生過程。我們底思惟，在互相對立的諸概念中、在互相排斥同時又互相貫通的諸範疇中把握着世界，這些對立的概念或範疇有如：本質和現象，內容和形式，原因和結果，必然和偶然。這些範疇都是對立的，可是這些對立範疇同時又是一致的、互相貫通和互相轉變的。

這樣看來唯物辯證法底概念和範疇底特徵就是它們底客觀性、它們底相互聯系、它們底運動和相互轉變以及它們在對立體一致底基礎上的發展。不過辯證邏輯底概念是唯物的抽象概念，它們所反映的，不是個別的事物和諸個別事物之關係，它們具有一般的普通的意義。靠邏輯範疇底幫助，我們就在個別的現象和事物中發見出一般性來，在每一單獨的事物中，揭露出一般與特殊之一致來。

馬克思、恩格斯、郞梁諾夫跟一般布爾喬亞科學之庸俗的、卑下的經驗主義相反，他們用全力指出唯物的抽象法之重大的科學意義。他們指明說，物質、法則等等底抽象概念之反映現實，是比每個單獨的場合我們底個別的印像更深刻、更正確、更完滿些。因爲靠科學的抽象法底幫助，我們能夠認識那被偶然的表象所遮蓋的現象底本質，認識它們底法則和它們底必然的聯系。

同時馬克思在其政治經濟學批判底導言中指出，辯證邏輯底方法，要求我們不僅從直接的具體材料經過分析而劃出某些一定的一般關係，某些最簡單的定義而且相反的——從極簡單的和抽象的到更複雜的和更具體的運動；不僅是解剖和分析而且又是總和、聯結和綜合。

每一件具體的事物都代表無窮的多方面和多種關係，對於每一個別方面，我們要劃出本質、法則和必然的聯系底一般定義去研究它、我們不徹底地認識某一具體的事物，不完滿地了解它，我們只研究它底一般聯系和個別的方面。然而認識具體事物，縱然是近似地認識，除了靠分析事物底個別方面、綜合或總和所有已獲得的一般的概念和簡單的定義之外，便沒有別的方法和手段。鄔梁諾夫曾鄭重地說明這一點：『「一般」之意義是矛盾的，它是死的不純淨的不完備的等等，但是只有它是認識「具體」底階段，因爲我們從來不完滿地認識具體。無窮的一般概念、法則等等之總和形成一完滿之具體』（鄔氏文集卷十二頁二二九。）

我們底認識，在直接的存在中、在直接的現象中，揭露出它們底本質、它們底法則、它們底原因、它們底等同和區別來。全部人類認識底一般進程，一切的科學認識底進程，都是這樣的：自然科學底進程（即認識過程——沈）是這樣，政治經濟學底進程、歷史學底進程也都是這樣。鄔氏指出馬克思資本論底邏輯，在那裏馬氏底分析是從『最簡單、最平常、最基本、最大衆所知和無數千萬次遇得到的布爾喬亞（商品的）社會底關係商品底交換』開始的。馬克思的分析，在布爾喬亞社會底這一基本細胞中，揭露了現代社會一切矛盾底胚胎。馬氏往後的說明指示着這些矛盾和這一社會底發展、增長和運動，從頭到尾拿它底各個部分底總和來說明這種發展或運動。

鄔梁諾夫指示，在任何一個聯結個別與一般的簡單的語句中，如依凡是人，黑犬是犬等，都有辯證法的。『這裏已經有自然底客觀聯系、必然性底原素、胚胎、概念。偶然和必然，現象和本質已經有在這裏，因爲說：依凡是人、黑犬是犬，這是樹葉等等的時候，我們把許多偶然的標徵棄去不管，而抓住現象中主要的東西……』（文集卷十二頁三二五。）在任何一個例子中，可以表示出變個別爲一般，變偶然爲必然，以及對立體之轉變、移注和相互聯系等。

邏輯底範疇是認識底運動原素；在認識中由顯明的直覺升達到抽象的思惟，然後又經過思惟而回到具體之再現。這樣看來在科學的思惟中像在現實的發展中一樣，我們似乎在兜着圈子，似乎最後又重新回到出發點、回到了具體的客觀世界，同時在辯證的方法中實現着分析和綜合底一致。而且我們底概念本身，我們在個別中揭露一般，在現象後顯示本質，我們對立整個和部分、本質和現象、內容和形式、法則和它底表形、原因和結果等等——所有這種在馬克思主義的研究方法中的概念底運動，只是反映着客觀事物本身底實在的相互關係、範疇底矛盾只反映着對立體底一致，這種一致是在我們所研究的客觀世界中被我們所發見的。這一研究過程和思想「兜圈子」底運動過程，我們可以無窮地進行着，因爲在事物底發展過程中，它們底方面和特質是無盡的，因爲既然事物在發展着，每次對於它們底聯系和相互關係，可能有更深刻的認識，對於具體之更完滿的了解，因爲每次新的抽象，祇給我們以事物之局部的、相對的眞理。

這一思想，在郞梁諾夫表示其關於我人認識之「兜圈子」的見解時，很明顯地表白如下：

『趨向於客體的認識運動，常常只能辯證地進行着：脫離，然後更正確地落入；退後，以便跳躍（認識？）得更好些。分和合的線：彼此互相關係的圈子。結點——人底實踐和人類的歷史』（郞氏文集卷十二，頁二二九。）在另一地方郞氏又寫道：『爲客觀世界之組成部分的人，他底活動改變着外界的現實，消滅它底定性（即改變它底某幾方面某些質地。）這樣就從它那裏除去了它底外表性和似然性，而把它變成「自在」和「自爲」的實體（即客觀的眞理）』。（同前卷九，頁二六九。）

實踐和具體些說，技術——人類之技術的實踐，它底生產力底發展過程，應當包括在認識過程中；邏輯和歷史。應當不可分離地聯繫着；辯證邏輯底範疇應當轉變爲歷史的範疇，轉變爲革命實踐底範疇。辯證邏輯底概念和範疇——本質、法則、內容、形式、必然、可能和現實等——我們不但應當從它們底聯系上，從它們底運動中、從對立底一致底觀點上去考察它們，而且還須從革命實踐底觀點上，把它們不僅當作邏輯思惟底範疇、亦且當作革命行動底範疇看。

第九節　形式邏輯和辯證法

辯證法在它底歷史發展中，不斷地跟形而上的宇宙觀作了嚴重的鬪爭；這種宇宙觀，我們已曾指出，獨佔地統治了十七、八世紀底人類思想；而且直到現在，它還是布爾喬亞觀念形態、布爾喬亞科學底特點。

恩格斯估量形而上學底特點道：「在形而上學者看來事物和它們底精神形態（卽關於事物的概念）都是個別的、不變的、凝固的、永遠如此的東西；應當拿它們一個一個地、彼此不相關聯地來研究。形而上學者把世界萬物都看作完。竟的絕對。對立的。他們底語言公式是「是——是，非——非；不然的話便是狡詞」」（反杜林頁一五。）

不論是唯心的形而上學或唯物的形而上學，那怕它們底出發點根本不同，它們卻都適合這一估量的。不過唯物論的形而上學承認客觀的實在世界不依賴吾人之意識而獨立存在；反之，唯心論者則完全否認物質世界之存在，或者至少認爲物質世界依賴意識、思惟、精神而存在的。但是不論是前者也好，後者也好，他們都同樣形而上地觀察研究底對象——在前一場合中，把事物和概念當作研究底對象，在後一場合中則單把概念當作研究對象。

形而上學抛棄了事物底運動，抽去了事物之內部的過程，把事物或概念看作完全現成的、完竟的、凝固的、（即停滯不動的、）和永遠如此的東西。在形而上學者看來，事物和概念不是發生出來的，它們向來就取完成的形態存在着的，或者說：它們是「突然」發生而不經過任何準備、任何「變成」過程(The process of becoming)的。他們認爲現存的事物和概念，在其生存期間是不發生變化的；它們永遠等於自身，它們不顯現什麼新的徵候，已有的徵候也不會消滅，它們內部不發生運動，它們沒有矛盾，沒有內部的動力，也沒有自動。所以形而上學者就不可避免地承認事物世界有某種原始的力量主宰着，有某種「第一個推動者」(The first mover or Contriver)，外部的推動力，使它（事物世界）運動起來的。形而上學者以爲概念底運動是純粹靠主體意志來決定的。他們不了解而且又不承認概念底運動、它們底內部聯系和相互關係，是客觀實在世界中各種事物底運動和相互關係底反映。

形而上的宇宙觀是以形式邏輯(formal logic)做它底方法根據的。形式邏輯產生和發展於古希臘年輕的希臘商業資產階級激烈地批判着封建原則和封建道德（這種封建思想底代表就是詭辯學者(Sophist)）。當商業資本節節勝利的時候，希臘的商業資產階級就必須予邏輯方法和思惟形式以肯定的根據，因爲這些思惟形式能夠保證新的布爾喬亞制度底鞏固和它底生產力底發展的啊。

古代的大天才思想家、亞歷斯多德（Aristotle）底邏輯，就擔負起了這一任務，他是確定邏輯思惟之基本法則的第一人。在亞歷斯多德本人底學說中，邏輯還沒有帶着以後他底信徒們所給予的那種眞正形式邏輯底煩瑣學說性。照恩格斯底說法，亞歷斯多德曾研究過辯證思惟之一切重要的形式。亞歷斯多德底基本缺點在於他在一個基本問題上，在一般和個別底關係問題上，投入了不能自拔的迷網中。這種迷網底造成，是由於亞歷斯多德雖不懷疑客觀外界底實在性而無意識地趨向於唯物論，他對於思惟和存在底關係問題底解答是不徹底的。亞氏跟只看見個別的、單獨的現象的庸俗經驗論作鬬爭時，他承認一般概念之離個別事物而存在。

照鄔梁諾夫底說法，亞歷斯多德完全弄不明白一般和個別底辯證法——概念和感覺所知的個別的事物或現象底實在性之間的辯證關係。鄔氏指出這種一般與個別底分裂，概念與被感知的實在性底分裂，是往後形式邏輯發展中的特點；鄔氏認爲這一分裂底認識論根源在於關於存在和思惟、概念和它們所反映的事物的關係問題之唯心的理解。

從亞歷斯多德開始的一般與個別底分裂，後來不斷地發展、加強和劇烈起來：首先表現於中世紀的煩瑣哲學（所謂「實在論」）然後表現於布爾喬亞的邏輯——特別是當資產集團變成保守的勢力集團的時候。假使說向上進的資產集團曾企圖把邏輯轉變爲尋求新結論的方法，而把新的研究方法（例如培根〔Bacon〕所發明的歸納法）增入邏輯中去，那末在康德底邏輯中，我們就可以看到事物和人的概念之唯心的分裂：把邏輯概念看作空洞而無內容的形式，這是新康德主義底邏輯底特點。

前面已經講過辯證邏輯底範疇反映着客觀的法則，所以它們是有內容的思惟形式。辯證邏輯底範疇底發展，以一般化的形式反映着客觀世界和人類認識底發展。形式邏輯和辯證法之深切的區別在於概念和形式邏輯所規定的諸法則都祇是思惟之爲思惟（卽空洞、抽象無內容的思惟）底形式上的原則，而完全不管這一思惟底內容如何。布爾喬亞新康德派的唯心論者，是所謂形式邏輯底「大道」底創導者。例如西格華特(Sigwart)把邏輯看作諸種技術的思惟方法底集合，他說：「遵守它底規則並非必然地能以保障結果之物質的眞實性而只能保障思惟方法之形式上的正確性」（西格華特著邏輯卷一頁一〇）

形式邏輯反映事物之外表形式，這些事物被它看作不變動的、固定的甚至遇着某種顯然的荒謬之談時，形式邏輯也不會去注意思惟底內容。「形式上是正確的，可是實質上卻是一種侮弄行爲」——這是鄔梁諾夫估量官僚主義的一句話，對於形式邏輯也適用的。

形式的、形而上的邏輯，必然是主觀性的，甚至唯物論的形而上學者，由於他們應用着形式邏輯底原則，所以常常處於主觀主義和詭辯學說底交界線上；唯心論的形而上學者，自然更不用說了。形式邏輯看不見在概念上反映着發展的和運動的世界，它自然就不能把世界理解爲對立底一致，不會看見事物之內部的運動和變化，和它們底各方面的、矛盾的聯系和相互作用。它形而上地把事物和概念看作永遠不變的、完全單獨的、隔絕的、互相分離的，而且也沒有內部的相互關係。因此形式邏輯底進行研究也是非歷史的。形式邏輯中的分析是死的、機械的；這種分析只是簡單的、粗笨的事物在空洞的劃分，把事物分劃爲現成的、個別的部分，純數量的分裂事物，分散事物。形式邏輯的綜合也是死的、機械的、非歷史的——這只是許多現成事物之簡單的混合，而將這許多事物納於純外部的空間或時間的聯系中。形式邏輯純主觀地把分析和綜合看作簡單的研究方法。可是實際上科學的分析和綜合應該是客觀實在世界中所發生的分化和結合、分離和綜合底反映。所以在辯證法中，分析自綜合底形式之質的複雜是跟客觀世界中事物底分和合底形式之複雜一樣的。形式邏輯把分析和綜合劃分成二種絕對對立的、完全外部的和互不相容的作用，可是實際上它們卻是誰也省不來誰，它們互相確定內部互相聯繫着的。

形式邏輯當然不僅看見事物之等同，同時也看到它們底對立。但是它不能達到對立底一致（等同或同一）之見解。等同在一隻口袋裏，差異又在另一隻口袋裏。在形式邏輯中，等同只是抽象的等同，差異也只是抽象的差異。形而上的邏輯，論到事物和概念之一致時，它完全忽視了它們底分裂，而講到事物之分裂時，則忽視了它們底一致。總而言之，形式邏輯承認同一和對立，但是看不到兩者底一致。所以形式邏輯底矛盾只是概念底矛盾。而不是客觀世界底矛盾。這是不可解決的矛盾，不動的、死的矛盾，它不是辯證的矛盾，它既非運動底泉源，亦非其基礎，又非其結果。形式邏輯同時卻完全不容實在的矛盾，它底邏輯的「原則」是完全跟唯物辯證法的「對立底一致」律相衝突的。

形式邏輯底三個基本原則、或基本法則，把上述的一切都很周密地包括在內了。

形式邏輯底第一個原則、寫道：甲是甲，或甲等於甲。這是抽象的等同底原則（按即「同一律」"Law of

Identity”——沈。）這一原則底意思是說，世界底一切事物和一切概念永遠是一定的甲，所有它們都時時等同的，不管一切的發展和一切的運動，它們永遠等於它們自身。世界是統一的，它不對立，自身不分裂，不矛盾，不變化，也不運動。

形式邏輯底第二個基本原則，是矛盾底原則（按卽「矛盾律」“Law of Contradictions”——沈，）它底公式是：甲不是非甲，甲不等於非甲。這一原則是第一原則、同一原則之相反的表述：既然甲是甲，那末甲就不能等於非甲；但在另一方面講，我們卻也可以把它當作第一原則之絕對的對立看；關於這一點，黑格爾早巳指了出來，而普列漢諾夫在其給恩格斯底費爾巴赫論寫的序言中估量形式邏輯的時候，卻完全不了解這一點。假使說第一個原則所說的是世界之絕對的同一性（或等同性——沈，）那末第二個原則，相反的，以絕對的差異、以世界之內部的破裂性、以它底絕對的分裂做出發點的，因為每一個甲都永遠地、固定不變地跟非甲絕對地對立着。因而在世界中存在着對立性，但是這個不是統一的，它底對立部分絕對地互不相干地存在着，它們是外表地各自存在着，它們互不相容，它們之間沒有聯系，沒有運動，正如它們底每一單個體底沒有運動是一樣的。它們是絕對的對立體，但是它們相互間不進行什麼鬪爭，因為要鬪爭就需要某種形式的一致。所以在形式邏輯中，對立體底結合只是純機械的、靠外部的、折中的方法纔有達到的可能，而且這種結合必然是依靠主體底心意來決定的。

形式邏輯底第三條法則寫道：「某物或是甲、或是非甲，某物或等於甲，某物或等於非甲。這一形式邏輯底原則（卽「排中律」“Law of Excluded 'Third'”）是前二個原則聯合底產物。這條法則底意思是說，任何現存的「某物」——任何事物或概念，或是甲，或是它底對立方非甲，但只不是對立底一致（即不能『是甲同時不是非甲』——沈。）這樣看來，這一原則是否定等同和對立（差異）底一致。因而這一法則就成爲形式邏輯底核心，它跟辯證邏輯底核心——對立體底一致底法則——根本相反和敵對的。

除了上述形式邏輯底諸基本法則之外，它底研究對象平常總是關於概念、判斷和推理的學說。

空洞的形式主義，思惟法則之脫離一切實在的內容，這些是形而上的邏輯在論思惟法則的學說中所表現的特點；而在論概念論判斷、和推理的問題上，也同樣地表現着這些特點。在論概念的學說中，形式邏輯以下列原則爲出發上：『概念底範圍和內容是互成反比例的。』這一法則底意思是說，概念中的具體內容愈豐富，它底範圍就愈小；反之，內容愈少，則概念範圍就愈寬廣。根據形式邏輯底觀點來說，創造概念底任務在於達到範圍最寬廣的概念，換句話說：概念中的內容愈少愈好。形式邏輯的抽象觀，就是從事物或過程中抽去個別的、特殊的徵號，以便獲得一消失一切個別和特殊的一般的概念。例如、樹木底一般概念，範圍要比榆樹、松樹、菩提樹等概念廣得多；植物底概念又比喬木、灌木、花草等概念廣得多。可是就內容論，一般的概念要比局部的、個別的概念貧乏得多。

初初看來，形式邏輯關於概念問題的觀點似乎很正確地反映着現實，但是仔細考察之下，這種見解底形而上的色彩是很明顯的。

作爲形式邏輯的概念論之基礎的，是單個（個別、）特殊和一般間之唯心的分裂，是它們底對立。黑格爾曾企圖克服這一分裂：他提出他自己的概念論，認爲概念是一般、特殊和個別之一致體。黑格爾對於形式邏輯底概念論底形式主義和形而上學底空洞性，給了一個極深刻的批判。然而黑氏底概念論，他底論個別、特殊與一般之一致的學說，其所根據的基本觀點是：概念和觀念是世界底本質。單個的事物界和一般世界之間的分裂，這樣看來，是在黑格爾觀念中保持着的，因爲在黑氏看來客觀世界是概念產生的。

唯物辯證法的概念論，是唯一徹底的、具體的、有內容的概念論。這種具體的概念論，完全徹底地克服了形式邏輯底空洞性，克服了概念論中的庸俗經驗論和唯心論。馬克思在政治經濟學批判底導言中，關於這個問題給了一個領導的指示。講到平常政治經濟學所開始研究的基本概念，馬氏指示道：「從實在的和具體的，從現實的前提底研究開始，在政治經濟學中，譬如說從人口開始，因爲人口是全部社會生產過程底基礎和主體——這樣似乎是對的。可是在我們仔細觀察之下，知道這是錯誤的。人口是抽象的東西，假使我把形成人口的諸階級丟開不講的話。而且這些階級也還是空洞的名稱，假使我不知道階級所賴以建立的那些原素，例如雇用勞動、資本等等的話」（馬著政治經濟學批判頁二五。）

馬克思一方面批評政治經濟學底這樣的解釋方法，一方面又指出了認識現實之眞正的科學方法。從直接具體的達到愈弄愈簡單的概念，愈弄愈空泛的抽象概念——這是一種方法。這種方法是十七世紀政治經濟學發生時所採取的方法。然而當人們用分析底方法達到某些一般的基本定義的時候，從抽象到具體的方法，就成爲正確了。「後一種方法從科學的見地上講顯然是正確的。具體之所以爲具體，因爲它是許多定義底結合，是許多形態底一致。在思惟中它因此是一個聯合過程，是一種結果而不是出發點（雖然它在現實中是出發點，因此它也是直覺和想像底出發點。）根據第一種方法，完滿的概念要蒸發到抽象的定義底程度爲止，根據第二種方法，則抽象的定義將經過思惟而產生出具體的概念來。所以黑格爾以爲應該把實在了解爲上升到內部的一致……在自身中加深着和從自身中發展着的思惟底結果，——這是一種玄想；實際上。。。從抽象。。。升到。。。具體。。。的。。。方法，祇是。。。思惟。。。認。。。知。。。具體。。。時。。。所。。。用的。。。一。。。種方法……。然而這無論如何不是具體本身底發生過程』（前書，頁二六。）

在這段文字中，馬克思用唯物辯證法底觀點給了一個具體概念底極深刻的解釋。馬克思首先揭露了黑格爾在其論具體概念的學說中的唯心論，後者把實在世界看成思惟發展底結果。唯物辯證法底具體概念，反映着直接現成的具體的現實，但這是指它底內部的聯系和規律性來說的。具體的概念是一般、特殊和個別之一致。唯物辯證法底具體概念，既不減殺個體，亦不拋棄全部特殊，又不給一完全空洞的抽象概念。相反的，它是一般的概念，揭開規律性的概念，它自身包含着個。。。別。。。和。。。特。。。殊。。。底。。。豐。。。富。。。性，唯物辯證法底具體概念，在思惟中再現出全部具體的現實來。資本論中任何一個範疇，從商品起到地租止，都是這樣的具體概念底模型。唯物辯證法並不否認抽象思惟、分析和創造一般概念底任務之作用和意義。

相反的，它把這個問題提到更高的階段。可是形式邏輯底抽象觀和唯物辯證法底概念中間，存在着極大的差別。唯物辯證法底具體概念是有。。。內。。。容。。。的概念，是反反映現實之全部豐富性，同時亦反映一現實之內部的、一般的發展法則的。它底範圍愈廣，它底內容就愈豐富。商品底概念，階級底概念——這些都不是空洞的、無內容的抽象概念：它們不單單屬於思惟，像現代機械論者所設想那樣。它們反映着事物之實在的、客觀的聯系。例如工人階級這一概念並不是許許多多個別工人之空洞的抽象概念，而是他們底完整的一致體實在的社會集團，在歷史上一定的生產體系中佔有一定位置的社會集團。

形式邏輯從空洞的思惟形式中閹割去一切具體的內容，辯證邏輯跟它完全相反，辯證邏輯把我們底科學認識底具體性置於第一位。天下沒有抽象的眞理，眞理總是具體的——這一原則，鄧梁諾夫曾再三重復指出過。不僅辯證邏輯底概念應該具體的，應該自身包含着特殊和個別底全部豐富性，而且相反的——單個、個別事物底認識，也應該是具體的，應該包括着這種單個體，這種單個體是一般和特殊底一致，是一般規律性之表現底特殊場合，同時還應該闡明它在一般發展中的地位和作用。

理論和革命實踐底一致，就是靠這種各方面的、具體的發展底各單個原素、方面、領域等等底認識來保證的——這種認識是在於認識它們底特殊的、決定的意義，即它們在全部發展底特殊階段上、在一般規律性發展底特殊階段上所獲得的特殊的決定的意義。這種單個具之具體的認識，正是鄧梁諾夫在勞工集團底鬪爭戰術和策略問題中關於「決定的一環」底見解。在某一階段上，應該抓住某一環子以便引出整個的發展鏈條；這一環子，只有主理論認識和革命實踐之不可分裂的一致基礎上，只有靠過程底各方面、它們底特點和它們對於全部發展的意義之具體的研究，纔能被我們決定下來。鄧梁諾夫和約塞夫關於勞工革命在帝國主義鏈條較弱的那些環子上首先爆發的可能的學說；關於勞工專政和蘇維埃政權之鞏固爲整個過渡時期底決定的一環；關於運用新式技術改造之決定的一環；關於集體農場之組織的、經濟的鞏固、和勞動協作社形式底採取爲改造農村經濟之決定的環子——在所有這種種例子上，鄔梁諾夫和約塞夫把辯證邏輯底全部力量和全部重大的意義都揭露出來了。

形式邏輯很審愼地把各種形式的判斷和推論劃分開來。它對於它底出發點很忠實，它所分析的，純粹是判斷（論斷）底形式、諸概念間的聯系形態，而把判斷底實在的內容抽棄掉了。

形式邏輯由於它底反歷史性、形而上學性，不能把發展底觀點應用到它所研究的判斷和推論底形式上去。恩格斯寫道：『辯證邏輯跟舊的、純形式的邏輯相反，它不以拋去聯系而計算和比較諸種思惟運動形式爲滿足，卽不以計算和比較各種判斷和推論形式爲滿足。相反的，它（辯證邏輯——沈）把這些形式一個一個地演引出來，確定它們間的依屬關係而不是並立關係（或同格關係—— relation of coördination）它從低級的形式發揮出高級的形式來。』（恩著，自然底辯證法，頁一〇〇）

邏輯之所以成爲科學，正由於思惟形式、判斷和推論形式底研究上所應用的發展觀點、歷史的觀點。這樣的工作，黑格爾大體上已經根據唯心論底立場做過了。黑格爾忠於他自己的全部邏輯底各種原則，他在哲學史和邏輯學史中是給予合理的判斷底分類——分爲單個性底判斷、特殊性底判斷和一般性底判斷——的第一人。恩格斯從科學發展史中舉例子的時候，他指出黑格爾底分類底『內部的眞理和必要性，』同時又指出它們底發展對於人類底社會歷史的實踐的依賴關係。

我們已經屢次指明，只有實踐和認識之長久的史的發展，纔產生出肯定的判斷來：『摩擦是熱底來源。』這一判斷可以把它當作單個的判斷看。科學往後的歷史的發展造成了更深入的結論：『一切機械的運動，都能靠摩擦而變爲熱度』（同前。）這是特殊性底判斷，因爲這裏所講的是特殊的運動形式——機械的運動形式。往後歷史的發展又造成了一般性底判斷，一般的法則：『任何運動形式，在每一場合所需要的一定條件之下，能夠而且不得不直接或間接地轉變爲任何別種運動形式』（同前頁一〇二）

這樣，我們知道只有用歷史的觀察法，用科學和技術底發展觀點去觀察邏輯問題時，纔能給辯證法唯物論的眞正科學的邏輯以眞實的基礎。由此也可以知道，跟認識論、跟辯證法相隔絕的特殊的科學邏輯是沒有的、而且也不會有的。邏輯、辯證法、認識論三者組成同一的、整個的哲理科學（Phylosophical science）——唯物的辯證法。

唯物辯證法克服了「揚棄了」形式邏輯，這是說它對於一切邏輯問題給予自己回答，根據科學和技術底發展史給予這種回答。

形式邏輯，整個地講，不反映物質世界之現實的法則。但它卻也不是無謂之談，照鄔梁諾夫底說法，它是辯證的認識底大樹上所生長的一朵無實之花。形式邏輯是彎曲的、動的、柔軟的認識過程中之偏面的勉強拉直底結果。辯證邏輯反對概念底散漫性而主張它們底確定性——即具體性和充滿活的、實在的內容。形式邏輯則把這種確定性變爲某種絕對固定的、永遠如此的、爲不可動的框子所限定的和永遠等同它自身的東西。所以形式邏輯底社會基礎（社會根源）歷史地講是落後的、極少變動的社會生活底形式，例如封建制度或是像資本主義那樣的社會，這種社會之深刻的內部的辯證法，被粗笨的、外部的事物（指商品）運動之形式所遮蔽着。此外還要增加一點，就是形式邏輯歪曲着世界底眞相，它常常成爲統治的剝削階級、壓迫階級掌握中的最可靠的武器，常常是宗教和愚昧底支撑物。

這樣，辯證法和形式邏輯底敵對性和不可調協性是再明顯沒有的了。然而這並不排除形式邏輯在進步階級手裏歷史地曾在科學和社會發展中起過相當的積極作用。形式邏輯底研究，連它底某些修正在內，甚至在現在這個時代，也有相當的用處，假使我們把它底根本弊病丟開不談的話。在某種限度以內，這一低級的認識階段容許我們跟庸俗的經驗論和相對論作鬬爭，並且是過渡到更高的辯證認識階段的準備。

但是假若說在認識史中長時期地統治着形式的、形而上的邏輯，假若說每個人只有在實踐經驗和知識積纍底過程中纔變成辯證法者，那末也不能因此就說：辯證法和形式邏輯在原則上互爲親屬，二者是具有同等價值的東西，或是說，二者之間只有數量上的區別，它們底區別就是整個和部分底區別。

還有一種很流行的見解，以爲形式邏輯是辯證法底附屬元素和個別場合，是它底組成部分，——這樣的見解是完全錯誤的。這種見解底首創人是普列漢諾夫。普氏認爲辯證法底法則，只有在事物處於顯著的變化狀態中的地方發生它們底作用；可是當我們談到個別的事物時，那就是形式邏輯所統治的場所了。普列漢諾夫說：「按照形式邏輯之規則的思惟（即按照思想底「基本法則」）是辯證思惟底局部場合」（見恩格斯著費爾巴赫論中之普氏序言頁二二。）在另一場所，普列漢諾夫又這樣說：「辯證法的思惟也並不排除形而上的思惟的：

它只規定給它某種界限，超過了這種界限就是辯證法底領域了』（見勞動解放報第六期頁二二）。

關於這樣的劃分「兩個領域」——辯證法和形式邏輯——我們應當馬上指出這種劃分第一是跟普列漢諾夫對於辯證法的一般的了解（以爲辯證法是許多實例底總和）有密切的關係；第二跟他策略上的機會主義也有密切關係的。這種劃分「兩個領域」底理論，是普列漢諾夫在政治上的自由主義和機會主義底思想基礎。孟塞維化的唯心論者亞斯摩斯（Asmus）完全抄襲普列漢諾夫底詞句，來發展這種觀點。亞氏做出這樣一個反鄔梁諾夫主義的、完全唯心的結論來說：辯證法只是「廣闊的」邊際線所形成的領域，即一般的哲學概念底領域而形式邏輯則爲「狹小的」邊界底領域，實踐底領域，即社會爭鬬和社會主義建設底領域。這樣，亞斯摩斯在幫助機械論者和孟塞維化的唯心論者替機會主義和反革命的托洛茨基主義底形而上學打定理論基礎。亞氏連夢想也沒有夢想到：眞正革命的實踐沒有辯證法是不可能的，同時這種實踐自身又是辯證法底搖籃和本源。

把形式邏輯包括到辯證邏輯中去而把它當作辯證邏輯底組成原素，——這樣的辦法也是荒謬的，它正像把煉金術（Alchemy）當作化學（Chemistry）底原素把星相學（Astrology）當作天文學（Astronomy）底原素是一樣地荒謬。

經院主義的形式邏輯底擁護者，常愛援引鄔梁諾夫底一句話，說在學校底低年級中應當教授形式邏輯可是鄔氏底全段文字怎麼說的呢？他說：『限於學校裏教授的（應當——加以修正說——以學校底低年級爲限）

形式邏輯，以形式的定義爲研究對象，因爲平常我們最多看到的，亦正以此爲限……辯證邏輯要求我們再往前進』（鄔著，再論職工會。）

由此可知，鄔梁諾夫底意思並不是說學校裏不應該教辯證法而應該教形式邏輯。這個『限制』是認識底低級階段，是研究辯證法的準備階段。此外，——而且這是最重要的——鄔梁諾夫補充道加以某些「修正」而「修正過了」的形式邏輯，已經遠非舊的形式邏輯了。

形式邏輯底辯護人告訴我們說，似乎「照恩格斯底意見，」形式邏輯適用於平常的家庭環境；他們應當回答：我們跟這種家庭的生活環境（對於這種環境形式邏輯也適用的）作鬬爭，不減於跟它底邏輯產物作鬬爭。現在我國（蘇聯——沈）正在根本改造生活，把它一直提高到社會主義建設底偉大任務底水平爲止。新的社會主義生活，必將與社會主義的生活改造和鬬爭底一切過程，共同製作出辯證法的思惟來。

資產階級底學者們，爲着自己的階級利益而利用形式邏輯；他們進行着反對唯物辯證法的鬬爭，即反對馬克思、鄔梁諾夫主義底革命宇宙觀底基礎的鬬爭。所以我們必需研究形式邏輯，不僅從利用它底事實的內容這一觀點上講是必需，而且爲着研究我們底階級敵人底武器計，也是必需的。只有唯物辯證法是科學的研究方法和社會主義建設與社會鬬爭底邏輯基礎。

唯物辯證法是正確的政治路線底方法論基礎，形而上學和形式邏輯在蘇聯的條件之下，則成爲「左」右翼機會主義和反革命托洛茨基主義底方法論基礎。例如新經濟政策是勞工集團底經濟政策，此種政策容許資本主義在一定限度內的存在，同時又跟資本主義作鬬爭，排擠它和消滅它。約塞夫說：『誰要是不了解新經濟政策底這種過渡的兩重性，誰就脫離了鄔梁諾夫主義。』然而形而上學的托洛茨基主義者，不了解新經濟政策之辯證的矛盾性，只看見事情底一方面——容許資本主義之存在——因而就稱呼新經濟政策爲國家資本主義。同樣的，布哈林也只看見事情底一方面——市場關係底自由——而忽視了新經濟政策須以國家調節商業爲前提這一點。你假若消去這二方面之一，新經濟政策就不復存在了。蘇聯當年所經歷的困難是發展中的困難；機會主義者卻不了解這種辯證法，他們把蘇聯底困難看作無出路的資本主義底困難了；於是唱出了蘇維埃政權潰敗底調兒。

再舉一個例子來說：中農底本性是雙重的：一方面他是個勞動者，另一方面他又是個小產業底私有者。托洛茨基派只看見農民是小私有者這一方面，而右翼機會主義者，相反的，恰恰忽略了這一方面。純粹形式上的執行正確的政策，它底方法論基礎總是形而上學：只照書面而不照眞正的本意去執行，單方面地執行，那是不對的。例如中央當局說在全盤集體化基礎上消滅富農階級，而「左」翼機會主義者則純形式地執行中央底訓令，以實現富農階級底消滅，忘記了它底基礎中央決定要增加集體化底百分數，而同時指出須鞏固（加強）集體農場中組織、經濟的工作，可是「左」翼卻專門追逐集體化百分數底增加而忘記了鞏固集體農場底工作底必要性。

關於社會主義建設底矛盾過程底偏面的設想，也是托洛茨基主義者和機會主義者所特具的——用事物之抽象的等同性底觀點，去對事物作偏面的觀察，這也就是形式邏輯。

折衷主義和詭辯說是形而上的思惟底兩種不同的形式。凡是無原則地把內部互無聯系而且根本上互相衝突的觀點或學說結合起來的那種立場，我們稱之爲折衷主義。鄔梁諾夫曾稱馬赫派波格唐諾夫爲折衷主義者，因爲波氏企圖把歷史唯物論跟馬赫底唯心論哲學勉強結合起來。現代的機械論者和孟塞維化的唯心論者，也都是折衷主義者一個（指機械論者——沈）是企圖把機械唯物論、康德學說、實證主義等等結合在他們底及馬克思主義的哲學中；另一個（孟塞維化的唯心論者——沈）則將黑格爾主義和康德主義、機械主義等等底原素結合在一個體系中。

在一九二一年職工會問題底討論中，關於布哈林在那次討論中所取的折衷主義立場，鄔梁諾夫給了一個很精彩的批判。當時的爭論是關於在勞工集團專政之下職工會是什麼的問題。托洛茨基在這個問題中採取純形而上的立場。在托氏看來職工會或是共產主義底學校，或是統治底機關，不會有第三種性質的；由此所產生的主張是職工會國家化。鄔梁諾夫跟托洛茨基底觀點相反，他指出職工會應當被視爲政治教育的（職工會爲共產主義底學校）和經濟的諸機能（參加國家管理，例如參加經濟計劃化底工作）之辯證的一致體，但是應以後者服從前者，以經濟服從政治。鄔梁諾夫主張指出，對於職工會什麼是主要的和決定的，職工會底各種不同的機能間存在着何種內部的聯系。主要的便是教育的機能，因此我們認定：『職工會是共產主義底學校。』布哈林底折衷主義的立場表示職工會是共產主義底學校，又是管理機關，又是政治，又是經濟。鄔梁諾夫說：『布哈林在這裏所犯的錯誤底理論本質，是在他用折衷主義去代替政治和經濟底辯證的相互關係了。「是這樣，又是那

樣；」「從一方面又從另一方面」——這便是布哈林底理論態度。這也就是折衷主義』（郎氏著再論職工會）

這裏郎氏曾做過一個有名的比喻，即玻璃杯底比喻。玻璃杯是一個光滑的圓筒，它可以用來罩蝴蝶，它可以作為打人的武器，同時它又是盛飲料的器皿。所有這些，我們都應當估量到的。但是應當指出在現存的具體關係和具體環境中的主要作用，對於一個正在講臺上演說的人，這隻玻璃杯主要地是什麼呢？它當然是盛飲料的器皿。

『假使把二個或二個以上的定義完全偶然地結合在一塊（例如玻璃的圓筒和盛飲料的器皿）那末我們就得到一個折衷的定義，表示着事物底各方面而且祇此而已』（同前。）

詭辯論是『主觀地被應用着的伸縮性』（郎梁諾夫語）是諸對立概念底等同化，而不看見它們中間的鬬爭；它擦去了諸對立間的界線，以為它們每一個都能夠變成另一個的。

古希臘哲學家赫拉克利圖底學生克拉梯爾（Kratil）曲解了他底先生底說話（說在同一河流中不能進去兩次；）他修改赫拉克利圖底公式道，在同一河流中連一次也不能進去。赫氏說河（即水）是在流動的，所以當我們第二次進去時，實際上已經不是原先的河（水）了；可是照克拉梯爾底意見，則以為河水從來沒有一個時候是自身存在的。這顯然是過甚其詞的說法。普列漢諾夫很公允地指出，克拉梯爾拿變化底成素來代替有定存在底成素了。

這是一種詭辯論底說法，因為辯證法所要求的，是用變化發展底成素（即事物自身內部所發生的那些變化）和有定存在（being determinate）底成素之一致底觀點，去觀察某一事物。所謂有定存在，就是事物在某一發展階段上在某種聯系和環境中的質的定性。活人就是活人而不是屍體，因他內部發生着生命底過程。無疑的，在活人底機體中同時發生着一部分細胞底死亡過程，但是假使根據這一點我們稱他為屍體，這便是詭辯論者了。

唯物辯證法主張在每一指定的場合給一確實的和一定的回答。在資本主義尚未被勞工社會革命摧毀的時候，資本主義終究是資本主義，而不是社會主義，雖它在自己肚子裏已經孕育了否定的因子——社會主義的勞工階級。然而假使根據這一點而宣佈資本主義為社會主義，那便犯了詭辯論底錯誤。鄔梁諾夫曾向蘿沙·盧森堡解釋道，抹去了帝國主義戰爭和民族戰爭底界線，以為一種戰爭可以轉變為另一種戰爭的，——這樣的見解，便是詭辯論的見解。現代的孟塞維克，社會法西主義者，宣稱國家壟斷資本主義底發長，就是社會主義底發長——這也是徹頭徹尾的詭辯論者，雇用奴隸制底公開的擁護者底論調。

從以上所述的一切看來，折衷主義和詭辯論都是唯物辯證法之死敵。吾人必須對這種學說作堅決的鬬爭，這也就是對反動的資產集團、法西主義和社會法西主義底方法論作鬬爭。

第五章　哲學中兩條陣線上的鬬爭

第一節　哲學和政治

馬克思主義、鄔梁諾夫主義是在跟一切布爾喬亞和小布爾喬亞思潮的鬬爭中發展起來的；這些思潮或是跟它完全對抗，或是口頭上承認而實質上曲解它。這些思潮跟馬克思主義的鬬爭，採取很複雜的形式進行着：從直接否認或抹煞馬克思主義的行爲起到聯合馬克思主義與布爾喬亞宇宙觀和藉閹割其革命的內容以自內破壞它的行爲止，——所有這種種形式，都無不用到。從馬克思主義發生底最初時期起直到最近，它在國際工人運動中的領導權鬬爭，在一切領域中也採取各種不同的形式。

「當馬克思主義排斥了一切敵視它的學說之後，這些學說中所表現的諸傾向就去尋找別的出路了。鬬爭底形式和藉口都改變了，可是鬬爭依然繼續着。馬克思主義生存底第二時期（從十九世紀九十年代起）就從馬克思主義陣營內部跟馬克思主義相敵視的思潮底鬬爭開始」（見馬克思主義和修正主義。）

鄔梁諾夫和約塞夫揭露了國際工人運動發展中脫離馬克思主義的各種傾向底深刻的社會根源。異已的和腐化的各種傾向，不僅在公開的鬬爭中來對抗勞工集團——它們並且鑽進戰鬬的勞工集團底隊伍中去，在那裏找到了一切不堅定的、猶豫的動搖分子。在小生產基礎上保持着和再生着的資本主義分子，從各方面用小布爾喬亞的散漫性去包圍勞工階級，用這種散漫性去滋養它，腐化它，不斷地在勞工階級內部引起小布爾喬亞的無骨格性、散漫性、個人主義、從迷醉到消沉的頹變等等」見「左傾」幼稚病。）

這種布爾喬亞和小布爾喬亞散漫性底壓迫，給與勞工集團和它底黨內比較最不堅定的分子以極大的影響，——這種散漫性底壓迫，就是勞工政黨內部矛盾底泉源之一，也是滋養各種機會主義思潮的一個泉源。

第二個泉源就是工人集團成份底複雜。工人集團本身並不是單純的，它底基本羣衆是純粹的無產者——跟資本階級斷絕關係已久的雇用勞動者。這一階層是馬克思主義底最可靠的柱石。另一階層是從農民、小市民、知識羣中跑出來的分子，他們纔流進無產者隊伍中來的，他們同時把原來的小布爾喬亞習慣、習氣、猶豫、動搖的本性都帶進來了。這一階層是產生一切無政府主義的、半無政府主義的和「超左傾」的集團之最有利的基礎。在簽訂勃萊斯特條約（按即蘇俄與德國簽訂之和約——沈）的時期擁護「左翼共產主義者」的分子正是這個階層，後來（直到一九二八——一九二九年爲止）擁護「工人反對派」和托洛茨基主義者的也是這個階層。第三個階層，資本主義國家底勞工集團中所特有的一個階層——這就是工人貴族，工人集團底上層分子，這是無產者隊伍中生活最有保障的一部分。這部分人最富有跟資產集團調和、妥協的傾向，因爲他們從資產集團那裏得到了某些「恩惠。」這一階層是產生一切公開的改良派和機會主義者的最良好的基礎。

在馬克思主義底發展中，在它的內部，在國際工人運動自身中，有兩種脫離革命的馬克思主義路線的基本潮流，它們底理論和實踐的立場都跟馬克思主義相反的。鄔梁諾夫在一九一〇年就已揭露了它們底特點，講到這點時，鄔氏寫道『當今歐美工人運動中策略上的基本紛歧，歸結起來就是跟脫離馬克思主義的兩大主義派別作鬪爭，而事實上馬克思主義已經成爲這一運動中的統治理論了。這兩大思派便是修正主義（機會主義、改良主義）和無政府主義（無政府工團主義、無政府社會主義）這兩派脫離工人運動底歷史時期中佔統治地位的馬克思主義的理論和策略的思潮，在一切文明國家中，在半世紀以上的工人羣衆運動中，是取各種不同的形式和不同的色彩表現出來的。單根據這一個事實，就可以明白，我們不能把這些脫離馬克思主義的思潮看成偶然的現象，或幾個箇人或集團底錯誤，甚至於也不能把它們看作各個民族的特點或傳統觀念等等底影響。這些經常不斷地產生着的退後思潮，應該是有根本原因的，這些原因存在於社會經濟的結構中和一切資本主義國家發展底性質中』（鄔氏全集卷十五，頁五。）

在這一段議論中，鄔梁諾夫這樣確定了兩種脫離馬克思主義的思潮形式：一種是公開右傾的思潮，另一種是走向無政府主義的「左傾」的修正主義。這兩大修正主義的思派底根源是在整個的和各國的資本主義底經濟結構和它底發展性質中。關於產生這兩大思潮的原因，鄔梁諾夫指出不僅是工人運動之矛盾的、突躍式的發展，而且是這種發展底本源——資本主義發展底不平衡性就一般的社會發展底辯證性。關於後面一點鄔梁諾夫這樣解釋道：『見解紛歧底經常的來源是社會發展底辯證性——在矛盾中和經過矛盾發展底辯證性……資本主義親自製造了它自己的掘墓者，自己創造了新制度底元素，同時不經過「跳躍」（即突變——沈，）這些個別的元素絲毫也不能改變一般的情況和觸犯資本底統治的。這些活的生活、活的資本主義和工人運動底歷史底種種矛盾，只有馬克思主義——辯證法唯物論底理論，能夠完全把握住。然而不言而喻的，羣衆是從生活中而不是從書本中去學習的，因此個別的人羣或集團，常常在單方面的理論和單方面的策略體系中，過分重視或擡高資本主義發展底這點或那點特徵，過分重視或擡高這一發展底這個或那個「教訓」』（同前，頁六）。

鄔梁諾夫底這一段異常重要的議論，對於兩條陣線上的鬬爭底辯證法底了解是有極大的意義的。這一段議論指出了各種脫離馬克思主義的思潮之社會的和理論的根源。不論是右的或「左」的思潮，改良主義也好，無政府工團主義也好，它們都執住工人運動底某一方面或某一傾向，把它擡高起來，當作絕對體看，單方面地把它發揚起來，並把它當作唯一正確的和唯一可能的。它們不了解現實之辯證的矛盾。『可是現實的生活，現實的歷史，自身都包含着各種不同的傾向，這正像自然界中的生活和發展，自身中既包含着遲緩的進化，又包含着急速的突變，包含着漸進和中斷』（同前，頁七。）

現實中同時也包含着逐漸的、遲緩的發展。但是這種漸進的發展足以促成突變，進化式的發展必然繼之以革命，後者開闢了一個新的時代，把全部發展提高到一個新的、更高的階段。可是改良主義者只執住現實底諸方面之一，即只執住漸進式的發展。

改良主義者認爲實現社會主義的手段是改良，是各種形式的局部的變化和改善。相反的，無政府主義者、工團主義者則否認發展中的漸進性。他們不看見『新的內容是經過一切和各種的形式以開闢它自己的道路的』（鄔氏語）同時也經過某些舊的形式以開闢這一道路。形而上的偏面觀是右的和「左」的思潮、改良主義和無政府主義所共同具有的。從外表上看，這是兩個極端；然而實質上它們是一致地阻撓着革命運動底發展，阻撓着勞工集團底組織和團結，用布爾喬亞的垃圾廢物去阻塞勞工集團的理論，阻止它底政治覺悟底發展。所以修正主義和無政府工團主義是歪曲馬克思、鄔梁諾夫主義的兩種方式，兩種脫離馬克思主義的方式，兩種修正馬克思主義的方式。這兩種方式——右的和「左」的——在一切文明國家底工人運動中都可以見到的，不過在工人運動發展底各個階段上，它們採取各種不同的形式和類型，採取極複雜的各種不同的色彩表現出來。勞工階級底革命理論，在跟這兩種脫離馬克思主義、鄔梁諾夫主義的思潮的鬬爭中繼續發展起來。

這兩種曲解馬克思主義的形態在俄國也曾有過。在俄國社會民主黨底歷史中，這些形態底發展採取特別的形式，它們反映着俄國社會爭鬬底特殊性。波爾塞維主義正是在兩條陣線上的鬬爭中生長和鞏固起來的，這兩條陣線就是上面所指出的兩種修正馬克思主義的思派，也就是說，它是在反機會主義的鬬爭中生長和強固起來的。

從九十年代起，俄國社會民主黨就已分裂成爲「火星派」和「經濟主義派」。後者是俄國社會民主黨中的機會主義派。在布爾喬亞民主革命發長底時代「經濟主義」變態爲孟塞維主義（或譯「少數主義——沈）它底立場是主張跟資產階級聯盟的，只有波爾塞維克徹底地爲勞工集團底革命策略而奮鬬。當時還進行着跟馬哈也夫主義這一類「左」的工團主義思派的鬬爭。在一九〇八到一九一〇年的反動時期，社會民主黨中的機會主義的和革命的策略問題，又採取完全新的形式被提出來了。從孟塞維主義底主流中產生了一條取消主義底支流，後者主張拋棄爲俄國底新革命而奮鬪的鬪爭，主張取消不合法的祕密組織和祕密工作，它們輕蔑地譏笑「地下密謀」底工作。在差不多同一個時候，召回主義——波爾塞維主義中的「左」派——也出現了。這派主張放棄利用合法的爭鬪形式，拒絕參加國會並從國會中召回社會民主派的黨團。

波爾塞維派跟這兩種代表布爾喬亞影響的思潮作不妥協的和徹底的鬪爭，在兩條陣線上的鬪爭。關於這一點，鄔梁諾夫曾寫道：『波爾塞維克實際上從一九〇八年八月起到一九一〇年一月止進行了兩條陣線上的鬪爭，卽跟取消派和召回派的鬪爭』（見鄔氏全集卷十四，頁三〇五——六。）

鄔氏用許多深刻的、客觀的歷史的原因來說明這些思潮底出現。他說『形成取消主義（卽自願歸屬於社會民主黨的半自由主義）和召回主義（卽自願歸屬於社會民主黨的半無政府主義）的那種布爾喬亞加於勞工階級的影響——這並不是偶然，並不是錯誤，而是這些客觀原因之作用之不可避免的結果和在現今俄國全部工人運動之上的、跟「基礎」不可分離的上層建築之作用之不可避免的結果』（同前，頁三〇四。）

在共產主義中的「左傾」幼稚病一書中，鄔梁諾夫說到了波爾塞維主義發展中的一切基本的要點，同時提出問題道：『波爾塞維主義在跟工人運動內部那些敵人作鬪爭的過程中成長、鞏固和堅強起來的呢？』鄔氏又揭示出反孟塞維克機會主義的鬪爭底本質，他說這種機會主義『到一九一四年已經徹底地轉變成爲社會國家主義（social-chauvinism），徹底地跑到了資產階級方面去來反對無產階級了。這天然是工人運動內部波爾塞維主義底主要敵人。這一敵人，卽在國際範圍內也是主要的。』同時，波爾塞維主義又是在反小布爾喬亞革命性的長期鬭爭中生長、完成和強固起來的；這種小布爾喬亞革命性很類似無政府主義，或從無政府主義方面抄襲了某些東西來，它在任何一個重要關頭上每每脫離了堅毅不屈的勞工爭鬭底條件和要求」（左傾幼稚病。）

估量到馬克思主義內部這兩種傾向、右的和「左」的「教義」底特質時，鄔梁諾夫寫道：『右派的教義在於單單承認一種舊的形式……而看不見新的內容。左派的教旨則在於絕對的否定諸一定的舊形式，而不看見新的內容是在經過一切和各種形式以開闢它自己的道路。』（同前。）

鄔氏底這一個結論也有極大的方法論上的意義。這一個基本的評估，抓住了馬克思主義內部每一敵對思潮底重要方面。這兩種思潮之一，卽右的修正派，不看見新的內容、新的質地而不再看見舊的形式，另一修正派「左」的修正派則相反，它只注意到新的內容、新的質地，而不了解這一內容發展底道路和階段，它完全拋棄在某一環境下尙有利用之必要的那種鬭爭形式。

鄔梁諾夫底見解則不然，他辯證地證實對黨內諸傾向鬭爭底必要性。脫離馬克思主義、鄔梁諾夫主義，脫離革命道路的那種傾向本身，也經過了幾個不同的發展階段的。凡屬傾向，都還不是一種完整的思潮，傾向是可以矯正的。當人們多少有些脫離正路或正在開始脫離正路的時候，要矯正還是可能的。這樣的多少脫離正路的情形，我們就可以稱之爲「傾向。」所以傾向就是脫離正確的路線。但這還不是完整的思潮，它衹是脫離正確路線的一種傾斜的趨勢；假如一直固執着這一傾斜的趨勢，那末到某一階段時它可以形成爲一定的機會主義思潮

——跟馬克思主義和勞工政黨完全敵對的思潮。

托洛茨基跟鄔梁諾夫底立場完全相反，托氏在這個問題上，在俄國革命以前的時期，堅持着機會主義的立場。他跟孜茨基一樣，提出他底「藉擴大和加深以取勝」底公式來對抗兩條戰線上的鬭爭這一馬克思、鄔梁諾夫主義的正確的主張。這種公式實際上等於中央主義（Centralism）底策略，就是說企圖站着「中間的」路線，企圖達到各種思潮（或派別）之折衷主義的調和，這事實上等於幫助機會主義、庇護機會主義。

唯其如此，所以托洛茨基提出「藉擴大和加深以取勝」的策略以代替兩條戰線上的鬭爭的建議，難怪要受孟塞維克和前進派底熱烈的擁護了。

還在前世紀八十年代時，恩格斯曾在其給柏恩舒坦的信中寫道『很明顯的，大國底一切勞工政黨，祇有在內部的鬭爭中，祇有完全適應着辯證法的發展法則，纔能發展起來。』（見馬、恩文存卷一，頁三二四—三二五。）約塞夫也曾引用過恩格斯底話，他說：『在原則性的問題上「中間」路線是沒有的，而且也不會有的』（約氏著論反對派。）『「中間」的原則路線底政策，不是我們底政策。「中間」的原則路線底政策是凋殘腐化的政黨底政策。我黨底歷史是我黨內部諸矛盾底鬭爭史，是克服這些矛盾和在這些矛盾被克服了的基礎上逐漸鞏固我黨的歷史。靠鬭爭來克服黨內的分歧，這便是我黨發展底法則』（同前。）

唯物辯證法是革命的勞工階級底實踐底方法論基礎，是這一階級底黨底總路線底方法論基礎。只有用唯物辯證法，只有把唯物辯證法應用到社會底認識上去，我們纔有可能正確地揭露和了解社會爭鬭底規律性，估量某一時候階級力量底配置，正確地決定社會矛盾底性質，看出社會發展底傾向和趨勢，把根本的、重要的和必然的跟非根本的、次要的和偶然的劃分開來，在鬭爭過程中選定有決定意義的一環，抓住了這一環便可以引出全部的發展鏈條來並保證勞工革命底成功和鞏固這些成功作爲繼續前進的基礎。

在馬、鄔主義中主要的就是關於勞工階級專政底學說。不論馬克思主義全部或單單這一學說，它們都以唯物辯證法爲哲學基礎的。不了解和歪曲勞工階級的政策底哲學基礎，不可避免地要在這一政策底實施上表現出來。哲學理論的鬭爭是社會鬭爭底形式之一，並且跟任何形式底社會鬭爭一樣，這一鬭爭（即哲學的理論鬭爭——沈）也充滿着政治的內容，它是受政治鬭爭之支配的。辯證法唯物論底曲解，常常跟脫離黨底總路線的諸傾向密切地聯系着，跟非勞工集團的政治思潮和勞工隊伍中的敵對意識底反映密切地聯系着。馬、鄔主義底哲學的發展，常常跟工人集團底政治的發展密切地聯繫着，跟它底反改良主義、反無政府主義和反「左」右派機會主義的鬭爭密切地聯繫着。關於這一點，鄔梁諾夫曾經不止一次地指出過，他在一九一一年寫道：『關於「哲學的唯物論是什麽、」「爲什麽脫離它的諸傾向是錯誤的、危險的和反動的」——關於這些問題的爭辯，常常以「活的實在的聯系」跟馬克思主義的社會政治的思潮聯繫着，不然的話，這種思潮就變成不是馬克思主義的，不是社會政治的而且也不成其爲思潮了。祇有改良主義或無政府主義之有限制的「實際政策」，纔能否定這一聯系底「實在性」。』（鄔氏全集卷十五，頁八八。）

講到政治傾向的時候，鄔梁諾夫並不把它們跟一般的哲學見解分裂開來的。他揭示了它們底社會根源、它們底政治本質，並且確定這些傾向中那一種是主要的危險和其所以成爲主要危險的原因；同時他又估量到調和派在兩條陣線上的鬬爭中所起的作用；他又揭露了諸種傾向底方法論的見解等等——一言以蔽之，他給了一個關於鬬爭底條件、力量和形式之各方面的、具體的分析；同時他時時應用和研究着唯物論的辯證法。

唯物辯證法之革命行動的作用就是在勞工集團全部的革命奮鬬過程中資產集團所以採取極端仇視和發狂攻擊的態度來對付它（唯物辯證法——沈）的原因。資產集團和它在工人運動內部的小資產集團的代理人想出無數的詭計來，希圖這樣或那樣地使馬克思主義的理論脫離革命的實踐，並從馬克思主義中閹割去它底革命的「精靈」——唯物辯證法。馬克思主義不僅要跟根本的敵人——唯心論——作無情的鬬爭，而且還要跟馬克思主義本身營壘內部的小資產集團的代理者，跟各種形式的哲學的修正主義，作這樣的鬬爭，因爲這些形形式式的修正主義，在「補充、」「更正」等類好聽的藉口掩飾之下，不斷地企圖使馬克思主義布爾喬亞化，使它變成便於偷運布爾喬亞和小布爾喬亞理論的空洞的外殼。

小資產集團常常在無產者羣和資產者羣之間動搖着，卽在觀念形態領域以內，它也表現着不堅決性、不徹底性和蔑視莊嚴的理論工作，它往往限於一些理論底片斷，一部分採自無產集團底理論寶庫，一部分則拾取反時代的資產集團和其他社會集團底理論，——這便小資產者底階級立場。這種在理論上從各方面竊取片斷而把這些片斷機械地結合起來，這種在理論上的調和主義和折衷主義，在實踐上的儒怯、動搖、搖擺，——這些就是郞梁諾夫屢次指出來的小資產階級政黨、孟塞維克、社會革命黨等等底思想家和領袖們底一些特點。小資產階級從來就不能創立起一種嚴密的和徹底的唯物論的宇宙觀，它或是抱定一半的唯物論而雜之以唯心論底原素（如康德主義、休謨主義、柏克烈學說之類）或是公開地站在唯心論底立場，或是企圖在唯物論和唯心論之間找尋一條「中庸之道」底路線，似乎自己是站在兩者之上的。

馬克思和恩格斯常常跟哲學的修正主義作不妥協的、無情的兩條陣線上的理論鬭爭：反對唯物論底庸俗化和反對辯證法唯物論之唯心的曲解。馬、恩、鄔諸氏在每一個特殊的時期，把他們主要的打擊施之於對於勞工集團底政治實踐或爲主要危險的那種修正主義形式。依靠跟資產集團爭鬭底基本形式來決定的政治爭鬭底條件，決定了對哲學的修正主義所施的理論打擊底主要方向。例如在一九〇五年革命之後，鄔梁諾夫曾經同時進行着兩條陣線上的理論鬭爭：反對波格唐諾夫和巴沙洛夫諸人底馬赫主義，同時也反對普列漢諾夫對唯物辯證法之孟塞維克的、機械主義的和不可知論的曲解（普氏底信徒德波林和亞克雪洛德也有這樣的曲解。）當時主要的危險是唯物論哲學之唯心的馬赫主義的修正。這種修正在當時是直接拒絕馬克思主義而完全解除無產階級底理論武裝的。鄔氏談到馬赫主義和馬赫派的時候寫道：『愈來愈巧妙的馬克思主義底僞造，愈來愈精細的背着馬克思主義牌子以進行反唯物論學說的造作，——這就是當今政治經濟學中、策略問題中和一般的哲學領域中——即在認識論中和社會學中——的修正主義底特徵』（見唯物論與經驗批判論，或全集卷十三，頁二七〇。）

在那個時候，這一種形式底修正是主要的危險，因爲它是一九〇五年革命失敗後馬克思主義者隊伍裏面的危機和動搖之理論的表現。對於這種動搖給以堅強的反抗，進行擁護馬克思主義之基礎的堅決而強固的爭鬬——這便是當時的急迫任務。

馬赫主義在理論上又營養着孟塞維克底政治的取消主義（華倫丁諾夫、尤斯克維契及其他等人）和波格唐諾夫等人底超「左」的召回主義。唯其如此，所以當時鄔梁諾夫把主要的打擊施之於馬赫主義，跟普列漢諾夫和他底信徒們共同進行這一鬬爭；但是鄔氏沒有一分鐘停止過對普列漢諾夫底孟塞維主義式的曲解唯物辯證法和對他在唯物論問題上所犯的個別的錯誤作鬬爭。在當時，鄔氏也進行了兩條陣線上的鬬爭。

在帝國主義大戰和革命底時期（一九一四——一九一七年）在馬克思主義底理論陣線上，特別有力地開展着第二國際理論家對於辯證法唯物論的修正（它對於勞工革命運動有極大的危害）——這就是考茨基、鮑威爾、普列漢諾夫等這一流人對辯證法唯物論之機械的和唯心的曲解。

這一種形式底修正，具體地表現於關於勞工革命底前提「尚未成熟」底見解，革命的理論跟實踐相脫離，以抽象的去代替具體的，以折衷論和詭辯論去代替辯證法等。一九一四——一九一七年是鄔梁諾夫主義跟國際孟塞維主義底領袖們底拍賣馬克思主義和拋棄馬克思底具體的和革命的辯證法的行爲作劇烈鬬爭的時期；這是跟孟塞維主義之唯心的和機械的修正辯證法唯物論的行爲作殘酷戰鬬的時期。同時，鄔氏也進行着理論領域內的「左傾」色彩的錯誤——布哈林在國家問題上的無政府主義的錯誤——作不妥協的鬬爭。同樣的，在蘇俄勞工專政時期，也進行着這種兩條陣線上的理論鬬爭。

擁護正確的政治路線，必然要包括淸洗唯物辯證法的鬪爭。對改良主義和無政府主義的鬪爭，在兩條陣線上的鬪爭——跟右的和「左」的機會主義的鬪爭——這種鬪爭必須以哲學領域內的兩條陣線上的鬪爭做前提的。

哲學和政治、哲學傾向和政治思潮間的聯系，是永遠存在着的。然而這種哲學和政治間的聯系並不採取哲學和政治思潮間的直接的和經常的適應底形式表現出來的。機械論是右傾機會主義底哲學基礎，孟塞維化的唯心論大體上是「左」傾機會主義和托洛茨基主義底理論基礎。然而不能因此就說右派底思想中祇有機械論而沒有唯心論底原素，「左」派和托洛茨基主義祇有唯心論一種而沒有一點機械論底觀念。托洛茨基主義同時也貫徹着最卑劣的和庸俗的機械論。抽象地依照杜撰的「圖式」以劃分「左」右兩種傾向底理論觀念，這是十分不正確的。唯一徹底的方法和宇宙觀是辯證法唯物論。一切脫離辯證法唯物論的傾向，都不可避免地要走到布爾喬亞折衷主義底立場，不過有些是庸俗的機械論觀念底成份佔優勢，有些是或隱或明的唯心論成份佔優勢。

哲學和政治之間常常存在着互相不可分離的聯系。它們這一種不可分離的聯系，是由現社會中它們底一定的社會根源來決定的。可是哲學和政治底這種聯系不是常常直接表現出來的。我們看到，在各種不同的哲學傾向和政治傾向底某種聯系之下，有各種的轉變、彎曲和傾斜。這一聯系，只有靠具體的分析某種哲學和政治傾向底各方面纔能確定下來。理論上和政治的實踐上之反機會主義傾向的鬪爭，不能只限於對兩者中的一方面作鬪爭——只在理論上或只在政治上進行這種鬪爭；它應當是各方面並進的。

孟塞維化的唯心論者和機械論者一樣，他們也不了解哲學和政治之辯政的聯系，不了解政治中和哲學中的兩條陣線上的鬪爭底意義。他們完全把政治和哲學兩領域內的傾向當作同一事物看了，他們只用反機械論的鬪爭一種去代替反右傾機會主義的鬪爭，而且，反對右派的鬪爭（尤其在理論領域內）孟塞維化的唯心論者認爲只是他們對機械論者的鬪爭之單純的繼續！孟塞維化的唯心論底代表之一說：『對右派底理論基礎作鬪爭，是我們反對機械論的鬪爭之直接的繼續和我們在這一鬪爭中所站的哲學的理論立場底正確性底測驗。這是我們底理論見解之政治的測驗』（波特伏洛茨基之演說文，載 "Vestnik Kommunisticlieskoy Akademii" 第三五——三六合期。）

蘇聯底當局向來進行着反對一切脫離馬、鄔主義的傾向的鬪爭，反對政治上的機會主義和理論上哲學上的一切修正主義。它跟政治上的機會主義做鬪爭時，一直打擊到它底理論的哲學的基礎。依照鄔氏底指示『假使不追究出某人所犯的政治錯誤底理論根源，那末我們就不會完全明白任何錯誤（政治的也在內）本身……』在理論領域（哲學領域也在內）內的反傾向的鬪爭中，鄔氏揭露了諸種傾向之政治的內容，暴露了理論上的機會主義和修正主義（那怕它們戴着各種各樣的面具）之階級的本質。

單跟一種傾向作鬪爭而忽略了第二條陣線，這種鬪爭底基礎和立場就不是馬、鄔主義的。這樣的路線是歪曲兩條陣線上的鬪爭的路線，它是偏面性的，它必袒然護了另一種錯誤的傾向。這樣，它就跟這另一傾向站在一條陣線上了。這樣的事實卽各種機會主義思潮會合一致的事實，在實踐中是常常可以遇見的。右派幫助「左」派，「左」派替右派底磨上加水。跟傾向做「鬪爭」而忽視了這一方面、每一傾向底相反方面，這樣的「鬪爭」只會幫助機會主義而產生各種各樣的馬鄔主義底曲解。

第二節　兩條陣線上的鬪爭和現階段底理論任務

從資本主義到社會主義的過渡時期（此時期之政治統治形式是勞工專政）在理論領域內提出了一些新的任務，這些新任務比從前的要廣大得多、繁重得多了。勞工專政不是表示社會爭鬪底停止，而是這一爭鬪在新形式上的繼續。這些新形式就如無情的鎮壓剝削者底反抗，殘酷而激烈的國內戰爭，領導農民大衆，利用布爾喬亞的專門家和小布爾喬亞的知識羣，新的勞動紀律底訓練以期達到更高的勞動生產率水準等等。

剷除剝削階級殘餘，消滅資本主義組織底復辟企圖，改造小商品經濟（在這種經濟基礎上保持着和不斷地新生着資本主義底成份）——為這些目標而奮鬪，必需有一個整個的時期。必須為保持和鞏固工農聯盟而奮鬪，為保持對非產業工人的勞動大衆底領導權而奮鬪，為用新的社會的勞動紀律底精神以訓練這批大衆而奮鬪，必需有一整個的時期，以創造社會主義社會之物質技術的基礎和經濟的基礎，同時還需要一個時期，以便在長期的、困苦的、跟小布爾喬亞影響作大規模戰鬪底過程中來訓練和改造產業工人集團自身。

業已勝利的勞工集團，不能立卽從肩膀上卸去，從頭腦中除去資本主義底一切「遺產」，在階級本身尚未完全消滅時落後的勞工階層中總不免有各種舊時代的習慣和布爾喬亞的傾向表現出來。各個勞工階層底見解，習氣和意向底不同，在過渡時期底轉變關頭和社會鬭爭底發展過程中，是表現於各種機會主義的傾向，右派和「左」派機會主義底表現。

這裏我們必須記住，在勞工集團底政治組織中，不但有此集團之各個不同階層底代表，而且也有從別的社會集團中跑過來的分子，這些分子實際上還跟那些社會集團維持着聯系；他們所以混進勞工政黨中來，是因爲它是勞工專政制之下唯一的政黨，因爲它是唯一統治的政黨。約塞夫說得對：『他們——這些有傾向的分子，不論右傾的也好，「左」傾的也好，他們都是由非勞工集團的極複雜的成份集合起來的，這些分子反映着小布爾喬亞的自發性對於勞工政黨的壓力和黨底某些組織底腐敗。』（郘梁諾夫主義底問題，頁三八一。）

雖然右派和「左」派機會主義似乎是對立的，可是在它們底估量上和主張上它們卻常是相似的，因爲它們都出自同一種社會根源呵。這兩種機會主義底派別都表現着布爾喬亞意識形態和小布爾喬亞自發性底力量，其中祇有這樣一個區別：公開的右傾機會主義主要地反映富農集團底意識形態，而「左」傾機會主義則主要地反映城市資本主義分子和破落的城市小資產者羣底意識形態。這兩派機會主義締結姻緣底事實是毫不足奇的。郘梁諾夫講過多次，「超左」的反對派，內骨子還是右的、孟塞維克式的、機會主義的反對派。

辯證法唯物論在蘇聯已成爲統治的宇宙觀，已成爲勞工政權剷除敵對觀念的武器和反宗教、反神怪思想的武器。這種新宇宙觀已經成爲對無數千萬農民大衆實施革命教育的重要工具，把勞動大衆從精神的奴役中、從剝削階級之政治和民族的壓迫中求解放的武器了。

社會爭鬪底新形式提高了對革命理論的要求。第一，要求理論具有極大的伸縮活動性，這樣可以使理論在革命形勢瞬息萬變的時期中不僅能夠跟得住實踐並且能夠追過實踐，領導實踐，能夠在極大的和極嚴重的轉變關頭中從一種爭鬪形式過渡到另一種形式的轉變關頭中去正確地指揮實踐家，在由一個發展階段過渡到另一發展階段的時期中指示實踐家以正確的方向。第二，要求理論能夠對革命運動底每一發展階段上的階級關係，給予馬克思主義的分析，以便把握整個運動底全部過程。第三，要求理論能夠幫助我們揭發發展中的基本矛盾和基本傾向，以便在每一新階段或轉變關頭上正確地把握住最重要的一環，把握住全部運動所賴以完成的基本的和決定的任務。

由此就產生一個極重要的任務：周密地、從一切方面去研究唯物辯證法底理論，同時要把這一理論的研究，處處適應着勞工集團底社會鬪爭之一般的利益和勞工政黨底政治任務，這就是說，把理論研究底任務跟社會主義建設和世界革命底實踐密切地聯繫起來。

不正確的和單方面的理解這一任務，可以產生出兩種危險來：或是使理論跟實踐脫離開來（即使理論成爲空洞的經院學說）或是輕視理論而成爲狹窄的事務主義、尾巴主義、經驗主義。後一種危險同時也是第一種危險底相反方面——使實踐脫離理論。只有在兩條陣線上作堅決的、無情的鬪爭，只有在跟這兩種危險作不屈不撓的鬪爭，馬克思、郞梁諾夫的辯證法之研究纔有成功的保證。上述兩種危險，雖然表現各異，可是結果都歸結於孟塞維主義式的分裂理論與實踐。

在經濟和文化建設之政治領導底領域內，正確的應用唯物辯證法，纔能辦到許多有全世界歷史意義的勝利——順利的建設社會主義底經濟基礎實現全盤集體化底計劃和在全盤集體化基礎上消滅富農等。蘇聯當局在進行兩條陣線上的鬬爭——跟「左」右派機會主義作鬬爭時，決定每一重要的階段上的主要的危險。同時，在確定諸傾向之性質時，其目標在揭露這些傾向底階級本質。例如托洛茨基派和托洛茨基、季諾維夫的聯合反對派底「左傾」在由恢復時期到改造時期的過渡關頭上，是一個主要的危險。可是到後來，隨着社會主義進攻之各方面的開展，主要的危險就變成右傾了。

在政治上與勞工階級敵對的意識形態，必然要反映到理論領域內來，反映到方法論上來的。以上所說的兩種機會主義底形態不僅在其社會本質上互有區別，即在一般的理論根源上在其哲學基礎上也是各不相同的。縱然它們底方法論有一般的共同性——即歪曲唯物辯證法、折衷主義等等，可是哲學基礎上的區別還是有的。今日的右傾機會主義，主要的理論基礎是機械觀的方法論（即機械論——沈）這種方法論底特點是不看見新的內容勞工專政之質的特殊性，否定發展底矛盾性，堅信「和平」的進化，否定過渡時期底社會爭鬬等等。

「左翼」機會主義和「左傾」病者底方法論立場是傾向於否認一定的舊形式，不看見發展底道路和階段，不估量到向前進展底運動底物質基礎，跳越發展過程中未完成的階段——這種種見解促成了政治上的冒險主義，把遙遠的願望看作現實，把可能和現實混淆起來等等。這一形態底機會主義之基本的方法論基礎便是孟塞維化的唯心論。

政治上兩條陣線的鬭爭要求密切地聯繫着一般理論和哲學中的兩條陣線上的鬭爭：反對現時期底主要危險、機械論，反對孟塞維化的唯心論，反對對前兩種傾向的調和派以及反對公開的布爾喬亞勢力。所有這一切鬭爭，必須站在徹底的馬郞主義底立場、根據理論和實踐之不可分離的聯系去進行絕對。

托洛茨基派和「左」傾病者怎麽也不能理解兩條陣線上的鬭爭底本質。他們認爲進行這種鬭爭，就是中庸主義。德波林派對於哲學中兩條陣線上的鬭爭問題，也持類似的見解。托洛茨基主義和孟塞維化的唯心論在「跟中庸主義和折衷主義鬭爭」底外表掩護之下，否定了兩條陣線上作爭鬭的任務。實際上，兩條陣線的鬭爭本已包括着跟中庸主義的鬭爭，且以此種鬭爭爲必要條件；這種中庸主義就是隱藏的機會主義，對機會主義的調和態度。

蘇聯當局爲擁護馬郞主義而作的徹底堅決的鬭爭，在過渡時期中曾經過了好幾個階段。在十月革命以後，被推倒了的剝削階級在國內被遞奪了製造思想作用的工具，那時對馬郞主義取極端敵對態度的代表是國際資產階級和考茨基、樊台凡爾德（Vanderveld）等社會民主黨人，以及國內外（指蘇聯底國內和國外——沈）的俄國孟塞維克和社會革命黨人。當時布爾喬亞和小布爾喬亞的思想體系、特別是孟塞維主義已經在一切可能的「馬克思主義科學」底招牌之下，開始鑽進馬克思主義陣營之內來了。

蘇漢諾夫（Sukhanov）等人底公開的孟塞維克理論，指出俄國勞工的社會革命「尚未成熟」，因爲——

他說——俄國還沒有達到所需要的「生產力高度。」他們不了解帝國主義時代之環境底特殊性和俄國歷史發展底特點，於是機械地把資本主義發展底一般的形式搬到俄國來了。對於辯證法唯物論所施的布爾喬亞攻擊之更模糊的形式，在勞工政權初期就又是馬赫主義，它跟機械論取特殊的方式結合着在這一時期，它表現於波格唐諾夫底許多作品上。

波格唐諾夫很精細地掩飾着自己的唯心論，他所撐的招牌是「無產階級的文化、」「科學底社會主義」和「組織科學」等等。他表面上似乎反對一切哲學的，可是實際上卻在「馬克思主義」的飾詞之下，把唯心論偷運到政治經濟學中、史的唯物論中和文藝理論中去了。波格唐諾夫用他唯心的「組織過程」論和機械的「均衡論」——矛盾調和論——去代替唯物的辯證法。他提出「文化工作」是走向社會主義的基本的運動形式，他用很響亮的美名「無產階級的文化」來標明他自己的理論，拿這種理論去跟革命的政治鬬爭對立起來。波格唐諾夫底客觀上反動的哲學，反映着懦怯的俗流們之深刻的、失敗的消沉的悲觀情緒，這輩人企圖躲避革命，企圖在布爾喬亞德謨克拉西底「經常規範」以內，用「和平」的「組織工作」來挽救革命，波格唐諾夫底腐化的哲學，在一部分大學青年羣中找到反響，這部分人就是所謂「工人反對派」底一羣人，同時也反映在某些自稱為「左派」共產主義者的理論家底見解上。它同時也影響到布哈林底理論觀點。布哈林在其過渡時期之經濟一書中的唯心的「左傾」錯誤，是以波格唐諾夫底唯心論和機械論做根據的。

在那個時期，鄧梁諾夫曾予蘇漢諾夫之孟塞維克的思想體系以嚴厲的打擊，但同時鄧氏對「左派」共產主義和它底方法論錯誤——主觀主義和抽象觀念——也做了堅決的鬪爭。鄔氏在其唯物論與經驗批判論第二版中，特附以尼夫斯基（Nevsky）底一篇論文作爲答復波格唐諾夫思想的文章；在那篇論文中作者尼夫斯基對於波格唐諾夫底晚近著作批判甚周。鄔氏在對其著作所寫的序文中指出，波格唐諾夫在「無產階級文化」底幌子掩飾之下，專事傳達着布爾喬亞和反動的思想。

自從實行了新經濟政策，城市和鄉村中的資本主義關係有了相當的增長，於是資產階級就以爲可以經過蘇維埃政權之逐漸的蛻化而和平地回復對資本主義了。一部分布爾喬亞大學教授在蘇聯政府機關裏供職的，他們持着公開敵對蘇維埃政權的態度。在大學底講座上，在雜誌底篇幅上，他們公然進行反革命的工作；在科學領域內他們公然採取敵視辯證法唯物論的立場，他們用唯心論和各種反動思想來對抗辯證法唯物論。另一部分布爾喬亞知識分子則宣佈「道標更迭論」這種理論底用意在於宣佈必需與蘇埃政權合作，俾後者易於和平回復到資本主義。

爲要跟唯心論和宗教做鬪爭，爲要跟庸俗的經驗論和機械論做鬪爭，爲要揭破擁護農奴制的「學者們」和教會裏的傳道家，爲要宣傳辯證法唯物論底基本原理和加深研究唯物辯證法底理論——爲了這許多目的，鄔梁諾夫就倡議辦一戰鬪唯物論底機關報——馬克思主義旗幟之下雜誌，鄔氏在一篇著名的論文『論戰鬪唯物論之意義』中明確地規定該雜誌底任務。

從那時起，好多年內對於蘇聯勞工政黨的主要的危險思潮是「左傾」機會主義。反革命的托洛茨基主義最初在勞工政黨內部組織小組織，形成黨內的反對派，以進行其破壞工作。在一切理論領域內存在着用一切可能的面具來掩飾的第二國際孟塞維克的各種形式底理論：「左翼」機會主義底方法論，托洛茨基主義和對它取妥協態度的調和主義的布爾喬亞集團底方法論，它底特點就是唯心論跟機械論底聯合；盧賓在政治經濟學中所發揮的孟塞維主義帶考茨基主義的唯心理論，李亞沙諾夫對於馬克思主義歷史之孟塞維主義式的「研究」，普列漢諾夫底信徒亞克雪洛德和德波林把普氏底錯誤觀念搬進到馬克思主義的哲學中來並予以繼續加深，他們一個是實證主義兼康德主義的和機械論的修正馬克思主義的哲學（指亞克雪洛德，）一個則是孟塞維化的唯心論（指德波林、卡列夫、斯坦諸人；）哲學中主觀唯心論和康德主義底復活（指沙拉比揚諾夫等人，）以及文藝理論中的孟塞維主義的唯心論底散佈（比萊維才夫〔Pereverzev〕，伏龍斯基〔Varonsky〕等人。）在國家政策方面，約塞夫領導着進攻反革命托洛茨基主義的鬬爭。當時理論領域內的主要危險是馬克思主義之唯心論的修正，後者在政治領域內已被打得粉粹，可是把它當作托洛茨基主義和「左傾」機會主義底方法論看時，它在個別的理論園地內、在哲學園地內卻還沒有被徹底揭破。這就表示我們底理論工作落在政治鬬爭底實踐之後，表示理論與實踐相脫離，同時也證明這些理論工作底領域內缺乏適當的指導人才。

但是到了經濟恢復時期，除唯心論的危險以外，又發生了各種形式底機械論和卑劣庸俗的經驗論。這種卑劣的經驗論和馬克思主義之布爾喬亞的修正方式，其最明顯的表現就是米寧主義（Mininism 一九二二年）和應契門主義（Enchmenism——一九二三年。）米寧喊出了『哲學擱開一邊去』的口號，應契門則在學生青年中宣傳他底糊塗的生物學理論，他拿自己新發明的生物學理論來對抗他認爲「腐舊」的馬克思主義。

機械論的危險之最顯著的表現就是布哈林對辯證法唯物論的修正；布哈林無論在史的唯物論中或政治經濟學中都應用着和繼續發展着波格唐諾夫式的經院主義。不管鄔梁諾夫底警告，布哈林和他底信徒始於固執地繼續發展着波格唐諾夫式的均衡論（theory of equilibrium），並把它跟唯物辯證法對立起來。除了布哈林這一派以外，還有一大批自然科學家中和反宗教的宣傳家中的機械論者，他們企圖用這種庸俗的經驗論去反應那曾經擡過頭的牧師的教義。

他們用隱祕的爭鬬形式來代替對馬克思主義的公開的攻擊：他們高唱「避免哲學的經院學說去混淆科學」這個口號，而把辯證法唯物論當作跟自然科學之最後結論相等同的東西看了。

在改造時期之初，機械論成爲各種敵對馬、鄔主義的思派（如馬赫主義、弗萊依德主義、康德主義、實證主義等等）底傳聲筒了：它既與亞克雪洛德這一派孟塞維主義、康德主義的學派結合，同時又與布哈林、波格唐諾夫式的「社會學」學派聯姻。機械論者的自然科學家和反宗教家（梯米略才夫、沙拉比揚諾夫、華爾耶塞等人）變成布哈林、波格唐諾夫式的均衡論底叫賣人了。從恢復時期到改造時期的過渡，是蘇聯勞工集團開始採取新的奮鬬形式的過渡，是勞工政權開始解決其最困難和最高級的任務的過渡。這些任務，主要的有三種：（一）社會主義經濟基礎之建設，（二）小農經濟全盤走上大機器化的集體生產之社會主義的軌道，（三）在這全盤集體化底基礎上解決消滅富農階級和以後消滅一切階級底任務。

用托洛茨基的或布哈林波格唐諾夫（本質上是布爾喬亞的）的公式是絕對不能解決社會主義建設這一個有全世界歷史意義的任務的。只有應用馬、鄔主義的辯證的方法論，我們纔能解決一切革命任務。約塞夫說得對：「我國底發展並不曾按照布哈林底公式進行，現在依然沒有按照它進行。我國底發展，在過去和現在，都是按照鄔梁諾夫底公式——「誰戰勝誰」這個公式——進行的。我們踐踏和鎮壓他們、剝削者羣呢，抑是他們踐踏和鎮壓我們，蘇聯底工人和農民？——問題就應該這樣提出來的。組織社會主義在一切陣線上的進攻，——這就是在全部國民經濟改造工作開展時期我們面前所擺着的任務。蘇聯當局是這樣了解它底使命的」（鄔梁諾夫主義底問題頁五二八。）

在改造時期內社會爭鬬底形式跟過去一個階段底社會爭鬬底形式有區別的。社會主義之一般的和擴展的進攻，不能不引起舊世界之拚命的反抗和社會矛盾底尖銳化。布爾喬亞知識羣底上層分子在一切工業部門中所愼密陰謀的危害工作，富農集團反對鄉村中農業集團化的惡毒的鬬爭，政府機關中官僚主義分子對蘇維埃政府法令的怠工，——這些就是目前蘇聯將被淘汰的社會集團底主要的反抗形式。

跟康德拉基也夫（Kondratiev）、查也諾夫（Chayanov）、格羅曼（Groman）諸人底危害性的布爾喬亞理論作鬬爭，跟巴沙洛夫（Bazarov）、盧賓（Rubin）、蘇漢諾夫（Sukhanov）諸人底孟塞維克的觀念形態作鬬爭，——這種鬬爭在改造時期條件之下是很大的實際政治的意義的。約塞夫說得好，不根據馬、鄔主義的理論立場去跟布爾喬亞理論作不妥協的鬬爭，要完全克服階級敵人就不可能。

社會爭鬬底尖銳化和國內（指蘇聯內部——沈）小布爾喬亞散漫性底復活，在兩種不正確的政治傾向——「左」傾和右傾——上反映出來這兩種傾向威脅着蘇聯社會主義進攻底總政策。在馬克思主義哲學之前，現在擺着一個從理論上擊碎這些傾向底哲學基礎的任務和克服公開取敵對態度的、危害集團的、方法論的任務。可是過去我國哲學界底領導（以德波林為首）偏偏把哲學跟政治、跟社會主義建設底實踐、跟具體的知識都脫離開來了。它不但不能夠揭破敵人底方法論，而且連自己都做了盧賓底危害思想底俘虜了。在許多年內，它跟盧賓底思想體系「和平共居」着，一到了重要關頭，在經濟理論底討論過程中它卻起來積極地擁護盧賓，把盧底論文接連地在馬克思主義旗幟之下雜誌上發表出來，並推重盧氏為馬克思政治經濟學底「加深者!」

敵對思想底進攻，又在各個馬、鄔主義理論領域內的機械論和唯心論繼續強盛這一事實上反映出來在哲學中、在自然科學中、在政治經濟學中、在文藝理論中、在歷史中等等，這兩種傾向都有盛旺的趨勢。

在唯物史觀、在政治經濟等等領域內，馬克思辯證法之機械論的修正，在新環境之下、在國內社會爭鬬底條件劇烈變化的情形之下，具有特別急迫的政治性質：這種修正，業已成為右傾集團底理論旗幟了。要擊破目前政治上的主要危險、右傾機會主義，就必需同時擊破布哈林底機械論的哲學思想底全部體系，因為布哈林正是用這種機械論去替他自己在政治上的機會主義打理論基礎的。在這樣的條件之下，機械論就成為主要的危險了。

馬、鄔的階級學說底修正和作為它底基礎的布哈林、波格唐諾夫式的機械論思想，同時又被格羅曼、巴沙洛夫、蘇漢諾夫這一流孟塞維克集團所抓住，他們完全附和波格唐諾夫底「組織過程」論，即均衡論，並且企圖把它運用到實際工作中去：應用到計劃化底工作、物品供給方面的工作中去。這樣看來，在目前這個新階段上機械論不僅變成了右傾集團底哲學基礎，而且也是巴沙洛夫、格羅曼這一羣孟塞維克危害分子集團底理論旗幟，資本主義復辟派底理論旗幟了。

約塞夫在馬克思主義者農業學家大會上所發表的演說詞中曾指出理論工作不可容許地落後於社會主義建設底實際成績的現象和必須儘快地消滅馬克思主義理論底某些部分內這種落後現象（亦卽理論脫離實踐的分裂現象。）約塞夫說：「應當承認，我人之理論思想不能趕上我人所達到的實踐成績。我們底實際成績和理論思想底發展間，存在着某種分裂底形勢。然而實際上理論工作不但應該緊接着實踐，而且還應該超過實踐，用理論來武裝我們底實踐家，使他們便於爲社會主義底勝利而鬪爭」（鄔梁諾夫主義問題，頁四四二。）約塞夫在那次演說中嚴酷地批判了許多機會主義的和布爾喬亞危害分子的理論（在我國出版品中所發見的），並在理論陣線之前提出了剷滅這些理論和從事研究實踐所提出的諸新問題的任務。

但是德波林派的哲學領導，在現有的哲學幹部之前，根本沒有提出這些任務中的任何一個來，它沒有能夠動員這些幹部去幫助國家克服改造時期底困難。德波林派在約塞夫提出了面向理論陣線的口號之後，還是繼續忽視消滅理論脫離實踐的任務。

德波林這一派頑強地不願意理解新階段上的哲學任務，這一派在政治上和理論上的某種盲目立場，——這在國內社會爭鬪條件中是有它深刻的根源的。尙在跟托洛茨基反對派作鬪爭的時候，這一集團（指德波林派——沈）中的一部分重要的積極分子就跟托洛茨基主義維持着密切的聯系，附和着托洛茨基在政治上的反黨主張。他們有系統地規避托洛茨基主義和「左」傾歪曲見解之理論的批判，繼續地袒護着托洛茨基派在理論上的許多見地，這樣他們事實上就無異繼續在助長托洛茨基的理論觀念。

同時，德波林派也不會合時地幫助黨國揭破右翼機會主義底觀念形態。只是當右傾集團被當局已經打得粉碎的時候，德波林派纔趕緊把抽象的機械論批判聯繫到政治上右翼機會主義底批判上去，而且就是這一步工作也不能徹底做到，因爲他們自己對於馬、郎主義抱着修正態度的緣故。關於揭破格羅曼、康德拉基也夫、查也諾夫及其他布爾喬亞思想家底孟塞維克的、危害分子的方法論底揭破工作，德波林派也一點也沒有做過。相反的，我們前面已經指出，德波林派自己都被政治經濟學中盧賓式的唯心論所俘虜去了。

赤色教授研究院底哲學自然科學院底黨組織，正確地理解約塞夫底指示，能夠把德波林派底觀念形態底討論開展起來，正確地決定了德波林派見解分歧底基本要點：德波林派不了解現階段哲學陣線上工作轉變底必要和性質，不了解哲學、自然科學和一般理論底黨派性，不能把握哲學中的郎梁諾夫主義爲辯證法唯物論發展中之新階段，不理解哲學和自然科學中開展兩條陣線上的鬬爭之必要，根本忽視由社會主義建設底實踐所提出的馬、郎主義哲學底新任務。所有這些，便是形成德波林派之特殊傾向的一些主要的錯誤。

那次討論開展底結果就把德波林派底見解之孟塞維化的、唯心論的本質揭破出來了。那次哲學討論底經過和總結，再一次地顯示了哲學和政治間、科學和社會爭鬬間存在着非常密切的聯系，而不容許它們間發生任何方式的脫離或分裂底現象，——這特別在社會衝突尖銳化底條件之下，在消滅富農和在一切陣線上開展戰鬭底條件之下，是應當如是。那次討論再一次地顯示出：縱然在抽象的理論問題上犯了極微細的一點脫離正確的馬鄧主義立場的傾向，在當今的條件之下，也具有重大的政治意義，並表現着一定的階級傾向，這種傾向歸根結底是與勞工政權底利益相衝突的。

當局關於馬克思主義旗幟之下雜誌的決議，提出了一個在哲學領域內進行兩條陣線上的不屈不撓的鬭爭的口號：跟馬克思主義之機械論的修正、現時期的主要危險作鬭爭，同時又須跟德波林、卡列夫、斯坦等這一派唯心的歪曲馬克思主義的學派作鬭爭。同時，該決議又確定了馬克思主義哲學底任務和馬克思主義旗幟之下雜誌底任務：為擁護中央當局底總政治路線而反對一切脫離此路線的各種傾向而進行堅決的鬭爭。在全部工作中徹底地執行鄧梁諾夫的哲學底黨派性底原則。

蘇聯底當局對理論工作給予十分嚴格的注意，它把理論工作當作社會主義在一切陣線上對資本主義大規模進攻底總鏈子中的一個組成的環子。

實際的生活，把嚴格實行鄧氏的科學黨派性的任務提到「日程表」上來了：它要求一切科學聽黨在社會主義建設事業中的政治任務底指揮。國家當局又要求在理論領域內進行兩條陣線上的不妥協的鬭爭並剷除科學中的一切仇敵影響。

第三節　辯證法唯物論之機械論的修正

前面我們已經說過，今日的機械論者是幾個修正主義集團之無原則的同盟：機械論者中有自然科學家的機械論者（梯米略才夫、比洛夫〔Perov〕）有以布哈林爲代表的波格唐諾夫式的機械論者羣，有孟塞維主義的康德主義者（亞克雪洛德）有弗萊德派的機械論者（瓦爾耶塞）還有傾向於主觀唯心論的實證主義者（沙拉比揚諾夫。）

縱然在哲學的見解上有這許多不同的色彩，縱然布哈林和亞克雪洛德底政治觀點如何差異，可是它們底修正辯證法唯物論底基礎用機械的方法論去代替唯物辯證法，這卻是完全一致的。它們都一樣地不了解馬鄔主義哲學底黨派性和機械論底社會根源否認馬、鄔的辯證法是一種科學——這也是一切機械論學派所共同的。

一切機械論者都不了解革命的辯證法，跟這一種不了解有不可分離之聯系的一切機械論者之一般的標徵，就是缺乏歷史觀(Historism)不了解理論底黨派性和理論跟革命的實踐之一致。當今的機械論者從過去的修正主義者那裏借取了反唯物辯證法的、早被他們用破了「論據」和詭辯，他們（現今的機械論者——沈）忘記和修正辯證法唯物論底基本原則：即一切理論決定於革命實踐這一原則。機械論者和孟塞維主義化的唯心論者雖然討論了好幾年，可是他們從來沒有提出這樣的問題來過：在過去的歷史時代，機械唯物論是跟那些社會政治思潮、跟那些社會集團底意識形態聯繫着？而現在它又跟那些社會集團聯繫着？假若現今的機械論者能夠考慮到這個問題，他們就馬上會揭破自己是小布爾喬亞底思想家了。

在勞工集團沒有出現於歷史的爭鬬舞臺時，舊的機械唯物論還是革命的理論。縱然它有許多缺點，它究竟是法國先進資產者集團跟封建制度和宗教（中世紀反動勢力底堡壘）的鬬爭中的革命的武器；它是獨立的勞工運動發生很久以前的第一批社會主義學說底革命的理論基礎。費爾巴赫式的唯物論，曾被急進的德國資產集團運用以對抗過去的唯心論，它在某一歷史階段上也是革命的。但是一到馬克思和恩格斯底辯證法唯物論和勞工集團跟資產集團的初次戰鬬發生的時候，舊的、形而上的唯物論就開始轉過它底反動方面來反對馬克思主義了：從此它就日益變成懦怯的布爾喬亞分子底躲避所了。在狹窄的費爾巴赫式的唯物論底哲學基礎之上，繁茂地生長着反動的、小布爾喬亞的、「眞理的」德國格龍底社會主義。對於這一社會主義思潮，馬克思和恩格斯還在一八四八年革命以前就跟它做了堅決的鬬爭。費爾巴赫式的直覺唯物論，反映着小資產者集團底不堅決性、被動性和不徹底性，馬克思和恩格斯曾在數十年間跟這種唯物論作堅決的鬬爭，因爲這種不徹底的唯物論是社會主義中各種各樣小布爾喬亞思潮底理論基礎。祇有在反動的小布爾喬亞思潮作不倦怠的鬬爭中，馬克思主義纔變成勞工隊伍中的統治的學說。

馬、恩二氏又跟不徹底的唯物論者杜林（Dühring）作鬬爭，因爲杜林思想上的每一步驟都落在唯心論底陷坑中，同時也跟杜林底同派人——唱左傾高調的摩斯特（Most）和機會主義者福爾馬爾（Volmar）、柏恩舒坦等人——作戰鬪；這戰鬪表示出，不徹的機械唯物論是跟馬克思主義不相容的一種意識形態。

但是機械唯物論不僅在過去是布爾喬亞的意識形態（亦作思想體系——沈），即在今日機械論跟唯心論聯合着，它在布爾喬亞理論領域中也起着不小的作用。機械的均衡論，是逐漸地和平發展的布爾喬亞進化論底哲學根據，亦即必需保持資本制度之均衡的理論底哲學根據。社會法西主義者（如考茨基等人）也用社會均衡論和必須使社會發展適應周圍的自然環境的理論，來表示他們敵視勞工集團底社會革命的態度。這一種布爾喬亞意識形態底反映在蘇維埃政權條件之下，也就是目前我國機械論者底見解。

現代的機械論者老是自命爲辯證法唯物論者。不論是布哈林、或是亞克雪洛德、沙拉比揚諾夫、瓦爾耶塞或其他的現代機械論者，他們在口頭上都是「承認」和「擁護」辯證法的。可是事實上他們總是擁護機械論而對抗唯物辯證法、對抗革命的馬、鄔主義。布哈林曾宣佈說，他給予馬克思主義哲學的一些新補充底一般傾向，是「按照正統的、革命的馬克思底觀念底發展路線進行的，」——布哈林這樣的一種說法，豈不是在公然侮弄馬克思主義呢？實際上布哈林宣傳布爾喬亞的均衡論，已經宣傳了十多年了。甚至到着現在，當這種理論被社會主義建設底實踐打得粉碎的時候，布哈林還不放棄他底機械論哲學底錯誤——這豈不是很奇怪嗎？別的許多機械論者如梯米略才夫、亞克雪洛德等等底行爲也是這樣：這些人多年來跟馬、鄔主義的哲學作戰鬪，把後者以自然科學底領域中驅除出去，——然而他們還口口聲聲地在發誓，說是對辯證法唯物論忠實到底！

向來機械論者用以對抗唯物辯證法和袒護機械論的宇宙觀的論據是那些呢？

首先要指出，現代的機械論者追隨着他們底修正主義的前輩先生們——波格唐諾夫和其他辯證法唯物論底「毀滅者」，他們（現代機械論者——沈）也提出一個反辯證法的基本論據來他們說辯證法唯物論跟現代自然科學、實證科學底最後結論是等同的，他們認爲這些結論要求修正馬克思、恩格斯和鄔梁諾夫底觀點！

機械論者所提出的第二個「論據」是說辯證法中包含有神祕主義和目的論底成分這一句空話；同時，在他們底觀念中，馬克思的辯證法被唯心的黑格爾的辯證法所代替了。這一種已被擊毀的、破綻百出的方法，在馬克思主義底全部歷史時期中爲修正主義者所一貫利用的方法，由於某種原因，它是適合布哈林底口味的。爲易於跟馬克思底辯證法作戰鬬計，布哈林不斷地跟黑格爾底三題論作戰，他以爲這是馬克思辯證法底實質；同時，在這方面他還模仿着米哈羅夫斯基（Mikhailovsky）、波格唐諾夫及其他馬赫派實證主義者、社會法西主義者、鮑威爾、亞德勒等等。還有一些機械論者——亞克雪洛德、瓦爾耶塞等，他們在「跟德波林式的經院主義作鬬爭」底旗幟之下來進行其實際上反馬、鄔主義的辯證法的鬬爭。

現代機械論者底第三個「論據」——訴諸經驗。在這點上，機械論者完全跟隨着舊的庸俗唯物論者；後者曾被恩格斯稱爲「可憐的、微渺的小蟲」，他們在理論發展上未曾做過一點推進的工作。他們認爲用狹窄的事業主義，用庸俗的經驗論，有代替馬克思主義理論的可能；這就暴露他們對革命理論底意義完全不了解。

以上所述三點，便是現代機械論者底幾個基本「論據」，這些「論據」，整個地講，並不是什麽對於馬克思主義的新原素。

同時，現代機械論者歪曲馬克思主義的方法，倒是跟一切修正主義者所用的方法一樣的。經常地規避問題底本質，抹煞和略過馬克思主義學說中之主要的、根本的，斷章取義地執住某幾段引文，故意地加以曲解，以期用機械論代替辯證法唯物論而把馬克思、恩格斯和鄔梁諾夫理解成為機械論者、詭辯論者和折衷主義者，——這些就是舊的修正主義的方法，而現代的機械論者也採用這些方法來有系統地歪曲馬、鄔主義的學說。

布哈林對於史的唯物論和馬克思的政治經濟學的態度，也是這樣的。布哈林把歷史發展和資本主義經濟形態之辯證法則解作形而上的均衡法則，用布爾喬亞社會學代替了馬克思主義，用平滑的進化論代替了辯證法。梯米略才夫和其他機械論者對於恩格斯的態度亦復如是：他們故意曲解恩格斯底自然底辯證法一書，並以必須重新審查恩格斯的唯物論底「陳舊」形式為藉口，以遂其推翻恩格斯底辯證法之願望。

機械論者對於鄔梁諾夫底哲學遺產持什麼態度呢？現代的機械論者完全忽視辯證法和自然科學方面的鄔梁諾夫底貢獻。至於布哈林，則這裏完全證實了約塞夫底一句話：一知半解的「理論家」底盲目性。辯證法唯物論發展中的鄔梁諾夫階段在布哈林觀念中是不存在的。至於講到亞克雪洛德，她老早就跟鄔氏的革命的辯證法作有系統的鬬爭了。

還有一些機械論者，如瓦爾耶塞這一類，在他們底作品中把鄔梁諾夫解釋成機械論和孟塞維主義底辯護人。惡意地企圖把機械論的說法套到鄔梁諾夫頭上去，完全忽略過鄔梁諾夫跟孟塞維主義和唯物辯證法之孟塞維主義化的歪曲所做的鬬爭。

我國今日之機械論者對於孟塞維主義的危險之熟視無睹和抹煞這一危險的願望，暴露着現代機械學派之小布爾喬亞性。同時，機械論者不願意研究鄔梁諾夫底革命的辯證法，反而跟後者戰鬬、曲解後者；這更足以證實機械論底反動性了。他們忽略了鄔氏所提出的研究辯證法理論的任務，同樣地他們也忽略了研究馬克思和恩格斯底辯證法的任務。

可是機械論卻各方面地贊揚和加深普列漢諾夫底理論錯誤。亞克雪洛德、梯米略才夫、比洛夫等人爲證實機械論的宇宙觀和駁斥恩格斯的唯物論計，老是引用普列漢諾夫說過的話（斯戚班諾夫也曾這樣引用過）把普氏底各種錯誤觀點結合成爲整個的反馬克思的觀念體系了。

機械論者底修正見解，簡單地可以歸納爲下列數點：

（一）把辯證法唯物論跟現代機械論宇宙觀等同起來；把當作勞工階級的宇宙觀看的哲學的唯物論，跟現代的自然科學和實證科學底最後結論等同起來。因此他們就主張取消唯物辯證法之爲哲理的科學。由此而產生現代機械論者底實證主義、庸俗經驗論、實踐脫離理論、藐視革命理論底研究工作。

（二）修正唯物的反映論而傾向於不可知論、實證主義、康德主義和唯心論。

（三）否認辯證法之爲認識論；對立認識論與辯證法。修正辯證法這一種論自然、社會和思惟之普遍發展法則的科學，以機械學平順的進化論和均衡論去代替辯證法。機械論者不了解對立底一致之法則，而用矛盾調利論，方向不同的諸力量衝突論來代替對立底一致這一法則。因此，他們就否認質底客觀性，同時又否認質底突躍式的發展。其次，他們又把辯證法的因果性解釋成機械式的因果性；否認偶然性和必然性之辯證的一致。由此就產生他們底宿命論，自流論，尾巴主義，對勞工集團底積極革命作用底不了解，對革命實踐底不了解。在唯物史觀領域內，修正了馬克思底社會爭鬬論，勞工專政論和階級消滅論，這就是說，修正了馬、郎主義的政策底理論基礎。

(四)以形成邏輯折衷論和經院學說代替辯證邏輯。

有了以上四點基本的修正見解，結果他們就無原則地放棄馬、郎主義的革命立場，而把馬克思主義溶解在小布爾喬亞的意識形態中去了。

這就是現代機械論之基本的實質。無疑的，機械論跟勞工集團底革命理論毫無相同之點。

蘇聯當局已經不止一次地擊碎了勞工隊伍中的小布爾喬亞代理人對馬、郎主義理論底曲解。他們常常企圖用各種從字紙簍裏掏出來舊的理論的廢話，去代替徹底的唯物論。機械的方法論正是這種歷史的廢物；這種方法論一經應用到實踐上去，就馬上變爲反對當局、反對社會主義建設的富農集團底思想武器了。右派底機械主義的方法論已經被勞工集團之革命爭鬬底實踐所打破了。在勞動大衆革命戰鬬底烈火中在活的實踐底烈火中，機械論是經不起實驗的。馬克思學說底基本要點——革命的理論，只是當它跟眞正大衆的、眞正革命的運動底實踐相密切聯繫的時候，它纔徹底地完成——這一點，現代腐化的機械論底理論家很卑怯地忽略過了，把它完全「忘記」了。

到底那些敵對階級底影響底反映是機械論？它過去跟那些政治思潮相聯繫？在我們現在的時代，它是那些階級和階級集團底宇宙觀呢？若不各方面地說明這些問題若不闡明他們底理論錯誤跟那些政治結果有聯系——假使不是這樣的話，對機械論的批判就是不徹底的、單方面的。德波林派抽象地、「大學教授式」地批判機械論者，他們根據唯心辯證法底立場去批判機械論者，而不把自己的批判跟革命的實踐和國家底政策聯系起來。所以他們對機械論的批判，雖有某種積極的意義，卻不能夠徹底揭破機械論者底錯誤，這是因爲德波林派自己是從反馬、鄔主義的立場出發的啊！不但如此，在許多問題上，德波林派還跟機械論從同一鼻孔透氣呢！

現在讓我們更接近一些地來把機械論者底基本的理論錯誤考察一番吧。

（甲）機械論者底實證主義及其否定馬鄔主義的哲學

現代機械論者既不了解革命實踐底社會性，同時也就不了解革命理論底作用和意義。他們傾向於過去的庸俗經驗論傾向於否定哲學，否定唯物辯證法底理論。

『辯證法是特殊的科學呢，抑是方法？』——機械論營壘中的「形而上的頭腦」這樣發着問。他們對這個問題給了一個異常無常識的修正主義的答復，他們說，假若說辯證法是一門科學，尤其是說什麼『自然科學中的辯證法』——這樣的說法都是「經院學說」「邏輯的空談」「神祕主義」「不加思索的結論」等等。機械論者高呼道：『科學。。。本身。。。就是。。。哲學，』他們這樣說着，同時緊緊地抓住卑劣的、庸俗的經驗論者底尾巴。機械論底主要代表之一斯戚班諾夫說：『在馬克思主義者看來，任何單獨的、離科學而獨立的哲學部門都不存在的；在馬克思主義者底觀念中，唯物論的哲學就是現代科學底最後和最一般的結論』（見斯氏著，史的唯物論和現代自然科學頁五七，）這樣，斯氏就上了那主張從科學中「驅除」哲學的布爾喬亞大學教授底鈎鈎了！

亞克雪洛德、布哈林和其他機械論者，企圖這樣或那樣地把馬克思主義的哲學解作「現代的科學、」「現代自然科學底結理，」取消馬克思的辯證法之爲哲理的科學，而宣佈這種哲理的科學是「過了時的經院學說。」在這種關係上，機械論者很確定地走着以前修正派底途徑，並且緊緊地跟隨着第二國際底孟塞維主義。現代的社會法西主義者亞德勒說——馬克思主義自身沒有哲學的。另一社會法西主義者考茨基則宣揚說，馬克思主義跟任何哲學都相適合的。從前斯特魯威、柏恩舒坦、華倫德爾及其他布爾喬亞理論家都說過：——馬克思主義跟康德主義完全相適合的。現在我國底機械論者也歸到這一大批「殺滅」辯證法的劊子手隊伍中去了。他們底口號是：『科學本身就是哲學』這顯然是取消馬克思主義哲學底觀點、這一口號是表示拋棄革命的唯物辯證法，亦即拋棄馬克思主義。

在新經濟政策底初期，米寧提出了一個口號來說：『把哲學擱到旁邊去！』當時蘇聯當局給了它一個嚴厲堅決的抗拒，指出它是敵人的攻擊。米寧的觀點是黨內不堅定分子之小布爾喬亞動搖性底表現。這樣一種空洞的、小布爾喬亞的要求，「克服」馬克思主義哲學、亦即拋棄這種哲學（這是米寧曾經高聲叫喊過的口號）的要求，在今日機械論者底口號中也可以發見的。米寧是公開地主張把馬克思主義的哲學『擱到旁邊去，』而我國今日的機械論者則提議用「現代科學」底結論去「代替」馬克思主義的哲學。可是兩者底本質卻是一樣

——企圖取消馬克思主義哲學這一種科學。

在自然科學家的機械論者方面，這種企圖就表示直接放棄馬克思主義，拒絕在自然科學領域內徹底實行唯物論的路線。放棄辯證法就等於在跟唯心論鬬爭中削弱唯物論底陣線，等於從唯物論的立場向階級敵人讓步。

機械論者要想避免哲學，這自然除非是在幻夢中纔能夠。在實際上，任何一種科學都從來沒有、而且也不能夠避免哲學基礎、不要哲學基礎、不對於一個基本問題——物質和思惟二者孰爲出發點的問題——給一明確的回答，不對於下面一個問題給一明確的回答的——我們所研究的是什麽：是眞實的、客觀的、離意識而獨立的現存世界和它底客觀法則（唯物論者正是這樣的）呢，抑是幻覺世界和人們所幻想的諸法則（唯心論就這樣設想）呢？沒有一門科學可以沒有科學思惟底理論，因爲不經過思惟，即使要聯繫二個極簡單的自然科學的事實尚且不可能，何況研究自然界和社會中的規律性的聯系呢？同時，也沒有一門科學能夠對於世界可能認識與否的問題不給明確的解答而存在的。

不管機械論者怎樣叫喊反對哲學，然而沒有哲學究竟什麽科學都不能存在的。但因在階級社會中，哲學領域內衹存在着兩大基本派別——唯物論和唯心論，所以他們必須屬於二者中的一派；要知道卑鄙的、懦怯的「想像的中心」底黨派，被稱爲實證主義、不可知論派等等的，也還是這二大派別中的某一派底表現，只不過它是被各種俗人的偏見所塞滿能了。

恩格斯說；『自然科學家自已設想，以爲他們是不受哲學支配的；他們同時輕視或謾罵着哲學。然而因爲不經過思惟，他們一步也不能動，而要思惟又必需有邏輯的定義……因此歸根結底他們還是不知不覺地被哲學俘虜去，不過可惜俘虜他們的哲學是最卑陋的一種。看吧，那些謾罵哲學特別起勁的人們，自身都變成了最卑陋的哲學體系底奴隸了』（自然底辯證法頁二一——二二）

平滑的自然主義和自然科學中的經驗論所走到的絕路之唯一出路，恩格斯認爲就是從形而上的思惟轉變爲辯證法的思惟。恩格斯批判庸俗唯物論者布赫納（Büchner）、福格特（Vogt）、摩萊蕭特（Moleschott）諸人爲卑陋的經驗論者；可是他們像我國今日的機械論者一樣，竭力地侮蔑辯證法，輕視哲學，不主張加深的研究理論；恩格斯說得對，『他們沒有超過他們底先生們——法蘭西唯物論者——一步。』今日我國底機械論者譏笑着恩格斯，重新企圖把我們拉回到布赫納這一派庸俗經濟論底爛泥坑中去。機械論者波利切夫斯基（Borichevsky）歎息道『摩萊蕭特、福格特和布赫納這幾個名字直到現在始終是「庸俗」唯物論底代表者。可是眞實地研究了這些一半被遺忘的思想家之後，纔得出了一個完全不同的結論來：上面所說的三位是極可敬佩的學者，他們都站在當代實證科學底知識水平和它底一切已得到的成績之上』（見機械的自然科學和辯證法唯物論之論文集。）類似的反對恩格斯和鄔梁諾夫的論調，我們在別的機械論者口中也可以聽得到。他們竭力要把一切舊的機械論者和一切卑俗的經驗論者都從墳墓中掘出來，凡是可以利用來跟馬、恩、鄔諸氏底徹底的辯證法唯物論作戰鬬的，他們無不竭力捧出來。

機械論者完全忽略了鄔梁諾夫底一個明確的、爲每一研究自然科學的先進革命分子所必需認識的原則——「沒有堅實的哲學基礎任何自然科學、任何唯物論也不能跟布爾喬亞觀念底進攻和布爾喬亞宇宙觀底復活作鬬爭。爲要能夠擔當這一鬬爭而使這一鬬爭勝利地進行到底，現代的自然科學家就同時應當是現代的唯物論者，應當是馬克思所創導的唯物論，——辯證法唯物論——底自覺的擁護者。鄔梁諾夫跟恩格斯一樣，堅決地主張加深研究唯物辯證法。鄔氏說，沒有各方面地對辯證法底理論加以周密的研究，唯物論就不能成爲戰鬬的唯物論。它將不是戰鬬的，而將成爲被戰鬬的了。假若沒有這樣的研究，大自然科學家對於他們自己所得到的哲理的結論和科學的一般結論，往往要束手無策了。

鄔氏這一個關於必須加深研究辯證法的指示，機械論者完全置諸腦後了。他們反抗着鄔氏的哲學，他們拒絕徹底唯物的認識論，他們直接走上了布爾喬亞實證主義底立場。

今日布爾喬亞科學所普遍傳染到的實證主義，教堂神父底走卒們和現代「有學問的」農奴制底擁護人所竭力宣揚的實證主義究竟是甚麼東西呢？實證主義是十九世紀後半在布爾喬亞科學園地中發展起來的一種學術思潮，它在口頭上除了實證科學（positive science）之外什麼東西也不願意知道，它在口頭上拒絕（否認）一切哲學——經院學說。可是實際上，它在科學的「實證主義」這件外套罩蓋之下，不斷地搬運着反動的和唯心的思想。實證主義認定認識論是完全多餘的。一切哲學底基本問題——意識與物質底關係問題——實證論者認爲是「非科學的、」「經院主義的、」「解決不了的」問題。因此，實證主義本身事實上也就是一種特殊的哲學學說它在「科學主義」底旗幟之下偸運着康德、休謨、馬赫或其他唯心論者底哲學思想。實證主義者實際上或是不可知論者或是公開的唯心論者。

處於現在極深刻的社會經濟危機和資本主義腐潰底影響之下，這是一方面；另一方面又處於自然科學之極大的成功（證實辯證法唯物論之正確）底影響之下，當布爾喬亞學術界正在起着分化的時候，實證主義底思想是特別危險的。布爾喬亞自然科學家中的一部分，現在已經開始轉變，走到辯證法唯物論底立場上來了，而一大部分的學者——特別是資本主義國家底學者——則走向於公開的反動營壘，他們拋棄了「怕羞恥的」唯物論（被實證主義、不可知論遮蔽着的唯物論）而過渡到反動營壘中去，走上神祕主義、牧師主義底立場（可是它依然打着實證主義底旗幟。）現代的大科學家普蘭克（Plank）等人從前還在實證主義旗幟之下這樣或那樣地羞搭搭地（即不直接公開地——沈）袒護着唯物論，可是現在他們底著作中卻走上跟宗教妥協的道路了。現代最大的物理學家米里肯（Millikan）和愛亭頓（Eddington）竟在爭論這樣一個牧師式的問題——「上帝」用什麼方法能夠創造世界？——眞可謂沒出息之至矣！愛亭頓宣揚世界是由一個舉動創造成功的見解：米里肯則用他底科學的學問去「證明」『世界底創造者孜孜不倦地在做工作』（米氏語。）這就是現代科學的實證論者底見解，這是神祕主義、神道說教、帝國主義的反動思潮底代言人底見解。而所有這些可恥的勾當，都是在實證科學底旗幟之下進行的。

由此就很明顯，否定哲學和宣揚實證主義就表示完全拋棄馬克思主義、敵對馬克思主義。然而直到如今，我國底機械論者還繼續站在這樣的觀點，以為馬克思主義哲學之為科學，是不存在的，它被「現代的科學」現代機械論的自然科學所代替了。

（乙）辯證法和唯物的反映論之修正

現代的機械論者不了解唯物論中的基本要素，他們拒絕馬、恩二氏所發揮和鄔梁諾夫在新階段上所繼續發揚的唯物的反映論。

還在跟形而上的唯物論者杜林作論戰的時候，恩格斯就譏笑杜林以求永久眞理為最後目標的見解和他底不了解絕對眞理與相對眞理之間的關係。恩格斯跟杜林底形而上學相反，他說明概念、邏輯範疇和一切科學的，經過實驗得到的知識，都不是停滯的、不變的，而是不斷發展着的相對的歷史的產物，是自然和社會底歷史發展底客觀法則之反映。馬克思曾在哲學之貧困一書中批判到普魯東底不了解辯證法，同時也批判到布爾喬亞政治經濟學底古典派和庸俗經濟學派：他在資本論中指明和證實各種經濟範疇底暫時性和相對性，因為這種經濟範疇都只是資本主義社會形態底客觀的、歷史上暫時的諸物質生產關係之思想上的反映。

波格唐諾夫、巴沙洛夫和其他機械論者當時也不能了解關於相對和絕對眞理的辯證學說。鄔梁諾夫論到馬赫主義者時寫道：他們『關於恩格斯應用辯證法於認識論（例如關於絕對眞理和相對眞理）的道理，完全不會了解。』馬赫主義者雖亦承認物理概念底相對性，可是他們卻落到了相對論(relativism)底立場上去；他們不能了解物理概念底客觀意義，不承認它們是客觀的、離人類意識而獨立存在的物質世界底反映。對於這一點，我們已曾指出普魯漢諾夫在馬赫主義批判中也沒有加以充分注意。鄔梁諾夫認爲普列漢諾夫對於康德主義者、不可知論者、馬赫主義者的批判，其特點在於這一批判底進行，用庸俗唯物論的觀點比用辯證法唯物論的觀點要多些。

關於這一點，鄔梁諾夫底一句話在現在有極深刻的意義，那句話是說『普列漢諾夫在他反馬赫主義的語文中，駁斥馬赫的力量沒有像他損害布爾塞維主義的力量那麼多』（唯物論與經驗批判論。）在普氏批判馬赫主義者的時候，他對馬赫主義作了許多不可容許的讓步，他忽略了用辯證法的見解去觀察人類認識底性質之必要。他自己持着這樣的觀念，以爲我人之意識如何發生，是永遠不會知道的。這顯然是在對不可知論表示投降。

普列漢諾夫底象形論（theory of hieroglyplis 或作「標符論」），也是投降馬赫主義的鐵證，因爲這個理論歸根結底還是一種主觀主義，是否認客觀的實體和客觀眞理的理論，換句話說它落在同一馬赫主義的、主觀唯心論的爛泥坑中去了。普列漢諾夫用他底象形論觀點去解釋唯物論，他在這當中犯了極明顯的錯誤。普氏——在他底正確的「經驗」理論中，公然表示對馬赫主義讓步，並且犯了好許多不堪的錯誤。

鄔梁諾夫的馬赫主義批判以及順帶便對普列漢諾夫底錯誤底批判，幫助我們發見現代機械論者底實證主義之認識論根源。機械論者之基本的認識論的錯誤，在於他們不正確地、非辯證法地提出和解答哲學底根本問題——思惟對存在的關係問題，主觀與客觀、相對與絕對底關係問題。對於這些關係問題，假如我們不承認馬鄔主義的反映論，不理解關於絕對和相對眞理的學說，也就是說，假如不把辯證法應用於反映論，那末我們就不能正確地、科學地理解它們。

鄔梁諾夫從徹底的唯物論的立場，在他對布哈林所著過渡時期之經濟一書及其他著作的扎記中，揭露了布氏各種錯誤底認識論根源。他說布哈林用波格唐諾夫式的術語所犯的錯誤彰明照著地表現着主觀主義，唯我主義。問題底本質不在誰在「觀察、」對誰「感覺與趣，」而在「離人類意識而獨立的是什麼」（鄔氏文集卷十一，頁三八五。）對於布哈林講到馬克思方法底「認識價値」的一段話，鄔氏扎記中寫着發問道：『祇是認識價値嗎？不是反映客觀世界嗎？這是可羞的不可知論！』（同前。）在另一地方，布哈林不說過渡時期客觀辯證法之揭露，而仍然主觀論式地談論什麼「辯證歷史的觀點。」關於這一點鄔梁諾夫寫道：『從一句話上可以非常明白地看出，在被波格唐諾夫底折衷論所迷住的作者（指布哈林——沈）看來，辯證法的「觀點」只是有同等地位的許多「觀點」中之一……』（同前頁三八七。）鄔梁諾夫在他對布哈林底過渡時期之經濟一書底結尾的評估中，斥責布氏無批評地抄襲馬赫主義者波格唐諾夫底術語而不考察它底內容，『因此作者（指布哈林——沈）很多次和太多次地落到跟辯證法唯物論相矛盾的玩弄術語的經院主義（不可知論的，休謨、康德式的，根據哲學基礎的）和唯心論（「邏輯、」「觀點」等等）中去而不知道它們（指這些術語、邏輯、觀點等等——沈）產生於物質，產生於客觀的現實等等』（同前頁四〇〇——四〇一。）

不願意正確地、辯證地了解感覺和邏輯範疇底被產生性，它們對於物質、對於客觀實體的依賴關係，經常地不提及概念之客觀的內容，——這便是一切修正主義者所共同的特點：機械論者是如此，孟塞維主義式的唯心論者亦如此。布哈林口頭上表示要哲學的，他甚至實行其「擁護」哲學的主張（例如他對應契門(Enchmen)的批判就表示了這一點，）可是在他這一種「擁護」中表現着他並沒有辯證法的認識論底理解。布哈林在甚麽地方都沒有提出和解答過在客觀現實認識過程中主觀和客觀、相對和絕對原素底關係問題，沒有提出和解答過關於認識過程底辯證性的問題。這在布哈林是絕非偶然的。他從來未曾成爲徹底的唯物論者，——辯證的唯物論者。他在從前年輕的時候，也是動搖的，而在革命以後他仍繼續在唯物論和實證論之間動搖着。在他年輕的時代，他曾折衷主義式地把馬克思主義的見解跟馬赫——亞文拿留斯底哲學融和起來；在革命時期中，他用馬克思主義的詞語去「證實」波格唐諾夫、馬赫式的經院主義，把馬克思主義跟波格唐諾夫主義調和起來。

每當鄔梁諾夫設法揭露布哈林底這些或那些錯誤時，他總集中批評的火力於布哈林底認識論上的不正確觀念，指出布氏之不可容許的忽略唯物的認識論。

鄔氏寫道：『他（指布哈林——沈）底理論觀點可以算作完全馬克思主義的，那是大可懷疑的，因爲在他底觀念中存在着某種經院主義的成分（他從來也不曾學會辯證法，而且我想，從來也不曾完全了解辯證法。）』

從鄔梁諾夫這一句對於布哈林的評估上可以看出，鄔氏指出布哈林之反辯證法的經院主義的錯誤，直接生於布氏底不了解辯證法之爲徹底的科學的認識論和他底拋棄唯物的反映論。還有其他的許多機械論者（斯戚班諾夫、華爾耶塞、梯米略才夫、比洛夫等）則把公然用庸俗唯物論去代替哲學的唯物論。這批機械論者對於思惟和物質底關係問題底解答，是形而上的、而非辯證法的。

機械論者亞克雪洛德和沙洛比揚諸夫則一般地不相信人類的認識。他們底見解很接近於康德主義和馬赫主義。在鄔梁諸夫跟馬赫主義者作鬪爭的時候，他提出了這樣一個問題：「當人見到紅的，感覺到硬的等等時，這種感覺是客觀實體給他的不是呢？」（見唯物論與經驗批判論，或全集卷十三，頁一〇五。）

馬赫主義者對這問題予以否定的答復，他們否認感覺之客觀的來源。現在亞克雪洛德和沙拉比揚諸夫對這問題給予差不多同樣的答復。在他們看來，紅的、硬的等等底感覺，也就是說人底一切感覺，都是沒有客觀內容的，在感覺上並不反映着離感覺而獨立的客觀世界。依照他們底意見，感覺、概念祇是規定好了的象形或標記，它們並不反映着客觀的實體。

普列漢諾夫底哲學上的錯誤，傾向於脫離徹底的唯物論而趨向庸俗唯物論和康德式的不可知論；這些錯誤現在爲亞克雪洛德所重復，她（亞氏——沈）袒護這些錯誤並繼續加深它們。亞克雪洛德很堅持地袒護普列漢諾夫底不可知論和象形論。她實質上也堅持着下面這一個康德式的觀點：「由各種不同的物質運動底形式之作用所引起的感覺，並不與產生此等感覺的客觀過程相似。」她特別着重地指出認識形式跟物質世界形式的這種不相似性，這樣看來她底觀念跟康德的相同，她認爲人底認識並不把人和自然聯合起來、接近起來，而只是把它們分拆開來了。

亞克雪洛德底象形論（Hieroglyphism，亦作「象形主義」——沈）是跟馬鄔主義之徹底唯物的反映論根本相衝突的。在亞克雪洛德底觀念中，事實上把認識和物質世界分裂開來了。亞氏把辯證法解釋成主觀主義和詭辯論，而不是客觀世界底辯證法底反映。根據亞克雪洛德底不可知論，必然要否認辯證法是一種科學而把辯證法解作『諸種形式原則之體系』（"system of the formal principles"）這種體系絲毫不及反映客觀的現實，而僅僅是一些純主觀的、有條件的認識工具，是考察認識對象時所採取的一種「觀點」

十八世紀的機械唯物論者並不像現代機械論者一樣地持這種醜陋的偏見。現代機械論者底特點就在他們思想底異常的「殭硬性」和「頑強性」。舊的唯物論者尚且能夠把感覺了解為客觀的物質世界之主觀的形態。他們尚且知道主觀是客觀底反映。可是在現代機械論者底觀念中，卻以為主觀只是主觀的。

機械論者不了解；關於感覺和概念之客觀內容的問題同時就是承認它們（感覺和概念——沈）底客觀淵源的問題——這一客觀淵源並非別的，它就是物質，離人類意識而獨立的唯一的客觀實體，關於我們之外存在着物質世界這一點知識，是歷史的、社會的、感覺的人類實踐底產物。自然界反映在人類意識上，這就是說它在人類感覺和概念中被謄寫出來，而這種離人類而獨立的客觀實體之存在，在生活底每一步驟上被證實的客觀實體之存在，也就是客觀的眞理。鄔梁諾夫說：『認定我人之感覺為客觀外界底形態——承認客觀的眞理——站在唯物的認識論底觀點——這都是同一意義的』（唯物論與經驗批判論，或全集卷十三，頁一〇六）這是一切唯物論者——不論是馬克思和鄔梁諾夫，或是費爾巴赫，或是法蘭西唯物論者，——所一致承認的眞理。

可是沙拉比揚諾夫和亞克雪洛德卻不承認我們底感覺內容底客觀性，這就是說他們已經完全脫離了唯物論底立場。

現代機械論者跟舊唯物論者相同的地方，祇是在他們不會把辯證法應用到認識過程中去。馬鄔主義教導我們說辯證法自身中包括着『今日被稱爲認識論的學說，後者應當把自身的研究對象歷史地去觀察，研究和闡明認識底發生和發展，從不認識到認識的轉變』（鄔氏全集卷十八，頁十一。）

這一點機械論者絕對地不能了解。可是假使形而上地、反辯證法地，像費爾巴赫和舊的唯物論者那樣地去觀察反映論（認識論——沈）的話，那末我們就不會正確地了解反映論。馬克思主義的反映論把認識當作一個過程看，當作一個從不知到知的轉變過程看，當作一個在人們頭腦中愈益深刻地反映着永遠在發展中的自然和社會的歷史過程看。

亞克雪洛德持着何等經院主義的見解，她關於反映論持何等庸俗的見解，——這單從她在這個問題上跟鄔梁諾夫的論戰中就可以看得明白。她寫道：『假若感覺眞是事物底形像或謄本（copy）那末試問我們爲了那個魔鬼而需要事物，既然後者在這樣的場合已經眞正成爲自在之物（就這個名詞底絕對意義而言）了？認感覺爲事物之形像或謄本，這等於重新開闢出一個客體與主體之間的不可逾越的二元論的陷坑來。』（見亞氏對唯物論與經驗批判論一書之書評。）

從上面這段文字可以看出，亞克雪洛德完全不了解辯證法。她老是在費爾巴赫所設想的歷史外的人底周圍繞圈子，把人看作抽象的、歷史外的範疇——『主體和客體。』不僅如此，她還比費爾巴赫更退後一步，因爲費氏究竟還承認感覺概念是客觀物質世界底形像或謄本，亞克雪洛德則連這一點都不承認，她從費爾巴赫退到康德底形而上學和唯心論；大家都知道，康德怎麼也不能把反映跟被反映的、把謄本跟範本、現象跟自在之物聯繫起來，這就是說，康氏把感覺和物質分裂開來。亞克雪洛德底反歷史觀，就是費爾巴赫和康德在認識論中的反歷史觀底醜陋的混合。

一切機械論者所共同的一種觀點——對思惟與存在底關係之形而上的、反辯證法的觀點，跟馬克思主義毫無相同之點。

馬克思、恩格斯和鄔梁諾夫用辯證法、用相對真理和絕對真理底學說，去充實反映論。他們教導我們要歷史地去觀察物質世界在我人意識中的反映過程，要從人類勞動活動之歷史的實踐過程中，從人類社會底階級戰鬪過程中去觀察這種物質世界在人類意識中的反映過程。一般地說，意識總是反映着物質，而具體歷史的社會意識總是反映着社會生活之歷史的物質生產過程，——這就是馬克思主義的認識論底基本立論。可是機械論者對於認識之修正主義的、形式邏輯的見解，卻跟馬克思主義的辯證法毫無相同之點。

機械論者不了解唯物辯證邏輯底客觀意義，不了解這種邏輯產生於物質世界，產生於自然和社會之歷史的發展。因此他們把邏輯範疇也看作空洞而抽象的神祕概念和經院主義底範疇了：他們不會具體地把它們應用於實踐。

我們已經知道，機械論者忘記了革命的、改造世界的實踐底作用，這種實踐證實，在相對真理中包含着客觀的、絕對的、反映客觀現實的內容。他們既不了解這種革命的實踐底作用，所以他們就不了解「人類的思惟，就其本性而論，能夠給我們絕對的眞理，後者是由許多相對眞理集合而成的」（唯物論與經驗批判論，或鄔氏全集卷十三，頁一一〇。）

現代的機械論者，不了解絕對眞理和相對眞理底學說，他們傾向於康德休謨底不可知論，傾向於主觀論、相對論和詭辯論。

隨亞克雪洛德之後，頑強地擁護不可知論式的象形論（或譯標符論——沈）的，就是沙拉比揚諾夫。沙氏底觀點，甚至發展到認爲眞理祇是主觀的而否認客觀眞理的地步；這就是說，沙氏不僅發展到了康德式的直接否認客觀世界底可認識性，而且到了主觀唯心論式的否認世界之存在於意識以外的地步。

沙拉比揚諾夫既否認客觀眞理，他同時就又否認客觀的質底存在。這樣，沙氏就踏上了主觀唯心論底立場：他只有一套唯物論的空話，只有一個唯物論底外表。

沙拉比揚諾夫說：「爲什麼我把一切眞理都稱爲主觀的呢？這是因爲眞理不是客觀的存在，眞理只是我人關於世界、關於事物和過程的一些概念」（見馬克思主義旗幟之下雜誌卷六，頁六六。）這就是沙拉比揚諾夫自己招認主觀主義的供詞。鄔梁諾夫說：「把相對論當作認識論底基礎，這就不可避免地表示自己或是站在絕對懷疑論、不可知論和詭辯論底立場，或是站在主觀主義底立場」（鄔氏全集卷十三，頁一一一。）

沙拉比揚諾夫底相對論和亞克雪洛德底康德式的懷疑論，跟馬克思主義的認識論，毫無相似之點。鄔氏說：

「主觀主義（懷疑論和詭辯論等等）跟辯證法的區別是在在（客觀的）辯證法中相對與絕對之間的區別也是相對的。照客觀辯證法來說在相對中也是有絕對的。可是從主觀主義和詭辯論底立場上說相對的只是相對的，它排除絕對底存在」（郎氏全集卷十三論辯證法底問題一文，頁三〇二。）思想的和物質的之間的區別也不是絕對的，不是異常的，歷史的實踐在每一步上都在證實給我們看：人類的概念、思想、知識，是產生於物質，完全爲物質所決定，可是當它爲大衆所把握住的時候，它就反過來轉變成爲實際的行動、變成物質的力量了。馬克思主義底庸俗化者，不會了解這種眞理的，因爲他們企圖絕對經院主義式地、直觀主義地、而非辯證法地去解決思惟對物質的關係問題。主觀的是主觀的，客觀的是客觀的；既是相對的，就不是絕對的，不是客觀的等等。

機械論者還有許多別的唯心論的、康德式的和休謨式的錯誤。亞克雪洛德擁護孟塞維克兼康德主義的超階級的道德觀，在這個問題上，她跟考茨基底見解一致。沙拉比揚諾夫在生物學中擁護唯心論者貝格底見解而表示反對達爾文、瓦爾耶塞則直到現在還不曾改正他底弗萊德式的唯心論的錯誤。

機械論者所有這些唯心論的傾向，絕對不是什麽偶然的。這些傾向是不可避免地產生於機械論者所採取以對抗馬克思主義哲學的荒謬的實證論立場，產生於他們對馬、郎主義的反映論底修正，產生於對唯物辯證法這一種哲理科學底修正。

不管機械論者怎樣想做唯物論者、做馬克思主義者，他們既踏上了不徹底的、機械的唯物論底立場，不論他們自己願意與否，他們必然要犯唯心論傾向和修正馬克思主義的毛病。現代機械論者底不徹底的、庸俗的機械唯物論，經不起布爾喬亞概念底打擊；唯物論底許多極重要的戰鬬的要塞，機械論者都出讓給康德主義、休謨主義、主觀唯心主義了。換句話說，機械論者在國內（指蘇聯——沈）社會爭鬬緊張底時期擋不住布爾喬亞和小布爾喬亞思想底侵襲，因此他們就被布爾喬亞孟塞維主義的實證論底概念形態所迷住了。

（丙）認識論與辯證法之對立

馬、鄔主義的辯證法——作爲認識論和邏輯的辯證法底學說是一種唯一徹底的學說。假如從這一學說底立場稍一退讓，那末就會陷於修正主義和布爾喬亞觀念系統底「泥坑」中去。現代的機械論派，幾年以來，不斷地進行着有系統的鬬爭，否認辯證法是一種認識論；他們竭力發揚着一種完全敵對馬克思主義的、實證主義的經驗論哲學，亞克雪洛德稱之爲「科學經驗底哲學」，以對抗辯證法這一種認識論。亞氏說：『辯證法唯物論哲學之有系統的發展，直到現在還沒有；』然而她同時卻又認爲祇有馬克思主義『能夠給予眞正科學的認識論或經驗論和一般的哲學的宇宙觀，有科學根據的宇宙觀』（見亞氏著，擁護辯證法唯物論，頁二二四。）我們要問：難道馬克思和恩格斯底唯物辯證法和鄔梁諾夫底繼續發展這一學說——難道這不是『眞正科學的認識論』嗎？

很明顯的，鄔梁諾夫和他所領導的波爾塞維克集團——這是一方面；亞克雪洛德和整個機械論營壘——這是另一方面；這二方面底口吻是完全不相同的。鄔梁諾夫追隨馬克思和恩格斯之後，認爲唯物辯證法這一種馬克思主義的理論其任務在於改變世界。亞克雪洛德則追隨康德之後，把哲學、認識論了解爲「經驗論」(theory of experience)它研究「經驗」之「條件與前提」、建立「經驗」基礎之可能、追究因果性底根源之可能等等問題。照亞克雪洛德底意見，辯證法不能成爲經驗論、認識論，因爲她用形而上的觀點去了解辯證法，把辯證法只當作方法或論純粹形式的思惟原則的學說看，而不把它理解爲論自然、社會和思惟之一般的發展法則的哲理科學。

照亞克雪洛德底意見，究竟什麼應該成爲認識論呢？亞氏追隨修正派和布爾喬亞哲學家之後，認爲「經驗論應該用現有的經驗做根據，」「經驗本身又要求自己的理論根據」（同前，頁二二六。）照她底意見，她底實證主義的經驗哲學應該研究各種嚴重的問題，在這些問題中有一個「關於經驗之最先的前提的重要問題；」實在性底問題，就它在經驗上所表現的而言；因果性底問題，眞理標準底問題以及「照辯證法唯物論底觀點，在何種程度內必需本體論的前提的問題」（同前，頁二二三。）

經驗是什麼呢？經驗如何有發生的可能呢？經驗底條件和前提是那些呢？——這些就是亞克雪洛德認爲在勞工專政制之下馬、郇主義所應研究的問題。換句話說，照亞氏底意見，波爾塞維克應該研究康德主義問題底舊談吐。然而從正確的、革命的馬、郇主義底觀點看來，波爾塞維克正應該揭破這種腐舊的「理論，」不管機械論者怎樣頑強地擁護這種經驗論而反對馬、郇主義的辯證法。現代機械論者中沒有一個站起來反對過馬克思主義辯證法之孟塞維克、康德主義式的叛賣，相反的，他們在哲學作品中各方面地努力於這條路線（即叛賣馬克思辯證法底路線——沈）底執行。

瓦爾耶塞在其所著專門討論鄔梁諸夫的辯證法的一部書中，完全忽略了馬、鄔主義哲學底一個中心觀念：辯證法是馬克思主義的認識論和邏輯。他用自己和亞克雪洛德、普列漢諾夫對於辯證法的見解諉諸鄔梁諸夫；他跟亞、普二氏一樣，認爲辯證法祇是馬克思主義底「方法」而不是它底認識論和邏輯。因此瓦爾耶塞認爲在鄔梁諸夫底辯證唯物論的認識論中首屈一指的問題是『什麼是經驗？』的問題。瓦爾耶塞完全忘記了鄔梁諸夫對「經驗」一詞底批判（鄔氏指出這一名詞是模糊哲學中的唯物論和唯心論路線的名詞）和鄔氏關於經驗問題對普列漢諾夫的錯誤之激烈的批判；瓦爾耶塞完全忘記了這些批判，而去討好於孟塞維克的實證主義。照瓦爾耶塞底意見，「經驗」這個概念似乎是唯物的認識論底「重要範疇；」他並且將這一見解諉諸鄔梁諸夫。講到康德對於經驗的理解時，瓦爾耶塞說道：『康德底解說經驗……實質上，假如不是完全消除經驗，至少根本改作了這一重要的概念』，他底缺點祇是他所了解的經驗不像我們所了解的。這樣，照瓦爾耶塞底意見，要補救康德底經驗論很容易只要用唯物論的觀點加以修改就行；瓦氏在他自己的著作中正是完全按照亞克雪洛德所提倡的「經驗論」底研究大綱來實行這樣的修改的。

對於那種無批判的抄襲與馬克思主義不相容的、爲一切反動哲學所嘲弄的「經驗」這一概念——對於這種抄襲行爲，馬克思主義者中間沒有一個像鄔梁諸夫那樣攻擊得激烈和嚴酷。鄔氏在其唯物論與經驗批判論中寫道：『在現在這個時期，各種色彩的大學教授派氣的哲學都用它們關於「經驗」的高調來宣揚它們底反動思想。」一切唯心的經驗論者，經驗批判論者，一切馬赫主義者，都無不以經驗爲出發點，而且主觀唯心論者菲希特（Fichte）還把他底哲學只限於研究經驗。菲希特說『我敢鄭重地聲明，我底哲學底精靈、內部的意義，是在指出除經驗以外，人什麼也沒有的；人底獲得一切，獲得他所獲得的一切，只是靠着經驗。』

現代的機械論者，也用同一「經驗」底觀念來修正唯物的辯證法。『我們底一切知識都發生於經驗而以經驗爲基礎。辯證法唯物論從頭到底是論經驗的，』——亞克雩洛德就這樣唱她底敵對馬克思主義的高調。而且亞氏有時唯心地了解經驗，有時又唯物地了解經驗。她在一處地方寫道『康德底全部錯誤在於他把經驗底形式跟經驗底內容分裂開來，把先天形式跟感覺分裂開來，』——這是表示她把經驗看作跟意識一樣的東西了，也就是說，她唯心地了解了經驗。可是她在另一處所又說經驗是主體和離主體而獨立的客體之相互作用底過程，——這是表示她在唯物地了解經驗。然而卽在後一場合（卽當她唯物地了解經驗時——沈）她也沒有超過費爾巴赫式的直覺主義的經驗觀。而且，到後來她又丟棄了唯物論的立場而投降康德主義了。照亞克雩洛德底意見，在這種主體與客體底相互作用中所發生的感覺，並非現實世界底反映而是象形符號，是有條件的標記。換句話說，亞克雩洛德底「經驗」哲學是象形論（或作「標符論」——沈）底基礎，是舊的費爾巴赫式的直觀唯物論和康德式的不可知論底掩護物。這就是孟塞維主義的經驗論者所發揚的、最新式的「馬克思主義（？）的認識論」之客觀的、社會的和政治的內容，它是跟革命的馬、鄔主義的辯證法相對抗的。十分明顯的，機械論者之反對辯證法這種認識論的鬬爭，實質上就是孟塞維主義跟波爾塞維主義在哲學領域內的鬬爭。

馬克思主義底認識論跟孟塞維主義的、半康德主義的「經驗的」認識之理論，毫無類似之點。在唯物辯證法中，認識底泉源是離意識而獨立的運動的物質，爲實踐的、革命批判的行動所決定的、活的感覺的知識，是統一的辯證的認識過程之最重要的因素，而這種認識過程只是客觀世界底辯證法底反映。

機械論者所談的「經驗論」是那一種呢？——這只要從下列沙拉比揚諾夫底提綱中就可以看出：沙氏寫道，「不僅感覺機官在欺騙我們，即自然界本身也在引我們走入歧途。」這樣看來，照沙拉比揚諾夫底理論，一切感覺的知識都變成純粹的欺騙了；這樣說來人們底一切行動也必都變成完全錯誤了，這就是說，吾人之認識與客觀世界間固定地存在着某種永久的、原則性的衝突了。

在機械論者底「經驗論」之上，顯然不能建立革命的科學的宇宙觀，因爲革命的宇宙觀應該能夠給予我人以預知具體的歷史的現實過程之可能，革命地化言爲行之可能。換句話說，在機械論者底「經驗論」之上，不能建立勇敢的、革命的、堅決的波爾塞維主義底策略。鄔梁諾夫底基本論見底鎗鋒，正是對準着這種腐化的「經驗論」刺去的；這個基本論見就是說我人底感覺機官能夠反映客觀眞理，活的、具體的知識便是客觀實體底形態、謄本、反映。

我國底機械論者底漫談經驗主義(Empirism)，目的不在嚴正地研究經驗的、感覺的認識對於證實革命理論和實際行動的作用和意義，相反的，他們企圖藉高喊經驗論以掩飾自己的拋棄辯證法，拋棄革命的理論，而把經驗的認識跟理論的認識對立起來，用半康德主義的、不可知論式的認識論去對抗辯證法底認識論。

馬克思主義的辯證法是具體的，它不脫離感覺的活的、歷史的實踐，不脫離感覺的經驗的認識。機械論者卻企圖把辯證法跟經驗的認識隔絕開來、脫離開來，企圖把辯證法從自己的「實證主義的」認識論中驅除出去，把辯證法轉變爲無對象的、什麼也不反映的思惟形式。這恰足以表示他們完全不知道經驗的、感覺的認識本身之辯證法性，同時也表示他們不了解經驗的認識和理論的認識之間的聯系。

自從科學證實了自然界之歷史的發展，證實了有機體和人類社會之歷史的生發和發展以後，再要像機械論者那樣企圖回到舊的關於自然和認識底界限和能力的形而上的理論上去，而把論方法的學說跟認識論、邏輯等隔絕起來，——這樣的辦法，顯然是十分愚盲的。對於認識本質之形而上的觀念，是早已過去了的歷史階段。然而今日我國機械論者底論見，竟依然是這樣形而上的。他們對於感覺的和理論的認識間的相互關係，完全缺乏辯證法的理解。他們只拿某一單獨的個體底個別的概念來加以考察，而缺乏歷史的觀察態度，把某些錯誤的概念底個別場合，拿來加以觀察：這些錯誤或是由於某一感覺機官底損壞，或是由於正確的認識缺乏條件，——他們根據這樣的「經驗」就得出結論來說（沙拉比揚諾夫即如此說：）「看吧，感覺在欺騙我們呢！」或者，他們說，「感覺機官底領悟，時常隨機體組織底訓練程度而發生變化；因此我們不能信賴感覺機官。」現在要問假使感官是欺騙我們的，自然界引我們走入迷途，那末我們究竟如何認識世界的呢？沙拉比揚諾夫回答道：「只有靠器械和試驗，我們纔能認識事物和它們底過程：」我們靠器械來修正我們底感覺機官。」這便是機械論者底可憐的、貧窮的「經驗論。」照他們底意思，感覺機官所欺騙我們的，只是關於被研究的對象，可是它們就永遠不能欺騙一個靠器械底幫助去認識外界的人。

然而現實底情形恰正是相反的：試驗，實踐，技術，——這些手段證明出來，人底感覺機官總合起來的結果，總是正確地反映着各種的客觀事物和各種的自然過程。假若感覺機官欺騙我們的話，那末根本就不會有技術，不會有器械了，而有作用的、歷史的實踐也成爲不可能了。自然，某一個別的人底感覺機官，正如某一單獨的器具一樣，不能給我們以絕對的精確性，因而永遠不能絕對完滿、絕對精確地反映自然界。但是人類在其歷史的發展中，能夠無盡地發展和精確自己的認識。我們不能以我們個人的認識底某種程度內的限制性爲根據而做出結論來說感覺總是欺騙我們的。試驗並不推翻而是證實正確反映事物的認識能力。試驗並不破壞對於感覺的認識之信仰，而是擴大和充實感覺認識底領域，把感覺機官所不能認知和難以認知的物質運動底形式，變爲能夠爲我們底認識所能達到的運動形式。認識之人爲的工具不與感覺機官相對抗，而是補充感覺機官的人爲的器具幫助我們更深刻地去了解現象和自然界底各種聯系。

恩格斯反對像赫姆霍茨（Helmholtz）這一型類的不可知論者時，用了許多詳盡而精密的證據，來證明認識正確地反映自然的事實。他發揮了對於感覺認識底本性之辯證法的見解，指出了感覺的認識之積極作用和歷史性，又指出了思惟底感覺性和實踐之辯證的聯系。恩格斯在其所著勞動在猿猴變人的過程中的作用一文中，關於人類知識底產生和發展，給了一個徹底唯物的、卽辯證唯物的解釋，——他並不像今日的機械論者、經院主義者那樣，還在那裏附和康德，提出『經驗如何有發生的可能？』這樣的問題。

照恩格斯底意見，感覺的認識和思惟底產生和發展，在歷史的實踐以外，在積極的勞動活動和社會鬬爭以外，是不能了解的。馬克思、恩格斯和鄔梁諾夫在我們面前提出了一個重大的任務：根據技術底發展、一切科學底歷史和特殊地有機體世界底發展、兒童發展底歷史，——根據這一切去加深發展辯證法之認識論。恩格斯說，達爾文底發展學說（按卽進化論——沈，）『不僅說明了現存的有生物底代表，而且還替人類精神底前史期、人類精神發展底各階段——從最單純的、沒有機體組織的、低級有機體原形質起，到最高級的能思惟的人類頭腦爲止，——底研究奠定了基礎。沒有這一前史期——恩格斯補充說——思惟的人類頭腦底存在是不可想像的』（見自然辯證法，頁二一六。）由於發展學說，思惟就被自然的原因所說明，也就是說，思惟得了科學的根據和說明了。假如像機械論者那樣，不估量到整個人類認識之辯證的積極性和它對於實踐行動（變更自然和改造社會的實踐行動）的依賴關係，——這就等於從事經院主義的空談。所以，機械論者企圖把辯證法這一認識論，跟感覺的、經驗的認識和客觀的辯證法隔絕開來，——這樣的企圖是一種徹頭徹尾的反動陰謀，它跟馬克思主義毫無相同之點。

（丁）以機械學原理代替辯證法均衡論

機械論者底不了解唯物辯證法這一認識論，又跟他們對於自然和社會之偏面的機械觀，跟舊的機械唯物論底復辟企圖，連帶地結合着的。

『前世紀（指十八世紀）底唯物論——恩格斯寫道——大半都是機械論的，因爲在當時一切自然科學中發達得最完備的，祇有機械學，祇有固體（地面上的和天體上的）底機械原理，簡單地說，祇有重量底機械原理。當時化學尚處於幼稚狀態，化學界中還保持着弗羅基斯頓（Flogiston）底理論。生物學還在襁褓中；動植物底研究還處於粗笨的階段，一般研究家只知道用純機械的原因去說明它們。在十八世紀唯物論者底觀念中，人就是機器；正如笛卡兒（Descartes）心目中把動物看成機器是一樣的。把機械學底原理單純地應用於化學的和有機體內所發生的過程（在那些領域中，機械的法則雖依然繼續發生作用，但它們在別種高級法則之前卻退在後一地位了）——這是經典式的法蘭西唯物論之首要的、特殊的、在當時所不可避免的缺點」（見費爾巴赫論，頁二三。）

馬克思和恩格斯之偉大的功績就在他們克服了舊的、直觀的、反辯證法的唯物論底種種缺點，用辯證法去充實唯物論，唯物辯證法——論自然、社會和思惟之普遍的發展法則的最周密的學說——是唯一徹底唯物的認識論和革命實踐底方法。

辯證法這種論自然和社會之發展法則的科學，它底普遍意義屢爲馬克思主義之布爾喬亞「旅伴們」（意即暫時混在馬克思主義隊伍內，後來與馬克思主義分道揚鑣的人們——沈）所修正。鄔梁諾夫曾批判布爾喬亞辯護人斯特魯威，指謫他從來不曾懂得辯證法。鄔氏又異常激烈地批判過跟他同時代的博物學家，指謫他們沒有能力從自然的唯物論提高到辯證的唯物論，指謫他們從唯物論走向於馬赫主義。同樣的，現代的機械論者也從來不曾懂得辯證法，雖然他們還說在埋頭研究馬克思主義的理論呢。

唯物辯證法諸法則之普遍的意義，又被一切現代機械論派所修改。機械論的自然科學家，在自然科學領域內，企圖用機械學原理去替代辯證法。機械論陣營中的一大部分，主要地是以布哈林和他底門徒們為代表的一部分，在歷史政治經濟學、唯物史觀、社會爭鬪底戰術和策略等等方面，亦卽在社會的認識和行動方面，用機械的均衡論來代替辯證法。這樣看來，機械論陣營底企圖，是要毀壞革命的馬克思主義這一種完整的、統一的宇宙觀之辯證唯物論的基礎而代之以機械論的宇宙觀。固然，機械論者雖將辯證法驅除出自然和社會以外，他們口裏卻還在高喊「馬克思底辯證法。」自然，這只是空喊；實際上他們早已把辯證的思惟方法變成形式邏輯、折衷學說，詭辯主義和死板的經院學說了。

機械論者認為馬克思的辯證法還不夠唯物，因而要加以「補充」「加深」「具體化；」他們就在發展和具體化辯證法底幌子之下，實行其各方面地修正馬、郞主義的勾當了。

以機械法則代替革命的辯證法的企圖，縮小和閹割馬克思的辯證法而把它轉化為空洞的口頭禪的企圖，——這便是現代機械論之修正主義的本質。這種企圖，首先就表現於布哈林底理論。

還在一九二二年時，布哈林曾寫道，馬克思和恩格斯『在行動上剝去了辯證法底神祕的外殼』（見布氏底論文集攻擊頁一一八）但是，照他底意見，以為似乎沒有從理論上去鞏固它，沒有在任何地方給它以有系統的理論的說明。布哈林非難馬克思和恩格斯，說他們留給勞工階級的宇宙觀『並沒有除去目的論的氣味，這種氣味不可避免地是由黑格爾以「精神」自動發展為基礎的公式所發出來的』（同前。）因此他建議拿機械的均衡論當作馬克思主義底哲學基礎，以代替「神祕的」（Ⅱ）馬克思的辯證法；他認爲均衡論『是最普遍的、毫無唯心論原素的、關於運動的物質體系之法則的理論公式。』（同前。）『我們認爲——布哈林說，——把「神祕的」（馬克思如此形容的）黑格爾的辯證法底句語轉變爲現代機械學底句語，這是十分可能的』（見布著史的唯物論，頁七六。）

布哈林追隨布爾喬亞大學教授們之後，也老實不客氣地、千百次地誣責馬克思的辯證法爲黑格爾式的神祕學說，指摘馬克思的宇宙觀中有「目的論的（神祕主義的）氣味，」有「唯心論的原素，」暗示馬克思辯證法底「狹窄」而企圖尋求出一個「更普遍的（Ⅰ）關於物質運動法則的公式」來。但是這種行爲正是表示布哈林在從「更普遍的」布爾喬亞的立場，領導着向馬克思主義的新的進攻啊！布哈林自己明白，重新審查（按卽修改——沈）辯證法，不可避免地要連帶到全部馬克思主義底重新審查；用均衡論去奠定馬克思主義底基礎，就必然要對所有馬克思主義的科學——史的唯物論、政治經濟學、政策、策略和戰術等學說——實行相當的重新審查（修改。）布哈林和他底「學派」在歪曲馬克思主義上所做的「理論工作，」跟這一「學派」底右傾機會主義的見解有着不可分離的聯系。

然而布哈林在叱責馬、恩二氏底「神祕主義時，」他忽略了他們關於辯證法所發揮的意見。馬克思和恩格斯深深知道，資產階級及其理論上的僕役們，要在他們底革命學說上來撒爛污的，把他們底理論稱呼爲「黑格爾式的詭辯論。」馬克思曾用下面的話去答復布爾喬亞的批判，他說：『對於黑格爾辯證法之神祕的方面，我在三十年以前、當它還在模型中的時候，就加以批判了。』『我底辯證法——馬克思說——不但根本與黑格爾的有區別，而且還是黑格爾辯證法之直接的反對方面』（見資本論卷一序言頁二三。）

布哈林不了解唯物辯證法之革命的意義。而且他一點新的道理也沒有說出來。他只重復了舊的波格唐諾夫．馬赫式的加於馬克思主義的誹謗：『馬克思的辯證法底基本概念，正像黑格爾的一樣，它沒有達到完全明白和完滿的地步；由於這個緣故辯證法底應用也既不精確而又散漫不着邊際了。在它（辯證法——沈）底公式中混雜着自由的意願；這樣一來，不但辯證法底界限弄得不確定，而且有時連它底本意都被大大地曲解了』（見波格唐諾夫著生活經驗之哲學，頁一八九。）

布哈林一個字一個字地重復着波格唐諾夫對於辯證法的思想，後者認爲辯證法是狹窄的、有歷史性的限制的，所以必須過渡到更寬廣的和「更普遍的觀點。」波格唐諾夫說：『自然界中的組織過程，不僅是經過對立體底鬭爭而完成，同時也還得經過別的道路而進行的。所以辯證法是一個個別的場合，它底公式不能成爲一種普遍適用的方法。經驗一元論就是由此產生的一種新的觀點』（同前，頁二〇八。）這種波格唐諾夫式的經驗一元論底觀點，是布哈林所默認的。這就是波格唐諾夫式的機械論的「組織科學」，加上他底赫赫有名的均衡論，也正是布哈林所堅持的理論；雖然鄔梁諾夫屢次指出波格唐諾夫式的「組織科學」之唯心的反動的基礎，布哈林對於這種指示，卻完全置若罔聞。

鄔梁諾夫對布哈林寫道：『波格唐諾夫騙了你了……他企圖轉移舊的爭論，而你卻完全投順他了！』（鄔氏文集，卷十二，頁三八五。）在布哈林對這一警告的答復中，完全暴露了他對鄔梁諾夫的不了解。布哈林說：「這正是需要證實的事情。在我看來，就實質上說，這裏實在沒有哲學，而組織科學不外乎經驗一元論。在這樣的事情上，要來欺負我不是那麼容易的」（同前。）

這位「沒有學好的理論家」（此係鄔氏稱布哈林之用語——沈）底這一個表示企望的答復，很足以表明他對鄔梁諾夫的態度和他對馬克思主義哲學發展中的鄔梁諾夫階級的態度。

布哈林直到如今還沒有放棄這種波格唐諾夫式的經院主義的方法論，雖然這種方法論帶着極明顯的唯心的、反動的、完全敵視馬、鄔主義的性質。現在我們要來研究一下，照波格唐諾夫底意見，他底機械論的或（照他底說法）「組織學的」觀點，究竟跟馬克思主義的批判的革命的辯證法有些什麼區別呢？

首先，波格唐諾夫底組織學觀點，跟他底主觀主義相適應；它是普遍地廣泛的公式，這種公式，跟它底內容完全無關的。「在組織科學前，正如在數學前一樣，一切現象都是相等的，一切原素都是無所區別的」——這就是波格唐諾夫底方法論底基本原則。機械論的方法論把一切活的、具體的沉溺在抽象之中，按照形式邏輯底一切法則，製定一些普遍的、無內容的、空洞的、形式的「象徵的圖式」，後者是把一般跟特殊和個別分裂開來的。『它底定則像數學上的表式一樣，應當抽去其中各種原素底具體性，這些原素底組織聯系正是它們（即那些定則——沈）所表現的；這些定則應當把這種具體性藏置到一些無所區別的表式下面去』（見波氏著，組織科學頁一〇五。）

這樣看來，波格唐諾夫用他底唯心的、抽象地經院主義式的普遍通用的綱領跟實證論者杜林底世界綱領相類似）去對抗具體的唯物的辯證法；根據後者底見地，拋棄了特殊和個別就沒有一般，拋棄了具體就沒有抽象，這種死的綱領（或作「圖式」——沈）能夠在空洞的抽象中滅絕一切革命的原素，用空洞的詞句來掩飾一切，抹煞一切和避去一切眞理，——這樣的經院主義的綱領正是工人運動中資產階級代理人所視爲無價之寶的方法論。這一種一般共通的、波格唐諾夫式的綱領主義，是布哈林所完全接受的。

波格唐諾夫式的方法論底第二個主觀唯心論的原則，也是「馬克思主義者」的布哈林所「不曾注意」到的；這個原則是說照「組織科學」底見地來說，經驗底一致不是客觀上存在着，而是『集積極有組織的方法創造出來的。』照波格唐諾夫底意見，我們不應當根據具體的客觀環境底諸條件，不應當根據物質的外界和它底一致，因爲這些在唯心論者波格唐諾夫看來都是不存在的；他認爲我們應當根據自己的頭腦，根據心理的「原素」來建設、創造、組織、建造自然和社會，創造經驗底一致體。

『經驗如何有發生的可能呢？如何由許多原素組成經驗底體系呢？如何能使經驗和諧呢？』——這些就是康德所追究的問題，同時也是波格唐諾夫和布哈林所追究的問題。諸『原素』間的矛盾愈少，組織過程底發生就愈容易，而體系本身就該是愈高、愈優良。因此，實踐和理論底任務簡括起來說，只是一個組織科學上的問題：如何最適當地組織現實的或理想的諸原素之某種組合呢？』

對於這一本質上主觀唯心論的方法（即由諸原素組成的體系之先天結構法，）布哈林企圖把它「唯物化」起來。他說：『任何事物，不論是石子也好，活的生物也好，人類社會也好，或是任何別種東西也好，——我們都可以把它看作某種整個體，由許多互相關聯的部分（原素）所組成的整個體；換句話說，我們可以把這一整個體當作一個體系看』（見布著史的唯物論，頁七七。）布氏在同書七百九十三頁上又寫道：『每一體系，都是由以某種方式互相聯結着的諸組成部分（原素）所構成的。例如人類社會由人們所構成，森林由樹木和林叢所構成，石山由石塊所構成，動物羣由個別的動物所構成等等。』布哈林底「組織的、」即「機械論的辯證法」之全部精義，就包括在下一公式中：『假使那些那些原素已經有了的話，那末這些原素就應當成爲可能保持體系之均衡的條件……。』

布哈林始終沒有從康德的設問向前推進一步，這些設問就是：『經驗如何有發生的可能？』『經驗底一致如何可能？』『均衡如何可能？』等。照布哈林底意見，應當有某種事物起着箍圈底作用，把社會底各階級緊繫起來，不使社會解體、崩潰和完全破毀。這樣的箍圈，照布哈林底意見，就是國家，也就是所謂社會一致底條件；它應當成爲調和階級、聯合階級、磨平矛盾的工具。這一種空洞的、唯心的和反動的經院學說，抹煞了國家之階級的本質而達到宣揚國家之超階級性的布爾喬亞理論。這裏布哈林把階級解釋成空洞的抽象體、解釋成「原素」了；他把社會也解釋成同樣的死的抽象體——體系了。國家被他解釋成外部的箍圈、空洞的抽象體，它應當聯結諸原素替體系造成「一致、」不矛盾狀態和穩固性。

布哈林企圖把這種用「原素」組成體系的康德式的方法，這種尋找條件的方法，諉諸馬克思和恩格斯。他說：『按現有的（或假設的）事實尋找必要的條件的方法，馬克思和恩格斯使用得異常多的，雖然直到現在一般人極少注意到這一點。可是實際上全部資本論正是靠這種方法結構成的。』（史的唯物論，頁四六——四七。）

探求必要條件的方法跟馬克思主義這一種徹底唯物的學說毫無相同之點。這一方法從頭到尾貫徹着反歷史觀（antihistorism）而馬克思主義的方法恰正是歷史觀的方法，卽用發展底觀點去解釋事物之基礎和條件底問題的方法。這便是眞正貫徹馬克思底全部資本論的方法。波格唐諾夫和布哈林，在他們底理論結構中，不像馬克思、恩格斯和鄔梁諾夫這幾位徹底的辯證法唯物論者那樣以物質爲出發點，他們是以本原的、零散的、分離的「原素」或組成部分爲出發點的。他們靠自己頭腦底幫助機械化地把那些「原素」構造成爲整個體、一致體，並替它尋求「條件」。因此，在他們底觀念中，不論原素或由原素所構成的體系，都是死的抽象概念，而不是活的、具體的、物質世界底反映。實際上是活的物質世界底一致體，經過對立體底鬬爭而發展的物質世界底一致體，自己產生它底各部分；而布哈林和其他許多形而上的機械論者則認爲部分存在於整體之前，個體存在於全部之前。

第三，波格唐諾夫不願意他底唯心的、組織觀的、機械的經院學說跟「有害的」唯物辯證法相混合。波格唐諾夫是唯物論底不共戴天的仇敵，而這一點布哈林恰恰也不了解，因爲布哈林本人是唯物辯證法底基本法則對立底一致之法則之狂暴的反對者啊！

照波格唐諾夫底意見，承認客觀外界之存在的唯物論是一種神祕學說。所以他不願跟這種「神祕學說」

有絲毫相同之點，也就是說，不願跟馬克思主義的唯物辯證法有絲毫相同之點，而要用種種方法去毀謗它。然而他對於馬克思辯證法的攻擊不單是從攻擊唯物論着手，而且還利用着別的方法，——他叱責馬克思犯了黑格爾主義底弊病。他認爲馬克思主義的辯證法是「形式主義的，」因爲它認定具體的研究爲必要的條件，以物質的外界、客觀的現實爲研究底出發點。波格唐諾夫根據馬克思和黑格爾一致認定發展爲對立體底鬭爭這一點，就把馬克思底唯物辯證法和黑格爾底唯心辯證法混成一堆了。波格唐諾夫把唯物辯證法這一論物質自動發展的學說看成了馬克思和馬克思主義者底「神祕學說、」「目的論」

布哈林不予這種波格唐諾夫理論之反動本質以嚴厲的批判，反而拿它去跟革命的馬克思主義調和起來。鄔梁諾夫在其對布哈林著過渡時期之經濟一書的所寫扎記中，指出布哈林爲波格唐諾夫所迷惑的事實。鄔氏評說：『作者（指布哈林——沈）給了許多寶貴的新的事實，但是惡化了馬克思底理論、用「社會學的」經院學說歪曲了馬克思底理論。』又說，『布哈林把辯證法過渡跟波格唐諾夫底經院學說並置起來了』（均見鄔氏文集卷十一。）

布哈林底全部辯解的理論，都從波格唐諾夫那裏抄襲來的；對於「有機的」一詞，他不從生物學的意念上去了解它，而從特別的、波格唐諾夫式的意念上，從所謂「組織過程」底意念上去了解它的。爲要達到這個目的，布哈林學着波格唐諾夫底榜樣，援引電子論爲理由照他底意思，似乎電子論是說明諸種原素之「有組織的體系」的，這種原素（電子）跟舊的、隔絕的、單獨的和現在已經消失意義的原素——原子——相對立的。對於一個馬克思主義的理論家說天下再沒有比這種援引電子論來駁斥馬克思的辯證法而替機械論和馬赫主義的經院學說辯護更可恥的事情了！

由此可知布哈林「將辯證法轉譯成機械學法則」底口號底全部意義就在於企圖「謀害」辯證法滅殺馬克思主義底革命精靈而把馬克思主義轉變爲布爾喬亞理論，用馬赫主義的形而上的經院學說來代替馬克思主義的理論。

別的機械論者，也用機械學原理去代替辯證法，雖然他們這種舉動比較做得暗藏得多。例如斯戍班諾夫(Stepanov)認爲辯證法的自然觀是『太普遍的名稱，』所以他要把辯證法『具體化』起來，轉變成爲機械論的宇宙觀了。他認爲『就現代的科學立場來說，了解某種生命現象就等於把這一現象轉化爲相對簡單的化學和物理的過程。』（史的唯物論和現代自然科學，頁二六。）

機械論者底全部方法論之根本的出發點及其「精髓」就是他們底歪曲辯證法底實質、核心，歪曲對立體底一致底法則，用均衡論去代替辯證法。這一理論（指均衡論——沈，）在布爾喬亞實證論者底著作中取各種不同的形式表現着，它特別爲波格唐諾夫和布哈林所發展；這一理觀底唯心論根源在波格唐諾夫底「組織科學」上表現得異常明顯。照波格唐諾夫底意見，「組織過程」（波格唐諾夫爲誘致一般蠢物計，稱之爲組織的「證證法」）在它底原素和體系中沒有任何的內部矛盾。波格唐諾夫的組織的「辯證法」把世界中一切活的矛盾都排除掉，它只容許外部的不調協性、只容許諸原素或部分之外部的衝突，然而在一切體系中，這些原素或部分一定會互相調協，自動地、機械地、有組織地生長成爲一個體系。爲着這一點，體系本身是應當穩固的平靜的和處於均衡狀態中的。可是因爲自然界中絕對的均衡是沒有的，於是波格唐諾夫在他底「組織過程」中不得不承認均衡底破壞，爲的是好讓體系得到運動底外表狀態。這一組織過程應當採取黑格爾的「三題法」(Triad)底形式：首先是均衡，然後是均衡底破壞，再後又是均衡底恢復。這就是波格唐諾夫、布哈林式的「組織過程」底辯證法。

波格唐諾夫、布哈林聲宣佈諸部分或「原素」間之均衡和不矛盾性爲體系之經常狀態。一切內部的矛盾都是體系均衡底破壞；這一破壞引起了「原素」間的聯系底毀壞、斷裂。因此，照波格唐諾夫和布哈林底意見都以爲均衡底破壞是自然界和社會中的非常態，它不能長久持續的。

在布哈林著的史的唯物論一書中，均衡論發揮得最爲透徹而顯明了。布哈林寫道：

『在世界中存在着作用不同、互相抗爭的一些力量。只有在特殊的場合中，它們在某一時間內互相維持着均衡底狀態。那時我們可以看到「靜止」底狀態，這就是說，它們實在的「鬬爭」取着隱藏的形式。然而只要幾種力量之一發生變化時，它們「內部的矛盾」就立刻暴露出來了；這時均衡卽遭破壞。當新的均衡又被建立起來時，這一均衡已建立在新的基礎上，也就是說在力量配合底另一種方式之下建立起來了。由此應當得出什麽結論來呢？由此得出來的結論應當是：「鬬爭」「矛盾」傾向不同的諸力量之衝突，就是決定運動的條件。』(史的唯物論，頁七五。)

看了這段引文可以知道，布哈林以互相對抗的諸力量之均衡狀態爲根本原則；他從這一根本原則出發，去說明事物如何和由於什麽原因發生運動、向前發展。照布哈林底意見，當事物或現象發生運動的時候，這是表示事物或現象由於它內部的力量之一（注意：由於力量之一）變化的結果，它便失去了均衡狀態或靜止狀態。但是試問所謂力量之一又由於什麽原因而發生變化的呢？換句話說，靜止狀態由於什麽原因而遭破壞的呢？對於這個問題，布哈林回答道：『很明顯的，體系之內部的結構（內部的均衡）是要靠體系與環境間所存在的關係而變化的。體系與環境間的關係是有決定意義的關係，因爲體系底一切狀態，它底一切基本的運動形式（衰落、發展、停滯）正是靠這種關係來決定的』（同前，頁八〇）

既是這樣，既是事物（體系）底狀態要靠事物（「體系」）和外部環境（即別種環繞着它的許多事物）底關係而變化，那末根本就談不到事物自身所特有的內部的矛盾。照唯物辯證法說，對立體底鬭爭是每一事物或現象底自發運動底內部淵源。布哈林和一切機械論者卻把運動和發展底淵源移在外部，把外部的環境看作破壞「均衡」底原因。

所以照他底意見，只能說到體系和環境底矛盾。至於「體系」以內的內部。。矛盾，是布哈林從來不提的；他和所有機械論者都認爲「體系」內部的對立力量和平地共存着，造成均衡底局面，而這些力量底相互關係只是靠外部環境底條件而發生變化。

這樣，例如社會集團間的相互關係是由社會跟自然的關係來決定的。自然是某一社會集團趨向某一方向變化的原因，因而社會爭鬭也由自然環境底作用來決定的。但是我們要問，假如社會底發展決定於自然對它的作用（影響）那末試問自然本身底運動和變化底原因又何在呢？

對於這個問題，布哈林並沒有給一個合理的答復。當然假使遵照邏輯的程序，實在也沒有什麼答復可以給，除非只得認定一種超宇宙的力量爲自然本身運動底原因，這種超宇宙的力量，可以用任何名目去稱呼它，例如在十七、八世紀時代有人稱它爲第一次神力的推動，或者簡稱之爲「造物！」這樣看來，可以知道均衡論是直接替宗教辯護的。

均衡論首先是要消除自動（或自發運動 "Self movement"）因而也就是要消除現象或事物底自動。發展。（Self-development）——唯物辯證法底基本原則之一。布哈林認爲自動這一概念本身是帶着抽笨的「目的論」的氣味的。其次，他把事物底對立方面了解爲互相外在的（卽非互相滲透、互相貫穿的——沈、）純粹機械地互相接觸的力量。第三，由上述兩種觀念就產生下一觀念：他把矛盾僅僅了解爲諸力量底衝突。布哈林簡直這樣說：『鬬爭矛盾，就是衝突。』

然而事實上矛盾和衝突並不是一樣東西。衝突（Antagonism）祇是矛盾（Contradiction）底特殊場合。現實中不一定單祇有衝突，這一種矛盾形式的。譬如說，資本主義社會底階級的衝突，將隨着階級本身底消滅而消滅，可是矛盾，決定社會之運動和發展的內在矛盾，卽在社會主義時代也還是有的。

這樣看來，機械論者拋棄了對立之一致底辯證法則，而用純粹機械的均衡律去代替它，爲證明這一點計，我們可以把布哈林底均衡論解說拿來跟機械學法則底基本定理作一個比較：

機械學法則。

第一條機械學法則寫道：「任何物體保持着它底靜止狀態或平衡的直線式運動，假使它不被影響着它的諸外力所迫而改變此狀態的話。」

第二條機械學法則寫道：「運動底改變跟動力底作用成正比例，它是按照這種動力所作用的直線底方向而改變的。」

最後，依照第三條法則說，「作用永遠等於反作用，或者說，兩個物體底相互作用永遠相等和相反地動作着的。」

均衡論法則。

「環境與「體系」底相互關係（意即外部原因與現象底相互關係）歸根結底是決定任何體系之運動的力量」（見布哈林著史的唯物論頁三六四。）

「世界上存在着方向不同地作用着的、互相對抗着的各種力量。祇是在一些例外的場合上，它們纔互相均衡一時。這時我們就見到『靜止』底狀態，這表示它們底實在的「鬭爭」是處於隱伏的狀態中。但是只消諸種力量之一發生變化時，「內部的矛盾」就馬上暴露出來了，同時均衡即遭破壞。假如一時新的均衡又樹立起來的話，它是樹立在新基礎之上的，也就是說，是在另一種力量配合底條件之下樹立起來的。」（同前，頁七五。）

從這兩種法則詞句底比較上可以看出，均衡論跟機械學的「血統關係」是何等地密切啊！均衡論底無稽，在這裏也暴露無餘了。均衡論抽棄了運動底絕對性、普遍性，但是我們從前早已指明，沒有運動，不但物質底存在沒有可能，卽物質底認識亦無可能。均衡論底機械性和形而上性也正表現在這一點上。但是承認物底運動不由於它內部的矛盾而由於現象（事物）和周圍世界（環境）底外部的相互關係而發生，——這樣的見解實際上等於否認它們底實際運動和發展。這種見解不可避免地要走到否認事物之史的發展，否認事物之質的變化的立場上去。

機械的均衡論否認質底客觀性和各種運動形式底特殊性，這是不足爲奇的。它把一切運動底形式都看作轉移位置的運動。機械論者認爲『把黑格爾辯證法底「神祕的」（這是馬克思所用的字眼）說法轉譯成現代機械學底說法是十分可能的』（見布哈林之史的唯物論頁七六。）

大家知道的，機械論者把唯物辯證法底全部本質都歸結於進化論。最公開發揮這種見解的機械論者，便是史戚班諾夫（Stepanov）。史氏說：『進化的觀點就是發展觀點它是現代科學底特徵之一』（見史著史的唯物論與現代自然科學，頁二五。）這裏史氏所說的『現代科學，』他底意思是指辯證法唯物論而言的。

機械的均衡論，因此不可分離地聯繫着機械論者底否認質底客觀性和在質底問題上他們底回歸於陸克（Locke）他們只承認機械學所研究的事物底「第一類質」（或譯「元始的質」"Primal qualities"——沈）是客觀上存在着的。因此機械論要求把一切其他的質地都簡化爲機械學所研究的一種質地，把一切高級的運動形式都簡化為低級的機械運動底形式。機械論者既然曲解了對立底一致之法則，他們就不了解內部與外部底一致，不了解內容與形式、必然與偶然底一致，特別是他們否認偶然性為必然性之特殊的表現形式這一點。

均衡論是布爾喬亞宇宙觀之必要的組成部分。它不可分離地聯繫着布爾喬亞哲學——聯繫着實證和經驗論，聯繫着它們（指實證論和經驗論——沈）底否認理論和哲學底意義。均衡論是「分裂」和「顛覆」馬克思主義辯證唯物論和革命的辯證法的布爾喬亞科學底「健將」之一。均衡論跟資產階級底一種政治觀念有不可分離的聯系；依照那種政治觀念，認現存的資本主義制度是階級「和諧」合作底制度，持那種觀念的人是在竭其全力企圖保持資本主義社會底均衡狀態。機械的均衡論幫助着布爾喬亞學者「科學地」去肯定布爾喬亞社會學所公然直接提出來的那些階級的目的和任務。以後我們還有機會可以證明均衡論完完全全顯示着現代社會學這種布爾喬亞科學底目的和任務。由於這些緣故，均衡論在社會法西主義的理論家（如攷茨基等人）中間負有極大的榮譽就無足為奇了。

波格唐諾夫以其均衡論對抗馬克思底辯證法，要比布哈林公開得多。他簡直說，在馬克思派的辯證法中，「跟它底黑格爾主義的和黑格爾以前術語不可避免地聯繫着的論理學說底殘餘對於「組織科學的」（卽機械論的——原著者）分析是有害的。

布哈林差不多一字不差地重復着波格唐諾夫對於馬克思主義的誹謗；他完全抄襲波格唐諾夫底均衡論，

然而關於波格唐諾夫公然稱唯物辯證法爲「有害於」（一）均衡論的說法，他卻不作一聲。布哈林不但不了解均衡論之布爾喬亞階級之反時代的本質，而且反用「馬克思主義的、」「辯證法的」理論去肯定均衡論，企圖把均衡論跟馬克思、鄔梁諾夫主義底革命的辯證法調和起來。

辯證法之極端平面的理解，機械論者在均衡論中怎麼也不能超越它以上，這種理解是布爾喬亞意識形態影響之直接的結果，這一種唯物辯證法之直接的修正，是右傾機會主義對於過渡時期和世界革命問題的了解之理論的前提。

第四節　孟塞維化的唯心論

（甲）　不了解理論底黨派性否認哲學底新階段

哲學底黨派性這一個馬、鄔主義的原則，是唯物辯證法底極重要的原則。馬克思、恩格斯、鄔梁諾夫在他們底一切活動中都以這一原則爲繩準的；他們利用自然科學和社會科學底許多複雜的材料來研究這一黨派性底原則。

鄔梁諾夫常常着重地指出，「唯物論內部包含着黨派性，它認定每個人對一切事件的估量，都必然從某一社會集團底觀點出發的」（全集卷一，民粹派之經濟的內容。）布爾喬亞理論家和社會法西派之否認馬、鄔主義底科學性，正是以它底黨派性爲藉口的；他們那裏知道黨派性底觀點恰正是使它成爲眞正科學的、徹底革命。

的理論之要因啊。一切修正主義的集團和學派首先就企圖中傷馬克思主義理論中的黨派性底原則。忽視馬、鄔主義的哲學黨派性底學說，也是現代孟塞維化的唯心論者活動中的一個特色。

孟塞維化的唯心論者忽略了一條馬克思主義底公理，這條公理是說：在階級社會中，一切形形色色的理論都無非是社會爭鬭底特種武器而已。孟塞維主義的唯心論者忽略馬、鄔主義底這一學說，決不是偶然的，因爲他們底全部理論工作是依循另一路線、根據不同的原則基礎進行的。它表現着跟勞工階級敵對的觀念形態。孟塞維化的唯心論者之忽視馬、鄔主義的哲學黨派性原則，首先表現於他們之分裂哲學與社會主義建設底實踐，分裂哲學與勞工階級革命底基本任務，哲學與爲擁護黨底總路線而積極奮鬭底任務。

在孟塞維化的唯心論者底許多著作中，可以見到不少承認理論是黨派性的一般的宣言。但是對於這一原則之眞正科學的分析和理論的證實，尤其是黨派性在理論工作中的實現，那是我們從來不曾見到過的。孟塞維化的唯心論者底實際活動上表示出來，這些關於理論黨派性的口頭上的宣佈，祇是用來遮蔽他們對唯物辯證法施以唯心的修正的一種飾詞罷了。勞工運動行伍中資產階級之社會法西主義的走卒們，自知無能力把馬克思主義底理論丟棄到路邊去，於是想方法把它教條化起來（意即將馬克思的理論解釋成死的經院主義式的教條——沈）閹割去它底革命的內容，使它跟勞工社會鬭爭底實踐分裂開來，把它轉變爲無害於誰的教義，轉變爲許多空洞而抽象的範疇底集成；這樣一來他們就損毁了馬克思主義理論之爲革命鬭爭底最重要的、實際行動性的武器之意義。孟塞維化唯心論者對馬克思主義哲學之修正，也正是循着這個方向進行的。他們跟機械論者不同機械論者公然提出了「把哲學丟到路邊去！」的口號，企圖推翻馬克思主義的哲學，孟塞維化的唯心論者則在發展馬克思主義哲學底旗幟之下來實行對馬克思主義哲學之唯心的修正。實際上他們不但沒有根據帝國主義和社會主義革命時代底各種實際材料去加深唯物辯證法各種範疇之研究，不但沒有以歷史、科學和技術為根據去唯物地改造黑格爾底哲學，他們反而無批評地背誦着黑格爾底哲學而完全忽視對於現時期勞工集團各種實際具體任務之研究底必要性。

國家政治底總路線，近年來屢被托洛茨基派和「左」右翼機會主義者所修改。我國當局動員一切力量以鞏固鄔梁諾夫底事業，鞏固勞工集團獨裁底政權。孟塞維化的唯心論者卻越過了這一鬭爭。尤其令人注意的是他們中間有一部分人，會從托洛茨基的理論立場積極地發揮意見過：例如卡列夫發揮過過渡時期中只有一個基本階級的理論；史坦則教導青年團員根據他個人的經驗去考驗國家政治總路線底正確與否等等。孟塞維化唯心論者不但沒有遵照哲學黨派性這一馬、鄔主義的學說，拿哲學去供國家總政治路線底役使，積極地作反傾向的鬭爭，他們自身反而盡了替各種不正確傾向和反革命思潮樹建方法論基礎的「義務。」以德波林為領導的孟塞維化的唯心論者把哲學跟社會主義建設和勞工集團社會鬭爭底實踐分裂開來，同時他們差不多把馬克思主義哲學底一切問題都加以修正了。

德波林派之忽略理論底黨派性，最明顯地表現於他們不承認馬克思主義發展中之新的更高的鄔梁諾夫主義底階段。孟塞維化的唯心論者否認哲學中的鄔梁諾夫階段，他們以為鄔梁諾夫只是個實踐家，只是個將馬克思學說實施於革命運動的傳導者。

約塞夫典型式地闡明和發揚了鄔梁諾夫主義底基本問題，確定鄔梁諾夫主義之界說爲帝國主義和社會主義革命時代底馬克思主義，根據具體的事實材料以闡明鄔梁諾夫這一具有偉大天才的理論家所盡的任務——各方面地發展馬克思主義和把它提高到新的更高的階段。孟塞維化的唯心論者否認着鄔梁諾夫底這一任務。卡列夫在一九二四年馬克思主義旗幟之下雜誌中所發表的對於鄔梁諾夫的估量，是跟黨底見解相反的。卡列夫說：「鄔梁諾夫完完全全站在馬克思主義底立場上，他把馬克思主義應用於我們現時所處的環境——資本主義腐潰時期底環境。他清除了第二國際對馬克思主義理論的曲解，而把它運用到行動上去。鄔梁諾夫主義便是資本主義崩潰時代底馬克思主義，從資本主義到社會主義的過渡時期底馬克思主義。它是勞工階級革命實踐上的馬克思主義，對於這種革命底實踐，在馬克思的國際（指第一國際——沈）中還沒有充分的物質前提。假如有人告訴鄔梁諾夫，說他開闢了一個馬克思主義底新時代（？！）那時鄔梁諾夫一定會驚奇不置」—（卡氏著，黑格爾之實在的和不實在的研究一文。）孟塞維化的唯心論者也不顧一切事實，這樣地否認着鄔梁諾夫主義——反對以鄔梁諾夫主義爲馬克思主義理論和實踐發展中的新的更高階段的那種見解。他們既否認馬克思主義理論發展中的鄔梁諾夫階段，這樣就暴露了他們底不了解馬克思主義中的主要事物，勞工專政底學說和馬克思主義底革命「精靈」——唯物辯證法；他們把馬克思主義看成不變動的教條，客觀上跟社會法西主義的理論家底類似理論完全一致。

在帝國主義和社會主義革命底時代，社會鬭爭底動力非常之大，它底程度也非常尖銳化；科學和技術領域內都有極巨大的發見各種觀念形態領域內社會鬭爭異常地激化起來：——這一個時代，對於馬克思主義理論底多方面的繼續發展供給了極豐富的材料。鄔梁諾夫根據他自己的革命經驗，根據國際革命鬭爭之實踐底總結和一切科學部門底新的進步，多方面地發展了馬克思主義，把它提上到更高的階段。在鄔氏底所有著作中，馬克思主義之革命的本質得到了極顯著的發展。無怪那些力圖摧毀馬克思主義在大衆中的影響的社會法西主義的理論家要跟鄔氏底著作做劇烈的鬭爭了：他們根本不承認鄔梁諾夫主義，認爲鄔梁諾夫是『不會好好理解馬克思主義』的實踐家。

孟塞維化的唯心論者，在蘇聯底條件之下，不能夠公開地宣傳類似的見解。可是他們跟托洛茨基派和右派唱同樣的調兒：他們也只把鄔梁諾夫估量爲一個「實踐家，」不過是一個有成效地「應用」馬克思學於說革命事業的實踐家罷了。孟塞維化的唯心論者在對這位偉大的世界革命運動底首領和理論家底評估中，跟右派和托洛茨基派有着「靈感上」的一致；這種一致的見解非常明白地指示出孟塞維化的唯心論者是在替一切反革命和反蘇聯集團樹立方法論底基礎。

帶有孟塞維主義色彩的唯心論者，既否認鄔梁諾夫主義爲馬克思主義發展中的新的更高階段，他們就極合邏輯地必然要否認哲學中的鄔梁諾夫階段。鄔氏底哲學扎記，是極豐富的思想寶庫，它用新的觀點闡明了許多重要的哲學問題；在這些哲學扎記本出版之後，德波林在他給鄔氏文集第九卷所作的序文中寫道：『看來鄔梁諾夫似乎計劃寫一部論唯物辯證法的特殊的著作……。毫無疑義的，假如他把已經開始的工作做到終局的話，那末他可以給辯證法唯物論底繼續發展以一強大的推動把它提上到更高的階段。」這裏以很簡明的詞句，把孟塞維化的唯心論者對於馬克思主義哲學之郎梁諾夫階段問題的見解，完全表達出來了。這裏充分地表現着德波林否認郎梁諾夫在推進唯物辯證法向前發展中的偉大的功績。這完全跟他認定郎梁諾夫只是一個實踐家的那種估量有密切聯系的。德波林說，「假如」郎氏把業已開始的工作（按係指郎氏底哲學扎記而言——沈）做到底的話，「那末」他「可以」給馬克思主義哲學底發展以一強大的推動。照這樣說來，郎氏既然不曾能「把他已經開始的工作做到終局，」那末他就沒有給辯證法唯物論底發展以推動了。試問在孟塞維化的唯心論者底觀念中，有什麼辯證法唯物論中的郎梁諾夫階段可說呢？孟塞維化的唯心論者這樣否認了郎梁諾夫在哲學發展中的功績，他們客觀上就執行了各派仇視馬克思主義的集團的意志，在許多問題上他們是跟第二國際理論家底見解一致的。

孟塞維化的唯心論者之否認哲學發展中的郎氏階段，聯繫到他們對於普列漢諾夫各種著作之不批評的左祖的態度。在前幾章中，我們已經詳細地講到過郎氏對於普列漢諾夫各種哲學上的錯誤底批判。現在我們只重復指出下面一點，就是當郎氏批判普列漢諾夫的時候，他着重地指出普氏不了解辯證法是馬克思主義底認識論，指出普氏以辯證法之法則爲諸實例之總和（Sum of examples）的那種庸俗的解說。郎梁諾夫指出，普列漢諾夫批判康德主義批判得不徹底；普氏自己對於不可知論作了不少的讓步；他跟馬赫主義的鬭爭多半是從庸俗唯物論底立場出發的（少半從辯證唯物論底立場出發。）普列漢諾夫底錯誤，大家已經知道，有的是關於過分估量費爾巴赫哲學之價值，有的是關於對馬克思底哲學發展過程作不正確的估量；有的是關於地理環境在生產力發展中的作用之過分的和不正確的估量，也有的是關於對主客一致問題之不正確的、費爾巴赫式的了解，在哲學史底問題上有些使邏輯脫離歷史的那種觀點底成分。這些錯誤觀點底存在，指示出有對普列漢諾夫著作做批判工作的必要，因爲普氏所有著作，在蘇聯和外國廣大的羣衆中間都是普遍地受人歡迎的。我們必須從普列漢諾夫底著作底寶貴部分上清除一切非馬克思主義的；機會主義的成份；尤其是在現在，這些錯誤（或類似的錯誤）正被社會法西主義者利用着；在蘇聯底條件之下，則有機械論者和孟塞維化的唯心論者把普氏底這些觀點奉爲馬克思主義哲學底「金科玉律」了！

關於鄔梁諾夫和普列漢諾夫在哲學發展中所起的作用問題，引起了哲學理論陣線上的所有工作人員底注意，這並不是偶然的。由於研究哲學中的鄔梁諾夫階段，就特別有力地揭露出了普列漢諾夫底哲學錯誤底深刻性以及這種錯誤跟普列漢諾夫在革命運動中所持的孟塞維克立場的聯系。對馬克思主義之機械論的和孟塞維化唯心論的修正之鬬爭，很明白地表示出普列漢諾夫著作中所有的錯誤和有機性的缺點，正是他們（機械論者和孟塞維化的唯心論者——沈）利用來修正馬克思主義哲學之重要原則的工具。我們已經指出過，機械論者直到如今還在堅持和繼續發展普列漢諾夫之關於康德主義式的不可知論底錯誤觀念。在哲學的理論陣線上，德波林派也不但不知道有批判普列漢諾夫在哲學問題上的錯誤的必要，反而實行對普氏一切哲學著作作無原則的袒護，竭力企圖掩飾普氏底錯誤。

帶有孟塞維主義色彩的唯心論者，不管鄔梁諾夫在哲學發展中的實際功績如何，他們提出了自己關於普列漢諾夫的理論來，他們把普氏看成一位大理論家，補救鄔梁諾夫這位實踐家之缺痕的理論家。德波林在其思想家的鄔梁諾夫一書中寫着說：『這兩位思想家（卽鄔梁諾夫和普列漢諾夫——原著者，）在某種意義上講是互相補充的……普列漢諾夫主要地是個理論家，鄔梁諾夫主要地卻是實踐家、政治家、領袖』（頁二六。）這樣看來，照德波林底意見，俄國孟塞維主義底領袖普列漢諾夫變成鄔梁諾夫底理論教師了！

值得注意的，就是這一完全荒謬的、非馬克思主義的理論，直到最近孟塞維化的唯心論者還在用各種詭辯去支持它。德波林在其對鄔氏文集第九卷的序文中，企圖替這一徹底荒謬的見解奠定歷史的基礎。德波林寫道：『在普列漢諾夫和鄔梁諾夫之間存在着一種區別，這種區別反映着革命運動和勞工社會鬬爭發展中的各個歷史階段底特點』（序文，頁三。）德波林這一理論無非是企圖削弱對普列漢諾夫錯誤之批判底必要性，企圖減輕這些錯誤底意義和掩飾這些錯誤跟普氏在革命運動中所持的孟塞維克路線的聯系。

無疑的，普列漢諾夫以馬克思主義者底身分出現於政治鬬爭底戰場，確然要比鄔梁諾夫早幾年；他底一些早期著作，在馬克思主義底宣傳上確實有過極大的意義，但是鄔梁諾夫底一切重要的、基本的理論著作，都跟馬克思主義者普列漢諾夫底作品在同一時期出世的。而且像鄔梁諾夫所著的何謂人民之友一書，甚至比普列漢諾夫底史的一元觀一書還要寫完得早些。普列漢諾夫和鄔梁諾夫底政治活動，一般地講，都發生於資本主義發展到了帝國主義階段底時期。普列漢諾夫哲學著作中方法論上的破綻和他在許多哲學問題闡述上的錯誤，都跟他在革命運動中所採取的機會主義的、孟塞維克的、自由主義的立場有聯系的。還在一九〇八年時，鄔梁諾夫在他寫給高爾基的信中鄭重指出道：『普列漢諾夫加害於這種哲學（卽馬克思主義的哲學——原著者）把這裏的鬬爭聯繫到小組織（或派別——沈）的鬬爭上去，但是須知每一個俄國社會民主黨人都不該把今日的普列漢諾夫跟從前的普列漢諾夫混爲一談啊』（全集卷二八，頁五二四）。

鄔梁諾夫和普列漢諾夫不是兩個不同時代底思想代表，而是兩。個。不。同。的。社。會。階。級。底觀念形態底表現者。普列漢諾夫在他從事革命活動底頭十年中，他在一般革命運動、特別俄國革命運動底歷史中，留下了很光榮的幾頁，可是從一九〇〇年代之初起，逐漸地轉變成工人運動中小布爾喬亞觀念形態底表達者；到了帝國主義大戰時期，他完全走上布爾喬亞的立場了。普氏在革命運動中所持的這種孟塞維克的路線，就是他底特殊的哲學著作中的理論錯誤底原因。德波林把鄔梁諾夫和普列漢諾夫看成革命運動發展中兩個不同時期（或時代）底人物；這樣的看法，無非是企圖藉此以減輕和抹煞普列漢諾夫底許多極嚴重的、原則上的、方法論的錯誤，對於這些錯誤，鄔梁諾夫曾不止一次地批判過，鄔氏揭露了這些錯誤之階級的和邏輯的根源。

很可注意的，德波林所發揮的這一種太粗笨的孟塞維化唯心論者底見地，遭遇了布爾塞維克底批判之火，便只好轉變方向了：孟塞維化的唯心論陣營裏的另一個著名的代表卡列夫，『看風駛帆』地想來「改正」這一粗笨的見地了。在一九三〇年馬克思主義旗下雜誌第六期所載卡列夫底論文中寫道：『普列漢諾夫和鄔梁諾夫在這種關係上並不代表工人運動中兩個不同的時代，而是工人運動中兩個不同的支流；在馬克思主義中他們是表現對馬克思主義的理解之兩種不同的深度」盡忠於孟塞維化的唯心論之方法論的卡列夫，忽略了馬克思主義者所認爲極簡單的一個眞理用理解底深度去說明第二國際大理論家普列漢諾夫和布爾塞維克首領鄔梁諾夫間的區別，這等於毫無說明。理解底深度上的區別，本身還是有它底階級原因的。在現時，在資本主義腐潰時代，任何一個布爾喬亞思想家，那怕他個人底天才如何偉大，他底創造活動，他底影響於現實發展底規律性的能力，終究被他底階級性、被他所代表的階級底保守性所「箝制住」的。資產階級沒有觀察未來的眼光，這就決定了、縮小了它底理論家對於社會發展現象的了解程度，減少了他們對於這些現象的理解底深度。行將離開歷史舞臺的那些階級底思想家，那怕他個人底天才怎麼大，他終不能得出眞意義深刻的、眞正科學的、結論和新發見。這一馬克思主義底眞理，已爲全部科學和哲學發展史所證實。普列漢諾夫愈是確定地和公開地走上孟塞維主義底立場，他對於馬克思主義哲學問題了解底深度就愈減少。他日益脫離馬克思主義底辯證唯物論的立場而走上庸俗唯物論和康德主義底立場；到了帝國主義大戰時期他竟公然宣揚起康德論權利和道德的一般人類法則底學說來了。

若不對馬克思、鄔梁諾夫底學說變節，就根本談不到什麼馬克思主義中「不同的支流」之存在，——孟塞維化的唯心論派，竟把這一簡單的眞理都忽視過去了，只有站在孟塞維克底立場，纔會把普列漢諾夫底錯誤和他對於唯物辯證法底許多重要問題底不了解看成馬克思主義「範圍以內」的某一「支流」。這樣的見解是表示跟社會法西主義者對於馬克思主義的估量完全一致；在社會法西主義者底觀念中，馬克思主義是理論問題闡解中的各種思派、各種支流和各種傾向底集成。孟塞維化的唯心論者恰巧也持着這樣的觀點，他們是頑強不屈地堅持着自己的典型式的修正派觀點。他們完完全全忽視了鄔梁諾夫對於普列漢諾夫底理論錯誤的批判。

在這個問題上，蘇聯底修正派，機械論派和孟塞維化的唯心論派在許多地方是完全相似的；至少可以說，孟塞維化的唯心論者自己既歪曲和不了解鄔梁諾夫底反映論，他就不會能對馬、鄔主義的反映論之機械論的修正作必需的鬭爭。他們違反着鄔梁諾夫底意見，認爲「象形論」或「標符論」——沈）底批判是不值得注意！的德波林在某次討論會上說過：『有這樣的一種象形論那種理論業已早經死去，它已不爲任何人所注意，它被鄔梁諾夫徹底地批駁過了。』在德波林底這一提綱中，不但表明他底不了解馬赫式的和康德式的修正觀念在現階段上、特別在資本主義總危機時期之嚴重的危險性，而且也表示着他底企圖轉移一般人對於德波林本人許多著作中所存在的康德主義思想的注意。在德波林所著像康德底辯證法這類的論文中，在阿斯摩斯（Asmus）等人底著作中，都把康德底不可知論掩飾起來了；在德波林派看來，康德底哲學差不多是辯證法的革命哲學了！孟塞維化的唯心論者在這方面跟社會法西主義觀點的一致，就是他們在政治經濟學方面跟新康德主義的修正派（實行這種修正的首要是破壞分子孟塞維克盧賓）團結一致底主要原因。

（乙）唯物辯證法之黑格爾式的修正

在資本主義諸國中直到現在爲止，孟塞維派底修正馬克思主義，多半是在『馬克思派哲學康德主義化』

底口號之下進行的社會法西主義的理論家，爲替他們自己的修正觀念作「理論」上的辯正計，他們便估計馬克思主義爲一種「偏面的」學說，並且認爲應當用康德底認識論去「補充」它（麥克司·亞德勒、華倫德爾等人卽如此主張。）他們閹去了馬克思主義之革命的內容，實行以康德學說「補充」馬克思主義的路線，他們這樣替自己在工人運動行伍中所幹的反革命的實踐打定了反動的理論基礎。在現階段上，隨着資產者羣底法西主義化和他們對勞動者集團進攻底加強，他們就竭力利用黑格爾底唯心辯證法作爲自己行動之哲學的理論根據。爲了這個目的，他們故意多方面地歪曲黑氏底方法論，以適合自己反動的「口味。」這一種布爾喬亞思想底新的傾向，我們已經指出過，就表現在社會法西主義上（其主要代表爲攷茨基、古諾夫、季格弗利德、馬爾克等。）

在蘇聯，馬克思主義是居於統治地位的意識形態；以德波林爲首的一派哲學家，利用着蘇聯大衆對於黑格爾學說的興趣，採取以黑格爾學說「補充」馬克思主義哲學的形式，以行其修正馬克思主義哲學的實際。卡列夫說：『醉心於辯證法家黑格爾，是對第二國際大多數理論家之機會主義的、忽視黑格爾的一種十分合理的和必需的反抗動作。但同時以鄔梁諾夫爲首的革命的馬克思主義者卻在黑格爾學說中找出了對馬克思的補充。（着重點是著者加上的——著者）……；孟塞維克認爲黑格爾學說是馬克思國家論底消毒劑（古諾夫；）布爾喬亞辯護人則謂黑格爾主義是從基礎上攻擊馬克思主義的武器』（見一九二四年第一期馬克思主義旗下。）

在卡列夫這一論綱中（這論綱還是一九二四年發表的，）表現着德波林派對馬克思主義哲學之孟塞維主義的、唯心論的修正之本質。照卡氏底意見，馬克思主義是不完備的、「偏破的」需要補充的，特別是它底哲學部分，——這便是孟塞維化的唯心論者底見地。孟塞維化的唯心論者跟直截了當提出『把哲學丟到路旁去』底口號的經驗派、機械論派不同，他們底實行取消馬克思主義哲學之路線，是藉使馬克思哲學脫離社會爭鬬之實踐，藉以黑格爾哲學補充馬克思哲學等方法來進行的；歸根結底說起來，他們不過是用更巧妙的手段執行着跟機械論者相同的取消馬克思主義哲學底任務罷了。卡列夫底言論是反馬、鄔主義之實質，反鄔梁諾夫底一個重要的指示的；鄔氏曾指示道：『馬克思底學說是全能的，因為它是正確的、完備的、和諧的，它給人們以完整的宇宙觀，這種宇宙觀既不跟任何迷信妥協，又不跟任何反動思想妥協，亦不跟任何擁護資本主義壓迫的理論妥協。』這個學說絕對不需要垂死的資本主義世界底布爾喬亞唯心論的學說作任何的補充；同樣的，馬克思主義底哲學也不需要任何的補充，因為『它是完備的。它的哲學的唯物論，它給人類以偉大的認識工具，特別是給工人階級』（鄔梁諾夫語）。以「補充」馬氏哲學的手段去修改這種哲學的行為，並不是新的，這是一切反馬克思主義集團——孟塞維化的唯心論派也在內——掩蔽他們對馬克思主義的修正行為的方法之一。

現在我們就拿孟塞維化的唯心論者以『用黑格爾學說補充馬克思』的手段修正馬氏哲學的那些問題，來作一番具體的考察吧。一九二二年鄔梁諾夫提出了對黑格爾哲學之合理的內容作唯物的改造底任務，他同時指出黑格爾底方法是和馬克思底方法徹底相反的，因為黑氏底方法是完全唯心的，假若不加以唯物的改造，不把它與唯物論聯合起來，我們便不能利用它。孟塞維化的唯心論者卻持另一種觀點，他們認為黑格爾底學說，一方面是唯心論，卽他底思想體系所代表的部分；另一方面卻是唯物論，它表現在黑格爾底方法上。卡列夫說，『照恩格斯和鄔梁諾夫底界說，黑格爾底哲學是頭脚倒置的唯物論。黑氏哲學中的唯物論成份正是他底方法』（見一九二五年旗下雜誌中卡氏著的論文。）這樣，在孟塞維化唯心論者底筆下，曲型式的唯心論者黑格爾底方法得着唯物論的方法底頭銜了。孟塞維化唯心論者對於黑格爾哲學底左祖和他們無批評的接受黑格爾學說的態度，在上述卡列夫底論綱中業巳暴露無遺了。

孟塞維化的唯心論者，爲要實行馬克思主義黑格爾化的路線，就往往援引馬克思、恩格斯、鄔梁諾夫底話去增強自己所闡關的理論。可是典型的馬克思主義者從來不把黑格爾底方法跟他底全部學說、他底哲學體系隔絕起來去觀察它的。他們永遠把黑格爾底方法和體系看成一體，估定黑格爾底哲學，就它底內容、結構和方法而言，都是唯心論的哲學。馬克思本人寫道：『我底辯證法不但跟黑格爾的根本不同，而且還是它底直接的反對體。在黑格爾看來，思想過程——他稱之爲觀念而甚至把它當作獨立的主體看待的，——是現實底創造者；現實只是它底外部的表現。在我看來，相反的，觀念的（或思想的——沈）東西無非是在人類頭腦中翻譯過來和改作過來的物質的東西能了。』（馬著，資本論卷一，頁二三。）這裏，馬克思以異常明確的態度把他自己的方法跟黑格爾底方法底對立性着重地指示出來了。

孟塞維化的唯心論者完全忽略了恩格斯所發表的一點簡潔明確的意見，恩氏說，『照他（指黑格爾——著者）自己所承認的意思，「從虛無（Nothing）經過虛無以達於虛無的那種方法，」是……完全不妥當的；』

又說，「黑格爾的方法，就它底現存形態言，是完全不適當的。它實質上是唯心的」（馬氏著，政治經濟學批判一書中恩格斯底書評頁二〇六。）恩格斯認為黑格爾方法之有系統的批判，馬克思之開拓和發揮唯物辯證法，就意義上言，是跟基本的唯物的世界觀同等重要的。

典型派的馬克思主義者常常鄭重指出，在克服黑格爾哲學、批判黑格爾哲學底工作中，最重要的任務就是改造它底辯證唯心論的方法的方法。鄔梁諾夫亦在哲學界面前提出同樣的任務。所以根本談不到什麼黑格爾方法與唯物論的「綜合」或「結合」，假如你不對馬克思主義變節的話。同樣的，我們也不能說什麼馬克思主義跟康德主義底結合或以康德主義補充馬克思主義這類的話。

然而孟塞維化的唯心論者卻在唯物辯證法和哲學史底各個問題上，發展着這種結合黑格爾底方法和馬、鄔底唯物論的理論。照他們底意見，辯證法唯物論「是黑格爾底辯證法跟唯物的自然觀和歷史觀的綜合」（見德波林著，康德底辯證法。）德波林底信徒們，遵照着德氏底方法論見地，確定說辯證法唯物論不外乎費爾巴赫底唯物論加上黑格爾底方法云云。這樣，馬克思主義之史的發生和形成底一個極複雜的過程，被孟塞維化的唯心論者庸俗地曲解掉了。

孟塞維化的唯心論者認為辯證法唯物論不過是唯物的世界觀加上黑格爾底方法；他們宣揚這樣的理論，拿這種唯心的、折衷主義的糊塗見解來混充黑格爾哲學之唯物的改造；同時不但把黑格爾底方法和體系對立和分裂開來，而且把馬克思底方法和宇宙觀也一樣地對立和分裂開來了：他們宣揚着這麼一種思想，認為唯心的方法有跟唯物的宇宙觀相結合的可能。

孟寒維化的唯心論者進行着反哲學黨派性原則的鬬爭，並且把哲學和社會鬬爭底任務分裂開來；在他們自己的著作中，則宣揚一種關於理論和實踐的非馬克思主義的見解。他們往往拿黑格爾、費爾巴赫式的實踐觀去替代馬克思、鄔梁諾夫關於改造世界的具體的社會歷史的實踐和關於理論爲改變世界之工具的學說，替代鄔梁諾夫關於以實踐爲基礎的理論與實踐之一致的學說以及鄔氏底一個具體的指示：『實踐底觀點應當成爲認識論底首要的和根本的觀點。』德波林寫道：『黑格爾在對批判主義和一切認識論的批判中的基本思想是說思想底批判，即思想能力底考察，應該跟思想底活動挽手並行。黑格爾是用人類之世界歷史的實踐底觀點去解決認識問題。主體與客體、認識與事物底二元論，他不用直觀這些對立體的方法去克服它，而是由於主體跟客體鬬爭，由於它們在人類生活底歷史過程中相互比較的結果』（德氏著哲學與馬克思主義，頁二三八。）

這樣看來，德波林把黑格爾對康德的批判解釋得那麼寬廣，他幾乎把它當作馬克思主義的康德批判一樣看待了。德波林不了解，黑格爾在他底康德批判中並沒有越出唯心論範圍以外，所以根本談不到黑格爾底解決這些問題，更談不到他用人類底眞實歷史實踐底觀點去解決這些問題了。原因是很簡單的，因爲在黑格爾底觀念中，實踐並不是人類之具體歷史的、感覺的實踐，並不是揭露客觀世界之規律性和改造這一世界的實踐，而只是『實踐的觀念』範疇，——整個兒地構成黑格爾的存在與思惟等同論的觀念、範疇。

這樣看來，德波林確認黑格爾在康德批判中用人類之世界歷史的實踐底觀點去解決認識問題，——這樣的看法是與事實相衝突的；這種見解恰恰足以證實孟塞維化唯心論者非批判地了解黑格爾底見解而且把它當作馬克思主義的見解看待了。

在德波林對於費爾巴赫底理論與實踐底觀念的闡解中，也有忽視馬、郞論實踐的學說的事實存在着。德氏寫道：『費爾巴赫底全部文字活動……從他跟黑格爾分裂的時候起，就對以前哲學底「理論的」、直覺的觀點進行着不曲不撓的鬬爭，而表示擁護實踐的觀點』（德波林：費爾巴赫論，頁一三四。）在這一論綱中又一次地證明了德波林底折衷主義和他底不了解馬、郞的實踐觀點本質。我們知道實際上不論，黑格爾或費爾巴赫都沒有真正理解人類底具體的社會歷史的實踐之本質，因爲他們都是布爾喬亞觀念形態底代表人，他們就達不到這樣的理解；黑格爾所以達不到這樣的理解，大半由於他底唯心論從中作梗；費爾巴赫所以不能達到這種理解，是因爲他底唯物論底形而上性和他對社會現象的解釋底唯心觀點的緣故。

費爾巴赫底哲學是只以說明世界爲己任的哲學之顯著的模範。費爾巴赫寫道：『自然和人類，兩者形成一不可分離的整體。觀察自然，觀察人類！這裏，在你底眼面前呈現着自然底全部祕密。』（費爾巴赫全集卷一，頁七七。）在這一論綱中，費爾巴赫極明確地說明了他自己的哲學底本質和它底被動的、直覺的性質。費爾巴赫底弱點就在於他不了解實踐之革命的、改造世界的作用和理論之爲改變世界之工具底作用。費氏底一切著作中，都貫徹着這麼一種思想：『祇有觀察事物和從事物之客觀的現實中觀察它們底實質，纔能使人完全絕對免除一切偏見』費爾巴赫底哲學並未越出說明世界底任務範圍以外；可是依照馬克思底學說，哲學底任務不僅在說明世界，亦且在改變世界。費爾巴赫底哲學縱然具有異常偉大的意義，然而他卻還免不了是一個純「理論的」直覺的觀點底傳導者而不是一個反對這種觀點的戰士（德波林卻違背着事實把費爾巴赫設想成這樣一個戰士）

孟塞維化的唯心論者對於理論與實踐之黑格爾、費爾巴赫式的、非馬克思主義的解釋，是跟他們所執行的使理論脫離社會主義建設之實踐，在哲學史各項問題解釋中使邏輯思惟脫離歷史過程的那條路線完全聯繫着的。孟塞維化的唯心論者忽略了鄔梁諾夫底一個直接明白的指示：革命的、眞正科學的理論，只有在實踐底基礎上，跟實踐維持直接的、極密切的聯系，纔能發展起來。他們當中有些承認理論跟實踐具有同等的意義（參閱盧波爾著鄔梁諾夫和哲學一書）有些模仿黑格爾底辦法，把實踐溶解到理論中去了。

然而馬克思主義不是呆板的教條，而是活的行動底指導。假如我們忽略了這一點，『就等於我們從它當中抽去了活的精靈，我們摧毀了它底根本的理論基礎——辯證法——關於一切方面的、充滿着矛盾的歷史發展的學說；我們毀壞了它跟一定的實際的時代任務的聯系，這些任務在每一新的歷史轉變關頭上是能夠發生變化的。』（見鄔氏論馬克思主義底歷史發展底某些特點一文。）這種哲學跟社會主義建設底實際任務的聯系底斷裂，被孟塞維化唯心論者在哲學的理論領域內實行起來了；他們把唯物證法底理論底探討轉變爲空洞的言論，轉變爲對於各種範疇底邏輯程序排列之抽象的探討，而絲毫也沒有向前推進唯物辯證法底發展。

在孟塞維化的唯心論者底觀念中，對唯物辯證法底許多重大問題的唯心的解釋，絕對不是偶然的現象，而是他們所傳導的修正觀念之唯心本質底表現。這在他們對於哲學底根本問題之解釋底性質上可以看得出來。德波林在其思想家的鄔梁諾夫一書中，初初給物質下了一個正確的定義，可是在結論中寫道：「在更廣大的意義上說，物質是諸種關係和聯系之全部無窮的，具體的總體。」（思想家的鄔梁諾夫頁四二）這是一個標本式的唯心的定義，因為在這個定義上，沒有把物質所具有的特質反映出來。物質是不受我人意識支配而獨立存在的客觀實體，物質是我人感覺底泉源等等，——所有這些特點，不知為什麼在德波林底「廣義的」物質定義中完全消失了。德波林和他所領導的一派底作品中這種唯心的物質底界說，難道是偶然的嗎？絕對不是的。這種界說產生於德波林這一派底全部修正主義的路線，它遠非個別的偶然現象。

這一根本的重要問題底解釋中的唯心論觀點，在德波林底學生們底作品中，特別在赫遜（Hessen）底著作中，表現得特別有力。赫遜在其所著相對論底基本原則一書中，遵循着孟塞維化的唯心論底總路線，他申述道：「辯證法唯物論視物質為空間和時間底綜合」（頁六九。）這一個界說，大體上是跟上面所引德波林的界說相同的。在赫遜底定義中也只說到聯系一種，只說到物質底生存形態而沒有講到物質本身。赫遜把時間和空間，把物質底生存形態當作物質本身看待了。這跟馬克思主義哲學中的物質觀毫無相同之點，它只是現代唯心論的哲學家和物理學家底物質觀之一種而已。

這樣的物質觀，由於德波林派底見解普遍流行的緣故，在許多的理論領域內都在表現出來，而在哲學領域內，它卻表現為公開的唯心論，甚至於得出這樣的斷論來，說像伸長性這樣一種物質底屬性，本身並不是物質底屬性，它對於物質底評估（物質界說底確定）是不重要的。在這樣的場合之下，試問在孟塞維化的唯心論者底解釋中，物質裏面還有什麼遺留着呢？他們表示盡忠於馬、鄔主義哲學的誓言，試問還有什麼價值呢!!

孟塞維化的唯心論者修正馬克思主義哲學底一切基本問題的情形就是這樣。他們藉口研究辯證法唯物論和批判黑格爾而實際上提供了一種最惡劣的唯心的經院學說。

在德波林底辯證法與自然科學那本論文集中，他在評估馬克思主義哲學底特點時寫道：『唯物辯證法這種一般的方法論，應當貫穿於一切具體的和經驗的科學，因爲它可以說是科學底「代數」，把內部的聯系帶進到具體的內容裏面去。』（頁三一。）在這一解釋唯物辯證法之本質的論綱中，德波林完全重復了下面一個黑格爾對唯心辯證法的評估。黑格爾說：『辯證法是科學運動中的活的精靈，這一種基本原理把必然性和內部的聯系帶進科學底內容中去。』（見黑格爾全集卷一，頁一三五。）請看前面所引德波林底論綱和這一黑格爾底辯證法本質底界說相比較，試問有幾個字眼不相同呢？這就是孟塞維化的唯心論者對黑格爾哲學之「唯物的改造」底標本。孟塞維化的唯心論者底這種唯心的辯證法定義，並不是偶然的現象，而是他們勞作中所特有的一種思想體系底表現。

德波林既估定辯證法爲『帶進聯系』底工具，他在別的許多論文中又繼續發展這一唯心的觀念。他在馬克思主義之哲學一書中寫道：『我們必須明瞭，在一切科學知識之基礎上，置放着各種基本的概念，這些概念都具有範疇底性質。它們內在於實體，同樣地也內在於思惟』（頁二五九。）依照馬克思、鄔梁諾夫的反映論，概念無非只是客觀世界底規律性反映在人類思惟上的模型。邏輯底範疇是從人類對自然和社會底發展法則的認識歷史中產生出來的結論。馬克思主義把科學和各個哲學範疇底發展聯繫到人類社會和人類思惟底發展上去，因爲它們是人類實際活動底產物和人類認識客觀世界法則底結果。德波林卻斷言概念內在於實體和思惟估定概念有本體論的意義，某些首要的本質之意義；在這種見解中表現着德波林已傾向到黑格爾主義方面去了。

這樣的論調，在德波林底許多著作中是常常重復着的。到如他在辯證法和自然科學一書中寫道：『每一單獨的現實領域——自然或社會——都建基於一般的運動法則和運動形式之上，都以這種法則和形式爲自身的基礎，同時它又根據一些特殊的，個別的範疇，即是內在於這領域的諸範疇』（頁二七。）這裏德波林是在實傳標本式的黑格爾主義的見解。

我們早經說過，黑格爾遵照他自己的思惟與存在相等同的學說以建構他底邏輯學：從空洞的等同——純存在（"pure being"）開始，由純存在過渡到它底對立方——『純虛無（"pure nothing"）』而視變化（becoming）爲前二者之一致，然後又過渡到業已變成的現成存在——質地——再後纔過渡到數量和度量這些範疇。最後，在邏輯學底第二部分中，考察到本質底範疇時，黑格爾又揭發了等同（或同一——沇、）差異，對立等等概念。這些範疇底變化在黑格爾看來，以爲就是客觀世界底變化。黑格爾把認識過程跟世界發展過程相等同了（即將認識過程當作世界發展過程看了——沇。）在他看來，概念底自動發展就等於現實底自動發展。

在黑格爾底邏輯科學中，矛盾發生於差異和對立這二個概念之後，換言之矛盾在下一個發展階段上纔表現出來。從唯物辯證法底觀點看來這種見解是經不起批評的。物質——這種永久存在的客觀實體——在它生存和發展底一切階段上它始終是內部包含着矛盾的。沒有運動的物質是沒有的而且不會有的，可是物質底運動無非只是經常實現着的矛盾而已。

接受黑格爾的概念發展底公式和他底解釋等同、差異、對立和矛盾爲世界發展底諸階段，——這就等於接受他底存在和思惟相等同的學說，等於宣傳純粹的唯心論。這一條解釋差異，對立和矛盾的唯心的道路，現在德波林也走上了。他寫道：『對立以後轉變爲矛盾，後者是認識和世界發展過程中的新階段。』（見哲學和馬克思主義頁二三二）這裏德波林也估定對立和矛盾這兩個階段，不僅是認識發展中的階段而且還是世界發展中的兩個階段。這樣，德波林在這個問題上完全無批評地接受了黑格爾的觀點。這裏，德波林客觀上是在反對馬克思論物質內部矛盾的學說，馬氏指明這種內部矛盾便是物質自動底基礎；同時德氏底見解又跟下面一種學說相衝突，就是說差異和對立只是物質世界底矛盾底表現形式。德波林把矛盾只當作客觀世界發展底最後產物看；照他底見解，矛盾只是在發展終尾上纔表現出來。德氏寫道：『當一切必然的發展階段——從單純的等同，經過差異和對立而達到極端的矛盾——都過去了的時候，「解決矛盾」底時期就到來了』。（同前頁二三四）這裏德波林把我們對客觀規律性的認識底發展階段跟客觀世界本身底發展階段相等同了。

在對科學認識中的邏輯原素和歷史原素底相互關係問題底全部解釋中，孟塞維化的唯心論者也實行着同樣的唯心論的路線。典型派馬克思主義者視邏輯爲淸除了偶然現象的歷史在思想上的再現。在資本論中馬克思給了一個解決這一認識問題底極精彩的模範。他在概念底運動中指出了資本主義發展底歷史過程，從單純的商品經濟起到發達的資本主義爲止這一全部的歷史過程；他又給了一個關於交換形式的邏輯的分析，從偶然的交換形式起到貨幣交換形式爲止，而且馬克思底邏輯分析底歷程，只是反映着除去了一切個別的偶然現象的實在的社會關係之歷史發展底進程，而上述諸種交換形式，正是表現這些社會關係的。馬克思、恩格斯和鄔梁諾夫從來不曾把社會發展底歷史過程溶解在邏輯過程中，從來不把二者等同起來（即看成同一事物——沈）而是常常積極地進行着反對以邏輯過程代替歷史過程的鬬爭。

可是在喜歡援引馬克思主義典型人物底言論的孟塞維化的唯心論者底作品中，卻徹頭徹尾地貫穿着無孔不入的邏輯至上主義。他們底特色就是在研究哲學思想底歷史發展時，完全遺忘了社會的爭鬬，把哲學體系底發展史當作純粹內在的、邏輯的發展過程看了，孟塞維化的唯心論者認爲解釋某一哲學體系底發生和本質，就是從邏輯方面分析前一哲學體系底內容，在它裏面找出跟後一體系底原素相類同的原素，把這些原素當作促進以後哲學發展的原因和條件看待。換句話說，孟塞維化的唯心論者往往只從純邏輯方面去研究，至於哲學體系發展底具體的歷史基礎，卻完全被他們所忽略了。社會集團間的鬬爭，階級社會歷史發展底根本動力，也完全消失了。德波林最好也不過把所謂「社會需要或文化程度」看作新的哲學理論發生底根本原因而已；換句話說，他對這個問題（即爲何發生某種哲學體系的問題——沈）的解答，並沒有比黑格爾進步些。德波林寫道：

「這樣看來，決定哲學的兩種原素，某一時代底社會需要或文化程度，成爲一種建立哲學體系的基礎；這裏存在着一種歷史的連續性，它跟各種不同的，非常複雜的社會利益之史的發展密切地聯繫着。第一個要素是邏輯的連續性，它表現於各種哲學理論由此至彼邏輯地發展出來和邏輯地互相決定」（德氏著：哲學與馬克思主義，頁一一。）

由此看來，我們可以明白，在現時期，孟塞維化的唯心論者離開了社會爭鬭與社會主義建設（就蘇聯底具體情形而論——沈）底實踐以從事唯物辯證法底研究與開發，而始終沒有研究到任何一個唯物辯證法底迫切問題，——這完全不是偶然的現象呵。

（丙）　辯證法與認識論之對立及其革命本質之曲解

在蘇聯，孟塞維化的唯心論者對馬克思哲學之修正，是採取極含糊，極巧妙和極複雜的形式進行着的；這種修正，大體上說，是黑格爾式的唯心的修正理論。但是這種修正學說之孟塞維主義的本質，它跟國際孟塞維主義的「血統關係，」除了我們先前述及的諸點之外，也還在對唯物辯證法底許多重大的問題之康德主義式的解釋上表現出來。特別是對辯證法之爲認識論這樣一個極頂重要的馬克思主義底哲學問題，德波林底修正，恰正是照這條路線進行的。

關於這個問題，鄔梁諾夫曾寫道，「辯證法也就是馬克思主義底（亦是黑格爾底）認識論：這正是普列漢諾夫所沒有注意到的事情底「一方面」（實在不是事情底「一方面，」而是事情底實質，）別的馬克思主義者已不用說了』（鄔氏文集卷十二頁三二五。）在現時，我們有充分的權力把孟塞維化唯心論者歸屬到這些「別的馬克思主義者』中間去。德波林和他底門徒們違背了鄔梁諾夫所給以唯物辯證法爲馬克思主義底認識論的那個評估，不但完全無批評地效法普列漢諾夫，而且在這個問題上加深普氏底錯誤而把認識論和辯證法對立起來，他們以爲辯證法只是『方法論』而已。德波林在馬克思和黑格爾一文中寫道『辯證法之爲方法論，爲與認識論相對立的方法論，此種意義完全爲馬克思主義之鼻祖及其最大的代表所認知的。』（見哲學與馬克思主義頁二三四。）德波林確定說認識論已經不需要，『認識論已經執行了它底歷史任務，』這樣他把馬克思主義底認識論當作康德式的認識論看待了。這麼一來，德波林把辯證法變成了一種純粹的，抽象的方法論。

德波林不了解，唯物辯證法同時就是眞正科學的，徹底革命的馬克思主義底認識論，它是科學的宇宙觀和方法底一致體。德波林底引證馬克思主義首創人底話來替自己的立場辯護的行爲，是經不起任何批評的。馬克思、恩格斯、鄔梁諾夫在他們自己的著作中從來沒有把唯物辯證法跟認識論對立起來，而且也不能對立它們。辯證法是論自然，社會和思惟底發展底一般法則的科學。存在和思惟底法則，內容相同而形式則異，這些恩格斯底指示，給我們以了解鄔梁諾夫所說『辯證法也就是馬克思主義底認識論』這句話的鎖鑰。因此認識底方法，不能在具體的社會歷史的人類實踐以外，在人類認識活動底過程以外建立起來的。辯證法既是論客觀世界底一般法則和論認識法則的科學，它因而也就是認識論。

社會法西主義者拿馬克思主義底認識論去對立辯證法；這跟他們底忽視實踐底作用，跟他們底否認哲學底黨派性和以馬克思主義爲教條的那種觀念跟他們底新康德主義式的「補充」和「修正」馬克思主義，都整個兒地聯繫着的——辯證法底對立認識論，辯證法與認識論底分裂，無疑的也是普列漢諾夫政治上的孟塞維主義和他底不充分深刻的，偏面性的理解辯證法之具體的表現。孟塞維化的唯心論者，違背着馬克思底學說和鄔梁諾夫底直接指示，忽略了鄔氏專門在這個問題上對普列漢諾夫所作的批判，他們在蘇聯底條件之下繼續宣揚普列漢諾夫底修正主義見解，同時把認識論跟辯證法脫離開來，把方法與宇宙觀理論與實踐脫離開來了。孟塞維化的唯心論者既否認辯證法之認識論底作用，這樣他們就逃避了關於存在與意識之關係的這一個哲學底基本問題而把辯證法看作某種「純粹的」不包括宇宙觀問題的而本質上唯心的方法論了。

這樣的對立和分裂辯證法與認識論，或將認識論溶化於一種抽象的方法論中的辯法，不可避免地要引人走上不可知論和唯心論底道路，而損毀這唯一科學的方法論和認識論——唯物辯證法——之科學的意義。

唯物辯證法就實質論是革命的科學，因此各種形式的修正主義者要想消毀馬克思主義底實際作用，磨滅它底革命本質，首先就要運用他們底武器去打擊唯物辯證法底實質核心——對立底一致底法則。修正主義中的一派（柏恩斯坦及其他）簡直老實不客氣地反對現實世界之矛盾底研究，稱馬克思的辯證法爲黑格爾學說；另有一派則想用庸俗的，機械的均衡論去代替辯證法；第三派則又用唯心的，康德式的見解去解釋辯證法底基本法則，藉此以破壞唯物辯證法諸法則之信譽，消除它們底確實唯物的，科學的革命意義。

後一派底行爲，正是孟塞維化的唯心論者底修正主義活動底特色。德波林在他對對立底一致之法則的界說中，實際上在傳達社會法西主義的見解。我們底認識受對立底一致之法則所領導，——這句話底意思就是我們了解內部的矛盾爲發展之基礎在每一現象中我們應當在外表聯系之下，揭發出內部的，本質上的矛盾，首先要揭發出現象自身中促成其自身否定的原因來；必須記住，每一事物中都有矛盾的傾向，這些矛盾傾向底鬬爭就是事物發展底根本原因。鄔梁諾夫把對立底一致這個法則具體化起來，根據帝國主義和社會主義革命時代底材料，加深研究這一法則，他解說這法則道：『對立體底一致（符合、同一、均等作用）是有條件的，暫時的，相對的、瞬間卽逝的。互相排斥的對立體底鬬爭是絕對的，猶如發展，運動是絕對的一樣』（鄔氏文集卷十二頁三二四。）孟塞維化的唯心論者違背了鄔氏對這一對立底一致底法則之典型式的解說，他們給了一個與此根本相反的解說：他們不把它解作鬬爭底法則，不解作發展底法則，而解作「綜合」底法則，調和對立體底法則。以下就是德波林對於這問題的標本式的解說之一。

德波林談到康德底二律背反（或二律矛盾"Antinomy"——沈）時寫道：『……康德把正題跟反題對立起來，藉此證明正題排斥反題，因而兩者是不能調和、不能解決的。可是積極的辯證法，在正題和反題中所見的卻不是互相排斥，而是互相調和的對立體』（見馬、恩文存卷一，頁六四。）

這樣看來，德波林提出了他對這一法則之孟塞維式的解說去對抗鄔梁諾夫關於這法則之最完滿，最周密地表現世界發展之本質、社會爭鬬之本質的公式。這種唯物辯證法底法則底解說，是一般地修正主義者所特有的，實際上是他們在工人運動隊伍中所進行的叛逆路線之理論的表現。

卡甘諾維契（Kaganovich）談及對立底一致之法則時，曾着重指出說『了解現實中的對立底一致，——這意思就是不怕困難；這意思就是不怕那些在我們底道路上所發生的生活底矛盾，而要用波爾塞維克的精力和堅定性去克服它們。』這樣的理解對立底一致之法則，纔是眞正科學的，馬鄔主義對此法則的理解。革命的集團，必須根據這種辯證法則之科學的、革命的理解，根據社會爭鬬底發展法則之科學的，革命的理解並受這些法則底領導，它不應調和或抹煞原則上的分歧而須揭露這種分歧和革命地克服它們。相反的，在社會法西主義者底觀念中，認爲這一法則底特點是調和矛盾、消磨矛盾、是抹煞原則上的分歧；他們認爲吾人應隱藏分歧，磨滅和調和這些分歧。孟塞維化的唯心論者亦正是循這條路線進行的。

（丁）孟塞維克托洛茨基式的社會爭鬬觀與機械論的結合

史的唯物論之爲勞動者羣社會爭鬬底理論，在今日勞動集團革命鬬爭中，特別在社會主義建設的實踐中（就蘇聯底情形而論——沈）盡着異常重大的作用。探討唯物史觀之諸問題，研究社會爭鬬之新形式及過渡時期之規律性，——這些任務在現時具有特別重大的意義。史的唯物論（或唯物史觀）這種認識和改變社會發展之規律性的唯一科學的理論，是應該替革命的實踐，替社會主義建設底實踐服役的。假若理論不跟社會爭鬬底實踐極密切地聯繫起來，不把勞動者羣爲社會主義的爭鬬經驗製作成爲一般的原則，這樣的理論就不能很豐饒地發展起來，不能執行它所擔負的各種任務：跟布爾喬亞和小布爾喬亞意識形態作爭鬬的任務，改造社會意識的任務，消滅人們意識中的階級殘餘的任務。但是以德波林爲首腦的一派哲學家，把理論跟實踐，哲學跟政治分裂開來，完全忽略了探討史的唯物論諸問題之任務；縱使當他們談到那些問題的時候，他們也是用托洛茨基式的或右傾機會主義的孟塞維化唯心論的或機械論的觀念去解釋它們的。

在他們底著作中，不但沒有在過渡時期所提出的新問題上繼續加深史的唯物論底探討並使之更具體化，即對於馬克思主義底典型代表早已充分探討過的那些問題，他們也往往只給予非馬克思主義的，孟塞維化唯心論的解說。德波林所發揮很少的一些關於唯物史觀理論問題的意見，都是很抽象的（而且是指意義惡劣的那種抽象性）；這些意見都是絕對地沒有絲毫價值的。

先舉德波林底階級觀為例吧。他寫道：『馬克思主義視社會階級為一種實體，一種以歷史進化為基礎的實在的事實』（德著，辯證法與自然科學，頁二四六。）這一估量不但不着邊際毫無內容，而且顯然是不正確地理解着馬克思在階級問題研究上的眞實的功績。馬克思在一八五二年三月五日致惠德麥（Woydemeyer）的信裏，特地指出階級底存在跟物質生產發展之一定的歷史形態有密切的聯系，同時又指明並證實社會集團的鬭爭要發展到勞工階級專政底地步；這種政權，他認定是一個必然的階段，是走向一般的階級消滅之必然的過渡階段。

德波林想「證明」階級底實在性給機械論者看，他忠心於他自己的孟塞維化唯心論的方法論，忽略了馬克思主義中基本的，主要的東西。在思想家的鄔梁諾夫這一小冊子中，德波林對階級與蘇聯條件下的社會爭鬭問題，企圖作比較具體的解釋；他寫道：『勞工集團專政並不是一種極樂世界的「狀態，』在這種『狀態』之下，一切階級矛盾均已消除完盡。相反的，勞工集團專政是社會爭鬬，甚至國內戰爭在更廣大的基礎上之繼續，在國際舞臺上，站立着全身武裝的兩個敵對階級互相對抗着」（頁一二〇。）這裏德波林藉口闡述和探討鄔梁諾夫底見解，實際上在宣揚右傾機會主義的社會爭鬬消衰論，宣揚蘇聯社會爭鬬底否定論而認爲它只存在於國際的舞臺上。

在那本小册子中，德氏這一超等機會主義的社會爭鬬消衰論，又補充以攷茨基式的帝國主義本質論。德波林寫道：「在政治關係上說，帝國主義是表示反動，但在經濟關係上，它卻表示進步。」（前書，頁八七。）這樣，德氏違反着明白的鄔梁諾夫的帝國主義界說，——確定帝國主義爲資本主義發展中的最後階段，爲在一切關係上腐潰化的資本主義階段，——德波林違反着這一鄔氏的界說而公開發揮資本主義底經濟進步論，攷茨基式地把政治跟經濟脫離開來，客觀上走上了跟攷茨基底帝國主義論——肯定帝國主義祇是資本主義之政策的那種理論——相一致的立場。

在探究過渡時期之諸迫切問題時，孟塞維化的唯心論者傳導着業已被粉碎的托洛茨基主義和右傾機會主義。鄔梁諾夫曾確定工人和農民是過渡時期底二個基本的社會集團；孟塞維化的唯心論底健將之一卡列夫違反着鄔氏底這一指示，提出了過渡時期中祇有一個基本社會集團的論綱，托洛茨基式地否定農民爲第二個基本社會集團底作用，他發表這種意見來反對鄔梁諾夫底下面一個學說：勞工集團專政之最高原則，是保持勞工集團領導之下的工農聯合。

這樣看來，從孟塞維化唯心論者對於社會爭鬪問題的解釋上可以明白，他們和機械論者是各種小布爾喬亞階層底意識形態底表現者。孟塞維化唯心論者常自命爲「唯一的」、「最徹底的」跟唯物辯證法之機械論的修正作鬪爭的戰士。他們有不有跟機械論者做過鬪爭呢？是的，做過了的；但是他們進行這種鬪爭，並不從辯證法唯物論的立場，不從馬克思主義的立場，不遵照黨底路線，不把自己的批判施展到底，不把機械論底社會本質揭露出來。不僅如此，在許多問題上孟塞維化的唯心論者甚至還跟機械論者是一致的。

例如試舉與機械論者鬪爭的諸首要問題之一來說，這就是關於機械論者否定馬克思主義之哲學而代以自然科學之最後結論的問題。孟塞維化的唯心論者在這一與機械論者的爭鬪中，確是耗費了不少的筆墨，可是形式上雖在跟機械論者做鬪爭，實質上卻唯心地閹割去了唯物辯證法底內容，把馬克思主義底哲學黑格爾化了，他們從另一方面實行着跟機械論者相同的路線——取消唯物辯證法這一哲理科學的路線。例如德波林寫道：「推理的元素日益被純科學的元素所排擠，而宇宙觀，整個地講，已具有更科學的性質了。哲學表露着跟科學相融合的趨勢。大部分純粹的哲學問題，在現時都已被實證科學所併呑了。」這裏德波林公開地表示與機械論者一致，宣傳着完全錯誤的見解；這些見解與馬克思主義者底觀念毫無相同之點。德波林像機械論者一樣，也在宣揚哲學底消滅，談論哲學底衰亡及其爲實證科學所代替；他不了解馬克思主義哲學本身具有深刻的科學性質和有自己獨立的研究範圍。根本談不到什麽馬克思主義哲學跟別種科學底融合，也談不到這一科學哲學之消滅。不但如是，跟着實證科學底繁榮，馬、鄔主義的哲學將發展到更高的階段，而它底作用也將更爲重大了。

在現在這個時候，在馬克思主義哲學底兩種孟塞維克的修正派被揭破了之後，跟機械論這一理論陣線上的主要危險的鬪爭，和跟孟塞維化唯心論者的鬪爭，都應該照舊繼續下去。這一鬪爭，是發揚哲學中的鄔梁諸夫階段，探討唯物辯證法和史的唯物論底各種具體問題中之一組成部分。

（戊）托洛茨基主義與「左翼」機會主義之方法論批判

我們已經說過，在工人運動史中，有兩種型類對革命理論和實踐的曲解：除社會改良主義公開的右傾機會主義外，常常還存在着跟馬克思主義作鬪爭的無政府工團主義者和與此相類似的「左翼」修正主義者。這一型類的修正主義底代表，事實上執行着同一機會主義的路線，而口頭上卻表示得比勞工底黨還「更左，」高唱着「超革命的」主張和口號。

「左翼」機會主義底特點，就是空唱革命的高調以掩蔽它底小布爾喬亞本質。「左翼」機會主義者底觀念和政治實踐之理論基礎，是唯心論、客觀主義、抽象的教條主義、與辯證法完全絕緣。「左翼」修正主義者否認根據唯物辯證法隨機而變運用策略，施展手段和估計環境底一切條件之必要。他們不把正確估計一切具體的發展階段和所應克服的各種困難之任務擔負起來。他們常常教條主義式地、直線式地、單方面地、隨着自己的主觀意願而為所欲為。鄔梁諾夫在論辯證法底問題一文中，關於唯心論寫過下面一段話：「直線性和偏面性，呆板性和殭硬性，主觀主義和主觀的盲目性，——這些便是唯心論底認識根源」（鄔氏文集卷十三，頁三二六。）

鄔氏這一個對唯心論的估計，是完全適用於對托洛茨基主義者，對無政府工團主義者以及對一切型類的

「左翼」機會主義者的。這一估計，揭露了這些派別底政治觀念之哲學基礎底本質。關於「左傾」思想的問題，我們可以找到馬克思和恩格斯底非常重要的指示，因爲他們也曾需要進行兩條陣線上的鬬爭。一八四八年革命以後，德國工人運動中發生了維立赫——夏培爾（Willich-Schaper）少數派底小組織後者批判馬克思和恩格斯，說他二人在德國革命運動問題上的主張『不夠徹底』和『無革命性』。

教條主義、唯心論、主觀主義和主意論（Voluntarism）——這便是馬克思對這一「左派」所給的哲學的估量。這也不僅是十九世紀亦且是二十世紀工人運動中各種「左派」底特徵和它們底方法論的本質。上面這一種估量，直到現在還沒有失去時效。相反的，俄國十月革命以後形形色色的「左派」在理論和政策上所表示的見解，更足以證實這一估量底正確了。這一反馬克思主義的方法論之最顯著的表現，就是托洛茨基主義，這一特殊形式的孟塞維主義；它在過去幾個時期曾用「左的」空談來掩飾自己的本來面目，在現時則已變成反革命資產階級底先鋒隊了。

完全避去托洛茨基主義底方法論問題不談，像孟塞維化的唯心論者那樣的行爲，對於托洛茨基主義底一般的理論的哲學根基不加以考察和批判，——這都是根本不正確的。再若把一切事情都推諉到『托洛茨基個人的心緒』上去，以爲托氏個人常常『完全意外地』起來跟黨底基本領導核心衝突，而衝突之點常常是關於某一突然發生的事件或偶然的沒有什麼重大意義的問題，』——這樣的觀念也是毫無根據的。（引文見卡拿特契可夫著「一種傾向底歷史」）

實際上不僅在托洛茨基本人這方面，卽在一切托洛茨基主義者底觀念中，都可以找到一些他們所共同的方法論見地。在托洛茨基似乎「偶然的」和「意外的」主張後面，我們應當揭露出它們底社會基礎，它們底理論根源和它們跟托洛茨基主義全部觀念體系底聯系來。

我們上面所指出的將托洛茨基主義底政治實踐跟它底理論基礎相脫離的那種辦法，是以分裂理論與實踐爲能事的孟塞維化的唯心論者所做慣的。但是替這樣的分裂理論與實踐的辦法建立哲學基礎的嘗試，托洛茨基本人也做過的。托氏認爲理論的活動應當離開黨的，政治的實踐而獨立進行起來。例如托洛茨基在一次紀念門德列夫(Mendeleev)的報告中簡直這樣公然揚言道：『個別的學者可以完全不顧及他們底研究活動底實際結果。他們底思想工作愈廣闊，愈勇敢，愈不受日常的實際需要之支配，獨立，便愈好』(托著，門德列夫與馬克思主義頁六。)

托洛茨基這一段話是對蘇聯的學者們說的。托洛茨基說這幾句話的用意，是要教蘇聯的學者們不要顧及他們底理論工作對於社會主義建設的實際效果。照他底意思說來，似乎蘇聯的學者愈少知道社會主義建設底需要就愈好了!

這樣的使理論脫離實踐，使科學脫離黨派的立場，這樣的一種布爾喬亞的客觀主義，托洛茨基以爲這就是『馬克思主義底本質』。托氏寫道：『馬克思主義底本質正在於它徹底地把社會當作客觀研究底對象，把人類歷史當作巨大的實驗室的日記來觀察。……正是由於這樣的客觀態度，馬克思主義纔具有歷史先見底不可超越的偉大力量、。』這樣，在托洛茨基底想像中馬克思主義就是布爾喬亞的客觀主義，是脫離了革命的實際活動的客觀主義。

托洛茨基承受了普列漢諾夫底見地，以爲『嚴格地說，黨派的科學是不可能的』（普氏語——沈）他且進一步地迎合着布爾喬亞讀者底利益，力圖從「理論上」證實這一見地。他在俄國革命史一書中寫道『然而讀者有權要求要歷史的著作不成爲政治立場底辯解，而成爲革命底實在過程底內部理論根據底表現。歷史的著作，只是當歷史事件由於它自身全部自然的強制性而在歷史作品上開展出來的時候，它纔完滿地完成了自己的任務』（卷一，頁十五。）這裏托洛茨基把政治的立場跟他所說的『實在的過程』對立了起來，照他底意見，似乎勞工集團之實現自己政治立場底活動，本身不是代表所謂『實在的過程』的。

托洛茨基完全不了解馬克思主義底本質，不了解它跟布爾喬亞科學的根本區別；這種區別就在於它徹底地實行黨派性底原則。鄔梁諾夫寫道：『馬克思主義跟一切其他社會主義理論不同的區別點，是在於它把客觀的事物狀況和客觀的進化過程底分析中之充分的科學的嚴肅性，跟大衆底革命能力革命創造力革命發動性之意義底堅決底肯定，很精妙地聯結起來』（反對抵制一文，或全集卷十二，頁三二。）

但是托洛茨基底「客觀主義」祇是用以遮蔽他實際上的主觀主義，詭辯主義，以及他底專尚空談的把戲的假面具。托洛茨基再三再四地用他掩蔽自由主義政治路線的折衷主義的口號來反抗確當的革命口號。他底口號，是詭辯主義底標本，用小布爾喬亞的估量去代替革命的估量，機會主義地避免對急迫的政治問題作一定的答復。有時從外表上看來他底口號似乎是依據「辯證法的」公式的這種公式——『不是，亦不非』——普列漢諾夫把它完全當作辯證法公式看的。事實上這完全是用詭辯論代替辯證法。在布萊斯特和約簽訂時期，托洛茨基提出了一個空洞的口號：『不和平，亦不戰爭。』在帝國主義戰爭時期則提出『不勝利，亦不失敗』底口號，出一孟塞維主義的公式——『不是，亦不非，』又表現於托洛茨基底否定波爾詭維主義與孟塞維主義之存在，表現於他折衷主義地企圖自駕於這『兩極』之上，表現於他企圖創造自己『特殊的』派別。實際上，托洛茨基這種詭辯主義，促成了他底政治上的機會主義，促成了他在爭鬭底決定關頭上抱消極態度和叛賣革命的勞動者羣底利益。

因爲托洛茨基對波爾塞維克底兩條陣線上的鬭爭——跟取消派和召回派的鬭爭——取否定態度，鄔梁諾夫曾指示道，托洛茨基『實際上是在替取消派和召回派盡了最忠實的服役，所以他愈狡滑地、愈巧妙地、愈大言不慚地遮蔽他底否定態度，他底作用就愈危險。』（鄔著新聞記者底扎記。）鄔氏接着又說『這種月下老人底觀點，也就是托洛茨基底調和主義底全部「思想基礎」』（同前。）無原則的折衷主義和詭辯主義，用空洞的高調來掩飾機會主義，——這就是過去階段上的托洛茨基主義。

『不是，亦不非』這一個公式是表示任何事物底絕對的否定，表示口頭上承認抽象的運動，實際上則消極地停滯在一個地方。這也就是馬克思評估普魯東時所說的那個『哲學底貧困，』關於這點馬克思曾在哲學底貧困中寫道：『「是」轉變爲「非，」「非」又同時變爲「非」和「是。」這樣一來，對立體就互相均衡化，中和

化和痲痺化了。』（頁一〇二）

托洛茨基底否定哲學底意思，亦正如是。這種哲學底意義，是在於自由主義的磨滅和抹煞實際的生活矛盾和社會爭鬪，它是躲避尖銳的鋒刃和逃避直接的答復的一種嘗試。這樣的「哲學」促使托洛茨基得到跟普魯東一樣的結論。馬克思寫道：『普魯東先生雖以極大的努力，想懸攀到矛盾體系之上，但是永遠不能升登到兩個初級階梯以上：單純的正題和反題而且這裏他也只達到了兩次其中一次還顛倒跌下來了』（哲學底貧困，頁一〇二。）托洛茨基跟這裏普魯東底見解完全一樣：他們底觀念中所表現的不是辯證的矛盾邏輯而是專談抽象的否定之形式邏輯。

主觀主義、詭辯論和形式邏輯，使托洛茨基觀察任何問題時脫離了具體的研究而專從『一般原則』底觀點去作抽象的探討，因而他就常常得出政治上不正確的結論來了。在關於職工會問題底討論中，鄔氏寫道：『當我談到職工會底生產任務問題時，我就看到托洛茨基底根本錯誤，他時常口口聲聲地「從原則上」講到這個問題，時常只談「一般的原則。」在他底一切論綱中都是從「一般原則」底觀點講話的。這裏問題底提法就根本不對』（鄔氏，論職工會。）

關於職工會底問題，托洛茨基沒有給勞工專政條件下的職工會底地位和任務作具體的分析。因此托氏就不能了解職工會底本質，同時也就不會了解過渡時期中職工會所應盡的作用。抽象的觀察問題，使托洛茨基沒有可能了解蘇維埃國家底性質、這國家中官僚主義底成分，經濟和政治之正確的相互關係以及國家底行政機關和工會機關底相互關係。

托洛茨基關於職工會的整個綱領，照鄔梁諾夫底評估，是『從討論具體的、實際的、生活上的、活的任務的實際綱領後退了一步而專事抽象的、「荒蕪的、」理論上不正確的，知識分子氣十足的一般空洞的論綱，忘卻了最實用的和有實踐意義的，』『爲正確地說明這一問題計，必須從抽象的空談進於具體的探討』（鄔氏，再論職工會。）我們必須從一般的空談，從關於『生產的空氣、』『生產的辯證法』等等的論綱，轉到生產宣傳底實際經驗底研究，轉到職工會爲勞動者聯合、團結、學習管理底學校之實際工作底研究上去。托洛茨基破壞了這一基本規則，這一辯證法底基本要求——具體觀察問題底要求。『托洛茨基底全部觀念都不正確的，因爲他老是往後退，從活的事情退到「生產空氣」底死的經院學說』（同前。）

托洛茨基式的唯心論底特點是它底主意論（Voluntarism）。照托洛茨基主義底見解，意志是最主要的，一切其他都得受意志底支配。馬克思、鄔梁諾夫主義，我們早已說過，從不否定個人在歷史中的作用，尤其不否定整個階級底作用和積極性。相反的，它還着重地指出工人階級意志之自覺的表現之必要和鉅大的意義。但同時馬、鄔主義認爲這種個人和階級底活動底基礎，不是自由意志而是淵源於客觀現實的階級底經濟利益。恩格斯曾指出『意志自由之意義，不外乎接受依據事實知識的決定。』這就是說，實際活動，意志的行爲和企圖，勞工集團底政策和策略，應當建立在客觀必然性上的。照托洛茨基底見解，這種意志的企圖並不是階級的、自覺的內部必然性底表現，而是從外發生的。此外如關於時機未熟的主張，唯心地跳越現實發展底必要階段等等，我們可以找到許多表現托洛茨基主義特點的實例：托氏在不斷革命論中忽略革命底主要階段；他對布萊斯特和約的態度；對一九二五——二七年中國革命的不了解，他底「超工業化」底綱領，一九二七年他所提出的剷除富農底口號等等。

在托氏底歷史著作中，如一九〇五年、十月底教訓俄國革命史等著作中，他底唯心論表現得特別顯著。在所有這些著作中，托氏完全根據普列漢諾夫底孟塞維主義的歷史觀來發揮他底見解：他以為俄國的專制政體不產生於俄國經濟底發展，不產生所俄國社會爭鬬發展底內部條件，而產生於外部的條件——產生於防禦外來攻擊底必要性。托洛茨基和孟塞維克這種論見是從布爾喬亞自由主義的歷史家——米留科夫（Milükov）、克留啓夫斯基（Klüchevsky）等人那裏抄襲來的。一九一一年鄔梁諾夫就留意到托氏底早期著作，而把他比作馬爾托夫（Martov），這不是無因的。當時鄔氏寫道：『托洛茨基「歷史哲學」也是一樣的（意即跟馬爾托夫底歷史哲學一樣的——沈。）他把「教門的精神，」知識分子的唯心論，意識上的拜物主義提到頭一位上去了。」

托洛茨基對於歷史過程本質的見解，也表現着他底歷史的唯心論。在我底生活一書中，他寫道：『寬廣地講，整個歷史過程是規律性被偶然事件所曲折的表現。假若用生物學的口吻來講，那末可以說歷史的規律性是經過諸偶然事件之自然選擇而實現的』（卷二頁二三四。）照托洛茨基底見解，全部的歷史過程是偶然事件之自然選擇。假使說機械論者否認偶然事件或現象底客觀性，那末托洛茨基恰恰相反，他把偶然事件看成社會發展之絕對的法則了。這裏，托氏把偶然性和客觀的規律性完全等同起來了。在這種等同觀察之下，他完全忽視了客觀的必然性是一個基礎，在這個基礎上可能有偶然事件底發生，這種視偶然性爲必然的規律性的觀點，是歷史領域內的布爾喬亞經驗論和唯心論底觀點。

托洛茨基底觀念中除了上述各種基本的唯心論的特點以外，我們還可以在它當中找到極大的機械論底分量。雖然托洛茨基本人指出，把達爾文主義機械地搬到社會學中去，是『自由主義的孟卻斯脫人的行爲，』這種行爲只能得到小孩子的比擬，所以他認爲『對於這種鄙俗的行爲完全沒有檢討的必要』；但是他自己的言行矛盾，他仍不免落到了布爾喬亞自然主義和社會學的達爾文主義底圈套中去。托洛茨基宣稱達爾文主義是馬克思主義底前提，他深深地相信『從廣大的唯物的和辯證的意義上講，馬克思主義就是應用於人類社會的達爾文主義』（見托氏著十月底世代，頁五六）

在討論門德列夫的報告中，托洛茨基也申說過『我們生活在自然淘汰和物競天擇的時代中』（托著，論門德列夫與馬克思主義，見托氏全集卷二十一，頁二六八。）

在同一論門德列夫的報告中，可以找到托洛茨基還有許多別的機械論的解說，特別是將物質運動底高級形式簡化爲低級形式的有名理論。托氏說：『在我們看來，心理學歸根結底總要歸化於生理學，正如後者歸化於化學、物理和機械學一樣』（同前。）『化學使各種化學過程底本質歸化於微分之機械的和物理的屬性』（同前頁二七四。）

因此，照托洛茨基底見解，某幾種複雜過程底本質，只有靠將高級的簡化為單純的或原始的這種方法，纔能揭露出來。譬如說，意識底現象——『精靈，是這種有條件的反映底複雜體系，他整個地淵源於生理學底原始反映，而生理學本身則經過強大的化學層而把自己的根源置種在物理學和機械學底地層下面。』（同前，頁二七五。）

托洛茨基還想把一切現象簡化為機械現象的理論，應用於社會。他在同一報告中說：『關於社會學，我們也可以說同樣的話。要說明社會現象，並不需要引用任何永久的或仙界的原理。社會像地上的果子或阿米巴一樣地是原始物質發展底結果。這樣看來，科學思想用它金鋼鑽鑽孔的方法，從極複雜的社會意識現象，一直通達到物質，達到它底組成原素，達到具有物理和機械特性的微分』（同前，頁二七五、）

這樣，托氏對於社會也用同一由複雜現象化為簡單現象的「普遍法則」來解釋了。托洛茨基不從社會現象底一切特徵上去研究這些現象，而主張研究最單純的原素之生理的和機械的特性，以代替社會現象特性之研究；他認為應當用生物學家研究阿米巴的觀點，去研究社會生活，研究社會鬥爭。這樣，我們發見托洛茨基底哲學觀念，不是辯證法唯物論而是最鄙陋的機械論，是庸俗的形而上學，平庸的進化論和折衷論。

托洛茨基奴才氣十足地抓住了科學領域內最流行的布爾喬亞思潮而妄稱之為唯物的思潮，甚至稱之為唯物辯證法的思潮。例如大學院士帕夫洛夫（Academician Pavlov）底反映心理學（Reflexology），托洛茨基認定它是唯一科學的心理學，完全『遵照辯證法唯物論路線進行研究的』心理學；但是大家知道，帕氏在實驗工作中固然給了足以辯實唯物論的許多有價值的材料，可是他底一般的見解，卻犯了好些機械論的錯誤。

在托洛茨基底弗萊依德主義(Freudism)評估中，我們也可以看到同樣的見解。托洛茨基認定弗萊依德主義是一種『勞動者的假設，它能給予而且無疑地要給予根據唯物心理學路線的一些結論和猜測』（托著，文化與社會主義）對於門德列夫底哲學思想的評估也是這麼一回事。明治列夫在認識論中，顯然站在唯心論的、即不可知論的，休謨——康德式的立場——他否定認識事物本質之可能。假使，照郞梁諾夫底意見不可知論與辯證法唯物論相矛盾而且不能並存，那末，照托洛茨基底意見，不可知論祇是『詞句上的讓步』，它對於觀念實質並無若何影響。在托氏看來，門德列夫『就他底方法和他最高的成績而言，也是個辯證法唯物論者』（見托著，門德列夫與馬克思主義，頁一七。）托洛茨基對於這個或那個學者底見解，不能根據辯證法唯物論底立場，給予正確的評估，因為他自己的哲學思想也根本與馬、郞主義毫無相似之點。

我們一考察到其他托洛茨基派的理論家如普萊奧布拉仁斯基、伏龍斯基（Voronsky）等人底見解時，就可以發見同樣的唯心論和機械論之特殊的結合。假使說普萊奧布拉仁斯基在其新經濟一書中特別有力地表現着機械論底成份，那末伏龍斯基底批判文學著作卻帶着極明顯的唯心論性質。

季諾維夫——卡米業夫（Zinoviev-Kamenev）底『半托洛茨基派』也持這種類似的方法論見地。在這派人底見解中，我們還可以找到主觀主義跟抽象的教條主義和機械論的結合。他們底主觀主義表現於「黨派專政」問題底觀念上：他們把勞工集團專政了解為黨對勞工集團的專政；他們底機械論見地表現於把資本主義底生產關係機械地搬移到蘇聯條件之下來而把新經濟政策解作「國家資本主義」等。這裏我們又可以看到他們對生活底新事實持經院主義式的觀點他們不能正確地了解和應用馬、鄔主義、正確地了解和應用唯物辯證法。

托洛茨基、季諾維夫反對派這些方法論上的特點，曾被約塞夫所揭露。約氏在國際第七次擴大代表會議上評估季諾維夫對「修正主義」的理解時，他說：「照季諾維夫底意思說來，那末對於馬克思或恩格斯底舊公式或個別的原理的任何改進，任何確實化，尤其用別種適應新條件的公式來代替舊公式的辦法，都算是修正主義了。試問為什麼呢？難道馬克思主義不是科學？難道科學是不發展的，不為新的經驗所充實和不改善它底舊公式的嗎？譬如說，馬克思在十九世紀中葉，說在資本主義向上發展底條件之下，社會主義底勝利在國家範圍以內是不可能實現的，而鄔梁諾夫在二十世紀十五年代時說在資本主義向下發展底條件之下，在垂死的資本主義之下，這樣的勝利是可能的。照季諾維夫底意見，這裏鄔梁諾夫犯了對於馬克思的修正主義底錯誤；因此在他看來，認為對於某些典型派馬克思主義者底個別的公式和原理的任何改進，都是修正主義了」（約塞夫著，論反對派，頁五〇七——五一〇。）

方法論見地底共同性，把蘇聯底托洛茨基派和德國及其他國家底各種托洛茨基主義和半托洛茨基主義的派別都聯合起來了（如科爾雪（Korsch）鮑第格（Bordiga）及其他。）

托洛茨基主義和各種類型的「左翼」機會主義，在方法論見地上有許多共同之點。「左翼」機會主義和社會主義建設現階段上的「左傾」立場，動輒主張用『行政手段』和『跳過』最近的具體任務的辦法，如反對開展蘇維埃商業，主張在全盤集體化區域內消滅蘇維埃，主張貨幣制底消亡，學校底消亡等等；他們提出各種官僚主義行政官式的機械的「計劃」來——這些主張和辦法也都充滿着主觀主義和抽象主義底觀點。

主觀主義和主意論跟機械的宿命論的結合使「左翼」機會主義者和托洛茨基主義者由一個極端突然跳到另一極端——由用行政手段壓迫的政策一躍而達到「民主主義」底空喊，由「超度工業化」底計劃走到了眞實工業化政策底反對派陣營裏去。

然而這裏必須指出，雖然在托洛茨基主義和「左翼」機會主義底哲學基礎上，有主觀唯心論的觀念跟機械宿命論的觀念底特殊方式的結合，可是表現他們底哲學本質的，主要的、基本的卻是主觀唯心論的基礎。這就是「左翼」和右翼機會主義在方法論上的顯著的分界線。

「左翼」機會主義底哲學主要地反映着破產的蘇聯城市小資產集團底社會生活表現着他們在政治方面的期望和利益。他們在政治上的表示便是小資產集團的急進主義(radicalism)小資產集團的革命性，加上機會主義的實質和外表革命的空談主義。

我們現在已經可以相信，共同的社會根源，好些共同的唯心論立場以及一部分政治實踐本身使孟塞維化的唯心論跟托洛茨基主義聯繫起來。孟塞維化的唯心論底好些代表曾經參加在托洛茨基反對派底隊伍裏，跟黨政當局作過爭鬬（如卡列夫、斯坦、哥尼克曼等人。）在托洛茨基主義發展和它以社會主義中一支派底資格而存在的一定歷史階段上，孟塞維化唯心論用它基本的方法論的武器供給托洛茨基主義，它以托洛茨基主義觀念底哲學傳導人底資格活動着。孟塞維化唯心論對於「左翼」機會主義也盡過同樣的役務，而現在還在繼續盡這樣的役務。所以孟塞維化的唯心論者不對托洛茨基主義底方法論作任何批判，——這是毫不足爲奇的。假若他們從方法論上實行批判托洛茨基主義的話，那末最好也不過暴露了它底機械論成分，這就是說他們不能揭破托洛茨基主義底哲學理論基礎之唯心論的實質。

第六章　辯證法唯物論發展中的新階段

第一節　郞梁諾夫在哲學領域內跟國際機會主義和修正主義的論爭

辯證法唯物論發展中的郞梁諾夫階段問題，是跟孟塞維化唯心論者和機械論者的全部鬬爭中的中心問題，也是決定辯證唯物論和歷史唯物論底理論工作繼續發展底道路之基本問題。

可不可以和應不應當一般地談到哲學中的郞梁諾夫主義呢？可不可和應不應當一般地談到馬克思和恩格斯底辯證法唯物論發展中的新的更高階段呢？這樣的說法是不是等於把郞梁諾夫和馬、恩二氏對立起來呢？這樣的說法是不是等於估輕馬、恩二氏在哲學發展中的貢獻呢？恰恰在這些問題上，我們遇見了一些異常歪曲馬克思主義的觀念。勞工階級底叛變者李亞沙諾夫（Ryazanov）曾經發表過他底完全否認這種說法底正確性的意見。這是不足爲奇的，假如我們回憶到李氏從前關於郞梁諾夫主義所寫的見解的話。下面這幾句「名言」正是他所寫的：『我不是波爾塞維克，我不是孟塞維克，也不是郞梁諾夫主義者。我祇是馬克思主義者，我僅以馬克思主義者底資格做一個共產主義者。』

李亞沙諾夫關於哲學中的郞梁諾夫主義問題的見解，並非祇是他個人的見解，不是的。德波林、卡列夫等人底作品中，也貫徹着這樣的見解。

然而關於這個問題，他們（按係指德、卡等人——沈）也不是孤獨的。對於哲學中的鄔梁諾夫主義問題持這種見解的人，還有托洛茨基、季諾維夫、普萊奧布拉仁斯基等「理論家；」此外，布哈林也曾經發表過類似的意見，

在一九二五年出版的戰鬪的唯物論者論文集第二冊中，有一篇普萊奧布拉仁斯基底文章，題名爲『理論家的鄔梁諾夫和馬克思。』普萊奧布拉仁斯基在那篇論文中，發表了下面一個機械的圖式，他指出馬克思主義中有幾種不同的成份，這些成份底意義底永久程度各不相同。第一種成分是應當全部保留着的，第二種成分是應當發展和補充的，第三種成分是應當被新的結構所代替的。普萊奧布拉仁斯基根據這一種圖式底觀點，得出了一個結論（這個結論也就是他底根本思想）來：他說馬克思主義的方法論，辯證法唯物論，恰正是馬克思學說中不會有任何發展的那個成分。他寫道：『至於講到一般的哲學方法的話，鄔梁諾夫完全抄襲馬克思的。他保護馬克思的方法，使之不受敵人底打擊，而且極精巧地把它應用（同時又應用史的唯物論底方法）到唯物論與經驗批判論等這種具體的著作上去。鄔梁諾夫底寫作辯證法唯物論底方法，祇是以這種方法底擁護者底資格來寫作的，他是爲着擁護他所認爲完全正確的馬、恩二氏底方法觀』（戰鬪的唯物論者第二冊頁四四。）往下，普萊奧布拉仁斯基繼續發揮這些思想的時候，他指出馬克思和鄔梁諾夫底見解之理論基礎底同一，就在於辯證法唯物論底方法底一致。

現在我們來談一談布哈林底觀點吧。布哈林在馬克思主義者的鄔梁諾夫那本小冊子中，也講到鄔梁諾夫

著作中的辯證法唯物論底問題。他對於這個問題持以下的見解。他區別馬克思主義中有兩種事物：第一是各種觀念，原則和理論見解底總和，第二是馬克思主義底方法，它底方法論，靠這種方法論底幫助，我們纔能獲得此種觀念，見解和理論之總和，纔能予一定的歷史時代以正確的分析。

關於這一點他寫道：『假使我們所了解的馬克思主義，不是指馬克思當時所抱的那種觀念體系，而是指馬克思主義中所蘊藏的那個工具，那個方法論的話，那末鄔梁諾夫主義並不是改變或修正馬克思學說方法論的主義，這是不言而喻的。相反的，就這一點意義上說，鄔梁諾夫主義是馬克思和恩格爾二人自己所建立的那個馬克思主義之完整的回復』（布著論文集進攻頁二五五。）

這樣，根據布哈林底觀點，鄔梁諾夫主義在方法論上是馬、恩二氏本人當時所建立的馬克思主義之完整的回復而且只是這個馬克思主義底回復。在這方面（卽在方法論上——沈）鄔梁諾夫主義一點也沒有加以繼續發展。一點也沒有使馬克思學說繼續加深和具體化起來。這樣，我們看到，在這個問題上，李亞沙諾夫、托洛茨基、季諾維夫普萊奧布拉仁斯基、布哈林、德波林、卡列夫等等底見解，都是一致的。

約塞夫對於這個問題的見解和他對這個問題的解答，是跟上面這些人底見解相反的。還在一九二四年的時候，約塞夫就在他所著的鄔梁諾夫主義之基礎一本小冊子中闡明了他對這個問題的見地。他在那本小冊子裏邊寫道：『鄔梁諾夫在方法上所持的見解，基本上已存在於馬克思底學說中；這種學說，照馬克思底說法，實質上是批判的和革命的。鄔梁諾夫底方法，恰恰從頭到尾貫徹着這一種批判的和革命的精神。但是假如以爲鄔梁諸夫底方法祇是馬克思所建立的方法之單純的恢復，那是不對的。實際上鄔梁諾夫底方法，不僅是馬克思底批判的和革命的方法唯物辯證法之恢復，而且還是這一方法底具體化和加深發展」（約氏著鄔梁諾夫主義問題，頁一六。）

這裏對於哲學中的鄔梁諾夫主義問題的看法和解答是很正確的。鄔梁諾夫關於辯證法唯物論問題的各種著作，他天才地應用唯物辯證法的那種勞績，都表明並非單純地回復到馬恩二氏底辯證法唯物論（經過第二國際時代所盛行的對辯證法唯物論的一切曲解和讓步之後，）鄔梁諾夫主義在哲學中不只是馬、恩二氏辯證法唯物論底回復，而且是它底加深的發展和繼續的具體化。哲學中的鄔梁諾夫主義，是馬克思主義哲學發展中的新的更高階段。

當然誰都應該明白：這樣的說法絕對不是表示把鄔梁諾夫主義跟馬克思主義「對立起來」，也絕對不是什麼不了解或輕視馬克思和恩格斯底學術遺產。相反的，假使我們真正忠誠於馬克思主義底精神而不固執他底字眼；假使我們正確地了解方法和宇宙觀，理論和實踐之間的相互關係；假使我們了解，馬克思主義不是呆板的教條而是活的向前發展的學說的話，那末約塞夫，關於辯證法唯物論發展中的鄔梁諾夫階段問題所給的解答是唯一可能的解答。普萊奧布拉仁斯基、布哈林等對於辯證法唯物論底方法問題見解，以為在馬克思主義底內容方面在它底豐富的觀念體系中可能發生極大的前進運動，可是在馬克思主義底方法論領域內任何前進和加深都不會有的，——這種見解完全產生於他們（布哈林等——沈）底完全不了解馬克思主義底方法和其他組成部分間的相互關係，實質上不了解——假使廣泛一點講的話——理論和實踐間的相互關係，不了解辯證法唯物論底方法本身。實際上假如唯物辯證法底方法本身沒有發展，沒有具體化，沒有繼續加深的話，試問馬克思主義本身發展中怎麼會產生像鄖梁諾夫關於帝國主義，國家和革命，勞工專政等等著作那樣豐富的新的內容呢？新時代，而且是像帝國主義和勞工革命這麼一個豐富的時代，具有新的聯系形式，新的規律性，新的關係形態，異常複雜的階級關係底形式，各種不同的社會鬬爭底形式，技術和自然科學之鉅大的發展以及這一發展之特殊的矛盾等等。

要了解這一切（不祇是描寫）只有靠馬克思主義方法論底加深和具體化，才有可能。正因爲辯證法唯物論是科學的方法論，所以它底加深和具體化不能不建立在現時代底全部科學知識底綜合之上。而鄖梁諾夫底偉大，也正是在這些地方。

大家知道，約塞夫在他論波爾塞維主義歷史底幾個問題底信中，着重地指出了波爾雪維主義理論和實踐之重大的國際意義。那封信是他所著鄖梁諾夫主義問題一書中關於波爾塞維主義跟孟塞維主義鬬爭諸問題的基本見地之繼續的發展。約塞夫在那封信裏，跟在鄖梁諾夫主義底問題中一樣，他很深刻地和徹底地闡揚了鄖梁諾夫在其名著國家與革命一書底稿本中所發揮的重要論綱之一。鄖梁諾夫在那裏發揮了異常重要的一點意見。他說：『波爾雪維克不是「特異的怪物」他出來的』（鄖氏著馬克思主義底國家論，頁六二）不論在約塞夫底鄖梁諾夫主義底問題中，或在他最近論波爾塞維主義歷史的一封信中，所有這些問題都是根據鄖梁諸夫底原則精神——在一切形式中波爾塞維克跟孟塞維克作不妥協的鬬爭底精神——來解釋和研究的。

很明顯的，當我們提到鄔梁諸夫對辯證法唯物論底發展的新貢獻問題時，我們不可不從上面這些極重要的論綱出發。很明顯的，我們決不能拋棄了波爾塞維主義底全部歷史拋棄了波爾塞維主義與機會主義鬬爭底全部歷史（波爾塞維主義本身就是從這種鬬爭史中生長出來的）而來研究馬克思主義底哲學。

在另一方面，同樣明顯的，假使我們不研究鄔梁諸夫底理論鬬爭，我們就不能認識眞正科學的波爾塞維主義底歷史。約塞夫論波爾塞維主義歷史底幾個問題的那封信，正是在勸他底同志們注意到這些地方來。從這一基本立場出發，我們纔能正確地提出和解答關於鄔梁諸夫底哲學遺產，辯證法唯物論發展中的鄔梁諸夫階段的各種問題。

約塞夫給鄔梁諸夫主義下了一個典型式的定義，他確定鄔梁諸夫主義是帝國主義和勞工階級革命時代底馬克思主義。爲要了解在這一新的歷史時期中不可避免要發生的和已經發生的關於社會爭鬬的一切理論問題底實質，我們就必須牢牢記住表現這一時代之特性的一些基本的特徵。

約塞夫指出這一新的歷史時代決定於下列三個基本要點：（一）勞工集團和資本家集團間的鬬爭，極度的尖銳化，（二）諸帝國主義列強間爲重分世界，爲爭奪殖民地爭奪商品和原料市場的鬬爭之極度的尖銳化，（三）壓迫民族和被壓迫民族間的根本矛盾和鬬爭底尖銳化。所有這一切矛盾表現着資本主義世界底生產力在這一歷史階段上，已經不能在資本主義所造成的這種生產關係底範圍以內再繼續向前發展了；這一階段是資本主義發展底最後階段，是勞工社會主義革命底前夜。這一新時代底特徵就是社會爭鬬底異常激化，這種鬬爭底新的表現形式和它底異常的複雜性。

在意識形態領域中，這一時期也是鬬爭異常殘酷的時期。它又是全部布爾喬亞思想體系底危機時期，布爾喬亞意識形態，布爾喬亞科學、哲學、藝術、倫理……發生嚴重危機的時期。

在這個新的歷史階段底條件之下，在勞工集團和它底政黨面前，就提出了新的歷史任務，——直接推翻資本主義的任務。在這一新的歷史時期，同時又暴露了第二國際政策之完全布爾喬亞的本質。在鄔梁諾夫主義底問題一書中，約塞夫關於第二國際底全部工作做了一番估計。只有明白了這一估計底全部深刻的意義，我們纔能了解波爾塞維主義如何在與第二國際機會主義作鬬爭的基礎上生長起來的。約塞夫寫道：「上面我已經說過，一方面是馬克思和恩格斯，另一方面是鄔梁諾夫，在這中間存在着第二國際機會主義統治底整個時期。為精確計，我還要補充一句，這裏所講的，並不是關於機會主義底形式上的統治，而只是關於它底事實上的統治。在形式上，第二國際底領導者是「正統的」馬克思主義者——孜炎基等人。可是實際上第二國際底基本工作，卻是依照機會主義底路線進行的。機會主義者由於他們底隨風倒的，小資產階級的本性，他們總是一味遷就資產階級；「正統派」則為要跟機會主義者「保持一致」，為要保持「黨中的和平」，而一味遷就機會主義者。其結果就造成機會主義統治底局面，因為資產階級底政策和「正統派」底政策之間的鏈條是連着的。」（約著，鄔梁諾夫主義底問題，頁一一。）

這裏對於第二國際底基本工作路線的評估，卽斷定其爲機會主義路線底的評估，是意義異常深刻的評估。約塞夫同時又指出了第二國際裏面的中央主義（卽攷茨基所持的立場——沈）底作用和意義，指出了各種機會主義形式底作用和意義。他又說明資產階級底政策和第二國際底政策如何形成爲一條連續的鏈條。以後，約塞夫又指出了關於第二國際工作的一些特徵：折衷主義底統治，以詭辯論代替革命的理論，脫離與活的革命實踐的密切聯系，固執馬克思主義底片斷，他們把這些片斷從革命實踐方面脫離開來，而把它們看成空洞死板的教條。

約塞夫指出在第二國際時代，特別盛行着無聊的政治空談等等。由於上述種種情形，勞工階級和它底眞實的思想家面前，就發生了一個新的任務：創造一個眞正戰鬭，眞正革命的政黨的任務。應當把整個第二國際統治時期，把比較和平的資本主義「有機」發展時期內所產生的一切理論和實踐，都全部重新審查過。應當把第二國際底理論和實踐底糞坑出清一下。而這一種對第二國際底理論和實踐之總的審查工作，恰正爲鄔梁諸夫主義所執行了。

很明顯的，在約塞夫底指示中，給了一個客觀條件之歷史的分析，並指出了鄔梁諸夫主義底歷史任務，——這一個指示，不是對於馬鄔學說底某一方面而言，而是對於馬克思主義底一切組成部分，對於它底經濟，政治和哲學諸方面而言的。

鄔梁諸夫不僅恢復了革命的馬克思的學說，肅淸了第二國際底機會主義，而且還繼續發展這一學說，使它跟新的歷史條件相適應，跟帝國主義底條件，跟社會底鬭爭新形式底條件相適應。鄔梁諾夫使馬克思主義學說底各方面都繼續具體化起來。

我們必須考察第二國際底哲學「立場」底本質，必須說明資產階級政策與第二國際政策之一致性如何反映於第二國際諸「理論家」底哲學觀念上並以此時根據指明鄔梁諾夫對哲學上的一切機會主義表現形式所作的鬭爭之全部意義。

折衷主義、詭辯論、理論與實踐脫離、理論與革命的鬭爭隔絕，——這些便是第二國際最有名的理論家底全部思想底特點，也就是他們底哲學觀點、他們底哲學路線上所表現的特點。

這一哲學「路線，」大致決定於下列三個基本原素：（一）理論與實踐完全脫離，（二）分裂經濟與政治，（三）將馬克思主義之經濟的和歷史的理論，——這些重要的組成部分，——跟它底哲學基礎分離開來。因此第二國際最著名的一些理論家認爲必須探求馬克思主義底經濟理論和歷史理論之「新的」理論認識基礎（按係指哲學基礎而言——沈）了。很明顯的，假使馬克思主義底經濟理論和歷史理論脫離了它底哲學基礎的話，那末自然應得去替馬克思主義找尋別的哲學根據了。在第二國際最著名的「理論臺柱」方面，我們恰正可以發見他們在哲學上的「雙料」布爾喬亞的觀點。就這一點來說，第二國際底代表是完全在資產集團尾巴後面拖着走的。

最後還有一點，是表現他們底哲學思想之一般的特徵的，這就是他們（第二國際著名的理論代表——沈）

這樣或那樣地拋棄唯物辯證法。曾經有一個時候（十九世紀末——沈）柏恩舒坦提出了一個「著名的」論綱，這一論綱是第二國際理論家拋棄唯物辯證法之顯著的表現。柏氏說辯證法並非別的，只是眞理認識之路上的陷阱，所以要認識眞理就必須拋棄辯證法。其他第二國際底代表們隱藏的機會主義者中央派等等實際上也都持同樣的見解，不過他們拋棄辯證法底主張比較得巧妙些、含糊些罷了。

以上所述，就是第二國際哲學「路線」之一般的特徵。至於講到第二國際代表們取消了馬克思主義的哲學基礎之後，他們替馬克思主義所建立的認識論基礎的話，他們所宣揚的，大概有下列各種思潮：他們信奉的正式思潮是新康德主義(Neo-Kantianism)，其次是馬赫主義（Machism），再次是近年發展起來的新黑格爾主義（Neo-Hegelianism）。大家都知道，第二國際出了許多赫赫有名的新康德主義思潮底代表人物，他們各用不同的方法在哲學倫理等等問題上硬把康德跟馬克思連繫起來。第二國際中這些有名的新康德主義的「理論家」就是柏恩舒坦、麥克司・亞德勒(Max Adler)、華倫德爾（Vorländer），考茨基、希弗亭（Hilferding）等人。

馬赫主義這一幫聲勢也很不小（其代表有弗列德列赫・亞德勒、奧多・鮑威等。）最後，就是近年纔興盛起來的社會民主黨隊伍中的新黑格爾主義的思潮。這一思潮之著名的代表之一，在現時就是大學教授季格弗里德・馬克。資產集團底政策、理論、意識形態和第二國際底政策、理論、意識形態之間的鏈條底聯結過程，是非常奇妙的。近年來資產集團的哲學愈弄愈趨向於黑格爾，它企圖把黑格爾摩登化起來，使之適應於自己的「口味」

法西主義化的布爾喬亞哲學以宣揚新黑格爾主義爲己任。這一個在布爾喬亞哲學行伍中所發生的過程，現在在社會法西主義隊伍中間得到了回聲。社會法西主義的理論家，跟着資產集團走路。他們試圖從新康德主義轉向於黑格爾主義，想把他們自己的哲學觀念跟新黑格爾主義連繫起來。

現在讓我們把第二國際底「理論家」對於各派布爾喬亞哲學的態度作一番較詳的說明。首先來考察攷茨基對於新康德主義所取的立場吧。

鄔梁諾夫在他一篇著名的論文馬克思主義和修正主義裏面，說明當時社會民主黨隊伍中所發展的新康德主義如下：『在哲學領域內，修正主義是拖在布爾喬亞大學教授的「科學思想」尾巴後面的。布爾喬亞大學教授們『退回到康德』去了，修正主義者則跟着新康德派跑；大學教授們不止幾千次地重復敎師式的鄙俗行爲來攻擊哲學的唯物論，修正主義者則卑躬曲節，搖尾乞憐地順着資產集團底意旨，說唯物論「早已被駁倒了」；大學教授們辱罵黑格爾爲「死狗」，自己宣揚着比黑格爾的唯心論還鄙俗一千倍的唯心論，對於辯證法則取輕視唾棄的態度；修正主義者則跟隨着他們，實行對科學作哲學的鄙俗化，以簡單的（「平靜的」）進化說代替「狡猾的」（實卽革命的）辯證法；布爾喬亞大學教授坐享國家薪俸，力圖使他們自己唯心的和「批判的」思想體系去迎合那早已死去的中世紀「哲學」（卽神學），而修正主義者則竭力想接近他們，要把宗教變成「私人事情」——並非對現代國家而言，而是對先進社會集團底政黨而言的「私人事情」。這樣的「修政」馬克思學說，有什麼實在的社會意義呢？關於這一點，用不着我們多解釋，道理是極明顯的』（鄔氏全集卷十二頁一八四——一八五。）

這一淋漓盡緻的批判，把柏恩舒坦、康拉德·雪米德（Konrad Schmidt）、斯特魯威等各派修正主義底觀點，給了一個徹底揭破；這一批判對於中央派，對於攷茨基亦有直接的關係，因爲攷氏在這些問題上所持的見解，實際上是投降柏恩舒坦的。鄔梁諾夫所揭破的馬克思學說之新康德主義的修正，社會民主派的「哲學家」所宣揚的理論，就它底社會根源方面來說，實質上跟布爾喬亞新康德派底唯心論的反動思潮無甚區別。

從前，新康德主義的大學教授們忠誠地執行着資產集團底社會要求，所以他們提出了『退到康德』的口號。現在他們爲執行資本家底社會要求起見，就要拿黑格爾的國家論，甚至拿黑格爾的辯證法去迎合黑衫團底要求，去替資產集團底恐怖主義統治辯護。從社會民主派的「理論家」躲在這些布爾喬亞大學教授底尾巴後面，硬把馬克思和康德結起姻緣來。現在的社會法西主義者則躲在最反動的學者們尾巴後面，宣揚着新黑格爾主義的見解，也企圖把這種見解，這樣或那樣地去跟馬克思學說結合起來。

在對於馬克思主義之新康德主義的修正的態度問題上，攷茨基底立場，很好地表現着社會民主派隊伍中所流行的那種對哲學問題的態度。當普列漢諾夫對柏恩舒坦作極激烈的批判的時候，攷茨基在他給普列漢諾夫的信扎中寫道：『無論如何我應當公開地聲明，新康德主義我認爲最不足擾亂我的。我對哲學一門向來沒有深刻的研究，雖然我是站在辯證法唯物論底觀點上的，可是我總覺得馬克思和恩格斯底經濟的和歷史的觀點，至少是與新康德主義相融和的；就是達爾文主義好好地跟布赫納（Büchner）底唯物論共存着，正像它跟赫克爾（Häckel）底一元論和蘭格（Lange）底康德主義相共存一樣。假如柏恩舒坦只表現這方面的傾向的話，那是絲毫不會使我不安的。」

這樣，你們已經聽見康德跟馬克思底結合，是完全不足以擾亂考茨基的；考茨基的馬克思主義底哲學基礎跟馬克思主義底經濟和歷史的理論底分離，是絕對不會使考茨基不安的！考茨基雖然聲明他是完全站在辯證法唯物論底立場上的，可是這一個聲明，事實上被他底投降立場所代替了。必須指出，考茨基在他最後一部著作唯物的歷史觀中，也宣揚着這樣的觀點，這部著作正是社會民主黨底全部機會主義的實踐之理論的根據。在這兩厚冊的著作中，考茨基發表了關於馬克思主義各部分底相互關係問題的意見。他寫道：

「承認唯物史觀，不應當算爲隸屬於社會民主黨先決條件。凡是願意參加勞工階級解放鬬爭的人，願意參加，反對一切壓迫和剝削的鬬爭的人，不論他們用什辦理論來說明這一願望都好：不論他是唯物的也好、是康德主義的也好，是基督教主義的或其他任何理論都好。」

這種觀點實質上就是主張把馬克思主義與宗教，與康德主義，與馬赫主義等等相結合的完全自由。考茨基對於對新康德主義的態度問題的一般立場，即在一八九八年給普列漢諾夫的信扎中所表示的立場，在上列一段文字中得到了理論的表達。不論我們拿他對於認識論問題的見解來說也好，拿他對於「自在之物」對於倫理問題的見解來說也好，我們處處都可以發見考茨基底新康德主義的觀點。

再來講一講考茨基對於馬赫主義的一般態度底問題吧。在一九〇八到一九一〇年討論波格唐諾夫主義的哲學問題的時候，曾經有一個工人叫做彭蒂安尼才（Bendianidze）的，要求攷茨基表示關於馬赫主義問題的意見。攷茨基曾寫信回答他說「你問我馬赫是不是一個馬克思主義者。這是要看你如何了解馬克思主義來決定的。我不把馬克思主義當作一種哲學的學說看，而把它當作一種經驗科學看，當作一種特殊的社會觀看。這種社會觀，固然與唯心哲學不能相容，可是它跟馬赫底認識論是不矛盾的。我個人看不出馬赫和狄茨根二人底觀點有什麽重大的區別。馬克思卻與狄茨根很相接近的」（一九〇九年。）

這一個答復，不僅足以表明攷茨基底機會主義的本質，同時也決定了攷茨基對於馬克思主義的理解，決定了他對於馬赫主義之機會主義的態度。

由此看來，攷茨基不把馬克思主義當作哲學的學說，而只把它當作經驗科學看待。其次，攷氏認爲馬克思主義只是一種關於社會的學說。第三，攷氏說馬克思主義與唯心的修正學說不能相容，同時它卻又與馬赫的認識論不相矛盾，——但是大家知道，馬赫的認識論恰正是唯心論呢。這就是攷茨基底「辯證法」！這就是尊嚴的」攷茨基先生給工人彭蒂安尼才所描繪的一幅馬克思主義底猥俗的滑稽畫！這僅僅是攷茨基信裏的一段，但這一段文字已儘夠表明攷氏底見解了。這種見解，跟前面我們所描述的第二國際底立場是完全吻合的。

攷茨基這一種對馬赫主義的見解，在西歐方面頗爲流行，在俄國則以波格唐諾夫主義爲其代表。但是我們還值得把攷茨基最後的一部著作——唯物的歷史觀——提出來說一說。在那部著作中，我們還可以發見他關於新黑格爾主義的見解也是如此的。攷茨基「證明，」馬克思主義可以跟新黑格爾主義相容等等。社會民主派底一般法西斯化過程在這部書中得到了哲學方面的極明顯的表現。這就是這位無聊的折衷論者、沒出息的詭辯論者底哲學「路線」他企圖把他所想得到的什麼東西都結合起來、調和起來，而把這樣的「垃圾堆」當作馬克思主義看。

最後，我們還要把左翼社會民主黨人、梅林格和盧森堡，及俄國孟塞維主義底領袖普列漢諾夫這幾位底哲學立場，提出來作一番估量。

梅格林（Mehring）著過很多討論哲學問題的論文，他對於哲學問題是非常注意的。梅林格好些直接批判某幾種文學作品的論文，其中所包含的許多評論，從辯證法唯物論底觀點看來，都是很寶貴、很中肯的。然而梅林格底哲學思想基本上卻也跳不出我們所評估的立場以外。第一，在梅林格看來，辯證法唯物論不是一種有系統的宇宙觀和馬克思主義底方法。他認爲在自然領域內可以建立起機械唯物論底觀點來，而這一種唯物論底形態正是跟史的唯物論相結合的。梅林格底一切著作中，都貫徹着這樣的一種見解。

在梅林格底著作中，我們還可以找着他對於新康德主義用馬赫主義等的態度問題所發揮的意見。在他底好些論文中，他寫道新康德派並不要謀害馬克思主義底生存，他們只是想把它「擡高起來」或「補充起來」；在史的唯物論中他們並不犯「原則上的」錯誤；又說「馬赫對自然科學的貢獻是跟馬克思對社會科學的貢獻一樣的」；「馬赫並不想做一個哲學家，他很相信自己，他只要以在科學的意義上自己覺得精通的那個知識部門爲限。在這方面，馬赫是與馬克思完全相似的，因爲馬克思完全排除哲學而對人類底精神過程，他只在歷史和自然知識領域內的實際工作中去觀察它的。」（見梅林格著警衛馬克思主義頁一三六。）這些就是梅林格在好些哲學論文中所發表的一些意見。

關於機械唯物論和歷史唯物論的問題，梅林格曾寫道：「歷史的唯物論中包含着自然科學的唯物論，但是自然科學的唯物論裏面卻不包含歷史的。」（同書頁三一。）

「在自然科學領域內機械唯物論是科學研究底原則，而在社會科學領域內，這樣的原則，就是史的唯物論。假如我們斷定說，馬克思和恩格斯既然否認機械唯物論在歷史領域內的權力，那末同時也就否認了它在自然科學領域內的權力，——這樣的論斷就無異把人們從科學思惟底領域內拖出來送到迷信領域中去，在這一迷信領域內統治的是澳大利亞黑人底惡魔、無意識的人底哲學和新拉馬克主義者底「心理」」（同書，頁九四。）

梅林格不是唯心論者，他不把馬克思和康德、不把馬克思和馬赫結合起來。然而看了上面的引文，我們可以知道，梅林格不是一個徹底的辯證法唯物論者；相反的，在他底宇宙觀中，在他對於自然的見解中他堅持着機械唯物論底立場。

盧森堡（Rosa Luxemburg）底哲學立場如何呢？很明顯的，她也不是一個徹底的唯物論、辯證唯物論底代表。在盧森堡底經濟著作中在她底「資本主義自然崩潰論」中，在她對於內部和外部矛盾底相互關係問題的提法中，我們可以看出她把機械論的觀念廣泛地應用到資本主義底分析上去了。

鄔梁諾夫對於盧森堡底民族問題觀所給的評估也是很聞名的。講到問題底哲學方面時，鄔梁諾夫指出盧森堡如何用詭辯論和純粹抽象的原則去代替辯證法。鄔梁諾夫特別指斥她對於民族問題不曉得採用具體歷史的觀察法這一點過失。在自發性和自覺性底問題上，盧森堡底見解包含着唯心論底原素和個別的機械論底原素；但是不論在她底理論見解中或在她對於某一政治的具體實踐的問題底應用中，徹底的辯證法唯物論是她所缺乏的。

左翼社會民主派底哲學立場，第二國際中左翼激進派底哲學見地，我們可以知道，是跟修正派和中央派底哲學理論沒有多大區別的。

第二節　鄔梁諾夫和普列漢諾夫

在第二國際許多理論家中間，普列漢諾夫無疑地佔有特殊的地位。關於鄔梁諾夫和普列漢諾夫底問題是全部哲學討論底重要問題之一，是跟孟塞維化的唯心論和機械論作鬬爭的重要問題之一。普列漢諾夫，就他底哲學思想來說，無疑地是第二國際中一個較好的理論家，同時，無疑的除了普列漢諾夫底政治的機會主義和他哲學上的脫離馬克思和恩格斯之內部有機的一致以外，他底思想系統中還存在着某種矛盾；這種矛盾表現於他雖在他底文學著作中脫離了徹底的辯證法唯物論底觀點，然而他究竟比第二國際中別的理論家好些，他站在唯物論底立場反對民粹派底主觀唯心論和實證主義，反對公開柏恩舒坦式的修正主義，對馬赫主義和波格唐諾夫主義作鬬爭，但同時他卻把辯證法變成了詭辯論、經院學說。鄔梁諾夫在他對於普列漢諾夫的評估中指出得對他說普列漢諾夫是站在馬克思主義的哲學觀點堅決地反抗柏恩舒坦、康拉德、雪米德這一流公開的修正派和俄國的馬赫派、造神派等的一個人物，——這就是對普列漢諾夫作正確的估量的困難所在。

眞正歷史的觀察法，就在於說明普列漢諾夫在勞工運動發展中所佔的眞正客觀的地位和意義。眞正歷史的估量是在指出普列漢諾夫所盡的積極的作用，同時又揭露他底哲學思想中的一切錯誤。對於鄔梁諾夫在一切基本的哲學問題上跟普列漢諾夫所做的鬬爭之作用和意義，我們必須給以嚴正的革命的估量。預先要做一個異常重要的聲明，就是關於對普列漢諾夫的估量問題。德波林和亞克雪洛德二人底見解有很多共同之點。德波林和亞克雪洛德雖能常常互相論爭，可是在許多基本問題上，在對鄔梁諾夫和普列漢諾夫的評估上，在關於鄔梁諾夫底哲學遺產問題上，他們底見解卻有許多共同之點，而這種共同之點，在這裏加以分析和說明，確是非常要緊的。例如在馬克思主義旗幟之下這個雜誌中，曾經不加附註地登載了一件關於普列漢諾夫的正式材料，就是亞克雪洛德和德依契（Deich）底信件，其題名爲「普列漢諾夫從未成爲非馬克思主義者。」

該信之內容如下：

「在全俄中央執行委員會新聞報和其他機關報上，最近公佈了一件國際執委會給全世界勞動者的通告書在該通告書底頭一段中寫道『已逝世的普列漢諾夫，當他還是個馬克思主義者的時候』云云。在旁邊加上着重點的一些字，我們認爲不正確的，而且不但侮辱俄國馬克思主義思潮底鼻祖，亦且連帶地侮辱我們——普氏底朋友和同意向者。我們認爲必須抗議這一種諷示，尤其因爲它是整個的機關所發出來的，而且是「對全世界勞動者』發的世界各國底勞動者，因爲不確實明白已故普列漢諾夫底思想，看了像國際執委會這樣一個有權威的機關所發出的通告，自然堅信不疑，以爲俄國馬克思主義底創導人後來眞的叛變馬克思主義了——這樣的見解，當然是絕對不正確的。我們都是接近普列漢諾夫的人，我們深深地知道普氏底思想直到他逝世的時候爲止是怎樣的；『我們要切實聲明，直到蓋棺定論時爲止，普列漢諾夫始終是忠實於科學社會主義鼻祖底學說的；這種學說，普氏年輕的時候已經接受，始終一成不變地傳導了四十年之久』信下面署名的是德依契和亞克雪洛德，日期是一九二二年五月二十日。

這完全是孟塞維克的攻擊，孟塞維克對國際宣言的攻擊。而這封信是在馬克思主義旗幟之下底篇幅上發表過的。這是一個異常顯著的事實；我們必須明瞭這一事實，以便了解跟德波林派和跟機械論者在『鄔梁諾夫和普列漢諾夫』底問題上作鬬爭，具有何等重大的意義。

實際上德波林和亞克雪洛德在最近一次哲學辯論以前好幾年來都在宣揚這樣的觀點（卽前面信中的觀點——沈）而且實際上在那次哲學論戰以後依然沒有放棄這種觀點。

德波林以普列漢諾夫爲理論家，而以鄔梁諾夫爲實踐家，關於這種見解，我們已經充分地揭破，這裏用不着再加說明了。不過我們可以拿他底「學生」卡列夫底見地來說一說，卡列夫在其所作本誌五週年紀念代論（給馬克思主義旗幟之下雜誌作的）一文中寫道：

『在現時，有人再三試圖拿普列漢諾夫去對立鄔梁諾夫，或拿鄔梁諾夫去對立普列漢諾夫。這樣的嘗試是完全要不得的。普列漢諾夫底政治錯誤是誰都知道的。在大戰期間和一九一七年革命期間，普列漢諾夫這位先進的賢者底許多政治錯誤，竟轉變爲理論的錯誤了。即在大戰以前，普列漢諾夫也有好些欠妥的說法以及理論上好些不適當的論斷：關於有名的「象形論」和經驗之概念底故事；關於馬克思將認識論包括於辯證法這一點，未予充分重視；在社會整體底圖式中落掉了階級，——這些都是普列漢諾夫在俄國社會思想史初稿中的錯誤。然而所有這一切部分的錯誤，決不能消除他底全盤的理論；鄔梁諾夫曾經不止一次地着重指出，普列漢諾夫底哲學著作，直到現在還是世界馬克思主義作品中之最優良的作品』（見一九二六年該雜誌第十二期，頁二五。）

這裏卡列夫把他對於普列漢諾夫的了解底全部觀念都說出來了。但是在這種觀念中，一點也沒有波爾塞維主義底氣味。這裏所表現的，是極拙笨極粗陋的錯誤。這些錯誤底一般的意義是：對整個普列漢諾夫取袒護的態度，——對孟塞維克的普列漢諾夫和對俄國社會思想史著者的普列漢諾夫等等，都取袒護的態度。卡列夫連夢也沒有做到：波爾塞維克的鄔梁諾夫應當與孟塞維克的普列漢諾夫對立，鄔梁諾夫底反映論，應當與普列漢諾夫底象形論對立。

卡列夫認爲『在社會整體底圖式中落掉了階級』——這是『欠妥的說法』這一段話，正像一盞光線異常強烈的探海燈一樣地照出和揭露了卡列夫底觀念之全部孟塞維化的、和簡直自由主義的實質，而這也就是整個德波林派觀念底實質。這一段話，再巧妙沒有地揭破了孟塞維化唯心論之反馬克思主義的本質。

德波林派對於鄔梁諾夫和普列漢諾夫底相互關係的見地，就是這樣。

現在要講到季諾維夫了。在季氏底鄔梁諾夫主義一書中，特闢有一章，題名叫做鄔梁諾夫主義和辯證法。這一章書是歪曲馬克思主義的最顯著的例子，它表明作者季諾維夫何等地不了解鄔梁諾夫主義和不了解辯證法，表明他怎樣地歪曲眞正鄔梁諾夫的辯證法，歪曲它底革命行動的性質。季諾維夫完全不了解哲學底黨派性——鄔梁諾夫那麽深刻和完滿地發揚着的哲學底黨派性。因爲他不懂得這一點，所以他對於唯物辯證法就傾向於斯特魯威式的客觀主義的論調了。請看季諾維夫怎樣曲解鄔梁諾夫觀點底本質吧！

『鄔梁諾夫能夠做一個最積極的、最熱情的和「狂猛的」（鄔氏所愛用的字眼）事變底參加者，同時他又能夠離開了事變過程，站在旁邊十分客觀地觀察、估量和站在鎭靜的哲學立場，按照馬克思的辯證法底標準和用自然科學家底客觀態度來從理論上整理這些事變。』（頁三四二。）當季氏繼續發揮這一見解時，他又舉出了許多的例子來證實『鄔梁諾夫如何在急迫的政治辯論底烈火中，如何「突然地」轉向於辯證法』（頁三五五。）

這樣的一種對於鄔梁諾夫的評估，我們無以名之，名之曰完全曲解事情底實質。季諾維夫完全自外地、機械地了解理論和實踐底連繫，分隔地、機械地了解政治事變中的「狂猛的、熱情的」行動和對事變之「客觀的」「用鎭靜的哲學態度的」觀察之間的連繫，「急迫的政治辯論」和用唯物辯證法觀點的辯論之間的連繫。季諾維夫完全不了解，偉大的唯物辯證法家在一新歷史時代中發展馬克思主義學說的鄔梁諾夫底力量就在於他表現了理論和實踐之革命的一致模範，給了一個從深刻的黨派性底立場實行科學的分析底模範。季諾維夫不懂得，鄔梁諾夫底主義是表現於革命的理論和革命的政治實踐之內部的有機的一致；每一篇鄔梁諾夫的政治論文都是唯物辯證法底範型，同時鄔梁諾夫談論辯證法問題的每一行字，都是充滿着政治的。

不用說，季諾維夫既然孟塞維克式地歪曲了馬克思、鄔梁諾夫關於理論和實踐的學說，他對於鄔梁諾夫和普列漢諾夫底相互關係問題的解釋，自然要完全錯誤了。從實質上講，季氏是以孟塞維化唯心論底精神來談論這個問題的；說得再確當些，他是孟塞維化唯心論立場底創作者之一。請看他怎樣談論普列漢諾夫和鄔梁諾夫吧：

『談到純粹哲學問題的話，那末普列漢諾夫底理解辯證法並不比鄔梁諾夫差些。若把普列漢諾夫當作馬克思哲學思想底開導者、寫作者、宣傳者和通俗化者來看待時，普氏是很強的。普列漢諾夫所給我們的學院式的辯證法底解說，是很有精彩的。但是要把這些問題從高高的學院式的天空降到罪孽世界的地上來，要把辯證法應用於革命的鬪爭、應用於羣衆運動、應用於社會的發展、應用於被壓迫被剝削的勞動者羣底解放，——在這方面普列漢諾夫卻表現得完全無能了。而鄔梁諾夫正是在這方面表現為一個眞正的天才』（見同書頁三四六）。這裏表現出來季諾維夫是德波林底一個著名的孟塞維主義的論綱『普列漢諾夫是理論家，鄔梁諾夫是實踐家』底合著者，這難道還不明顯嗎？難道這裏不是表示季諾維夫分裂理論和實踐嗎？季諾維夫抹煞普列漢諾夫在唯物辯證法之一般的理解中，縱然他有「極精彩的」解說，還是有好些很粗笨的、原則上的錯誤，有脫離辯證法唯物論的某種體系。季諾維夫完全抹煞普列漢諾夫政治上的機會主義，不能不在他關於馬克思主義哲學的理論見解上表現出來；反過來說，普氏底脫退辯證法唯物論底立場，亦不能不影響到他底政治見解。季諾維夫像卡列夫、德波林一樣，不了解普列漢諾夫底哲學思想和他底孟塞維主義之間，不但存在着某種矛盾，而且還存在着內部的連繫，這種連繫是鄔梁諾夫在他底著作中不止一次地揭露出來了的。

普列漢諾夫底實在的歷史地位究竟怎樣呢？鄔梁諾夫和普列漢諾夫在馬克思主義哲學發展中的相互關係問題，究竟應該怎樣估量呢？

無疑的，做勞動解放社底首腦的普列漢諾夫是俄國馬克思主義底代表之一。我們知道鄔梁諾夫對於這個問題的意見。無疑的，普列漢諾夫關於辯證法唯物論所寫的許多作品，在俄國馬克思主義思想底鞏固和發展上，有過極大的積極意義。普列漢諾夫底著作，在對哲學的修正主義的鬬爭中有過而且現在還有極大的價值。但是我們估計普列漢諾夫底這些歷史的功績時，我們同時決不能忘記鄔梁諾夫反對普列漢諾夫底歪曲唯物辯證法的鬬爭，反對普列漢諾夫、孟塞維克式的經院主義、詭辯主義和馬克思哲學底庸俗化（特別在把這種哲學應用於政治問題和戰術策略問題上去的場合）的鬬爭。我們應當認識清楚在俄國和西歐最近四十年來的全部革命運動史中，在全部國際工人運動中，馬克思主義之唯一徹底的繼承人，把馬克思主義底一切組成部分，連辯證法底理論在內，提高到新的更高階級的人，就是鄔梁諾夫。有些人曾不止一次地想把普列漢諾夫看作馬克思、恩格斯（這是一方面）和鄔梁諾夫（這是另一方面）之間的橋樑，想把鄔梁諾夫看作普列漢諾夫底學生（德波林等人底見解就是如此。）對於這種僞造歷史事實、爲孟塞維主義張目的嘗試，我們必須給它一個極大的反抗。對於另一種論斷，以爲普列漢諾夫在理論方面、在馬克思主義之學院性的解說方面著過「很精彩的作品」——以爲普列漢諾夫在理論方面毫無缺陷，而只是在實踐上不是一個辯證法者，——對於這樣的論斷，我們也要給予嚴厲的反抗。這樣的觀點是根本錯誤的。

然而因爲第二國際時代底馬克思主義向後退了一步，從正統的馬克思主義方面退後了一步；因爲普列漢諾夫就其全部工作底總體上說，大致並未越出那一時代底馬克思主義底界限，所以他底許多哲學作品，我們應當把它看作從徹底的馬克思主義方面退步的表現。

再假若以爲在哲學領域內普列漢諾夫只犯了個別的、偶然的錯誤，這樣的意見也是錯誤的。假使照鄔梁諾夫的馬克思主義哲學觀點說，普列漢諾夫底個別的錯誤是很多的。了解這些錯誤的任務，批判的克服這些錯誤的任務，是在於必須找出和揭露這些錯誤底內部邏輯和這些錯誤與普氏底孟塞維主義的政治路線之間的有機的連繫。

當我們估量普列漢諾夫底全部理論作品時，首先必須指明『第二國際底傳統和教條』——理論與實踐底分裂，關於辯證法唯物論之理論的闡述和實際應用這種理論底無能之間的矛盾——在普列漢諾夫底活動上表現得非常明顯，只要把鄔梁諾夫對於普列漢諾夫的辯證法所作的估計回憶一下，就可以明白上面所提到的分裂（理論與實踐底分裂，書本上理論底闡述和實際應用之間的分裂）是普列漢諾夫犯得很嚴重的。

假使拿普列漢諾夫底哲學作品來觀察而對他底全部錯誤加以分析，那末我們可以找出他底各種錯誤所環繞的四個核心。這四個核心如下：

(一)不了解「當作認識論看的辯證法，」不了解當作哲理科學看的唯物辯證法，把辯證法看作許多例子底總和；

(二)屈服於形式主義和邏輯公式；

(三)很多不可知論和康德主義底成分；

(四)很多的庸俗的、直觀的唯物論底色彩。

鄔梁諾夫跟普列漢諾夫底機會主義和他對辯證法的曲解的爭鬪，充滿着全部俄國社會民主黨黨史。我們在這裏只從這種爭鬪中引取一部分事實；同時要鄭重地指出在政治問題上鄔氏跟普列漢諾夫所作的爭鬪，常常接觸到唯物辯證法底一些重心問題的。

這裏我們要講一講鄔氏對於普列漢諾夫底屈服於形式主義和邏輯公式的批判。我們所要說的就是鄔氏對於普氏所起的社民黨黨綱草案的評註。鄔氏對於普氏底第二草案，有下列的評語：

『(一)就描述資本主義的極重要的一篇底闡述方式而言，這一草案並不是爲反對實在的資本主義之各種實在的現象而鬪爭的勞工階級底政綱，而是討論一般的資本主義的經濟教科書底大綱。

(二)這一政綱對於俄國的勞工政黨特別地不適當，因爲俄國資本主義底進化，俄國資本主義所產生的矛盾和社會的苦厄，由於同樣的一般資本主義之描述而被抹煞和略過。』（見鄔氏文集卷二，頁八八——八九。）鄔梁諾夫這二點含義極深刻的評註，很顯明地揭示了鄔氏的唯物辯證法和普列漢諾夫的形式主義、和他在解決大問題時的死背邏輯公式之間的一切區別。

鄔梁諾夫要求具體地分析具體的俄國資本主義並為革命集團指示出具體的任務來；普列漢諾夫卻只知對資本主義作一般的描寫，抽象地觀察俄國資本主義，想從一般資本主義底定義中抽出俄國資本主義底「特性」來。這種『一般資本主義底描述體系，』鄔氏已經指出，是普氏全部綱領草案底極顯著的「特色。」普列漢諾夫不知根據辯證法唯物論實行具體的分析，而只知從抽象的概念中、從概念底邏輯定義中抽出一般的結論來。而這正是形式主義和邏輯公式主義底特徵啊。

一九〇七年七月，在俄國資本主義底發展一書第二版序文中，鄔梁諾夫重復提到這一對普列漢諾夫方法論的評估，不過所講的問題是另一些了。他在該序文中寫道：『為確定這 眞理應用於某一問題時的確實的意義起見，就必先具體地分析客觀形勢和各個社會集團底利益。以普列漢諾夫為首的社會民主黨右翼常常用慣的相反的推論方法，——就是企圖從關於革命基本性質的一般眞理之單純的邏輯發展中找出對這種具體問題的答案來。——這樣的推論方法，簡直是汚蔑馬克思主義，純粹的嘲弄辯證法唯物論』（鄔氏全集卷三，頁十二。）

鄔梁諾夫對普列漢諾夫底理論和策略見解的鬬爭，特別在一九〇五——一九〇六年革命時期中，對於當時俄國工人運動和革命運動中波爾塞維克派底戰術和策略底勝利，有着極大的意義。除了直接的政治內容以外，這一鬭爭還供給吾人以研究和說明鄔氏與普氏相對抗的哲學立場所必要的豐富材料。應當指出，普列漢諾夫關於策略問題的全部「理論」似乎都是從辯證法唯物論底觀點出發的。他常常抨擊鄔梁諾夫，斥後者「完全不懂辯證唯物論」「從辯證法唯物論脫退下來。」在他論經濟主義和經濟學者一文中，他斥責波塞維克不注意理論。他在該文中寫道：『在實踐家的「經濟學者」看來，理論是完全沒用處的。可是今日「政治」方面的實踐家（即指波爾塞維克——著者）天曉得啊，也不知道如何致力於理論底研究。假使按照眞理說話，那末我們要說今日的「政治」實踐家對於理論的不關心正跟不久以前的「經濟」實踐家一樣的。』（普氏全集卷十三，頁十七。）

普列漢諾夫還無數次地把這樣的誹謗施之於鄔梁諾夫。當他指謫鄔氏不懂辯證法時，他甚至提出什麼勞工運動底「第四時期」來。他寫道：『我們底運動（指當時的勞工運動——沈）底「第四時期」是在鄔梁諾夫的形而上的思想影響之下，正像它底「第三時期」在「經濟主義」影響之下一樣；這「第四時期」底取消，是應當在於達到這一團體（指勞動解放社）底理論觀點底提高這一點甚至完全近視的人，不久也會見到的。』

普列漢諾夫還不以這些對鄔氏的粗魯的抨擊為滿足呢。他反而繼續加深這種攻擊的行為，擴大這種誹謗；在當時他底誹謗後來又為德波林和其他孟塞維克所贊助，他誹謗鄔氏把馬赫主義的哲學當作波爾塞維主義底正統哲學看待。以下就是他在論策略和無策略一信中所寫的：

「當我說，我們在口頭上實際遵守馬克思和他底辯證法，自然我不是指現在我們底白朗基主義的理論家而言。在哲學領域內，這些人甚至在口頭上也不依遵馬克思。他們常常表現爲他底「批評者」站在經驗一元論底觀點的他們看來，辯證法是他們所認爲早已過去了的階段」（普氏全集卷十五，頁一二五。）

這是普列漢諾夫在一九〇六年春寫的。

指斥郞梁諾夫和波爾塞維克爲唯心論者，普列漢諾夫重復了不知多少次。例如他說：「波爾塞維克所堅持的策略，帶着很明顯的小布爾喬亞唯心論和小布爾喬亞假革命性底痕跡」（同書，頁六二。）下面他又寫道：「……郞梁諾夫降低了革命思想底水平，……他把烏托邦主義的原素帶到我們底觀念中來……白朗基主義抑馬克思主義？——這便是我們今天所要解決的問題。郞梁諾夫自己承認，他底土地綱領草案是跟他底奪取政權底理想密切連繫着的」（同書，頁七二。）

在普氏底論策略和無策略那封信裏，他對波爾塞維克這樣說道：「你們正是教條主義者，你們把一切能力都用到實踐上去了。你們把你們自己的意志當作主要的革命推動機看了；當我們拿現實的關係指示給你們看的時候，你們就以莫須有的機會主義底罪名套到頭上來。你們在設想以爲凡是願意顧到現實關係的革命家，「是做不出什麽來的。」你們這一派，正與維立赫——夏培爾（Willich-Schaper）底一派相像，而後者只是德國的白朗基主義底一派，他們接受馬克思底術語，但是完全食而不化，不知應用……在策略上你們既是唯心論者，自然你們要應用唯心論的標準去估量別的政黨了；請你們多少用點善意去判斷它們吧」（普氏全集卷十五，頁一〇八——一〇九。）又云，『你們所謂「武器底批判」並非別的，只是杜林（Dühring）底暴力論之轉移於策略領域而已，而杜林底理論，是弗萊德列赫恩格斯曾經竭力譏評過的』（頁一一五。）

在我們前面已經援引過的那篇論文——工人階級和社會民主黨的知識分子——中，普列諾漢夫斥鄔梁諾夫為民粹派、社會革命派和鮑威主義者（Bauerist）。他寫道：『在鄔梁諾夫底思想中，我們所看出來的不是馬克思主義，而是——恕我用個不好聽的名詞吧——鮑威主義，是新版的『英雄與愚衆論，』並依照新時代底市場要求加以修改和補充而已。（普氏全集卷十三，頁一三三。）

在波爾塞維克跟孟塞維克為實行一九〇五年革命中的革命策略而做的鬭爭底過程中，為工農革命的民主專政底口號而鬭爭，為揭破孟塞維克底機會主義、揭破他們做立憲民主派的自由資產階級底尾巴主義而鬭爭底過程中，普列漢諾夫對鄔梁諾夫的誹謗和造謠中傷，就是這些。

我們還應當說，普列漢諾夫反對鄔氏的鬭爭，除了他自己表現動搖於波爾塞維克方面的那個時期以外，差不多在俄國社會民主工黨底全部歷史中都進行着的。這裏我們必須把普氏對於鄔梁諾夫一九一七年的四月提綱的評估提出來說一說，因為這一個提綱是最重大的國際社會主義底文件，是唯物辯證法之最顯著的範本，是俄國二月革命中階級力量底對比和社會爭鬭底形勢之最深刻的具體的分析。普列漢諾夫怎樣估量這一提綱呢？他寫道：『我把他底（即鄔氏底——著者）提綱拿來比較被稱為偉大的藝術家的（普氏乃指柴霍夫〔Chekhov〕和戈果爾〔Gogol〕而言——著者）非常英雄們底演說，我領略這些提綱之後，自覺心曠神怡。不過我覺得這些提綱是不知何年、何月、何日寫的。換句話說，鄔氏底提綱是完全抽去了一切時間和地點底環境條件而寫的。」

由此可知普列漢諾夫，在大戰期間二月革命之後對鄔梁諾夫及其所領導的布爾塞維派的攻擊，是何等地激烈啊。揭破德克服普氏在哲學領域內的錯誤，是今日戰鬬的唯物論者底重要任務之一。而孟塞維化的唯心論者，卻對普氏底哲學思想完全取袒護的態度而同時降低了鄔梁諾夫在哲學領域內的偉大功績底意義。

第三節　鄔梁諾夫跟哲學的機會主義的論爭

現在要講到鄔梁諾夫跟機會主義的哲學論爭史底偽造問題了。這種偽造歷史的事實，表現於機械論和孟塞維化唯心論底代表們底著作中。應當指出孟塞維化的唯心論者對於鄔梁諾夫跟機會主義的哲學論爭的觀察，有好些個特點。

首先，德波林派底頭一個特點，這是跟孟塞維化的唯心論底一般觀念有密切關係的，就是把鄔梁諾夫底「純粹哲學的著作」跟他底其他一切著作分裂開來。像何謂人民之友，俄國資本主義之發展等著作，在這些哲學家探討鄔梁諾夫哲學思想之發展途徑時，他們完全沒有加以注意，因為他們認為這些著作都不是「純粹的哲學著作」。孟塞維化的唯心論者估量鄔氏底哲學作品時的第二個可注意的特點，是他們底「鄔梁諾夫為普列漢諾夫之學生」底理論，因而他們認為鄔氏底學著作沒有什麼獨立的意義，它們所有的，只是它們補充普列漢諸夫底見解這一點意義。他們觀察鄔氏跟機會主義的哲學鬪爭的第三個特點，就是否認鄔氏跟新康德主義跟馬赫主義鬪爭的工作之國際的意義，否認鄔氏擁護唯物辯證法的鬪爭之國際的意義。最後，第四個特點是加強重申孟塞維克普列漢諾夫式的認定波爾塞維主義與馬赫主義之間存在着有機的連繫的那種見解。這四個特點，千絲萬緒地貫穿着孟塞維化唯心論底代表們所寫作的許多論文、材料和著作。不論拿德波林底思想家的鄔梁諸夫來看也好，拿盧波爾底鄔梁諸夫和哲學來看也好，以及拿卡列夫底著作和論文也好，以上四種原素都在相當程度以內開展着。

先拿德波林一九〇八年寫的馬赫底哲學和俄國革命那篇論文來說吧。德氏是個孟塞維克，他在該論文中談到馬赫主義底哲學與波爾塞維主義這一政治運動間所存在的連繫。他寫道：

「主觀主義「主意論」(Voluntarism)底印跡存在於所謂波爾塞維主義全部策略上，這一主義底哲學的表現就是馬赫主義。馬赫主義是看不見世界的世界觀，它是主觀主義和個人主義底哲學，它跟尼茨謝夫(Nitsshev)的非道德論結合起來就成為一切「罪惡、」剝削等等底理論根據了。這種哲學是隱蔽資產階級底實際傾向的一重觀念上的迷霧。波爾塞維克的哲學家和「思想家，」並沒有越出小布爾喬亞眼界以外。至於波爾塞維克的戰術和策略，連同他們底浪漫的革命主義和小布爾喬亞的激進主義，把哲學的虛無主義(Nihilism)底理論原則應用到實踐上去；根據這種虛無主義底哲學，就須否認客觀真理而承認每一個人底決定權決定許可的和不許可的，真實的和虛偽的，善的和惡的，公允的和不公允的。我們底馬赫式的馬克思主義者——自覺的波爾塞維克，他們是理解波爾塞維克底實踐和策略的。可是波爾塞維克的實踐家和策略家，卻是不自覺的馬赫主義者和唯心論者。客觀上，這樣看來馬赫主義是俄國環境中的革命的、激進的資產階層底意識形態，而在這種範圍內，它可算是一種進步的現象。若就其對馬克思主義——勞工集團底世界觀——的關係上說，馬赫主義卻起着反動的作用。小資產集團底無能和政治的落後，逼迫着它在別的社會集團中找尋臨時的盟友。而最可靠的、徹底革命的盟友便是勞工集團。但是縱使爲着「工農專政」底目的，它要「指揮」後者，就得採用馬克思主義的語調，藉此以掩蓋他們自己的小布爾喬亞的「本質。」要知道我們底社會革命黨人「也是馬克思 主 義 者啊！」

對於這一大段孟塞維克對於波爾塞維主義的侮罵，大概再無需乎另加註釋了吧。不過有一點必須着重地指出來，就是這樣的見解，甚至在一九二四年德波林所寫的思想家的郞梁諾夫一書中，也以極含糊的形式反映出來，而且那本書連續出版直到一九二八年，沒有加以任何的修改。

在這個問題上我們可以確定地說，在當時的德波林和亞克雪洛德之間，存在着很感動人的一致。亞克雪洛德著過好些關於哲學問題的好惡的孟塞維主義的論文。下面就是她在兩種潮流那篇論文中所寫的一段：

「假使哲學和社會潮流之間的連繫大多數是隱祕的，假使它只有靠某一社會潮流之內容底分析才會被暴露出來，那末波爾塞維主義和馬赫主義之間的連繫，不論從庸俗經驗論底觀點或從純描寫的觀點（照經驗批判派底說法）都是一望而知的。實際上大多數波爾塞維主義的理論家，都在宣揚經驗批判論的學說。在這些理論家看來，哲學並不是一門嚴正的學科而只是思惟方法，——他們底實際活動底方針所賴以決定的方法。因此，很明白的，他們底理論和實踐的活動對於跟哲學沒有直接關係的一部分社會民主派，也曾發生過、而且現在還在繼續發生影響。』

在同一論文中，她以極端誹謗的態度，繼續描寫波爾塞維克底心理和邏輯，她從各方面「證實」波爾塞維主義與馬赫主義底「親族關係」和「雷同性」。

普列漢諾夫底『波爾塞維主義與馬赫主義同種論，』這樣起勁地爲德波林和亞克雪洛德所發揚和宣傳；可是這種理論是早已被鄔梁諾夫揭破了的。鄔氏在其偉著唯物論與經驗批判論中寫道：『普列漢諾夫在他批判馬赫主義的附註中，關於駁斥馬赫的注意，不及中傷波爾塞維主義的成分來得多。……』

現在再拿盧波爾著的鄔梁諾夫和哲學一書來看吧。在那本書裏，我們看到下面的一段話：

『在他底（即鄔氏底——沈）書裏，他不從正面發展辯證法唯物論底各種原則，他只採取消極的批判馬克思主義之哲學修正派的方式去闡明那些原則。論戰的任務決定了鄔梁諾夫這本書底結構方法和性質。他對於修正派底每一個基本原則，找出它們底根源在於西歐唯心論的哲學作品，這樣他就揭露了它們唯心的、反馬克思主義的性質，用楨幹短鍊的唯物的論綱去同它們對立起來；這些論綱，不僅取之於馬克思和恩格斯，也有的是從像蒂德羅、費爾巴赫、狄茨根、普列漢諾夫等這些唯物論者那裏採取來的』（頁二一——二二）

這顯然又是一個僞造鄔梁諾夫哲學發展途徑的榜樣。在一九二四年約塞夫在他著作品中已經對於這一問題發表了他底深刻的意見之後，而在一九二五——二六年寫作、在一九二九年出版的論郞梁諾夫的書中，仍可以讀到上面這幾行文句，這是十分奇怪的事情。

在揭破這種僞造時，我們必須說，郞梁諾夫在他最早的哲學著作中，就供給我們以實際理解馬克思主義底模範，這是我們在開始時就說過的。郞梁諾夫從他最初寫作哲學作品時就把哲學跟政治連繫起來，給吾人以實現哲學黨派性底模範。當他批判到民粹派底經濟和政治觀念時，他並不以經濟和政治觀念爲限，而同時對於他們底哲學和社會學觀念，亦予周密的批判。就算拿下列二部著作來作一比較吧：一部是普列漢諾夫底史的一元觀底發展問題，另一部是郞梁諾夫底何謂人民之友？我們比較之下，馬上就發見二者間生存在着極大的區別，郞梁諾夫的馬克思主義觀和普列漢諾夫的馬克思主義觀之間，存在着極大的區別。普列漢諾夫在他底著作中所給我們的是些什麼呢？誰都知道，普列漢諾夫這部著作是馬克思主義哲學著作中比較優良的一部；但這部著作底幫助培養成了幾代新起的馬克思主義者。我們很明白，這部書是必須讀的，不讀這部書就不能成爲眞實的馬克思主義者，眞實的科學社會主義者，但是我們決不能用德波林式的觀點去讀這部書。我們應當用批判的眼光去研究，要認清普列漢諾夫底錯誤並且辨明郞梁諾夫勝過普列漢諾夫的地方。在普列漢諾夫底著作中，對於馬克思主義馬克思主義哲學和馬克思主義底史的形成，都給以極學說主義的解釋。在這部著作中我們已經可以發見很多機械論底成分，關於地理環境底作用問題的錯誤，他底「地理觀的傾向，」對於自然和社會間的相互關係的不了解。普列漢諾夫在那部書中太少提到和太少發揮馬克思主義中、唯物史觀中社會爭鬬理論底作用和意義底問題。

鄔梁諾夫卻一開始就提到在與民粹派鬬爭中的黨派性的戰鬬問題。鄔氏確定地指明了民粹派底哲學的、社會學的經濟的和政治的諸觀念之間的連繫。假使我們拿鄔氏對於家庭工業生產系統中的手藝工業底分析來說，假使我們拿鄔氏底民粹派批判——從民粹派底一般的哲學和社會學的觀念底批判起到關於公社、手藝工業等等問題底批判止——底性質來說，假使我們把鄔氏所貢獻的全部理論富藏都拿出來考察一下，同時注意到，他恰恰在這部著作中着重地提出了史的唯物論底一個極重要的問題——關於社會經濟形態（Socially-economic formation）底問題，那末我們就會看出鄔氏和普氏這兩部著作（何謂人民之友？和史的一元觀底發展問題）有着何等重大的區別。

最後要指出，鄔梁諾夫是第一個人並且是獨立地在對民粹派底主觀主義社會學的鬬爭中，在俄國發揚了馬克思主義世界觀底解說，這顯然跟德波林和盧波爾所觀察的不同。普列漢諾夫著史的一元觀一書是在一八九四年秋，而鄔氏底人民之友則寫於一八九四年四月，而且他是獨立寫成的，他著作那部書，跟普列漢諾夫所做的工作完全沒有關係。我們比較了這兩部著作，指明了鄔梁諾夫底著作之超越於普氏底著作，我們同時就可以說，鄔氏在這部著作中，是俄國第一個人在對民粹派的鬬爭中對主觀主義社會學的鬬爭中給了一個辯證法唯物論底周密的解說。

鄔梁諾夫也是最徹底地跟新康德主義作鬬爭的第一人。尚在一八九四年底，鄔氏曾在彼得堡的社會民主黨小組中做過一次關於馬克思主義反映於布爾喬亞作品的報告；那篇報告，他後來加上了一番改作，把它出版成單行本了。它向兩條陣線作戰，——反對斯特魯威，又反對民粹派。我們所說的就是鄔氏底『民粹主義底經濟內容與斯特魯威書中對它的批評』一本小册子；後者寫於一八九四年底，而於一八九五年出版。

這一著作是不妥協的理論戰鬬之超突的模範，是兩條陣線上鬬爭之卓越的範型。在那裏，鄔氏也批判到斯特魯威底哲學觀念，在許多地方和評註中，他又批判到馬克思主義之新康德派的修正，這是他在斯特魯威底著作中所看出來的。。。批判底具體性，一般地是鄔氏底著作底特色。其次，在實現論（theory of realization）等等問題上，他與布爾迦科夫（Bulgakov）論爭的諸著作中，有好些個評註都是反對新康德派的。可是普列漢諾夫在當時既不表示反對柏恩舒坦式的修正主義，又不反對斯特魯威底思想。好幾年以後，在一八九八年九月二日鄔梁諾夫致波特萊索夫（Potresov）的信中，鄔氏提到普列漢諾夫直到那時沒有表示堅決反對新康德主義的意思，讓斯特魯威和布爾迦科夫去論爭這種哲學（新康德主義底哲學）底基本問題，好像它已成爲馬克思主義哲學之組成部分似的。

在馬克思主義旗幟之下雜誌中首先發表的普列漢諾夫底論文之一『論經濟因素』，很明白地暴露了普氏對於許多哲學問題的見解，特別暴露了他對於斯特魯威、布爾迦科夫、貝傑也夫（Berdyayev）等人對於新康德派的修正主義的態度（在十九世紀末已在鄔梁諾夫底有名的斯特魯威批判之後，普列漢諾夫在那篇文章中寫道：『傾向於德國的「批判」哲學的「信徒們」底哲學觀點，是跟資本論著者底哲學觀點不相像的。他們也深深知道這一點，並且自己知道不是他底（資本論著者底——沈）哲學底信徒。但是這並不妨礙他們承認他底經濟理論和哲學歷史理論底公正性。在這些方面他們底成爲他底信徒，正與不僅在經濟和哲學史理論上、並且在哲學觀點上都完全跟他一致的那些信徒們一樣的。承認資本論著作者底經濟和哲學史理論的新康德派，在這些範圍以內，可以像當今任何唯物論者——即在哲學方面也信從資本論著者的那些人——一樣地成爲那一著名思想家之忠實和徹底的信徒。

但是假使某人跟某一作者底哲學觀點不同，是不是同時可能跟他底哲學歷史觀點相同呢？對於這個問題，不能給以無條件的答復，這是要看情形而定的。不過拿新康德派來說，我們可以肯定地答復這個問題；我們可以肯定地說，他們（卽新康德派——沈）能夠不改變他們底哲學觀點而承認馬克思底經濟和哲學歷史思想底公正性」（旗下雜誌，一九三一年第四——五號，頁十五——十六。）

這篇文章，是普列漢諾夫於一八九七年底或一八九八年初寫成的。這裏，我們看到，由於許多策略上的理由，他竟至於從理論上袒護修正主義，認爲馬克思主義和新康德主義有結合的可能。

實在說來，在這幾行字句中表現出來，普氏和玫茨基在這個問題底提法上並沒有什麼區別；玫茨基在一八九八年五月二十二日致普列漢諾夫的信中，也寫着同樣的意見。

鄔梁諾夫底立場跟普、玫二氏底立場相反的。他從他最初的文字活動的時候起，在他底第一部大著何謂人民之友與彼等如何與社會民主黨戰鬪？中，就站定了確切的、徹底的、革命的立場，他堅持着馬克思學說底單一性和完整性；極端地反對一切認爲馬克思主義有跟某種「時貌的」哲學理論結合的可能的見地或甚至暗示，鄔梁諾夫實際上是在國際舞臺上出來批判俄國的新康德派、具體地批判和分析他們底經濟思想等等的第一人。

這就是現實中的實在情形，而這一實在情形是與德波林所寫述的情形完全矛盾的。

我們還要說，鄔梁諾夫同時實際上又是跟馬赫主義鬭爭的發動人，而這一點也被德波林底思想家的鄔梁諾夫一書完全曲解掉了。德波林這樣地設想事情：他以爲在對馬赫主義的鬭爭中主動的是「普列漢諾夫學派」；該派包含普列漢諾夫亞克雪洛德和他、德波林自己；至於鄔梁諾夫只是跟他們聯合而著出了他底唯物論與經驗批判論罷了。

然而實際上鄔梁諾夫正是反馬赫主義鬭爭底第一個發動人。一九〇四年，亞克雪洛德遵照鄔梁諾夫底迫切要求，寫了一篇反波格唐諾夫主義的論文。大概在一九〇一年，鄔氏讀過了波格唐諾夫底歷史的自然觀一書，並發覺它是馬克思主義之唯心的修正後，他就堅請普列漢諾夫和亞克雪洛德出來反對波格唐諾夫，因爲當時他自己忙於黨務，不克從事此項工作。就在當時，亞克雪洛德寫了一篇文章，而且她自己聲明，她是因鄔梁諾夫底迫促而起來批判波格唐諾夫的。

德波林派和機械論派都完全抹煞了鄔梁諾夫對馬赫主義鬭爭底國際意義。可是鄔梁諾夫自己提到過，這一「哲學的論爭」是有國際意義的，辯證法唯物論需要「調整」自然科學領域內的新發見，而普列漢諾夫卻完全沒有他到這個問題，他完全忽略了自然科學底問題。

以上所述各點，爲指明鄧梁諾夫在哲學領域內對機會主義爭鬭底作用和意義，爲指明鄧氏進行這一鬭爭底徹底性和不妥協性計，都是應當特別從理論上加以探討的。

關於跟新黑格爾主義作鬭爭的問題底意義如何，現在已無特別加以說明的必要。唯物論與經驗批判論，鄧梁諾夫討論黑格爾的各種著作，他底論戰鬭唯物論之意義的論文——所有這些，給吾人以唯物辯證法之開展的理論，以黑格爾在馬克思主義形成過程中的作用和意義之深刻的估量，並給吾人以眞實地批判黑格爾、揭破他底唯心論的精良的武器。在國際舞臺上正在開展的波爾塞維主義、反法西主義、反社會法西主義的鬭爭中，在反對科學法西斯化的鬭爭中（這種鬭爭使得法西主義者幾幾乎想把每一個布爾喬亞大思想家——不論黑格爾也好，哥德也好，斯賓諾莎等等都好——都認作法西主義底創始人和老祖宗了）擁護辯證法唯物論底基礎，更具有特殊的意義了。鄧梁諾夫底學說，他底哲學作品，都是跟現今新黑格爾主義作鬭爭的極銳利的武器；這種武器底運用，很足以在理論範圍內予法西主義和社會法西主義以極酷烈的打擊。

第四節　鄧梁諾夫和唯識辯證法之繼續發展

現在我們就要講到鄧梁諾夫在辯證法唯物論底發展中有些什麽新的創見的問題了。

要理解馬克思主義哲學發展中的鄧梁諾夫階段，要理解鄧梁諾夫在整個馬克思主義發展中有些什麽新的創見，——理解這些問題的出發點就是約塞夫所給的典型式的鄔梁諾夫主義底界說。我們應當以鄔梁諾夫主義中的主要原素爲根據——這就是論勞工專政的學說。

在研究馬克思、鄔梁諾夫學說底某些方面時，我們必須從下列一點出發：就是馬、鄔學說是有組織的、完整的、系統一貫的學說；馬克思主義底三個組成部分，並非機械地膠糊在一塊兒的部分，似乎其中的一部分可以完全接受，另一部分只能接受一半，一部分可以不理解而另一部分可以經過幾年纔理解的樣子。這樣的設想是不對的。我們必須從這麼一點出發：卽馬克思主義是系統一貫的、有組織的、單一的、整個的學說，從這個學說中什麼也不能割裂下來，假使你不存心歪曲它、嘈弄它的話。同時我們又須承認，鄔梁諾夫主義中的主要問題，卽勞工專政底問題，決定了工作底任務和方向，決定了鄔梁諾夫主義——新時代底馬克思主義——底各個部分底發展。我們應當從這幾點出發來了解鄔梁諾夫在馬克思主義底某些組成部分中所加入的是些什麼新東西的問題。

然而根據以上這幾點原則，有些人往往做出不正確的結論來，那些結論實質上是取消馬克思主義哲學底觀點。我們是說那些庸俗的、頭腦簡單的見解，他們從一正確的思想出發，認定鄔梁諾夫主義中主要的原素是勞工專政底學說，可是他們認爲，鄔梁諾夫除了在勞工革命和勞工專政底理論中的新貢獻以外，在馬克思主義哲學中一點新的東西也找不出來。他們認爲馬克思主義哲學發展中的鄔諾梁夫階段底實質，就在於鄔氏把馬克思主義哲學當作勞工專政論來發展了。換句話說，他們把鄔梁諾夫主義底一切組成部分，鄔梁諾夫的哲學也在內，都溶解到勞工專政底學說中去了。持這樣的觀點，就等於持取消馬克思主義哲學的觀點；這種觀點，被勞工專政底名詞掩蓋着實質上是要消滅馬克思主義底哲學，鄔氏底發展馬克思主義底哲學，是把它當作馬克思主義之根本的理論基礎來發展的；他在他全部歷史的革命鬬爭中，跟為實現勞工專政的鬬爭，跟論勞工專政的學說和論無產政黨等等學說不可分離地連繫着他底發展馬克思主義哲學底工作。然而我們應當了解鄔梁諾夫對於馬克思主義底這方面或那方面所加入的一切特殊的和新的成分。

約寒夫於一九二七年九月九日跟第一次美國工人代表團的談話中所發揮的異常深刻的意見，是我們應當作為根據的。約氏說：

「我認為，鄔梁諾夫在馬克思主義中任何「新原理」也沒有「增添」進去，正像鄔氏沒有取消馬克思主義底任何一條「舊原理」一樣。鄔梁諾夫曾經是現在依然還是最忠實的和徹底的馬克思和恩格斯底信徒，他整個地，完完全全地依據着馬克思主義底原理。但是鄔梁諾夫不祇是馬、恩學說之單純的執行者。他同時還是馬、恩學說底繼承者。這是什麼意思呢？這就是說，他繼續發展了馬克思和恩格斯底學說，使之適應於客觀現實發展底新條件，適應於資本主義底新階段，適應於帝國主義。這也就是說，鄔梁諾夫既在社會爭鬬底新條件之下繼續發展了馬克思底學說，他就在馬克思主義底總寶庫中添進了一些新的東西，——比馬、恩二氏自己所給的，比帝國主義前的資本主義時期所能給的新一點的東西；同時，這種由鄔氏添進到馬克思主義寶庫中去的新東西，是整個兒地，完完全全地以馬克思和恩格斯所定的原則為根據的。我們說鄔梁諾夫主義是帝國主義和勞工階級革命時代底馬克思主義，正是這樣解說的」（鄔梁諾夫主義問題，頁二六三。）

沒有一個馬克思主義的哲學問題，沒有一個唯物論辯證法底問題，歷史唯物論底問題，鄔諾梁夫不把它們發展起來，具體化起來，而使之適應於歷史的新時代底勞工社會鬬爭底條件的。很明顯的，在辯證法唯物論底各種問題中，鄔梁諾夫沒有取消馬克思主義哲學底任何一條「舊原理，」也沒有增添任何的「新原理。」鄔梁諾夫，勞工階級底理論家，分析和揭發新的歷史時代帝國主義和社會主義革命時代底規律性的人，他底偉大就在於他根據馬克思主義底原理，不變更這些原理底任何一條，也不增添新的原理，發展了馬克思主義底一切組成部分，使之適應於現代社會鬬爭底新條件和新任務。

假使我們把馬克思主義哲學問題研究上的新時代和新任務底特殊條件加以一番估量的話，那末就應該指出下列數端：

第一，廣大的知識階層和布爾喬亞學者羣中間唯心論底統治。在這種關係上，前壟斷資本主義時代和壟斷資本統治時代之間存在着極大的差別。帝國主義之政治的特徵，鄔梁諾夫已經不止一次地指出『一切路線上的反動。』這種一切路線上的反動在科學和在哲學上得到很顯明的反映。從資本主義走入帝國主義的新階段之後，廣大的布爾喬亞和小布爾喬亞知識羣之轉向於唯心論神秘主義的趨勢大大地加強了。廣大的科學界脫離唯物論的傾向，愈見普遍了。關於這種情形，在赫克爾（Häckel）底世界之謎（Welträtsel）一書底命運上和布爾喬亞報紙對於這書出版所喊出的彩聲上，極露骨地表現出來了。

第二，物理學和全部自然科學之深刻的危機在二十世紀之初已有着很大的發展。一切科學、特別是物理學，都得着很大的發展，所有以前關於物質結構，空間與時間、物質與運動、因果性原理等等的舊觀念，都發生變化了。電子、量子過程等等底發見，造成了傳觀念整個兒的轉變。以這個爲根據，許多布爾喬亞學者們就做出反動的唯心的結論來。鄔梁諾夫指出『物理學的唯心論』和『生理學的唯心論』等等底發展。鄔氏曾着重地指明：『在我們面前存在着某種國際的思想潮流，它不依靠某一種哲學的體系，而是由某些在哲學以外的一般原因產生的。』（唯物論與經驗批判論。）

鄔梁諾夫着重指出，『現代物理學危機之實質是在於所有舊的法則和基本原則底破壞，在於意識以外的客觀實體底被拋棄，就是說，用唯心論和不可知論代替唯物論。『物質消滅了』——我們可以這樣表達對於許多個別問題之基本的，表徵的，造成這一危機的困難。』（同前。）

第三，全部布爾喬亞哲學之專門化爲各種的認識論問題，專門化爲各種認識論上的細微之點，藉以替廣大的知識羣轉向於神祕主義的傾向，替這一布爾喬亞科學底危機，打定哲學的理論基礎。

新康德主義唯心論之廣大的發展，現代自然科學之「數學的理論化，」經驗批判論作品，直觀主義者，現象論者等等之興盛，他們幻想出整千的認識論上極細微極精細的問題，以圖推倒他們所痛恨的唯物論，——這便是二十世紀初哲學發展底狀況。

第四，這種唯心論的反動在社會黨羣衆中的反映和哲學的修正主義機會主義底發展，從馬克思派哲學之新康德主義的修正起，到波格唐諾夫的經驗一元論止，很廣大地流行着下列的各種呼聲：什麼馬克思主義中缺之「理論的認識論基礎」呀，必須替馬克思主義建立「新的認識論基礎」呀，馬克思主義必須估計到認識論範圍內的哲學的「新成績」呀，以及什麼唯物論早已陳舊了等等。『愈來愈精巧地虛構馬克思主義，愈來愈細微地贗造各種反馬克思主義的學說來修改馬克思主義，——這就是現代修正主義底特徵，不論在政治經濟學中，在策略問題中，以及在一般的哲學問題中——在認識論中和在社會學中，——都是如此的』——鄔氏在唯物論與經驗批判論中這樣寫道。

最後，第五點，馬克思主義哲學底代表們，必須對由自然科學中的革命所提出的諸問題給予答復；必須「處理」一切新的發見；必須用辯證法唯物論底觀點打破在布爾喬亞大學教授式的哲學領域內根據一切眞實的科學成績而做的一切新的精巧的詭計；同時又必須給勞工政黨中這種反唯物論的反動潮流以最堅決的打擊。爲了這樣，所以鄔梁諾夫曾竭力堅持一種主張：他認爲必須根據新時代之眞實的科學發見來研究跟唯心論哲學做鬬爭的問題。以下就是鄔氏所寫的一段話：

『新物理學，說得確實些，新物理學中的一派跟馬赫主義和其他現代唯心哲學派別的聯系，是毫無疑義的。考查馬赫主義而忽略了這一聯系，像普列漢諾夫底幹法，就等於傷害辯證法唯物論底精神，也就是說爲着恩格斯底某幾個字眼而犧牲恩格斯底方法』（同書，或鄔氏全集卷十三，頁二〇六。）

所有這種歷史的環境，這些具體的條件和勞工階級在哲學和自然科學陣線上的奮鬬任務和要求，都需要辯證法唯物論底認識論繼續向前發展，需要唯物辯證法繼續向前發展。在這種環境中不能只以擁護一般的基本原理爲限，而必須得到一種能夠解答自然科學革命底一切問題和以科學發展中、尤其社會發展中的新階段之深刻的研究爲根據的辯證法唯物論之開展的認識論。鄔梁諾夫指出，『「修正」恩格斯唯物論底「形式」「修正」他底自然哲學的原理，不僅不包含『修正主義』這個名詞底本意底成分，而且相反的，是馬克思主義所必須要求的』（同上。）

約塞夫在論鄔梁諾夫主義之基礎一書中寫道：

『誰也沒有像鄔梁諾夫那樣地依據唯物哲學底原理執行整理從恩格斯到鄔梁諾夫這個時期中科學界最重要的貢獻的嚴重任務，執行各方面地批判馬克思主義者隊伍中的反唯物論思潮的任務。恩格斯說，『隨着每一新的偉大的發見，唯物論就得採取新的形態。』大家都知道，對於自己的時代執行這個任務的，不是別人，正是鄔梁諾夫在他底名著唯物論與經驗批判論一書中』（鄔梁諾夫主義問題，頁一七。）

繼續加深發展唯物的認識論這個任務，被鄔梁諾夫所執行了。適應着新時代底要求而予辯證法唯物論之認識論以特別的注意，同時在這方面發展了馬克思和恩格斯底學說的，不是別人，正是鄔梁諾夫。因爲這樣，所以鄔梁諾夫如是深刻地闡明馬克思主義哲學底各個問題，把唯物辯證法了解爲馬克思主義底哲理科學，對辯證法和認識論之一致給予極深刻的解說。在這一切問題上，鄔梁諾夫並沒有增添「新的原理」到馬克思主義哲學中去，也不會取消任何舊的原理，他完全以馬、恩二氏底原理爲根據的。

我們講到辯證法唯物論發展中的鄔梁諾夫階段時所必須指出的另一要點，就是在現代一切馬克思主義者中間，沒有別人，只有鄔梁諾夫對於最新的反唯物論的潮流，給了最完滿最周密的批判；跟這些潮流，直到現在還是需要做鬪爭的。最新式的黑格爾主義、康德主義、新康德主義、馬赫主義、主觀唯心論、波格唐諾夫主義、以及物理的唯心論——對於這一切，鄔氏都予以無情的批判和揭破。鄔氏對於這一切反唯物論和反辯證法思潮的批判和揭破，是最有力量的，因為這種批判不是像普列漢諾夫有時所作的那種從庸俗唯物論立場出發的批判。鄔梁諾夫在他對這些學說的批判中，辯證地把邏輯的批判跟歷史階級的觀點結合起來，把某些思潮跟現代自然科學底狀況結合起來。

還有一個重要的問題，關於這個問題鄔梁諾夫也有新的特殊的貢獻，這是我們應當指出來的。這個問題就是馬克思主義對於黑格爾的關係問題。一般地應當說，關於馬克思跟黑格爾的關係問題和馬克思跟黑格爾的辯證法的關係問題，是有極大的理論價值的。所有的修正主義者，從柏恩舒坦、孔諾夫、攷茨基起到今日蘇俄的機械論者和布哈林止，都不了解革命的唯物辯證法，否定或曲解唯物辯證法，他們所根據的基本原則是說，馬克思和恩格斯底著作中有着黑格爾式的唯心論底形跡。甚至布哈林在他底歷史唯物論一書底史的唯物論底問題提法一章中也認為——固然他底說法是採取很含混的形式的，——馬克思在某種程度內傳染了黑格爾主義底色彩。這種觀點是由於布哈林底機械論觀念，由於他不了解馬克思主義和黑格爾之間所存在的相互關係的緣故。

在這個問題上，我們看到鄔梁諾夫在第二國際時代對於這個問題作一切曲解之後，首先恢復了對這個問題的正確的理解。然而假使我們以爲郇氏底貢獻僅僅以此爲限的話，那就表明我們沒有完全了解郇氏解答這個問題的全部實質。要知道郇氏不僅恢復而且繼續向前發展這個問題並使之具體化，——因爲郇氏給吾人以一徹底而有系統地發展的辯證法唯物論底觀念。在這個問題上（即在馬克思跟黑格爾主義的關係問題上——沈）郇梁諾夫對於馬、恩學說所下的一番繼續發展和具體化底功夫，是表現於他在一切重要的基本範疇上，給吾人以黑格爾辯證法之唯物的改造底精良模範。

以下一個極重要的問題我們應當注意的，就是郇氏著作中的反映論問題。一般地應當說，作爲認識論的辯證法底問題，作爲辯證法之核心的對立體一致底法則，以及反映論——這些並不是個別的、單獨的、互相隔離的問題。這些都是極重要的唯物辯證法底理論問題，被郇梁諾夫繼續發展和具體化的問題。這些問題相互間有着有機性的聯系。它們當中的任何一個，我們都不能拋棄了別個而去了解它的。假若你把唯物的反映論都跟郇氏底「辯證法就是認識論」這個見地脫離開來，那末這一原則就變成毫無內容了。難道說，作爲認識論的辯證法、難道說反映論，可以脫離了對立體一致這個辯證法底核心而去了解它嗎？難道說郇梁諾夫的理論與實踐一致底學說，難道說郇氏的哲學和科學底黨派性底原則，不是這個統一的觀念體系底組成部分嗎？只有了解了這一點，我們纔能夠分別地考察辯證法唯物論和唯物辯證法底理論底任何一方面。

反映論對於最徹底的唯物論底理論基礎，有着特別重大的意義。辯證法唯物論底顯著的敵人社會法西主義者麥克斯·亞德勒底進攻郇梁諾夫主義，正是集中在這一點上，這完全不是偶然的。

亞德勒有一著作，名唯物史觀教本，它與唯物論相距，誠有天壤之遠，這是專門反對鄔梁諾夫的著作，是徹頭徹尾誹謗人、攻擊人及波爾塞維派的文件；那部書中有二章專門討論鄔梁諾夫底反映論，他底目的是在駁倒這一理論——眞實的唯物論觀點底旗幟。

以下就是亞德勒關於鄔氏底反映論所寫的一段文字：『鄔梁諾夫很愛稱批判的唯心論爲「廢屑，」這是我們大家知道的。然而把這個符號，用之於鄔氏在唯物論與經驗批判論一書中所屢次稱爲唯物認識論的那種理論，是最恰當的。那纔眞是事實上的廢屑，——這不是別的，恰正是久已被埋葬在批判哲學底喧擾和嗤笑中的所謂反映論……』

現在讓我們來考察一下，究竟在反映論『被埋葬在喧擾和嗤笑中』之後，亞德勒本人得出了什麼結論來呢？他根據了「現代自然科學」關於「物質消滅」的結論發揮他底特殊的唯心論，——事實上被鄔梁諾夫在唯物論與經驗批判論一書中所埋葬了的理論。亞德勒氏說：『現代的自然科學不但不需要以「上帝」做假設，也不需要「物質」底假設，所以英國的大物理學家皮爾遜有充分的權利可以高呼『物質已經消滅了。』這裏大概無需乎再加註釋了罷。

按照鄔梁諾夫底意思，反映論所討論的是全部認識過程，從感覺起到概念爲止，而且對於這一過程，是用歷史的眼光去觀察它的。誰要是限制這一反映論，誰要是把反映論跟實踐、跟認識底全部歷史的道路分離開來，誰當然就不了解鄔梁諾夫，誰當然就不會了解鄔氏在這些問題底了解中添了一些新的東西進去。

再次一個問題是我們在解說鄔梁諾夫階段時所必須講到的，——這就是關於對立體一致之法則的問題。

我們常常可以遇到這樣一種意見，以爲只有鄔梁諾夫把這個法則當作辯證法底核心來了解。這當然是不正確的見解。我們只要把馬克思在資本論中的勞動兩重性、交換過程、剩餘價値底創造過程、貨幣轉變爲資本底過程和經濟危機等等底分析加以研究，就可以知道這一法則是千頭萬緒地貫徹着全部資本論，可以知道它是馬克思和恩格斯著作中之眞正的辯證法底核心。恩格斯在反杜林和費爾巴赫論二書中關於這個問題所發揮的意見，是大家都知道的。誰都知道，這個法則在馬、恩底著作中，把它當作唯物辯證法底中心問題來發展了。但是絕對不能由此得出結論來說，在這個問題中鄔梁諾夫一點也沒有新的貢獻，一點也沒有發展馬克思主義。在這個問題底解答中，鄔梁諾夫也沒有增添新的原理進去，但是他卻繼續地發展了唯物辯證法。

爲要了解鄔梁諾夫在對立體一致底法則中所貢獻的新意見底本質，首先就應了解：爲甚麼這個最重要的客觀世界底發展法則和最重要的認識法則在現今新的歷史時代中具有特別重大的意義。假如我們拿鄔梁諾夫底幾部重大的著作，如帝國主義、國家與革命等來說，在這些書裏有國家與革命底關係底分析，勞工集團專政和新時代底分析，那末我們就知道它們是應用一切唯物辯證法底範疇於這些現象的範本。但是對於所有這種鄔梁諾夫對新時代和它底各種根本問題的分析，對立體一致底法則是有特殊意義的。鄔梁諾夫指出資本主義底矛盾問題，在它底發展底壟斷階段上，是批判帝國主義底根本問題。鄔氏寫道：『用改良方法改變帝國主義底基礎有否可能？帝國主義所產生的矛盾是繼續向前尖銳化和深刻化呢，抑是向後滯鈍化呢？——這些便是帝國主義批判底根本問題。因爲帝國主義之政治的特徵是一切路線上的反動和因財政寡頭制和自由競爭之消滅而促成民族壓迫底加強，所以小布爾喬亞民主主義對於帝國主義的反對派，在二十世紀初差不多在一切帝國主義國家中都在活動起來。而攷茨基和廣大的國際攷茨基主義派底脫離馬克思主義，就表現於下面的一個事實：攷茨基不但不關心到，不但不跟這一小布爾喬亞改良主義的、在基本上反動的反對派對立起來，反而在實踐上跟它融合起來」（鄔氏全集卷十九，頁一八〇——一六一）

如何理解矛盾論，如何應用唯物辯證法底法則於帝國主義底分析，——這些問題，很明顯地是帝國主義批判底根本問題。波爾塞維主義和各種形式的機會主義底分界線就在這些問題底解答上。唯物辯證法之眞正革命的理解和把唯物辯證法解作矛盾滯鈍論的企圖，兩者間的分界線也在這些問題底解答上。鄔梁諾夫指出說：「攷茨基底理論的帝國主義批判，其所以與馬克思主義毫無共同之點，其所以只適用於宣揚跟機會主義和社會法西主義謀和平和一致的見地，這是因爲他底批判略過和抹煞了帝國主義之最深刻和根本的矛盾：壟斷與跟它並存的自由競爭間的矛盾，財政資本之大規模的「活動」（和鉅大的利潤）與自由市場上的「廉潔」商業間的矛盾，一方面卡特爾和托辣斯、另一方面非卡特爾化的工業這兩者間的矛盾等等」（同前）

各種色彩的機會主義者，脫離了馬克思的辯證法，同時又抹煞了勞工羣和資產者羣之間的矛盾，各帝國主義國家間的矛盾，殖民地與帝國主義國家間的矛盾等等。所有這一切問題都是帝國主義底批判和分析底根本問題。現在已經很明白了，在這個時代，對立體一致底法則自然不能不加以異常的注意了。

到鄔梁諾夫手上，這個問題應當達到進一步的理論的發展，這也是很自然的。在鄔氏底帝國主義一書底附註中和預備工作中，都不止一次地指出對立體一致底法則之理論的，即哲學的，研究底重要性。

假如拿鄔氏底國家與革命一書來說，毫無疑義地這一著作底結構底基本路線，就是闡明國家為社會爭鬪不可調和性之產物這一馬克思底國家觀念底發展，以對抗社會民主派底國家為階級調和之產物底學說。這樣看來，在這裏方法論上的基本問題，又是關於對立體一致底法則的問題，也是再明白沒有的事。

其次，鄔梁諾夫發展和具體化對立體底一致和鬪爭。這兩種要素底相互關係問題。我們還記得，鄔氏有一個著名的原則，他曾指出諸矛盾之鬪爭是絕對的，而它們底一致、統一、融合卻是相對的。

鄔氏着重地指出對於矛盾和各種型類的矛盾之具體分析底必要性。實際上，在帝國主義時代我們所見到的，有工人與資本家之間的矛盾，諸帝國主義國家間的矛盾和宗主國與殖民地國家間的矛盾之極度的表現。這都是這一時代底矛盾底各種型類。同時也得指出勞工革命勝利前的時代的工人與農民底矛盾和勞工革命時代的工人與農民底矛盾。最後當資產階級民主革命任務底解決成為勞工社會主義革命底副產物時，鄔梁諾夫關於勞工社會革命和資產階級民主革命間的相互關係問題，具有特別超越的見解。所有這些問題底全部總和，即在社會科學領域內、在勞工集團政策之科學理論底領域內的一切問題底總和，毫無疑義地是唯物辯證法問題之理論的繼續發展底基礎，是對立體一致底法則及其具體化問題之理論的繼續發展底基礎，同時也是說明各種對立體型類之基礎。

郎梁諾夫繼續研究唯物辯證法這一種哲理的科學，可是他卻也不只限於作爲辯證法底核心看的對立體一致底法則之研究。他對於唯物辯證法底一切其他範疇、它們相互間的關係和它們跟對立體一致底法則的關係，都給予進一步的理論的研究。在上面唯物辯證法諸法則底解說中，我們已經看到郎梁諾夫如何根據帝國主義和勞工革命時代底革命實踐，根據他對於現代自然科學狀況底研究來從理論上探討上述各種問題。

最後是關於哲學和科學底黨派性問題。

哲學和科學底黨派性底學說，一般地是郎梁諾夫在辯證法唯物論發展中的一個極重要的環子。恰恰郎氏對這個極重大的問題給予這樣精彩的繼續發展，而且恰恰按照這樣的方向發展，——這種情形完全不是偶然的。

新的時代，帝國主義和勞工革命底時代，是巨大的階級衝突底時代，是社會爭鬬空前尖銳化底時代。社會集團間的鬬爭，在這一時代已經達到極端尖銳化底程度，資本主義社會底基本社會羣都全副武裝地出現於歷史的角鬬場，這種鬬爭已經發展到比較工業資本主義時期更高一級的階段了。在這個時代，各種政黨也有着極大的發展。不僅勞工羣在每個國家內組織他們自己的政黨，這樣就大大地加強了他們底自覺性，團結力和有組織性，布爾喬亞集團也在加強鍛鍊他們自己的政黨。布爾喬亞集團估計到俄國勞工革命底教訓，估計到西歐第一次勞工革命底高潮底經驗，他們就努力地自己組織起來，鞏固他們自己的政黨，創造強大的、有紀律的、軍事化的黨組織，意大利和德意志底法西斯黨即其實例。資本主義底矛盾性不但很深刻地表現於政治和經濟底領底，這一尖銳的矛盾性同時也反映在一切科學領域上意識形態底領域上。在這些領域內階級的分化也是非明顯的。

在一九〇五年十二月所寫的社會主義的黨和非黨的革命性一文中，鄔梁諾夫對於黨派性和無黨性給了一個極精良的估計。他寫道：『嚴格的黨派性是高度發展的社會鬬爭底隨伴和結果。反過來說，爲着公開的和廣大的社會鬬爭底利益，必需要嚴格的黨派性底發展』（鄔氏全集卷八，頁四一二）。

以後他又繼續寫道：『社會集團間的政治鬬爭之最完滿、最嚴正的表現就是政黨間的鬬爭。非黨性就是對政黨鬬爭底淡漠態度。但是這種淡漠態度不等於中立態度、不等於對鬬爭的沉默態度，因爲在社會鬬爭中中立是不可能的，在資本主義社會中要不參加生產品交換或勞動力交換是不可能的。而物品或勞力底交換，不可避免地要產生經濟的鬬爭和隨之而起的政治的鬬爭。對於鬬爭的漠然無關的態度，所以並不是實際上避開鬬爭，對它取「沉默」或「不偏私」的態度，也不是實際上的中立。淡漠不偏的態度，實際上等於幫助強者，幫助統治者』（同前，頁四一五。）

關於鄔梁諾夫的原則不僅指政治本身的問題而言、亦且指思想鬬爭而言這一點意思，爲避免發生任何不明瞭處起見，我們還得從鄔氏底這篇論文中另外扎出一段來考究一下。鄔氏寫道：『非黨派性乃是資產階級的觀念。黨派性卻是社會主義的觀念。這一原則，一般地和整個地講，是適應於整個資本主義社會的。當然的，我們還要會把這個一般的眞理應用到個別的局部問題和局部場合上去』（同前，頁四一六。）

這幾段文字，以極大的明確性說明了黨派性底問題。固然，應用這些原則、應用這些眞理於思想領域、底學領域，需要估計到所研究的對象底特點和特質估計到這一領域底特殊性質和這裏鬬爭所表現的特殊形式。然而無疑地，上面的這些論見，對於我們理解鄔氏的哲學和科學黨派性底則原，是有極大幫助的。

觀乎上述的分解，我們可以完全明白爲什麼關於哲學和科學底黨派性這一馬克思主義的論綱，是按照鄔氏的方向、適應着新的歷史時代而發展其理論的。在上面所引的幾段鄔氏在一九〇五年所寫的文章，一九〇八年所著唯物論與經驗批判論中關於哲學黨派性和科學中的政黨鬬爭的論述，在鄔氏文集第九至第十二卷裏面的哲學的扎要（一九一四年寫的，）和鄔氏底論戰鬬唯物論之意義一文，——在這幾種作品之間，存在着很深刻的內部的聯系，它使我們有可能很完滿地說明鄔氏底哲學黨派性學說底實質。

鄔氏底發展科學黨派性底原則，是表現於他指明了替統治階級辯護的客觀主義底狹窄性和變社會科學爲市民道德教條的主觀主義底狹窄性。他說明了崇拜歷史過程之自發進行而不了解革命階級在現實改變中的積極的、行動的作用的那種客觀主義底全部狹窄性，同時也說明了把歷史過程看作抽象的想像的個人行動底作用（這又歸結到同樣的反動的道德和「現代的道德觀念」上去）的那種主觀主義底全部狹窄性。

哲學底黨派性正是鄔梁諾夫對於哲學理論問題的見解所特具的重要環子或中心論點。這是跟下面一個事實有密切聯系的：除鄔氏外沒有別人能夠根據馬恩二人以後的新時代底事實，對於理論與實踐底相互關係問題給予最深切的理論的和實際的解答。只有鄔梁諾夫，在他底作品中孜孜不倦地着重指明新唯物論創始人底一個基本論綱：『我們底理論不是教條，而是對於革命行動的指導，』這種觀點是跟第二國際底理論與實踐，跟普列漢諾夫底見解相反的。鄔氏的哲學和一般理論底黨派性底學說，經過許多深刻的內部根源而跟整個鄔梁諾夫主義底全部觀念密切連繫着的。這一學說連繫着鄔梁諾夫給了革命理論和革命實踐一致底最優良的模範。黨派性底學說，集中着、反映着馬克思、鄔梁諾夫主義底許多重要的方面。這一學說，最充分、最徹底最具體地述明了馬克思底一條重要的論綱：哲學家不但應當說明世界而且應當改變世界。鄔梁諾夫底哲學黨派性底學說，關於主觀主義和客觀主義問題底解答，關於理論和實踐問題底解答，這都是馬克思論費爾巴赫的綱領第一條底極精巧的發展和具體化底表現。

鄔梁諾夫底發展哲學和科學黨派性學說之實質，大概可以歸納為下列五要點：

第一，鄔梁諾夫底科學和哲學黨派性底學說，是勞工階級在科學和領域內的任務底最好的表現，這時全部布爾喬亞科學遭着劇烈的內部危機和潰解。「哲學中的非黨派性只是輕蔑地隱蔽着的唯心論和崇神論底奉承者底見解。」鄔氏關於哲學黨派性底學說，是在極尖銳的社會鬥爭時代，布爾喬亞哲學和理論及一切類似的社會法西主義的理論底階級性和黨派性之最優良的揭破。

第二理論黨派性底原理是馬克思關於理論底行動性的論綱之最完滿、最開展的解說。根據鄔氏底學說，勞工集團中最先進、最積極、最有作用的部分，便是它底政黨，所以誰若是眞正和徹底願意實現科學階級性底觀念，誰就應當伸長這一觀念到科學黨派性底觀念為止。

第三，鄔氏底哲學黨派性底學說，是理論和實踐問題之最完滿和最發展的解答。鄔氏對這個問題的解答，既是跟這一問題底唯心論解答作鬬爭的模範（在理論活動被認爲基源的場合，）亦是跟鄙俗的經驗論觀點作鬬爭的模範，這種觀點一般地取消理論底作用和意義，特別是理論工作底作用和意義。祇有郞梁諾夫在他底一切著作中着重地指明革命理論底重大意義。郞氏認定沒有革命的理論，就沒有、而且不會有革命的運動，但同時他又寫道：『我這樣注重社會民主黨底理論工作底必要性、重要性和重大性，這並不是說，我主張把理論移置到實踐之前首屈一指的地位上去，更其不是說我主張理論研究完畢之後再去從事實踐。只有社會學中的主觀學派或空想社會主義底信徒纔會得出這樣的結論來。』（見何謂人民之友。）關於唯物論底黨派性的學說，恰恰把郞氏對於理論和實踐底關係問題底解答底全部深義，都充分地表現出來了。

第四，科學和哲學底黨派性底原理，對於哲學、科學和政治底相互關係這一個極重要的問題，給了一個經典式的解答。我們在前面已經講過布爾喬亞科學在這個問題上表現得何等的荒謬，當今社會民主黨的理論家如何竭其全力以圖分裂政治和科學底一切聯系。可是在這個問題上，郞梁諾夫卻發揮了很多的新見解。我們值得把昔年職工會問題底討論和布哈林加於他的責備（責備他太「政治觀」了）拿來回憶一下。當時所爭論的，是關於經濟和政治底相互關係問題。

郞梁諾夫怎樣答復呢？

他寫道：『政治是經濟之集中的表現——這在我底演說中已經重復說過了，因爲從前我已聽到過馬克思主義者口中發出絕對不能容忍的譴責，責備我底「政治的」觀察問題的態度。政治不能不有駕於政治之上的

重要性。相反的觀察就等於忘記馬克思主義底A、B、C」（鄔氏著再論職工會，成全集卷二六，頁一二六）

這裏，鄔梁諾夫底馬克思主義觀和他底辯證法、他底具體的觀察問題的態度都異常深刻地表達出來了。以後他又說明：「因爲問題只是這樣擺着的（按照馬克思主義只能這樣提出來）對於事情沒有正確的政治態度，一個階級就不能維持它底統治因而也就不能解決它底生產的任務」（同前）。

鄔梁諾夫在這裏又說明了他把政治態度提到第一位的用意。雖然歸根結底事情總是決定於經濟的，然而沒有正確的政治態度，沒有正確的政治路線，革命底勝利就不會有保障，而在革命勝利之後各種經濟問題纔能被解決。

讀到這裏，人們也許會感覺到鄔梁諾夫這裏所談論的問題似乎只關於經濟和政治的。然而實際上卻不是這樣的。鄔氏底這些意見具有異常廣大的意義，特別對於我們對理論問題的了解，那些意見是極端重要的。即在這裏，在理論和理論爭鬪底問題中，政治的態度也不能不居於首要地位，在我們跟孟塞維化唯心論的鬪爭中，它底某些代表公然地堅持哲學駕於政治的首要性，他們底理由是說哲學是一般的方法論，而完全沒有了解鄔梁諾夫主義者在這個問題中應持的正確觀點。

第五，哲學黨派性底學說，着重地指出了擁護革命的勞工政黨底總政治路線之積極的奮鬪，是這一學說中一個極重要的原素。

還在他跟斯特魯威鬪爭的時候，我們知道，鄔氏就寫道「唯物論中包含着黨派性，它束縛着人們，迫他們在對事情底每次估量中都不得不直接公開地站到一定的社會集團底觀點上去」（鄔氏著，民粹主義之經濟的內容。）在勞工專政底條件之下，當勞工政黨成爲唯一的統一政黨的時候，當敵對階級的意識形態底發展過程，取各種傾向底形式反映於勞工政黨內部的時候，——公開和坦直地站在一定的觀點上，只能表示一種意思，就是積極地作擁護黨底政治路線的鬭爭。把鄔梁諾夫底原則適應着我們現在的時代而使之具體化起來，那末我們可以這樣說：辯證法唯物論，在它跟各種公開的或帶假面具的機會主義的鬭爭中，包含着黨派性的就是說它迫使人們不得不公開和坦直地、積極和徹底地爲擁護黨底總路線而奮鬭。孟塞維化唯心論底代表們，在他們替哲學底黨派性下界說時，所下的界說是一個極抽象、極學院式、非黨派的哲學黨派性底定義；它底意思是說理論陣線中的哲學部分，應當找出每一時代底「方法論的」鎖鍉。這樣一個定義底反黨性，是在於德波林派「忘記了」在勞工集團專政時代理論和實踐之唯一領導的中心，就是指導這一政權的黨。波爾塞維主義和波爾塞維克黨之最重大的特點，就在於它底領導機關不僅是革命運動之政治組織的中心，而且還是它底思想理論的中心。

中華民國二十五年十二月初版

六七五八上

大

(20063A)

中山文庫 辯證唯物論與歷史唯物論

Dialectic Materialism and Historical Materialism

上冊實價國幣貳元肆角
外埠酌加運費匯費

原著者 M. Mitin

譯述者 沈志遠

編輯者 中山文化教育館

上海河南路
發行人 王雲五

上海河南路
印刷所 商務印書館

上海及各埠
發行所 商務印書館

(本書校對者胡達聰) 滬